Etimologia

Consulte nosso catálogo completo e últimos lançamentos em **www.editoracontexto.com.br**.

Mário Eduardo Viaro

Etimologia

Montagem de capa e diagramação
Gustavo S. Vilas Boas

Revisão
Poliana Magalhães Oliveira

Dados Internacionais de Catalogação na Publicação (CIP)
(Câmara Brasileira do Livro, SP, Brasil)

Viaro, Mário Eduardo
Etimologia / Mário Eduardo Viaro. 1. ed. 2ª reimpressão. –
São Paulo : Contexto, 2024.

ISBN 978-85-7244-541-2

1. Linguagem e línguas – Etimologia 2. Português –
Etimologia 3. Português – Formação de palavras 4. Português –
Morfologia I. Título.

10-12003 CDD-469.2

Índices para catálogo sistemático:
1. Etimologia : Português : Linguística 469.2
2. Formação da palavra : Português : Linguística 469.2
3. Palavras : Origem : Português : Linguística 469.2

2024

EDITORA CONTEXTO
Diretor editorial: *Jaime Pinsky*

Rua Dr. José Elias, 520 – Alto da Lapa
05083-030 – São Paulo – SP
PABX: (11) 3832 5838
contato@editoracontexto.com.br
www.editoracontexto.com.br

Para
Prof. Nelson Papavero

Multa renascentur quæ iam cecidere, cadentque
quæ nunc sunt in honore uocabula, si volet usus,
quem penes arbitrium est et ius et norma loquendi.

Horatius Flaccus, *De arte poetica liber,* 70-72

Sumário

SEGUNDA PARTE

O MÉTODO ETIMOLÓGICO........95

Abreviaturas

aaa	antigo alto-alemão
ADV	advérbios com *–s* paragógico
afr	africânder
AL	palavras prefixadas com *al–*
alb	albanês
alem	alemão
amer	americano
ant	antigo
AP	*Appendix Probi*
ár	árabe
arm	armênio
astur	asturiano
brit	britânico
búlg	búlgaro
cant	cantonês
cat	catalão
cient	científico
cláss	clássico
CON	palavras prefixadas com com–, con–
din	dinamarquês
ecl	eclesiástico
EITO	particípios em *–eito*
ES	palavras prefixadas com es–, ex–
esl	eslavo
esp	espanhol
esq	esquimó
eston	estoniano
FEM	feminino
finl	finlandês
flam	flamengo
fr	francês
friul	friulano
gal	galego
gasc	gascão
germ	língua germânica indeterminada
gót	gótico
gr	grego
guin	guineense
hav	havaiano
hebr	hebraico
hol	holandês
húng	húngaro
ide	indo-europeu
IN	palavras prefixadas com in–, en–
indon	indonésio
INF	infinitivo
ingl	inglês
irl	irlandês
isl	islandês
ital	italiano
jap	japonês
lap	lapão
lat	latim
leon	leonês
lit	lituano
log	logodurês

maced	macedônio
mal	malaio
mand	mandarim
MASC	masculino
med	medieval
mesogót	mesogótico (Rask)
MET	metafonia
mod	moderno
MTN	metanálise
nor	norueguês
nórd	nórdico
O	palavras terminadas em *–o*
occ	occitano
pap	papiamento
PL	plural
pol	polonês
port	portugês
POT	formas do lat vulg **potere*
PREP	preposições
PRES	presente do indicativo
PRET	pretérito perfeito do indicativo
prgerm	protogermânico
PRIM	acento na primeira sílaba
PRON	pronomes pessoais latinos
prov	provençal
quimb	quimbundo
REG	formas regulares
rom	romeno
rus	russo
sab	"sabinês" (Sabino, SP)
sânscr	sânscrito
SG	singular
sobrem	sobremirano
sobress	sobresselvano
srv-cr	servo-croata
tch	tcheco
top	topônimo
tosc	toscano
ucr	ucraniano
val	valáder
vên	vêneto
vulg	vulgar

Símbolos usados

A maioria dos símbolos aqui apresentados são sugestões feitas pelo autor para descrever, da forma menos ambígua possível, os fenômenos mais importantes para a Etimologia. Tradicionalmente (embora não seja mais adequado), os graus de certeza não são marcados no étimo. Além disso, entre uma etapa x e a subsequente y não há especificações sobre a época em que a transformação teria iniciado, nem indicações precisas sobre a duração dos intervalos de tempo entre uma etapa e outra. Essas deficiências, porém, deverão ser sanadas à medida que progredir a discussão dos estudos etimológicos científicos.

x– a palavra se inicia com x
–x– x se encontra no interior da palavra
–x a palavra termina em x

* x x é reconstruído
★x x é inexistente (substituindo o *x do Gerativismo, para evitar ambiguidade)
x † x é arcaico ou desusado

x+y composição de x e y (dois elementos linguísticos distintos)
x–y segmentação de x e y (parte da mesma palavra)

x ≅ y x é cognato de y
x ≠ y x é antônimo de y
x = y x é sinônimo de y
x ≡ y x é homófono de y
x ≈ y x é uma variante de y
x ~ y x faz parte do mesmo paradigma de y

Mudança formal

x > y x se transforma em y
x < y x provém de y

X → Y   X deriva (morfologicamente) Y
X ← Y   X é derivação (morfológica) de Y

Mudança semântica
X >> Y   o significado X se transforma no significado Y
X << Y   o significado X provém do significado Y

X ≥ Y   X é decalcado por meio de Y
X ≤ Y   X é decalque de Y

X ⇒ Y   X é substituído pelo sinônimo Y
X ⇐ Y   X substitui o sinônimo Y

X ⇨ Y   X afeta analogicamente Y
X ⇦ Y   X é afetado analogicamente por Y

Símbolos do IPA

Muitas palavras pertencentes exclusivamente à língua falada não serão transcritas de maneira ortográfica, pois, para isso, existe o *Alfabeto Fonético Internacional* (IPA). Os mesmos símbolos serão utilizados em diversas outras situações deste livro.

[a]	vogal aberta central não arredondada	port c*a*sa
[ɐ]	vogal semiaberta central não arredondada	port c*a*ma
[ɑ]	vogal aberta posterior não arredondada	ingl d*a*rk
[ɐ̃]	vogal semiaberta central não arredondada nasal	port c*am*po
[æ]	vogal quase aberta anterior não arredondada	ingl c*a*t
[b]	consoante oclusiva bilabial sonora	port *b*arco
[β]	consoante fricativa bilabial sonora	esp canta*b*a
[c]	consoante oclusiva palatal surda	port *qu*into
[d]	consoante oclusiva dental sonora	port *d*eu
[ð]	consoante fricativa interdental sonora	ingl *th*ese
[dʒ]	consoante africada pós-alveolar sonora	ingl *j*am
[e]	vogal semifechada anterior não arredondada	port m*e*sa
[ɛ]	vogal semiaberta anterior não arredondada	port s*e*te
[ə]	vogal semifechada central não arredondada	ingl th*e*
[ẽ]	vogal semifechada anterior não arredondada nasal	port d*en*te
[f]	consoante fricativa labiodental surda	port *f*aca
[g]	consoante oclusiva velar sonora	port *g*ato
[ɣ]	consoante fricativa velar sonora	esp a*g*ua
[h]	consoante fricativa glotal surda	ingl *h*ot
[i]	vogal fechada anterior não arredondada	port *i*lha
[ɪ]	vogal quase fechada anterior não arredondada	ingl b*i*t
[ĩ]	vogal fechada anterior não arredondada nasal	port l*in*do
[j]	semivogal anterior não arredondada	ingl *y*es
[ɟ]	consoante oclusiva palatal sonora	port *gu*ia
[k]	consoante oclusiva velar surda	port *c*asa
[kʰ]	consoante oclusiva velar surda aspirada	ingl *c*ow
[l]	consoante lateral dental sonora	port *l*ado
[ʎ]	consoante lateral palatal sonora	port i*lh*a

[ɬ]	consoante lateral fricativa dental surda	galês *ll*wyd "cinza"
[ɫ]	consoante lateral dental velarizada sonora	ingl ta*ll*
[m]	consoante nasal bilabial sonora	port *m*ão
[n]	consoante nasal dental sonora	port *n*avio
[ŋ]	consoante nasal velar sonora	ingl si*ng*
[o]	vogal semifechada posterior arredondada	port *o*lho
[ɔ]	vogal semiaberta posterior arredondada	port *o*lhos
[ʌ]	vogal semiaberta posterior não arredondada	ingl l*o*ve
[õ]	vogal semifechada posterior arredondada nasal	port *on*tem
[p]	consoante oclusiva bilabial surda	port *p*ato
[pʰ]	consoante oclusiva bilabial surda aspirada	ingl *p*ut
[ɸ]	consoante fricativa bilabial surda	jap *f*utatsu "dois"
[q]	consoante oclusiva uvular surda	ár *q*alb "coração"
[r]	consoante vibrante múltipla dental sonora	esp *r*ico
[ɾ]	consoante vibrante simples dental sonora	port ca*r*a
[ɽ]	consoante vibrante retroflexa sonora	port caipira po*r*ta
[ʀ]	consoante vibrante múltipla uvular sonora	port europeu *r*ápido
[ɹ]	consoante aproximante alveolar sonora	ingl amer t*r*ue
[s]	consoante fricativa dorsoalveolar surda	port *s*apo
[s̺]	consoante fricativa apicoalveolar surda	esp europeu *s*apo
[ʃ]	consoante fricativa palatoalveolar surda	port *x*ícara
[t]	consoante oclusiva dental surda	port *t*apete
[tʰ]	consoante oclusiva dental surda aspirada	ingl *t*op
[tʃ]	consoante africada pós-alveolar surda	esp *ch*ico
[θ]	consoante fricativa interdental surda	ingl *th*ought
[u]	vogal fechada posterior arredondada	port *u*so
[ʊ]	vogal quase fechada posterior arredondada	ingl p*u*t
[ũ]	vogal fechada posterior arredondada nasal	port *um*
[v]	consoante fricativa labiodental sonora	port *v*ida
[w]	semivogal posterior arredondada	ingl *w*ine
[x]	consoante fricativa velar surda	alem Ba*ch*
[χ]	consoante fricativa uvular surda	esp ca*j*a
[y]	vogal fechada anterior arredondada	fr t*u*
[z]	consoante fricativa dorsoalveolar sonora	port *z*ebra
[z̺]	consoante fricativa apicoalveolar sonora	port beirão ca*s*a

[□:]	o som □ é longo
[□ʲ]	o som □ é palatalizado
[ˈ□]	a sílaba □ é tônica

Introdução

As línguas sempre foram motivo de admiração, mesmo quando não havia especialistas que as tratassem como objeto teórico. Ainda hoje há enigmas que envolvem tanto sua origem quanto seu funcionamento e não é raro presenciarmos discussões revisitadas, que perpassam milênios. A antiquíssima polêmica grega que discute se a língua é algo natural ou arbitrário (*phýsei/thései*) existe ainda nos tempos modernos. No início do século XIX, predominantemente se entendia a língua como uma herança cultural e assim floresceram estudos históricos e dialetológicos, que acabaram mesclando-se com trabalhos de Geografia. Após o sucesso do livro de Darwin em 1859 (*On the origin of species by means of natural selection*), o paradigma epistemológico da Biologia, porém, dominou, não sem grande polêmica, o discurso de algumas correntes linguísticas. Como uma fusão dessas tendências, as línguas também foram estudadas sob o viés etnológico, no final do mesmo século.

O embate *biológico* x *cultural* aparentemente se encerrou no pós-guerra, com a vitória do discurso estruturalista, que privilegiava a segunda posição. Fundamentado na metáfora da *tabula rasa* (Locke, 1690), repetida no discurso atribuído a Saussure (1916), o Estruturalismo mostrou, à medida que foi ganhando terreno, que a língua dialogava com a cultura, em detrimento do componente biológico. Longe de concluída, hoje vemos a polêmica retornar, por meio da Psicologia (Pinker, 2002). Mas essa questão sobre a língua nem sempre foi a única. Em muitos outros momentos, autores se dedicaram à sua essência, tentando defini-la: Humboldt (1836) a via como um fenômeno ativo (*enérgeia*) e não como um produto (*érgon*), postura recuperada explicitamente pelo Gerativismo, na segunda metade do século XX.

Muitos modos de entender o fenômeno *língua* surgiram ao longo do tempo e convivem ainda hoje. Podemos enumerar seis visões distintas acerca de sua essência e de sua organização, surgidas nos mais diversos momentos da História:

- A mais básica é a dos próprios falantes e poderíamos chamá-la de visão da *língua-ferramenta*. Do ponto de vista do falante, sua língua materna, desde sempre, é algo que serve para certas finalidades. As funções da comunicação, analisadas por Jakobson (1960), descrevem perfeitamente suas múltiplas facetas, mas ainda há de se adicionar entre elas o elemento performativo, previsto pela Pragmática e sentido como mágico nos tabus. Bakhtin (1929) afirma que, para o falante, sua língua nativa não é percebida como dotada de categorias: por ser tão íntima, é quase como um "irmão", "uma roupa familiar" ou ainda o próprio ar respirado. Desse modo, a língua, do ponto de vista do falante, que sobre ela não costuma refletir muito, é algo arraigado e espontâneo, uma ferramenta útil com a qual atinge seus objetivos da mesma forma que com os mecanismos evolutivamente herdados (a visão, a capacidade de locomoção etc.).

- Uma segunda visão de língua foi alavancada pela invenção da escrita, a qual, por ser mais abstrata do que a língua-ferramenta, ampliou o seu já grande potencial expressivo e comunicativo. Gerou-se, assim, o conceito de *língua ideal*. A língua escrita, mesmo antes do surgimento das padronizações sugeridas ou impostas pela Gramática, sempre tendeu para um maior conservadorismo, por combinar a expressão presente de um grupo com a memória de épocas pretéritas. Além disso, tende a neutralizar a diversidade de expressão, característica da fala. Apesar de essencialmente bem distinta da língua-ferramenta, essa língua ideal e artificial, em vários momentos, fundiu-se conceptualmente com ela, gerando o paradoxal *status* de língua real a ela atribuído. Não só a Gramática se pauta por uma língua ideal, mas também vários pressupostos da própria Linguística assim o fazem. Por exemplo, Chomsky (1965: 3) alicerça toda sua argumentação a partir de um falante-ouvinte que a representa:

> *linguistic theory is concerned primarily with an ideal speaker-listener, in a completely homogeneous speech-community, who knows its language perfectly and is unaffected by such grammatically irrelevant conditions as memory limitations, distractions, shifts of attention and interest, and errors (random or characteristic) in applying his knowledge of the language in actual performance.*
>
> a teoria linguística diz respeito principalmente a um falante-ouvinte ideal numa comunidade de falantes completamente homogênea, o qual conhece perfeitamente sua língua e não é afetado por certas condições irrelevantes, do ponto de vista gramatical, como limitações de memória, distrações, mudanças de atenção ou interesse e erros (aleatórios ou característicos), ao aplicar seu conhecimento da língua num desempenho real.

- A terceira visão revela a consciência de que os elementos de uma língua são agrupáveis em *conjuntos de paradigmas*. Entre esses elementos participantes da essência das línguas e as soluções artificiais encontradas para caracterizá-los há, porém, uma distância. Foi assim que nasceram as tradicionais classes de palavras da Gramática. No Ocidente, com certeza, já havia tentativas de organização de classes de palavras entre os sofistas e entrevemo-las, por exemplo, na *Poética* de Aristóteles (384-322 a.C.). Todavia, a primeira versão acabada de língua como conjunto de palavras, classificadas em subconjuntos, é apresentada por Dionísio Trácio (170-90 a.C.) em sua *Tékhnē grammatikē*. A esse autor – cuja prática foi imitada e ampliada, com sensíveis modificações, não só pelos romanos, mas também na Síria e na Armênia – se deve a longa tradição das gramáticas ocidentais.

- Muito mais tardia no Ocidente, mas já representada no *Aṭṣādhyāyī* do gramático indiano Pāṇini (VI a.C.), aparece uma quarta visão do fenômeno linguístico: a de *lista de unidades significantes menores que as palavras*. Dessa forma, esse primeiro modelo teórico linguístico conhecido pressupunha elementos abstratos que, agrupados, gerariam as palavras reais. Foi muito grande a influência indiana na Morfologia, entre os linguistas europeus do século XIX. O termo *Morphologie,* contudo, nasceu na Botânica e apareceu, pela primeira vez, num diário de Goethe (25/9/1796) e, em seguida, numa carta sua a Schiller (12/11/1796). Usado na Fisiologia em 1800 por Karl Friedrich Burdach (*Propädeutik zum Studium der gesammten Heilkunst*), foi adotado, posteriormente, pela Anatomia. Mas, em Linguística, foi empregado somente em 1859 por August Schleicher (Salmon, 2000). Para o mesmo estudo, Said Ali, por exemplo, ainda preferia, em 1921, o termo *lexeologia*. Na Linguística Moderna, os estruturalistas privilegiarão essa visão de língua.

- Desde o Renascimento, pela comparação de línguas do mundo, evidencia-se a extrema diversidade de sons por elas empregados, para os quais o alfabeto latino não parecia suficiente. Uma classificação articulatória dos sons é esboçada já no século XVI por Fernão de Oliveira e presente claramente nos séculos seguintes (Gébelin, 1776; Coudereau, 1875). Vários alfabetos fonéticos surgem então, sendo o de Lepsius (1863) o mais usado, até ser desbancado pelo *International Phonetic Alphabet* (IPA), em 1897, uma das soluções mais bem-sucedidas da Linguística (praticamente todas as correntes o utilizam). No entanto, não é o surgimento desses alfabetos internacionais que constitui, de fato, uma nova visão, uma vez que, em última análise, são apenas um tipo especial e mais rigoroso de escrita. Uma quinta visão de língua emergirá, de fato, da Fonética Acústica, em meados do século XIX, quando a língua passa a ser entendida como uma *substância bruta*. Da massa amorfa dos sons nascerá o modelo dos traços distintivos. Essa ideia se entrevê nos autores pré-estruturalistas e culminará na Fonologia Moderna. Sai-se, assim, da estoica e evidente visão do signo linguístico como uma associação arbitrária de um significante a um significado para um nível inferior aos sons. A consciência da existência de elementos distintivos – associados a outros, não importantes para a efetiva comunicação – foi revolucionária e uma historiografia do problema aparece nos capítulos iniciais da obra de Troubetzkoy (1939). O termo *fonema,* inventado por Dufriche-Desgenettes (*Romania* 1874: 321-338) e usado por Saussure (1879), passará a ser entendido como uma unidade mental pelo pouco conhecido Círculo de Kazan, cujos principais nomes são Jan Ignacy Niecisław Baudouin de Courtenay (1845-1929) e Mikołaj Habdank Kruszewski (1851-1887). Daí provirá o substrato da dicotomia saussuriana *langue/parole* e da oposição *conteúdo/expressão* da Glossemática. Instituída essa noção no âmbito da Fonética, a ideia de traços migrou – de forma pouco organizada – para a Semântica e para a Sintaxe, dentro das mais variadas correntes linguísticas subsequentes.

- Por fim, surge a sexta visão de língua, quando a Linguística passa a ser vinculada também à Lógica, no início do século XX, a saber, a de que a língua é um *conjunto de regras abstratas*, algumas com atuação bastante restrita e outras com poder quase infinito. Essa nova visão tem como ponto de partida as regras sintáticas presentes na Gramática Tradicional e apresentadas de forma descritiva. O conferimento do aspecto dedutivo a elas promoveu a conscientização de sua existência. Visa-se não só à descrição dessas regras, mas também à compreensão de seu poder explicativo. No Estruturalismo, assumiram a forma de construtos, como o morfema-zero obtido por comutação, mas atingiram seu auge com a noção de recursividade do Gerativismo e a partir daí, na segunda metade do século XX, postularam-se ideias muito importantes para o entendimento da essência da língua, como a de produtividade dos elementos linguísticos.

Muitas áreas, ao longo do tempo, pretenderam estudar o fenômeno *língua* (Filosofia, Gramática, Lógica, Filologia, Linguística, Estilística, Psicologia, Glotologia, Glótica, Semiótica, Neolinguística, Semiologia, Glossemática, Pragmática, para citar algumas), com certa sobreposição das seis visões anteriormente enumeradas. Isso tem protelado, ao longo dos séculos, a compreensão sintética de um fenômeno tão múltiplo como é a língua. Propostas interdisciplinares, envolvendo a Biologia, a História, a Matemática, a Física, a Filosofia, a Sociologia ou a Psicologia, são, ao mesmo tempo, alardeadas com entusiasmo por uns e recebidas com crítica bastante severa, por outros. De fato, há nessas áreas também interesses por fenômenos que não têm relação imediata com a Ciência da Linguagem, por exemplo, a circulação sanguínea, a gravitação universal ou a evolução dos seres vivos. Portanto, ainda não está claro, dada a separação das disciplinas, o que de cada ciência devemos englobar para entendermos a totalidade do fenômeno linguístico. Tudo que é rotulado nos estudos linguísticos como "teoria" ainda é, de fato, incipiente, se comparado com a Física ou a Biologia. Modelos linguísticos realmente dedutivos e revolucionários, parecidos com os de Newton ou de Darwin-Wallace, ainda estão reservados para o futuro e, para tal, a uniformização terminológica seria o primeiro passo.

A diversidade de conceituações para o mesmo termo, em vez de promover o diálogo entre diferentes correntes teóricas, na verdade dificulta-o. Obviamente, a diversidade de uso de conceitos não deve confundir-se com a diversidade teórica. Somente a partir de conceitos muito bem definidos pode haver conjecturas ou refutações, mas teorias sequer poderão desenvolver-se plenamente, se não houver definições claras em uma Ciência da Linguagem unificada (Hegenberg, 1974). Em Biologia, o conceito de *espécie* modificou-se com o tempo, por causa de razões epistemológicas. No entanto, superando a subjetividade, a Nomenclatura Zoológica focou as ferramentas mais básicas que promovem a discussão, a saber, os nomes científicos. Para resolver esse inextricável problema, estabeleceu-se o ICZN (*International Commission on Zoological Nomenclature*), órgão internacional que se diz "responsável por determinar e dirigir o sistema que assegura que todo animal tenha um único nome científico universalmente válido". Em vigor desde 1895, utiliza-se do *princípio da prioridade* contado a partir de um marco-zero: a data arbitrária de 1/1/1758 (referente ao ano da publicação da 10ª edição do *Systema Naturae* de Carolus Linnæus e da obra *Aranei Svecici,* de Carl Alexander Clerk, artigo § 1.3.1), definida e aceita universalmente. Toda uma legislação (disponível em http://www.iczn.org) foi criada a partir dos problemas de uso dos nomes científicos. Questões como o país da publicação ou a língua em que a descrição foi feita não contam nas decisões, de modo que o investigador se concentra no fato a ser estudado, independentemente da linha teórica que siga. Nesse caso, a terminologia antecede a teorização, rompendo o ciclo que imagina ser a metalinguagem dependente de uma teoria. Na verdade, as teorias conflitantes em qualquer ciência necessitam de termos bem definidos e essas definições deveriam ser sistematizadas. Em nenhuma área de conhecimento, a polissemia terminológica é mais indesejável do que na Ciência de Linguagem.

A falta de uma sistematização terminológica acaba transformando muitas considerações pertinentes em demérito. O quc conta, na prática, é a corrente em voga, normalmente esquecida por outra, mais influente, que surge a seguir. Um passo parecido com o da Nomenclatura Zoológica em Linguística evitaria que os termos técnicos fossem obscuros ou polissêmicos. Também evitaria que elementos externos (por exemplo, o vaivém dos modismos ditados pelos países que centralizaram, ao longo da História, o debate acerca de questões relativas ao saber) se sobrepusessem a essa questão. O que falta, porém, para implementar-se um órgão internacional de Nomenclatura Linguística é apenas um congresso de aceitação internacional, se é possível fazê-lo, dado o cipoal de escolas mutuamente discordantes desenvolvidas, sobretudo, no século XX.

O maior problema seria determinar o marco-zero da Linguística: seria alguma obra de Chomsky? Saussure? Humboldt? Leibniz? Dionísio Trácio? Aristóteles? Pāṇini? Discussões sobre a cientificidade ou reivindicações de originalidade, testemunhadas ao longo da História da Linguística geraram, na prática, o abandono de ideias promissoras. A possibilidade de se implementar algo parecido com o proposto pela Nomenclatura Zoológica é muitas vezes descartada pelo argumento evidente de que os autores antigos não falam *exatamente* a mesma coisa que os modernos. Nisso se vê que faltam, efetivamente, definições para a Ciência da Linguagem. Já se tentou fazer uma organização terminológica nesse sentido (por exemplo, Bloomfield, 1926), mas o consenso é quase obra do acaso e, aparentemente, só funcionou, até agora, com o IPA. Sem termos fixos e suas definições, é impossível saber se dois autores tratam do mesmo assunto ou não e, naturalmente, surge uma proliferação de termos novos desnecessários. Aparentemente, o relativismo sempre é invocado nesses momentos, deixando-nos incapazes de ver boas propostas. O uso universal do latim pareceu uma boa solução dada pela Biologia do século XVIII para o abandono dos nomes populares dos animais e plantas, mas talvez não o seja para a Linguística atual (mas qual seria? O inglês? Uma língua artificial?). Mesmo no IPA, observa-se que o termo proposto ingl *plosive* é traduzido como *oclusiva* no português (há autores que fazem distinção entre as definições de *plosivas* e *oclusivas,* já outros as consideram sinônimas). Paralelamente aos anglicismos *trill* e *tap,* ainda se usam *vibrante múltipla* e *vibrante simples,* embora haja os que os tentem adaptar (por exemplo, *tepe*). Os termos *surdo* e *sonoro*, equivalentes respectivamente ao ingl *unvoiced* (ou *voiceless*) e *voiced,* convivem com outros mais recentes: *desvozeado* e *vozeado.* O termo *sonoridade*, às vezes, confunde conceitos distintos como ingl *voicing* e ingl *sonority.* Para driblar essa dificuldade, alguns dizem *vozeamento* para o ingl *voicing* (e aposentam o termo *sonoridade*) e *soância*, ou *sonância*, para o ingl *sonority* (ou ainda mantêm, nesse último caso, o termo *sonoridade*). Além de não haver uma linguagem universal, como na Nomenclatura Zoológica, o IPA não dá propostas de como deveriam ser as traduções dos seus termos em português, nem há representantes do IPA em cada país para fazê-lo. Quando saímos da Fonética e vamos para a Semântica, abismos intransponíveis se abrem na área terminológica.

A despeito das complicações teóricas, é facilmente verificável que não só são possíveis diversas visões sobre a essência das línguas, mas também sobre seu *uso.* Outras faces se revelam além das seis visões anteriormente apresentadas (língua-ferramenta, língua ideal, língua como conjunto de paradigmas, língua como conjunto de peças, língua como substância bruta, língua como conjunto de regras). Por *língua* podemos entender, sob a ótica do uso: a língua que falamos e ouvimos, a com que pensamos, a que analisamos ou ainda a com que analisamos.

A língua que falamos e ouvimos, ou seja, a com que nos expressamos, é um *código* herdado, que equivale à língua-ferramenta, sob a ótica da sua essência. Serve, sobretudo, para a interação social, para a comunicação e para a argumentação. Desse modo, se nos tornamos conscientes de que a língua é composta de unidades de diversos tamanhos (fonemas, morfemas, palavras, expressões idiomáticas), concluiremos, após observação e reflexão, que essa ferramenta foi *herdada* da geração que a usava antes do nascimento do falante, como veremos.

Por outro lado, argumenta-se que o falante só pode ter aprendido essa língua-ferramenta porque algo lhe facultou a aquisição – certamente, algum mecanismo inato sem equivalência óbvia entre outras espécies de animais, embora a etologia nos dê exemplos espetaculares de outros instintos herdados e aprendidos (Lorenz, 1978). Todo processo consiste em codificar ou decodificar os nossos pensamentos. Imagina-se ainda que os pensamentos não sejam compostos da mesma língua herdada anteriormente referida, a qual se afiguraria bastante lenta, comparada com o raciocínio humano. Isso tem dado azo a muita discussão acerca da existência de um *mentalês*.

Por fim, aquilo por que se interessa o estudo científico da Ciência da Linguagem pode ser tanto essa língua-ferramenta quanto uma língua ideal, como vimos. Pode ser ainda a língua como código ou como conjunto de unidades mentais. Seja qual for, essa *língua-objeto,* por assim dizer, é necessariamente um recorte do complexo código herdado e o acesso a ele se dá sempre de forma indireta.

A via que possibilita o estudo científico depende de um uso especial da língua. O pesquisador se vale, para explicar a língua-objeto, de unidades mais abstratas, que configuram a *metalinguagem*, a qual não se confunde nem com a língua-ferramenta nem com a língua-objeto. Existe uma ilusão de que esteja acima dos signos linguísticos mais comuns e que não seja, por isso, uma parcela deles, no entanto, nunca antecede a língua-objeto, pois mesmo os conceitos mais abstratos da Lógica necessitam da metalinguagem para se tornarem compreensíveis. Somente por convenção é possível admitir que isso ocorra.

Portanto, além dos seis modos de compreender a essência da língua, não é possível deixar de lado essas quatro faces do seu uso. Todos os ângulos de onde nascem os estudos linguísticos se distribuem entre a Fonologia, Morfologia, Sintaxe e Semântica. A face com a qual lidaremos neste livro é a primeira: o código linguístico e sua origem. O código, por sua vez, é, como dissemos, uma lista de unidades e um conjunto de regras. Focalizaremos apenas as unidades. A partir delas, duas questões se levantam: como funcionam? Como surgiram? A primeira questão tenta ser respondida pela Linguística Sincrônica e pela Pragmática. A segunda é objeto de estudo da Linguística Diacrônica. Toda língua viva pode ser definida como um *sistema herdado em movimento*. Abstrai-se dessa evidência que o sistema, por sua vez, foi herdado de outros sistemas pretéritos. Além disso, aponta não só para esse passado, mas também para um futuro, por meio da produtividade de suas regras: de fato, somente uma língua morta não teria esse comportamento. Esta definição de língua parece adequada para todas as posturas e ninguém (com alguma reflexão para além da visão da língua-ferramenta) poderá imaginá-la como algo caótico ou estático. Mas também é verdade que nem tudo é organizado e dinâmico: é comum haver irregularidades nas línguas e há setores nelas que são mais permeáveis à mudança do que outros. Podemos dizer então que, dentro desse sistema herdado em movimento, há elementos que mudam com mais dificuldade, o que gera a aparência de caos nas exceções. Com o intuito de entendê-las, surgiram diversos modelos teóricos. Nos capítulos subsequentes, veremos como é possível extrair, com o método diacrônico, do aparente caos, algumas regularidades muito produtivas.

A primeira parte deste livro tratará de alguns dos mais importantes autores que se debruçaram sobre a questão do étimo. Despindo-nos de todo preconceito para com o chamado *período pré-científico* (como foi chamado por certos manuais de Historiografia do séculos XIX e XX), veremos que a preocupação com a origem das palavras aos poucos dará à luz métodos que conferiram cientificidade às questões linguísticas. Em vez de frisarmos o caráter "não científico" dos autores antigos, pensamos ser mais produtivo observar o modo como componentes hoje universalmente válidos foram estabelecendo-se ao longo do tempo.

A segunda parte detalhará e discutirá o método etimológico propriamente dito em suas minúcias, com a apresentação de muitos exemplos e problemas ainda não solucionados. Diremos *Etimologia*, com letra maiúscula, quando nos referirmos à ciência etimológica e *etimologia*, com minúsculas, para o estudo etimológico de uma palavra ou de um elemento de formação. Mantivemos também a grafia dos autores citados sem atualizá-la. A pesquisa etimológica, como qualquer modelo científico bem empregado, não pretende dar explicação a todas as palavras. Grandes lacunas ainda subsistem, parte porque o tempo teve sua participação destruindo provas, parte porque os estudos históricos que floresciam até início do século XX foram abortados subitamente no período das Guerras Mundiais e hoje sua leitura é praticamente restrita a especialistas em Historiografia.

No intuito de ampliar as discussões sobre questões diacrônicas que, de modo algum, foram encerradas e dada uma certa premência para informar um público que, diferentemente de outros tempos, não tem formação clássica, este livro pretende oferecer os passos da boa técnica etimológica. Isso nos desobriga de comentar as opiniões reinantes, pouco científicas, de muitos livros sobre o assunto. A escassez de títulos confiáveis atualmente é tal (não só no Brasil) que não são poucas as pessoas convictas de que a Etimologia é algo mais parecido com a Astrologia do que com a Astronomia, ou ainda pior, algo meramente envolvido com o entretenimento e não com algum estudo sério da linguagem. Com o intuito de demonstrar o contrário, convido-os à leitura deste livro.

Antes, porém, gostaria de agradecer aqui a algumas pessoas. Em primeiro lugar, a Sandra Ferreira, com especial amor, pelo apoio, carinho, paciência e companheirismo com que acompanha mesmo à distância todos os aspectos de minha vida. Quero dedicar este livro também a meus filhos Evandro e Augusto, os quais amo, apesar da constante ausência. Aos meus familiares, meu pai Benedito Viaro e minhas irmãs Marisol e Mara Sílvia, que tão pouco vejo. Este livro também foi feito em memória de minha mãe Maria Soler Viaro, do professor Benedito Alípio Monteiro Soares e de meu amigo Tiago Courrol Ramos, pessoas importantes na minha vida que tão cedo se foram, sem podermos concluir nossos infinitos diálogos. Dedico esta obra a alguns pesquisadores que foram importantes para meu percurso acadêmico: inicialmente ao prof. Dr. Bruno F. Bassetto, da USP, que me pôs em contato com parte da bibliografia historiográfica durante meu mestrado e doutorado; ao prof. Dr. Michael Ferreira, da Universidade de Georgetown, que tive o prazer de conhecer durante o ROSÆ, em Salvador; à profa. Dra. Graça Maria Rio-Torto, minha orientadora de pós-doutoramento na Universidade de Coimbra; finalmente, à profa. Dra. Rosa Virgínia Mattos e Silva e aos pesquisadores da UFBA (Américo, Carmen, Clara, Denike, Evelin,

Laurete, Letícia, Lisana, Lucas, Mairim, Márcia), que tão bem me acolheram em novembro de 2009, quando lhes ofereci um inédito curso de Etimologia. Agradeço também a Joaci Furtado e a Luís Costa, por possibilitar a divulgação da Etimologia, tão importante para a reflexão linguística no Brasil. A Walter Weiszflog e a Rosana Trevisan, pela oportunidade do contato com questões etimológicas, longo convívio em que amadureceram minhas ideias aqui apresentadas. Ao prof. Jaime Pinsky, da Editora Contexto, por acolher tão bem este meu projeto. Aos meus amigos, orientandos, ex-orientandos, alunos e ex-alunos que tornaram e tornam minha vida mais alegre, mais rica, mais dinâmica e menos solitária (Alessandra, Alice, Amábile, Amanda, Amílton, Anielle, Andréa, Artur, Bruna, Carol, Chico, Christian, Denise, Eliane, Érica, Érika, Everton, Fernando, Fran, Ícaro, Luana, Marco, Marta, Maurício, Nilsa, Paula, Valéria Sabrina, Sun, Whilk, Zwinglio e, sobretudo, à minha querida amiga Valéria Condé). Aos meus colegas da Área de Filologia e Língua Portuguesa e do Departamento de Letras Clássicas e Vernáculas da USP. A todos vocês está dedicado, com especial carinho, este meu estudo.

Mário Eduardo Viaro

Primeira parte:

Pequena historiografia da ciência etimológica

Platão

Não é possível saber desde quando existe, no Ocidente, a consciência etimológica, mas há testemunhos de, pelo menos, 25 séculos. Nos textos sobreviventes de Heráclito de Éfeso (c540-470 a.C.), jogos de palavras apontam para uma Etimologia incipiente. No fragmento 48, que diz *biós tōi tóksōi ónoma bíos érgon dè thánatos* "do arco, o nome é vida e a obra é morte", a oposição *vida* x *morte* se vê num jogo de palavras (*bíos* "vida" x *biós* "arco"), cuja semelhança sonora revelaria significados ocultos, para além dos conhecidos pelo falante. Outros casos se veem nos fragmentos 25, 32 e 114, o que nos convida a pensar que nessa época já se era sensível às semelhanças fônicas e a alguma relação possível entre expressão e significado, no caso das palavras sonoramente parecidas.

Os seguidores de Heráclito viam o mundo como que um movimento perpétuo. As semelhanças entre vocábulos estariam, portanto, escondidas, pois, acreditavam que, após terem sido criadas, as palavras sofreram modificações que as tornaram como são hoje. Trata-se, ao que tudo indica, da primeira noção de Diacronia no Ocidente. O instrumental para provar a existência dessas transformações, assim como um método para além do julgamento casual das semelhanças sonoras, ainda não haviam sido plenamente desenvolvidos. O *insight,* contudo, é bastante impressionante.

Como se sabe, Platão (c428-347 a.C.) explora em seus diálogos várias discussões dos sofistas de sua época. Etimologias aparecem de forma parcimoniosa em *Protágoras* 312c, 361d; *Fedro* 237a, 238c, 244b, 251c, 255c; *Teeteto* 194c; *República* 2:369c; *Górgias* 493a; *Fédon* 80-81d; *Sofista* 221c, 228d; *Leis* 2:654a, 7:816a, 12:957c, mas é no *Crátilo,* escrito por volta de 386-385 a.C. que esses problemas são discutidos de modo mais abrangente.

A personagem principal que dá nome ao diálogo, Crátilo (em grego, *Kratýlos*), havia sido o primeiro mestre de Platão, antes de Sócrates. Seguia o pensamento heraclitiano do fluxo universal, ao qual Platão, valendo-se de sua personagem Sócrates, visivelmente se opõe. Platão, em vários diálogos, defende que há o Bom e o Belo em si, sempre parecido consigo mesmo e, se tudo fluísse, como diz Heráclito, não seria possível conhecê-los. Não estando nunca nada no mesmo estado, não seria possível dizer o que é eterno. Se o conhecimento também fosse submisso à lei da mudança, perderia sem cessar suas características e não haveria, por fim, conhecimento algum.

Por isso, todo o diálogo parece um pretexto de Platão para mostrar quão vã é a discussão sobre a origem da linguagem. No início, Crátilo está conversando com Hermógenes. Como Hermógenes não consegue entender o que Crátilo quer dizer por meio de um enigma ("teu nome não é Hermógenes, ainda que todos o chamem assim", 383b), a ajuda de Sócrates é solicitada. A grande oposição entre Hermógenes e Crátilo é uma versão da discussão posteriormente desenvolvida pelos estoicos. Discutem se as palavras tinham sido formadas por meio de uma convenção (*nómōi kaì éthei*) ou se as denominações são justas e fazem parte da essência da palavra (*phýsei*). Sócrates simula ignorância, mas defende, na primeira parte do diálogo, a posição de Crátilo, convencendo Hermógenes de que a segunda opção é a correta. Quando a questão parece resolvida, todavia, Sócrates põe em dúvida tudo o que já havia dito. As razões dessa mudança de perspectiva não são simples, mas Méridier (1931) observa que o intuito de Sócrates é mostrar, ao final do diálogo, que é indiferente a ambas as posturas, já que os nomes não são bons guias para atingir o conhecimento e é preciso ver as coisas em si e não suas denominações. Apesar de seu julgamento ambíguo a respeito das questões etimológicas, Platão foi o melhor intérprete de como a discussão se efetuava em sua época, embora não use nem o termo *étymon* nem a palavra *etymología,* que mais tarde se encontrarão em outros autores.

Simulando concordar com essa tese, para mostrando a Hermógenes que está errado, Sócrates afirma que a chamada "justa denominação" (*onómatos orthótēs*) para os objetos deveria ser investigada por meio da análise etimológica, que consiste em reconhecer o nome dado pelo "nomeador" das coisas (*nomothétēs*), o qual não teria sido uma única pessoa, num único momento (388e). Por fim, acaba mostrando a Hermógenes que as coisas têm uma essência fixa e estável (386a) e que os atos que se referem às coisas são uma determinada forma de realidade (386e). Ora, como falar é um ato e denominar, uma parte de falar, é preciso nomear as coisas segundo o meio de que dispomos naturalmente (387d), a saber, os nomes (388b). O "nomeador" teria estabelecido os nomes particulares, fixando seus olhos no "nome em si", impondo-lhes os sons e as sílabas apropriadamente, assim como o tecelão se serve de diferentes tipos de lançadeiras para obter diferentes tipos de tecidos (389d-390a). O "orador" (*dialektikós*) seria o especialista que se serve da obra desse artífice de nomes e também quem o dirige. Fixar os nomes, portanto, não é obra para qualquer pessoa. Segue-se uma longa série de explicações etimológicas, cujo método será analisado a seguir.

A maioria desses étimos teria o intuito de simular concordância com o eterno fluxo heraclitiano. Grande é o número de palavras que associam, em sua etimologia, o movimento à justeza e ao bem. Desse modo, todas as noções morais são obstinadamente explicadas dessa forma: o "pensamento" (*phrónēsis*), por exemplo, é o auxiliar do movimento (*phorâs ónēsis*); o "bom" (*agathós*) reuniria o que é admirável (*agastón*) na natureza, a saber, seus elementos rápidos (*thóon*); o "justo" (*díkaios*) possui três explicações nesse sentido: trata-se de tudo pelo qual o princípio heraclitiano passa, "percorrendo-o" (*diaïón*) ou é a causa "pela qual" (*di'hò)* as coisas nascem ou ainda é o próprio sol, que "percorre" e "aquece" (*diaïón+kaón*) os seres etc. Contrariamente, a covardia (*deilía*) seria algo que impede o movimento como um laço (*desmós*) que aperta fortemente (*lían*) a alma. O embaraço (*aporía*) faria obstáculo ao movimento e à marcha (*poreúesthai*) das coisas. O desgosto (*anía*) é o que impede (*an–*) o movimento (*iénai*). O amor (*érōs*) é o que penetra (*rhoûs*), correndo, para dentro (*eis–*) da alma e, por isso, deveria chamar-se ★*ésros.* Algo prejudicial (*blaberón*) é o que atrapalha o curso (*blápton tòn rhoûn*) das coisas (valendo-se de uma forma hipotética **boulapteroûn*) etc. Nesse ponto, as etimologias se tornam tremendamente engenhosas para Hermógenes (417e) e Sócrates se exime, dizendo que a culpa é dos que estabelecem os nomes (418a).

Ao final, após esclarecer a denominação de vários heróis e deuses, Sócrates resolve desistir, alegando ter medo de propor étimos para eles (408b). Hermógenes, porém, ainda confuso com o enigma inicial de Crátilo, pede a Sócrates que lhe explique a origem do nome do deus *Hermēs* (já que seu próprio nome significaria "da raça de Hermes"). Sócrates lembra que, entre os atributos desse deus, está o de ser intérprete (*hermēneús*). Seu étimo, portanto, proviria do verbo homérico *emēsato* "ele imaginou" e do verbo arcaico *eírein* "falar": *tò eírein emēsato* "ele imaginou a fala" (407d-408b). Transformações dessa frase gerariam um hipotético **Eirémēs*, o qual, modificado por "embelezamento", se tornou *Hermēs*. Hermógenes consegue decifrar, por meio desses dados, o que Crátilo queria dizer com seu enigma inicial: como não sabia falar bem, Crátilo lhe recusava o nome, por não corresponder à realidade.

Na segunda parte do diálogo, Sócrates contesta a tese de Crátilo (438a-b), mostrando que é inegável que haja algo de arbitrário na escolha dos nomes. O fluxo heraclitiano, por exemplo, não parecia entrever-se em alguns étimos. Assim, argumenta que *epistēmē* "conhecimento" parece provir também de *hístēsis* "ato de ficar parado", como se nossa alma ficasse parada sobre os objetos, em vez de acompanhar seu movimento. Também *bébaion* "estável" parece provir de uma "base" (*básis*) e não de algo móvel. O étimo da palavra para "seguro" (*pistón*) parece ligar-se à ideia de estar "parando" (*histán*) e, inversamente, etimologias de termos associados a coisas ruins como *amathía* "ignorância" parecem apontar para *hama theōi ióntos* "que Deus acompanha em seu movimento" ou, ainda, *akolasía* "desregramento" parece aproximar-se de *akolouthía* "ação de seguir". Desse modo, Sócrates mostra a Crátilo que os nomes aplicados às piores coisas se parecem com as melhores. Se prosseguisse com a procura de outros étimos, chegaria à conclusão oposta da dos heraclitianos, ou seja, que o "nomeador" designou as coisas como se estivessem em repouso e não em marcha (437b-c). Calcular o percentual de quantos étimos se comportariam assim não seria uma atitude válida, segundo Sócrates, pois, falando de verdades, estaríamos tratando-as como uma votação (437d).

Crátilo recusa-se a acreditar que os nomes tenham sido mal estabelecidos, pois se aferra na opinião de que é impossível falar falsamente (430a). Para Sócrates, porém, o nome é uma imagem e não uma réplica exata do objeto, pois basta representar aquilo que lhe é essencial. A imagem existe mesmo quando não há todos os traços apropriados. Seria desejável que um nome fosse o mais semelhante possível ao objeto que representa, mas deve-se admitir que haja uma parte de convenção. O "nomeador" se regulou pela ideia que fazia das coisas, mas quem poderá garantir que tinha uma ideia justa delas? Nesse ponto, Crátilo chega a supor que os nomes talvez tenham sido estabelecidos por um poder sobre-humano (437b-439b). Sócrates, por fim, faz a alusão irônica de que talvez a ideia do fluxo perpétuo seja uma ilusão provocada pelo próprio estado de vertigem do investigador, o que equivaleria a alguém acometido por catarro imaginar que tudo é fluido (411b, 440d).

Detalhemos agora os métodos de que Platão se vale para estabelecer seus étimos. É preciso lembrar, contudo, que Sócrates se diz possuído por uma sabedoria adquirida de Eutífron, o que parece irônico a Méridier, pois essa pesssoa é tida como louca e é muito malvista em outros diálogos. Isso faz Méridier pensar que toda a longa passagem sobre a origem dos nomes não deva, no final das contas, ser levada a sério.

Na sua enumeração de étimos, Sócrates, ao longo de sua argumentação, se empenha no exame etimológico de vários grupos de palavras: nomes de deuses (400e-408d), astros e fenômenos naturais (409a-410e), além de noções morais (411c-421c). Conclui que esses nomes são derivados e compostos. Para interpretá-los, é preciso remontar aos nomes primitivos (*tà prōta onómata*) e descobrir de onde proveem. Surge o primeiro problema: se os primitivos não podem ser explicados à luz de outros nomes ainda mais primitivos, devemos pensar num procedimento distinto. Por isso, o nome deve transparecer a natureza do objeto designado (422d), mas nomear um galo não é o mesmo que imitar o seu canto. Conclui, portanto, que a essência do nome se deve extrair das propriedades das letras e das sílabas (423e). Nesse momento, Platão revela toda a terminologia da época com respeito à Fonética e às classes de palavras (421c-425b) e em seguida mostra que há um simbolismo entre os sons e as coisas que expressam (425b-427d): o som *r* denota movimento; *i*, a leveza; *ps*, *ph*, *s*, *z*, uma agitação; *d*, *t*, uma interrupção; *l*, um deslizamento; *n*, uma interioridade; *a*, *ē*, um tamanho e um comprimento; *o*, uma redondeza. Essa adequação entre significante e significado será, ao final do diálogo, como visto, negada quando Sócrates mostra a Crátilo que deve haver algo de convencional nas palavras, senão "dureza" não seria chamada *sklērótēs* pelos atenienses e *sklērótēr* pelos falantes da Eritreia (434c-d): o *r* e o *s* não denotam a mesma coisa e, nesse caso, parecem iguais. Também o *l* exprime, nessas palavras, o contrário do que deveria exprimir a "dureza".

Busca-se o étimo normalmente em palavras que se assemelham foneticamente ou em grupos de palavras, que se juntam numa composição hipotética (cf. Segunda Parte, § 1.5). Não se trata sempre de homônimos: nesse processo, diversos sons são acrescentados, subtraídos, transpostos ou transformados ao bel-prazer (a chamada etimologia *ad libitum*). As letras do étimo e da palavra estudada normalmente têm alguma semelhança. O acento não tem qualquer papel e supostos deslocamentos nunca são explicados e a aspiração no início das palavras é ignorada. As terminações também o são. Como em muitos outros casos, para justificar o aparecimento de um *–k–* em *díkaios* "justo", a partir do étimo proposto, *diaïón* "que percorre", Sócrates alega que a desfiguração da palavra original se deveu a um "embelezamento". Nos casos mais problemáticos, aventa-se uma origem bárbara. Inserções e subtrações a serviço do étimo estão presentes, a cada passo, nas etimologias platônicas, por ex. *hēdonē* "prazer" é derivada de uma forma hipotética **hēonē,* com a inserção *ad hoc* de um *–d–,* sem grandes explicações. Os étimos-frases (ou seja, reduções arbitrárias de frases inteiras) ocorrem em muitos outros exemplos: o deus *Ouranós* é aquele que tudo vê do alto (*orôsa tà ánō*), o homem (*ánthrōpos*) é "aquele que examina o que viu" (*anathrōn ha ópōpe*) etc. Nomes hipotéticos aparecem em muitos momentos do diálogo. Pautam-se, por vezes, em formas arcaicas: assim o nome da lua (*selēnē*) é mais visível na palavra homérica *selenaía,* que remontaria à espetacular **selaenoneoáeia* (409a-c), porque seu brilho (*sélas*) é sempre (*aeí*) novo (*néon*) e antigo (*hénon*), seguindo o ensinamento de Anaxágoras (c500-428 a.C.). Algumas regras fonéticas são explicitamente citadas, como num dos étimos do nome do deus *Poseidōn,* ou seja, *pollà eidótos* "ele sabe muitas coisas", no qual teria ocorrido uma transformação do *l* em *s*. Além de muitas supressões, teria havido acréscimos de letras ou sílabas: o nome do deus *Hēphaistos* proviria, supostamente, de *phaîstos* "brilhante". Também a transposição de sons é prevista no étimo da deusa *Hēra*, que proviria do nome grego para "ar" (*aēr*), com engenhosa transposição do *a–* inicial de *aēr* para o final da palavra *Hēra.* Muito complexa é a explicação das transformações do nome da deusa *Athēnē* (407a-c).

Muitos étimos são obtidos por meio de adjetivos ou verbos que, de forma direta ou tortuosa, representariam a essência do objeto. O nome de *Oréstēs*, por exemplo, viria de sua natureza feroz, típica também de quem é montanhês (*oreinós*), desse modo, apenas o início das palavras (*or–*) tem alguma semelhança formal. O nome de *Agamémnōn* se explica pelo fato de ter sido admirável (*agastós*) por sua perseverança (*epimonē*) no longo cerco a Troia. Pode parecer estranho que *epimonē* possa justificar a terminação *–mémnōn* do nome do herói, pois a sua semelhança se reduz à sequência consonantal *–mn–*, mas, se desconsiderarmos as terminações e o prefixo *epi–* e se levarmos em conta uma possível reduplicação (*me–*) e as alternâncias metafônicas *ø/o* (*–mon–*), comuns na língua grega, a explicação platônica torna-se plausível a seus leitores coevos. O mesmo aparentemente ocorre com o nome da palavra para "corpo" (*sôma*), que teria vindo ou de "túmulo" ou de "sinal" (*sêma*).

O nome dos heróis e deuses são étimos *a posteriori*, pois são denominações que preveem características e ações futuras: no caso de *Tántalos*, após sua morte, teria no Hades uma pedra suspensa (*talanteía*) sobre sua cabeça, como se vê em Píndaro (c522-c445 a.C.), na sua primeira ode olímpica (v. 57). A aceitação de explicações desse tipo encontra base na noção de "destino" entre os gregos: o nome seria, portanto, uma espécie de vaticínio (princípio sintetizado pelos romanos na expressão *nomen omen* "o nome é um augúrio"). Também as irregularidades flexionais são trazidas à baila nas explicações: *Zeûs* seria "aquele por quem (*di'hòn*) todos os seres obtêm a vida (*zēn*)", étimo que se justifica pelas formas acusativas irregulares da palavra *Zeûs,* a saber, *Zêna* (que lembra *zēn*) e *Día* (que lembra *di'hòn*), conhecidas dos falantes da época.

O que mais chama a atenção do leitor atual, porém, é a quantidade de opções etimológicas. Para *Atreús,* por exemplo, o étimo pode referir-se a suas ações funestas (*atērá*) ou ao fato de ter sido inflexível (*ateirés*) ou intrépido (*ástrestos*). Algumas soluções etimológicas são julgadas como melhores que outras: a alma (*psykhē*) teria esse nome porque proporcionaria ao corpo a capacidade de respirar, refrescando-o (*anapsýkhon*) ou porque veicularia e manteria (*ékhei*) sua natureza (*phýsis*). No último caso, o hipotético nome **physékhē,* assim formado, se teria transformado, mais tarde, por "embelezamento", em *psýkhē.* Múltiplas etimologias não se excluem, pois muitas vezes mostram diversos ângulos do mesmo ser (406b). Assim, todos os atributos de Apolo se veem em seus múltiplos étimos: sua simplicidade (*haploû*), sua capacidade de acertar o alvo (*aeì bállontos*), seu dom purificador (*apoloúōn*) e seu poder para acompanhar os movimentos das coisas (*homopoloúōn*). Para explicar melhor a última hipótese, Sócrates argumenta (405d) que *homo-* equivale a *a-*, valendo-se de casos paralelos (*akolouthón, ákoitis*).

Platão imagina que, por serem os bárbaros mais primitivos, suas palavras estariam mais próximas do momento original. Apesar de ser prática rara nos autores clássicos, chega a fazer alguma comparação interlinguística. Como Sócrates desconhece a etimologia da palavra "fogo" (*pŷr*), alude à sua semelhança com o vocábulo correspondente, usado pelos frígios (409d-e; cf. Primeira Parte, item "Gébelin"). Para Platão, também a língua grega primitiva devia ser algo incompreensível, pois provavelmente se assemelharia à dos bárbaros (414c). Tal afirmação revela notável reflexão intuitiva sobre a mudança diacrônica. No passado, afirma, os astros eram considerados os primeiros deuses e, portanto, de seu movimento (*theîn*) derivou-se o nome atual da palavra "deus" (*théos*). A primeira raça de Hesíodo, feita de ouro, era sensata e sábia (*daēmones*), o que gerou o nome dos gênios (*daímones*). Os heróis (*hērōs*) são semideuses, frutos do amor (*érōs*) entre os deuses e humanos.

Formas antigas estariam próximas do momento da criação do nome, isto é, do seu étimo, por isso Homero é, muitas vezes, citado. Também os demais dialetos gregos, por não terem o suposto "refinamento ático", estariam mais próximos da origem. A deusa *Hestía*, por exemplo, se aproxima da palavra que significa "essência" (*ousía*), mas isso é particularmente visível somente em formas dóricas (*essía* ou *ōsía*). Com isso, Platão mostra que os atenienses preferiram a eufonia à verdade (404d). Também para justificar o étimo *apoloúōn* "que lava", para o nome de Apolo (*Apóllō*), apresenta como étimo a denominação usada pelos tessálios (*Áploun*). Para *Lētō*, serve-se do dórico *láō* "querer". Para explicar a palavra "mês", Sócrates parte da forma *meís* (eólica, jônica, dórica) em vez da ática *mēn.* Para ele, os dialetos não áticos são mais conservadores e devem ser considerados, posição que o aproxima das conclusões da Dialetologia Moderna (cf. Primeira Parte, item "Meyer-Lübke"). Platão também atribui à fala das mulheres um caráter mais conservador (418 b-c), argumento encontrado ulteriormente, por exemplo, em Cícero (*De oratore* 12) e Silva Neto (1986[5]: 55). Por fim, a linguagem familiar pode, numa espécie de *insight,* servir de étimo: *Diónysos* é jocosamente chamado por alguns de seus contemporâneos de *Didoínysos,* o que remontaria ao étimo: "aquele que dá o vinho" (*didoùs tòn oînon*).

Por vezes, observa-se um caráter normativo nas sugestões etimológicas de Platão: para ele, o vinho (*oînos*) deveria chamar-se ★*oiónous,* pois dá uma ilusão de razão (*nous*) ao embriagado. Também *gê* "terra" deveria ser chamada ★*gaîa,* para satisfazer o étimo que apresenta. Segundo o mesmo raciocínio, diz ser preciso rejeitar o *e-* inicial de *epistēmē* "conhecimento" para que se chame ★*pistēmē,* transparecendo, assim, a palavra *pistós* "fiel", de onde deriva. Essa postura pré-vaugelaisiana (cf. Segunda Parte, § 1.2, §

3, § 4.1, § 5.1 e § 6.3), contudo, é muito incipiente e sutil, uma vez que a ideia de uma Gramática Normativa sequer era imaginada nessa época. Por outro lado, Platão aceita também explicações tradicionais, como a de Hesíodo, que justifica o nome de *Aphrodítēs* como derivado da "espuma" (*áphros*).

Mesmo que se possa negar todo o método empregado para a obtenção de étimos desse diálogo, com base nos estudos posteriores, é muito importante reconhecer os expedientes utilizados. Méridier calcula que Platão se aproximou de um étimo correto em cerca de 20% das 122 palavras analisadas. As etimologias platônicas, contudo, obviamente, não remontam ao indo-europeu, mas a supostos cognatos pouco óbvios. Independentemente do nosso julgamento atual, uma leitura atenta mostra que o método platônico antecipa vários procedimentos aplicados com maior rigor milênios mais tarde.

Os problemas levantados, porém, nesse profundo diálogo de Platão não são ultrapassados. Possivelmente nunca serão resolvidos. Além disso, sua importância está em informar como era feita a Etimologia na Antiguidade mais remota. Os que o seguirão terão uma postura mais dogmática acerca dos étimos, pois não problematizaram o método, como fez. Isso é particularmente verdadeiro entre os romanos.

Isidoro de Sevilha

Saltando 1200 anos, para o século VII d.C. na Alta Idade Média espanhola antes da entrada dos árabes na Península Ibérica, encontramos a obra de Isidorus Sevillanus (c560-636), bispo de 600-636, que compôs as suas *Etymologiæ*, de caráter enciclopédico, durante o período dos visigodos. O número de étimos é imenso e os vinte livros dessa obra, carregados de erudição (mais de 150 autores são citados), tratam de vários assuntos: Gramática, Retórica, Dialética, Matemática, Medicina, Leis, Meteorologia, línguas, animais, elementos, Geografia, Arquitetura, Pintura, Agricultura, Guerra, Ginástica, Navegação, vestimentas, técnicas de artesanato etc. Constituem verdadeiros campos semânticos para um estudo lexical. Sobretudo no livro X (*de vocabulis*) é possível ver a aplicação da técnica etimológica em uma vasta lista de palavras, na maior parte, ordenadas alfabeticamente. Uma das preocupações constantes de Isidoro é informar o que a palavra significa e, portanto, confundem-se, muitas vezes, significado e étimo. Em vários casos, encontram-se palavras das quais só dá uma definição, mas nenhuma etimologia propriamente dita (cf. *amarus* 10: 10, *dives* 10: 68). Isso se deve a uma visão sintética do que era considerado "significado" na sua época, o que incluía seu étimo. Tal fato será observado, séculos depois, por Tomás de Aquino (1225-1274), quando mostra a diferença da postura dos autores. Por exemplo, se Damasceno (?-749) derivou o nome grego de Deus (*Théos*) de vários étimos: "prover" (*théein*), "arder" (*áithein*) ou "ver" (*theástai*) e Ambrósio (337/340-397), por sua vez, afirmou que o nome de Deus é natural, Tomás de Aquino solucionará problemas como esse, afirmando que o significado de um nome nem sempre se identifica com a coisa a que se refere (*Summa Theologiæ* I: XIII: 8: 1-2). Em algumas passagens de sua extensa obra, ocorrerá a mesma prova: a palavra *lapis* "pedra" não é apenas o que quer seu étimo consagrado: *quod lædit pedem* "que fere o pé", pois outras coisas podem ferir o pé e não ser pedras, como o ferro (cf. II: II: 92: 1-2). Desse modo, para Tomás de Aquino, uma coisa é o significado e outra, a etimologia.

Seiscentos anos antes, porém, não havia a mesma reflexão. Na obra de Isidoro, é comum significado e etimologia se entrecruzarem nos seus comentários, na mesma tradição que recebeu dos alexandrinos e dos primeiros autores cristãos. Exemplo: para a palavra *inermis* "fraco" diz *vel sine arma, vel sine viribus* "sem armas ou sem forças" (10: 141), mesclando-se o étimo (*arma* "arma") com o significado (*vires* "forças"). Também nas metáforas, o significado é utilizado como se fosse um étimo. É o caso de *pedes* "pés", no sentido dado pela Métrica: "pois, por meio deles, andam os metros" (1: 17: 1). Traduções e decalques servem muitas vezes de étimos. Assim, restringe-se a dizer que *syllaba* é palavra grega, traduzível em latim como *conceptio* ou *conplexio* (1: 16: 1). No caso de *arithmetica*, diz que é a disciplina dos números, aos quais os gregos chamavam *arithmón* (3: 1: 1).

Para Isidoro, Etimologia é a origem dos vocábulos, deduzida dos verbos ou dos nomes por sua interpretação (1: 29: 1-5). A etimologia – chamada *sýmbolon* por Aristóteles e *adnotatio* por Cícero – deixaria, segundo ele, as palavras evidentes e, muitas vezes, o conhecimento (*cognitio*) é necessário para a correta interpretação dos nomes (*nam dum videns unde ortum est nomen, citum vis eius intellegis*). Isidoro acreditava ser mais fácil a investigação das coisas quando se conhece a etimologia (*omnis enim rei inspectio etymologia cognita planior est*). Numa posição conciliatória crê que nem todas as palavras teriam etimologia, pois algumas receberam os nomes não somente segundo a sua própria natureza (*secundum qualitatem, qua genita sunt*), mas também segundo a vontade humana (*iuxta arbitrium humanae voluntatis*). Desse modo, faz a seguinte tipologia de suas etimologias:

- *ex causa*: equivalem ao que hoje se chama "derivações" (portanto, um capítulo da Morfologia), por exemplo, *reges* "reis" viria de *regere* "reger". Também alguns casos de flexão aparecem: *cautus* "precavido" viria de *cavere* "precaver";
- *ex origine*: equivalem às etimologias propriamente ditas, por exemplo, sua célebre solução para *homo* "homem", que viria de *humus* "terra", como comentaremos a seguir;
- *ex contrariis*: a chamada etimologia por antítese, bastante comum nos textos antigos e famosa por seu caráter evidentemente fantasioso: *lutum* "lodo", que viria de *lavare* "lavar", justamente porque o lodo *não* é limpo;
- *ex nominum derivatione*: hoje também objeto de estudo da Morfologia. Nela segue-se de maneira quase sistemática uma regra em que o abstrato vem antes do adjetivo que o deriva (e não o contrário, como diríamos hoje), por exemplo: *prudens* "prudente" viria de *prudentia* "prudência" ou *garrulus* "tagarela" viria de *garrulitas* "tagarelice". Os filósofos de sua época concordavam que *sapiens*

"sábio" provinha de *sapientia* "sabedoria" porque, à maneira platônica, primeiro existe a ideia da sabedoria e, só depois, o sábio que a representa (*prius sapientia, deinde sapiens,* 10: 1). Outros exemplos: *celer* (10: 52); *felix* (10: 97); *vir* (10: 274, mas não em 11: 2: 17); *verus* (10: 275); *mulier* (11: 2: 18); *nubes* (13: 7: 2);

- *ex Graeca etymologia* (grecismos): algumas vezes, sem uma explicação mais detalhada do étimo (cf. *ánthrōpos* 11: 1: 5, *rhinoceron* 12: 2: 12, *hippopotamus* 12: 6: 21, *Mesopotamia* 14: 3: 13). Muitas vezes, a etimologia grega é correta: *grammatica* vem do gr *grámmata* "letras" (1: 5: 1), outras, porém, são fantasiosas: *ars* "arte" proviria, segundo Isidoro, do gr *aretē* "virtude" (1: 1: 2); *genus* "raça", do gr *gē* "terra" (11: 1: 2); *anima* "alma", do gr *ánemos* "vento" (11: 1: 7); *lac* "leite", do gr *leukós* "branco" (11: 1: 77); *silva* "mata", do gr *ksýlon* "madeira" por meio do hipotético **xylva* (13: 6: 5); *oliva* "oliveira", do sinônimo gr *élaion* (17: 7: 62). A semelhança entre o grego e o latim não deixou de ser percebida nos étimos sem que se propusesse uma origem comum a ambas as línguas. Normalmente se entende que o grego, por ser mais antigo, teria dado origem às formas latinas semelhantes: *dentes* "dentes" viria diretamente do sinônimo gr *odóntes* (11: 1: 52); *ungulas* "unhas", do gr *ónykhas* (11: 1: 70); *pedes* "pés", do gr *pódas* (11: 1: 112); *lupus* "lobo", do gr *lýkos* (12: 2: 23); *canis* "cão", do gr *kýōn* (12: 2: 25); *domus* "casa", do gr *dōmata* (15: 3: 1), *folia* "folhas", do gr *phýlla* (17: 6: 20); *buxus* "buxo", do gr *pýksos* (17: 7: 53); *gummi* "borracha", do gr *kómmi* (17: 7: 70);
- *ex nominibus locorum, urbium vel fluvium*: também derivações, mas provenientes de topônimos;
- *ex diversarum gentium sermone*: estrangeirismos provenientes das línguas bárbaras. Isidoro se manifesta expressamente sobre a dificuldade de localizar o étimo nesse tipo de palavras (*unde et origo eorum vix cernitur*). Também o hebraico é muitas vezes indiretamente citado, por exemplo, para *Paschæ* "Páscoa" (6: 17: 11). O nome do tigre (*tigris*) é referido como uma palavra persa ou meda que significa "flecha", devido à sua velocidade (12: 2: 7). Até mesmo étimos germânicos ecoam nas suas explicações: quando diz que os *Langobardi* "longobardos" são assim chamados devido à sua longa barba (9: 2: 95).

Adicionem-se a essa lista as palavras de origem onomatopaica, sobretudo nomes de animais: *gryllus* "grilo" (12: 3: 8), *gruis* "grou" (12: 7: 14), *bubo* "coruja" (12: 7: 39), *turtur* " pomba" (12: 7: 60), *coturnix* "codorna" (12: 7: 64). O número de palavras analisadas por Isidoro é espetacularmente grande e não se conhece nenhum cálculo percentual dos seus acertos, que são muitos, embora se tenham divulgado mais suas soluções fantasiosas. Como a maioria dos autores antigos, Isidoro, obviamente, seguia a intuição, sem um método evidente. Em vários casos, surpreende-nos com acertos, quando a semelhança nem sempre é tão óbvia, o que faz pensar que se tenha pautado em várias fontes clássicas: *agilis* "ágil" vem, segundo Isidoro, corretamente de *agere* "fazer" (10: 6); *alumnus* "aluno", de *alere* "alimentar" (10: 2); *adulter* "adúltero", de *alter* "outro" (10: 10); *humilis* "humilde" de *humus* "terra" (10: 132); *iniquus* "iníquo", de *æquus* "igual" (10: 132); *inimicus* "inimigo", de *amicus* (10: 132); *iners* "inerte", de *ars* "arte" (10: 141); *inermis* "inofensivo", de *arma* "armas" (10: 141); *ineptus* "inepto", de *aptus* "apto" (10: 143); *nemo* "ninguém", de *homo* "pessoa" (10: 184); *nihil* "nada", de *hilum* "pouquinho" (10: 185); *neuter* "neutro", de *uter* "ambos" (10: 187); *prudens* "prudente", de *videns* "que vê" (10: 201); *legumina* "legumes", de *legere* "colher" (17: 4: 1); *bellum* "guerra", de *duellum,* forma arcaica (18: 1: 9).

Isidoro tem consciência de que a origem dos nomes não é óbvia e, portanto, não é conhecida por todos, daí a razão de sua obra (10: 1). A diretriz utilizada em suas etimologias, como em Platão, é a equivalência sonora parcial entre o suposto étimo e a palavra analisada. Ora, tanto o grego quanto o latim tinham amplos quadros de irregularidade morfológica, razão pela qual se justificava uma discussão existente desde os estoicos: na língua prevalece a *anomalia* ou a *analogia*? A declinação dos nomes e a flexão verbal, de modo geral, fazia crer que havia algo de aleatório no surgimento e no desaparecimento de sons nas palavras irregulares. Idiossincrasias flexionais do latim justificam vários acertos de Isidoro nas derivações e composições: *concors* "concorde" é explicado como uma redução da expressão *conjunctio cordis* "união do coração", porque havia a consciência de que o *–d–* também pertencia à palavra (por exemplo, no genitivo *concordis*). Na formação dos particípios e derivados, irregularidades são bastante comuns:

- *lector* "leitor" ← *legere* "ler" (10: 154), cf. particípio *lectus*;
- *quæstor* "questor" ← *quærere* "perguntar" (10: 232), cf. particípio *quæstus*;
- *sessilis* "assento" ← *sedere* "sentar" (10: 261), cf. particípio *sessus.*

Também a mudança vocálica comum nas formações por prefixação e em composições (*apofonia*, cf. Segunda Parte § 2.4.2.5) colaborava para reforçar a tese da anomalia. Não conseguindo ver claramente as regras que orientavam a apofonia, imagina-se uma relação aleatória entre as vogais do étimo e as da palavra explicada. Isidoro, pautado por fontes antigas, por exemplo, acerta ao dizer que *solstitium* "solstício" provém de *solis statio* "permanência do sol", exemplo em que *–a–* passa, corretamente, a *–i–* em certos compostos (5: 24: 1, cf. Segunda Parte, § 2.4.2.5). Mas se a visão de uma língua anômala impera na obra de Isidoro, a analogia também não está ausente e há, como dito, certa conciliação de posturas. Similaridades são apresentadas: *moribundus* "moribundo" assemelha-se formalmente a *moriens* "o que morre", do mesmo modo que *vitabundus* "que procura evitar" o é em relação a *vivens* "que vive" (10: 181). A explicação pela analogia é evidente em *maxilla* "queixada", considerada diminutivo de *mala* "maçã do rosto", da mesma forma que *paxillus* "estaca" o é de *palus* "pau" e *taxillus* "dadinho", de *talus* "osso" (11: 1: 45). Também se equivale analogicamente o feminino de *leo* "leão", a saber, *leæna* a *dracæna,* feminino de *draco* "dragão" (12: 1: 32, 12: 2: 3).

É preciso, contudo, lembrar que a Etimologia, nesse período, se reduz, quase sempre, à sugestão de uma aproximação. Desse modo, *alacer* "rápido" é explicado *quasi aliger* "como se fosse dotado de asas" (10: 6). A apresentação de palavras hipotéticas intermediárias também é feita mediante a fórmula *quasi* "como se": para explicar a palavra *littera* "letra", se diz que é *quasi *legitera* (1: 15: 1, cf. Segunda Parte, § 1.5), ou como aquilo que mostra o caminho para os leitores (*legentibus iter*) ou que se repete lendo (*in legendo iteretur*). Além dos casos de apofonia, outras alterações fonéticas são anômalas e, portanto, bastante difíceis de se organizar (cf. Segunda Parte § 2.4.2.5). Por exemplo, diz que *æstas* "verão" equivale a *usta* "(coisas) queimadas". Observa-se, nesse caso, a mesma solução presente em Platão: ignorar as vogais (5: 35: 4). Outros exemplos: *iris* "arco-íris" viria de *aeris* "do ar" (13: 10: 1); *lacus* "lago", de *locus* "lugar" (13: 19: 2, cf. *lucus* 14: 8: 15). Formas hipotéticas e alternâncias vocálicas estão sempre juntas nos étimos isidorianos: *pœnitentĭa* "penitência" seria chamada assim porque ao se penitenciar, a pessoa pune (*punire*) o mal que admitiu. Desse modo, equivaleria à modificação de um suposto étimo **punitentĭa* (6: 19: 71). De origem grega seria o composto **leopus* "pé de leão", de onde teria vindo a palavra *lupus* "lobo", étimo proposto devido à força atribuída aos pés do lobo (12: 2: 23-24). O nome *apes* "abelhas" provém de um homófono **apes*, étimo híbrido que indica que esse animal não (gr *a–*) tem patas (lat *pes*) ao nascer (12: 8: 1). O topônimo *Etruria* viria de **heteroúria,* formado do gr *héteron* "outro" e do gr *óros* "montanha" (14: 4: 22), e a ilha de *Naxos*, de **Dionaxos,* palavra inspirada no deus Dionísio (14: 6: 27). O princípio mais evidente, como se pode observar, é a proximidade sonora e algum percurso semântico apresentado, em geral, de forma mais sucinta do que em Platão. Não é incomum a palavra investigada ser menor do que o étimo: por exemplo, *nomen* "nome" proviria de *notamen* "anotação".

Os metaplasmos (1: 25) já eram conhecidos pelos romanos (*latine transformatio*). As regras de adição, subtração, transposição e transformação eram aplicadas de forma quase aleatória, seja com dados da língua antiga, seja por meio da imaginação: *crudelis* "cruel" viria de *rudus* "rude", com o acréscimo do *c–*; *clamosus* "barulhento" viria de **calamosus*, associado a *calamus* "vara", isto é, "que soa" (10: 41) com a subtração do primeiro *–a–*. Outros exemplos: *clientes* (10: 53), *labia* (11: 1: 50), *lingua* (11: 1: 51). Algumas transformações fonéticas são explicitamente apresentadas. Isidoro deriva o vocábulo étnico *Senones* de **Xenones*, transformando-se o *x* em um *s* (9: 2: 106). Também associa o etnônimo *Vascones* à cidade de *Vacca*, substituindo o *c* por um *s* (9: 2: 107). Outros exemplos (alguns de fontes clássicas identificáveis): *assiduus* "assíduo" (10: 17), *ambo* "ambos" (10: 21), *fecunda* "fértil" (10: 111), *gloriosus* "glorioso" (10: 112), *siccus* "seco" (10: 262), *oculus* "olho" (11: 1: 36), *aures* "orelhas" (11: 1: 46), *asinus* "asno"(12: 1: 38), *ova* "ovos" (12: 7: 80), *meridies* "meio-dia" (13: 1: 6), *laurus* "louro" (17: 7: 2). Corretamente, Isidoro observa que um *–o–* equivale a uma forma mais antiga *–au–*, como *clodus* de *claudus* "coxo" (12: 3: 2), donde conclui que *sorex* "rato" viria também de um **saurex.*

De um modo geral, a Etimologia isidoriana parece mais caótica que a platônica, pois, muitas vezes, a semelhança entre o étimo e a palavra investigada é de apenas uma ou duas letras, como é o caso de *æmulus* "imitador" que proviria de *imitari* "imitar" (10: 7) ou *vagus* "errante", de *sine via* "sem caminho" (10: 280). Outros exemplos: *atrox* (10: 11), *venæ* (11: 1: 121), *cycnus* (12:7: 18). Como Platão, aceita que haja vários étimos sem que um se configure mais correto ou mais plausível que o outro. Por exemplo, imagina que *disciplina* ou provenha da palavra *discere* ou de uma corrupção da expressão *discitur plena* (1: 1: 1, 10: 66). Às vezes há uma falta de transparência semântica na relação: assim, *lactuca* "alface" viria de *lac* "leite" (17: 10: 10) ou por causa do leite que libera ou porque desenvolve o leite nas mães que amamentam. Ao contrário de Platão, no texto de Isidoro não há nenhum questionamento de onde viriam as palavras básicas que formam as expressões. Étimos-frases são, também, bastante frequentes. A palavra *amicus* "amigo" proviria de *animi custos* "guardião do ânimo" (10: 4), truncando ambos os componentes da expressão. Outros exemplos: *dirus* "funesto" proviria de *divina ira* (10: 75); *piger* "preguiçoso", de *pedibus æger* "enfermo dos pés" (10: 212); *verbum* "verbo", de *verberato aere sonat* "soa, fustigando o ar" (1: 9: 1). Normalmente esses étimos necessitam de informação adicional para fazer sentido.

Sufixos e desinências aparentemente não eram vistos como destacáveis em sua época. A improdutividade de alguns sufixos antigos (e de formas especiais dos radicais) reforçava, aliás, a tese da anomalia da língua. Exemplos:

- *caducus* "fraco" ← *cadere* "cair" (10: 60);
- *fragilis* "frágil" ← *frangere* "quebrar" (10: 101);
- *loquax* "falador" ← *loquari* "falar" (10: 155).

Isidoro observa que *facilis* "fácil" provém de *facere* "fazer" (10: 98) sem atribuir a mudança semântica à sufixação. Assim, encontram-se em sua obra etimologias como a de *oratio* "oração", que proviria de *oris ratio* "modo da boca", mas o mesmo sufixo -(*at*)*io*, visível em *argumentatio* "argumentação", é explicado diferentemente, ou seja, pelo étimo-frase *argutae mentis oratio* "oração da mente arguta" (2: 9: 1, 6: 8: 16). Dessa mesma forma, interpretam-se muitas palavras sufixadas: *honorabilis* "honrado", de *honore habilis* "conveniente à honra"(10: 115); *iratus* "irado", de *ira actus* "feito com ira" (10: 131) e assim também *miserabilis* "miserável" (10: 173), *nubilis* "núbil" (10: 184) etc. Com relação aos prefixos, por exemplo, *debilis* "débil" é corretamente relacionado com *bilis* "bílis" (10: 71), já *dolosus* "astucioso" é fantasiosamente relacionado com *deludere* "zombar", apesar de o prefixo *de-* do étimo ser facilmente perceptível (10: 76). Paradoxalmente, em muitos casos, o significado do prefixo é expressamente citado: assim *de–*, para Isidoro, reforça as palavras: *dehiscens* (10: 76), *desidiosus* (10: 77); *ex–* tem valor negativo: *eruditus* (10: 81) ou de intensidade: *expertus* (10: 81), *exornatus* (10: 81), *exiguus* (10: 88), *exustus* (10: 91); *in–* também: *inbecillus* (10: 128), *iners* (10: 141), *inermis* (10: 141). Entre prefixos, há alguns bem pouco produtivos, como *se–* em *sepultus* (10: 262) e *ve–* em *vesanus*

(10: 281), o que pressupõe a influência da leitura de autores antigos, pois dificilmente seriam segmentáveis na época de Isidoro.

A explicação etimológica de Isidoro confirma, inevitavelmente, algum saber da época, o que lhe dá um certo sabor antiquado. Movido pelo consenso cristão, ousa corrigir algumas autoridades, dando preferências a outros étimos. Desse modo, não concorda que *homo* provenha de *humanitas* (1: 19: 3, 10: 1, 11: 1: 4), como queriam alguns filósofos, pois prefere o testemunho bíblico, quando diz que o homem veio da terra (*humus*), no livro de Gênesis 2: 7 (*Et creavit Deus hominem de humo terrœ*). Também a palavra *annus* "ano" remontaria a um **annuus*, alteração de *anulus* "anel", pois o ano volta a si mesmo como um círculo (5: 36: 1). Da mesma forma, imagina que os "séculos" (*sœcula*) devem seu nome ao fato de se sucederem (*quod se sequantur*) (5: 38: 1). A palavra "corpo" (*corpus*) assim se chama por ser "destruído" (*corruptus*) pela morte (11: 1: 14). Explicações epistemologicamente sustentáveis se encontram por toda a obra, cf. *hiems* "inverno" (5: 25: 5), *Trinitas* "trindade" (7: 4: 1), *Maria* (7: 10: 1), *uxor* "esposa" (9: 7: 12-13), *caro* "carne" (11: 1: 15), *salamandra* (12: 5: 36).

Isidoro é de grande importância para a Filologia Românica, pois seu texto serve, em algumas passagens, de testemunho indireto da língua falada da época. Em muitas etimologias faz uma tácita equivalência *v* = *b*, fenômeno que ocorre com certa extensão no iberorromance. Por exemplo, deriva *bonus* "bom" de *venustas* "beleza" (10: 23), *dubius* "dúbio" de *duœ viœ* "dois caminhos" (10: 77), *vacca* de um hipotético feminino de *bos*, a saber, **boacca* (12: 1: 31). Também não parece absurdo entrevermos um ibero-românico **fablare* (port. *falar*, esp. *hablar*) quando diz que *fallax* "enganador" é quem engana *fando* "falando", recorrendo assim a um arcaísmo que necessita explicar (*fallax, quod fando, id est loquendo, decipiat*) (10: 105). Isidoro também nos oferece um testemunho sobre a pronúncia da fala dos italianos da sua época, quando observa que diziam *ozie* em vez de *hodie* "hoje" (20: 9: 4). Desse modo, podemos afirmar que a leitura de sua obra é, ainda hoje, um inesgotável repositório de informações linguísticas.

Nunes de Leão

Novo salto de um milênio no percurso historiográfico lança-nos a um livro sobre Etimologia que tem grande valor para a língua portuguesa. Nenhum gramático do século XVI em Portugal se debruçara detidamente sobre a questão etimológica. Na gramática de 1536 de Fernão de Oliveira (1507-c1581), por exemplo, apresenta-se a Etimologia como uma espécie de adivinhação ou como uma mentira desnecessária:

> *ora pois, se como adevinhando dixéremos que homem se chama porque é o meio de todas as cousas ou porque está no meio do mal e do bem; e se dixéremos que molher se chama porque é molle; e velho porque vio muito; e antigo porque foi antes d'agora, e tempo*

> *porque tempera as cousas; e lugar quasi lubar porque alube em si tudo; e senhor porque os senhores senhoream senhos senhorios sem outra mestura; e ler quasi liando ver; e tambem, escrever, quase discretamente ver; e alfaiate porque faz alfaias; e passaro porque passa voando; e onzena porque dá onze por dez; e assi com'estas, podemos também cuidar outras dozentas patranhas, as quais sempre são sobejas e muitas vezes falsas, e pouco recebidas antre homens sabedores, que do pouco que com muito lendo e trabalhando adqueriram se prezam e não de imaginações aldeãs sem juízo* (20v).

Oliveira, inovador em tantas passagens de sua gramática – muitas vezes de forma surpreendente, como em sua descrição fonética dos sons – também nesse momento é consciente de que falta um método para diferenciar etimologias verdadeiras de falsas.

Antes de Oliveira, porém, em 1492, Elio Antonio de Nebrija (1444-1522), pseudônimo de Antonio Martínez de Cala y Xarava, chamava de *etymologia* a um dos capítulos da sua gramática (além do qual havia a *orthographia*, a *prosodia* e a *syntaxis*), como autores do século XIV. Em franca oposição a Nebrija, encontramos, dois séculos antes, no *Compendium Studii Philosophiæ* de Roger Bacon (1214-1294), que o termo "etimologia" é, conforme o próprio nome diz, uma expressão da verdade (*quoniam etymologia est sermo vel ratio veritatis,* Cap. 7). Dessa forma, Nebrija refere-se à Etimologia da seguinte maneira: "*Tulio interpretola anotacion nos otros podemos la nombrar verdad de palabras*: *esta considera la significacion i accidentes de cada una delas partes dela oracion, que como diremos enel castellano son diez* (4r-4v)".

Portanto, para Nebrija, *etymologia* equivaleria ao que hoje chamaríamos "Morfologia", tradição que se verá ainda séculos depois nas gramáticas espanholas. Para a Etimologia *stricto sensu* serve-se do termo *interpretacion* (11v). Partindo da ideia horaciana da corrupção da língua (*corruptio linguæ*), Nebrija entendia que o castelhano era, na verdade, latim modificado: o termo "corrupção" no Renascimento deve, portanto, ser entendido, não como deterioração, mas como transformação promovida por um denominador comum, a saber, o *parentesco* (*cercanidad*) entre as letras (*Introductiones latinæ*, 1488, fol. 36r). Apoiado nesse modelo de que o castelhano é latim modificado, Nebrija apresenta algumas regras (12r), que antecedem as "leis fonéticas" do século XIX. O grau de acerto é assombrosamente grande, como se verá.

No prosseguimento das gramáticas italianas e francesas, as gramáticas ibéricas do século XVI logo se voltaram à questão da Ortografia. Duarte Nunes de Leão (c1530-1608) publicará uma *Ortografia da língua portuguesa* (1576), no qual se antevê um estudo etimológico em várias passagens, sobretudo no terceiro capítulo, fortemente inspirado nas "corrupções" de Nebrija. Refletindo sobre a transformação promovida nas palavras, pela passagem do tempo, Nunes de Leão fará, mais tarde, outro livro, totalmente dedicado à questão, *Origem da língua portuguesa,* o qual foi submetido à Inquisição em 1601 e retido até 1606, após ser impressa outra obra de teor parecido, de Bernardo José Aldrete (1565-1645), sobre a língua castelhana.

Qualquer leitor familiarizado com as ideias divulgadas por obras de Historiografia que colocam o mais recuado início dos estudos científicos da Linguística no século XIX não deixará de se surpreender com as *corrupciones* de Nebrija e com o tratado de Nunes de Leão, os quais, do ponto de vista da história dos povos e da história interna do português, não deixam nada a dever às obras novecentistas. No prefácio da quarta edição da obra (1945), José Pedro Machado calcula que dos 147 vocábulos analisados por Nunes de Leão no capítulo VIII, apenas 40 não estão corretos. Outros autores, anteriores a Nunes de Leão, também fizeram etimologia com notável número de acertos, como o italiano Pier Francesco Giambullari (1495-1555) em seu *Il Gello* (1549). Somente o estudo historiográfico apurado das fontes poderá responder a algumas questões: como se explica tamanho salto de qualidade? Donde provêm tais ideias? A quem pertence a originalidade de várias afirmações? (Coseriu 1972: 95-103). Um panorama de outras obras da época que versaram sobre questões linguísticas se encontra também em Meillet & Cohen (1952[2]: XVII-XLII).

De longa tradição são os chamados *metaplasmos*, conhecidos desde a Antiguidade e presentes também em Isidoro de Sevilha, no capítulo sobre as figuras. Se, para Isidoro, os metaplasmos fazem sentido por necessidades estilísticas (*propter metri necessitatem et licentiam poetarum* 1: 35: 1), para Nebrija, suas quatorze espécies refletem a própria mudança linguística (*llama se en griego metaplasmo que en nuestra lengua quiere dezir transformacion* 48v). Há uma flagrante transposição da língua escrita para a falada. O chamado parentesco das letras – bastante valorizado nas gramáticas italianas quinhentistas e particularmente importante para a descrição articulatória dos sons na gramática de Oliveira – está na base das transformações fonéticas percebidas pelos autores. Isso transformou a tarefa etimológica em algo mais pormenorizado. É preciso lembrar que 'letra' nesse período incluía não só o elemento visual (*figura*), mas também o som (*virtude*) e o nome. Ao mesmo tempo, com o Renascimento, retomam-se os textos platônicos (Nunes de Leão, aliás, cita o *Crátilo*, em *Orig* 5) e, com eles, a herança da ideia heraclitiana do mundo em movimento (*discurso do tempo*), aplicada às palavras, volta a sentir-se. Isso equivale a dizer que, nesse período, com o aparecimento das gramáticas das línguas vernáculas, não só há a consciência da *diacronia* das palavras (como em Platão), mas também da transformação dos sistemas (do latim ao castelhano ou ao português).

Quanto ao objetivo da sua obra, porém, Nunes de Leão difere muito de Nebrija. Por preferir uma ortografia mais pendente à escrita etimológica do que à escrita fônica (debate que se iniciara na Itália e se arrastara para outros países), o entendimento do passado e das transformações sonoras se torna muito necessário para decidir sobre a verdadeira escritura. Por exemplo, as homófonas *cozer* e *coser* têm diferentes grafias para Nunes de Leão, pois a primeira vem do lat *coquo* e a segunda, do lat *consuo*. As letras com semelhança sonora (*letras chegadas*) costumam mudar entre si, repetindo muitas vezes transformações que já haviam acontecido no latim. Sendo próximas, as letras mais facilmente se corrompem, mudando-se umas nas outras, não somente de uma língua para a outra, mas numa mesma língua (*Ort* 3). Assim, a transformação de *b* em *ph* ou em *v* se via já em latim, *idem* de *p* em *b*. O mesmo ocorre no português: da mesma forma que o gr *pyxos* se transformou em lat *buxus*, também:

- lat *aprilis* > *abril*;
- lat *capillus* > *cabelo*;
- lat *capra* > *cabra*.

Também o *b* se transforma em *v* e, em francês, o *v* em *f*. Menciona-se também a transformação do gr *y* em lat *u* (*Ort* 2, *Orig* 7):

- lat *vivo* > fr *vif*;
- lat *breve* > fr *brief*;
- gr *mys* "rato" > lat *mus*;
- gr *sys* "porco" > lat *sus*;
- gr *hyle* "mata" > lat *silva*.

Em Nebrija, observa-se que o *r* dos escritores antigos se diz *l* (*pratica* > *platica*, *branca* > *blanca*, *tabra* > *tabla*, 13v), ou seja, o oposto do que se encontra em Nunes de Leão, em que o *r* é associado à pronúncia "varonil": *brando* < lat *blandus*, *pranto* < lat *plantus*, *cravo* < lat *clavus* etc. Nesse autor, a variação dos "vulgares" (ou seja, a língua falada) é muitas vezes citada: *claro* ≈ *craro*, *obligar* ≈ *obrigar*, *clamar* ≈ *cramar*, *clérigos* ≈ *créligos*, *flores* ≈ *frores*.

As transformações apontadas por Nebrija (12v-13v) e Nunes de Leão (*Ort* 3, *Orig* 7) podem ser do grego para o latim, do latim para a língua vernácula ou entre diferentes épocas da mesma língua. Podem ainda ser transformações da mesma palavra com ou sem mudança de significado. Seguem-se os exemplos dados por ambos os autores (na variante linguística empregada em suas épocas):

VOGAIS E DITONGOS:

➢ *a* > *e*:
- Nebrija: lat *facio* → lat *feci*, lat *factum* > esp *hecho*, lat *tractus* > esp *trecho*, lat *fraxinus* > esp *fresno*;
- Nunes de Leão: lat *alacris* > *alegre*, lat *factus* > *feito*, lat *amavi* > *amei*;

➢ *au* > *o*:
- Nebrija: lat *caupo* > esp *copo*, lat *maurus* > esp *moro*, lat *taurus* > esp *toro*;
- Nunes de Leão: lat *auris* → *orelha*;

➢ *au* > *ou*:
- Nunes de Leão: lat *aurum* > *ouro*, lat *laurus* > *louro*, lat *taurus* > *touro*, lat *caulis* > *couve*, lat *autumnus* > *outono*; lat *audio* > *ouço*, lat *maurus* > *mouro*, lat *paucus* > *pouco*;

- *au* > *a*:
  - Nunes de Leão: lat *Augustus* > *agosto*, lat *Augustinus* > *Agostinho*, lat *augurium* > *agouro*;
- *au* mantido:
  - Nunes de Leão: lat *auctor* > *autor*, lat *auctoritas* > *autoridade*, lat *auctio* > *aução*, lat *cautio* > *caução*, lat *causa* > *causa*, lat *audientia* > *audiência*, lat *audacia* > *audácia*, lat *augmentum* > *aumento*, lat *Auster* > *austro*, lat *authenticus* > *autêntico*, lat *cautela* > *cautela*, lat *naufragium* > *naufrágio*;
- *e* > *i*:
  - Nebrija: lat *peto* > esp *pido*, lat *metior* > esp *mido*;
  - Nunes de Leão: lat *legi* > *li*, lat *feci* > *fiz*;
- *æ* ~ *e* > *ie*:
  - Nebrija: lat *metus* > esp *miedo*, lat *cæcus* > esp *ciego*;
- *i* > *e*:
  - Nebrija: lat *pica* > esp *pega*, lat *bibo* > esp *bevo*;
  - Nunes de Leão: lat *cibus* > *cevo*, lat *pica* > *pega*, lat *bibo* > *bebo*, lat *lignum* > *lenha*, lat *pignus* > *penhor*;
- *i* > *ie*:
  - Nebrija: lat *rigo* > esp *riego*, lat *frico* > esp *friego*;
- *ie* > *e*:
  - Nebrija: esp *viento* † > esp *vento*;
- *i* > *j*:
  - Nebrija: lat *Iesus* > esp *Jesus*;
- *j* > *i*:
  - Nebrija: lat *jugum* > esp *iugo*;
- *o*> *u*:
  - Nebrija: lat *locus* → esp *lugar*, lat *coagulum* > esp *cuajo*;
  - Nunes de Leão: lat *locus* → *lugar*, lat *cognatus* > *cunhado*, lat *constar* > *custar*;
- *o* > *ue*:
  - Nebrija: lat *porta* > esp *puerta*, lat *torqueo* > esp *tuerço*;
- *u* > *o*:
  - Nebrija: lat *curro* > esp *corro*, lat *lupus* > esp *lobo*, lat *lucrum* > esp *logro*;
  - Nunes de Leão: lat *unda* > *onda*, lat *nurus* > *nora*, lat *lupus* > *lobo*, lat *umbra* > *sombra*;
- *u* > *ue*:
  - Nebrija: lat *nurus* > esp *nuera*, lat *muria* → esp *salmuera*;
- *ue* → *o*:
  - Nebrija: esp *puerta* → esp *portero*, esp *tuerço* → esp *torcedura*, esp *nuevo* → esp *novedad*, esp *salmuera* → esp *salmorejo*;
- *u* > *v*:
  - Nebrija: esp *juanes* > esp *ivañes*.

CONSOANTES

➢ *p* > *b*:
- Nebrija: lat *lupus* > esp *lobo*, lat *sapor* > esp *sabor*;
- Nunes de Leão: lat *prunum* > *brunho*, lat *capra* > *cabra*, lat *capillus* > *cabelo*, lat *pustula* > *bustela*, lat *caput* → *cabeça*, lat *capistum* > *cabresto*, lat *aperio* > *abrir*, lat *apricus* → *abrigado*;

➢ *p* > *u*:
- Nebrija: lat *rapidus* > esp *raudo*, lat *captivus* > esp *cautivo*;

➢ *pl* > *ll*:
- Nebrija: esp *planus* > esp *llano*;

➢ *pl* > *ch*:
- Nunes de Leão: lat *plaga* > *chaga*;

➢ *b* > *v*:
- Nebrija: lat *bibo* > esp *bevo,* lat *debeo* > esp *devo*;
- Nunes de Leão: lat *debeo* > *devo,* lat *caballus* > *cavalo*, lat *cibus* > *cevo*;

➢ *b* > *p*:
- Nunes de Leão: *rabosa* † > *raposa*;

➢ *b* > *f* ~ *ph*:
- Nebrija: gr *triambos* > lat *triumphus* > esp *triunfo*, lat *scobina* > esp *cofina*;
- Nunes de Leão: lat *triumphus* > *triunfo*;

➢ *b* > *u*:
- Nebrija: lat *debitor* > esp *deutor*;

➢ *f* > *h*:
- Nebrija: lat *filius* > esp *hijo*, lat *fames* > esp *hambre*;

➢ *f* ~ *ph* > *b*:
- Nebrija: gr *amfo* > lat *ambo*, lat *trifolium* > esp *trebol*, lat *fremo* > esp *bramo*;
- Nunes de Leão: lat *raphanus* > *ràbão*, lat *fremo* > *bramo*;

➢ *f* > *v*:
- Nebrija: lat *rafanus* > esp *ravano*, lat *cofinus* > esp *cuevano*;
- Nunes de Leão: lat *ruffus* > *ruivo*, lat *trifolium* > *trevo*;

➢ *fl* > *ll*:
- Nebrija: lat *flama* > esp *llama*;

➢ *fl* > *ch*:
- Nunes de Leão: lat *flama* > *chama*;

➢ *v* > *b*:
- Nebrija: lat *volo* > esp *buelo*, lat *vivo* > esp *bibo*;

➢ *v* → *u*:
- Nebrija: lat *faveo* → lat *fautor*, lat *avis* → lat *auceps*, lat *caveo* → lat *cautela,* lat *civitas* > esp *ciudad*, esp *levadura* → esp *leudar*;

- *t > d*:
  - Nebrija: lat *mutus* > esp *mudo*, lat *lutum* > esp *lodo*;
  - Nunes de Leão: lat *auditus* > *ouvido*, lat *amatus* > *amado* (e assim todos os particípios terminados em *–tus*);
- *d > t*:
  - Nebrija: lat *coriandrum* > esp *culantro*;
- *d > l*:
  - Nebrija: lat *sedeo* > esp *sela*, lat *odor* > esp *olór*;
- *c > g*:
  - Nebrija: lat *dico* > esp *digo*, lat *facio* > esp *hago*;
  - Nunes de Leão: lat *cæcus* > *cego*, lat *locusta* > *lagosta*, lat *secretum* > *segredo*, lat *periculum* > *perigo*;
- *c ~ ç > z*:
  - Nebrija: lat *recens* > esp *reziente*, lat *racemus* > esp *razimo*;
  - Nunes de Leão: lat *recens* > *rezente*, lat *sarcio* > *sarzir*, *faço* → *fazer*, *jaço* → *jazer*;
- *cl > ll*:
  - Nebrija: lat *clavis* > esp *llave*;
- *cl > ch*:
  - Nunes de Leão: lat *clavis* > *chave*;
- *g > c*:
  - Nebrija: lat *gammarus* > esp *camaron*, esp *Gadez* † > esp *Cales*;
  - Nunes de Leão: port *gammarus* → *camarão*, esp *Gades* † > port *Cadez*;
- *gn > ñ/nh*:
  - Nebrija: lat *signus* > esp *seña*, lat *lignum* > esp *leña*;
  - Nunes de Leão: lat *lignum* > *lenho*, lat *pignus* → *penhor*;
- *q > g*:
  - Nebrija: lat *aquila* > esp *águila*, lat *aqua* > esp *agua*;
  - Nunes de Leão: lat *aquila* > *águia*, lat *aqua* > *água*;
- *q > z ~ ç*:
  - Nebrija: lat *laqueus* > esp *lazo,* lat *coquo* > esp *cuezo*;
  - Nunes de Leão: lat *laqueus* > *laço*, lat *coquus* → *cozinheiro*, lat *coquo* > *cozo* ~ *cozer*;
- *s > c ~ ç*:
  - Nebrija: lat *sedaceum* > esp *cedaço*, lat *sucus* > esp *çumo*;
  - Nunes de Leão: lat *succus* > *çumo*;
- *s > x*:
  - Nebrija: lat *sapo* > esp *xabon*, lat *sepia* > esp *xibia*;
- *x > z*:
  - Nebrija: lat *lux* > esp *luz*, lat *pax* > esp *paz*;
  - Nunes de Leão: lat *nox* > *noz*, lat *pax* > *paz*, lat *vox* > *voz*;

- *l > r*:
  - Nebrija: lat *blandus* > esp *brando*, lat *clavus* > esp *cravo*, lat *obligar* > esp *obrigar*, lat *supplere* > esp *suprir*, esp *simplez* † > esp *simprez*, lat *mesbyllum* > esp *néspera*;
- *ll ~ le ~ li > ll*:
  - Nebrija: lat *villa* > esp *villa*, lat *talea* > esp *talla*, lat *milia* > esp *milla*;
- *r > l*:
  - Nebrija: lat *remo* → lat *lemures*; esp *pratica* † > esp *platica*, esp *branca* † > esp *blanca*, esp *tabra* † > esp *tabla*;
- *m > mb*:
  - Nebrija: lat *lumen* > esp *lumbre*, lat *estamen* > esp *estambre*;
- *mb > m*:
  - Nebrija: lat *plumbum* > esp *plomo*, lat *lambo* > esp *lamo*, esp *estambre* → esp *estameña*, esp *ombre* → esp *omezillo*;
- *nn > ñ*:
  - Nebrija: lat *annus* > esp *año*, lat *pannus* > esp *paño*.

Como se pode perceber, a influência de Nebrija sobre o autor português é indiscutível (alguns equívocos comuns comprovam isso), mas isso não diminui a obra de Nunes de Leão, como já se fez. Nunes de Leão aplica e amplia o método de Nebrija, transcendendo seus objetivos, pois já utiliza um método comparativo. Valendo-se do toscano, do castelhano e do português, compara os encontros *cl*, *fl*, *pl* em tabelas que pretendiam mostrar a "proporção" de correspondência entre as línguas. Esses quadros lembram os feitos por Rask no século XIX (*Ort* 4). Nunes de Leão conclui que "pela analogia e correspondencia de ũas linguas a outras" é possível conhecer a origem de outros vocábulos "que por outra maneira não poderiam alcançar":

- lat *clamare* > tosc *chiamare* ≅ esp *llamar* ≅ port *chamar*;
- lat *flamma* > tosc *fiamma* ≅ esp *llama* ≅ port *chama*;
- lat *pluvia* > tosc *pioggia* ≅ esp *lluvia* ≅ port *chuva* etc.

A presença de um posicionamento normativo de Nunes de Leão talvez tenha interferido no julgamento atual da importância de sua obra, que tem sido relegada a um segundo plano. Por exemplo, para ele, a "proporção" também tem aplicações práticas, como se vê na questão dos plurais das palavras em *–ão*, ao observar que, para *vilão,* alguns diriam *vilãos*, outros *vilões*. Nunes de Leão propõe que se obtenha a forma correta (no caso, *vilãos*), por meio do conhecimento da transformação do latim ao português e da comparação do português com o espanhol. A "proporção" auxiliaria nisso, uma vez que *–ãos* corresponde a *–anos* em espanhol (esp *villanos*), da mesma forma que *–ões* corresponde a *–ones* (como em *sermões* ≅ esp *sermones*) e *–ães* a *–anes* (*capitães* ≅ esp *capitanes*). No caso das palavras exclusivas do português, o plural deveria ser *–ões* (como em *tecelões*).

Também defende que se dobrem as letras por razões etimológicas (*Ort* 11, *Ort* 14), por exemplo, deve-se escrever *gotta* por causa do lat *gutta* e consequentemente também seu derivado *gottejar*. Seguindo esse mesmo princípio, vogais usadas nas palavras primitivas são as mesmas nas derivadas (regra usada até hoje): deve-se escrever *vestido* e não *vistido*, por causa de *veste*. Prefixos devem dobrar graficamente suas consoantes nos casos equivalentes ao latim (*abbreviar*, *accorrer*, *accumular*, *affecto* etc.). As formas resultantes da queda consonantal também devem ter, eventualmente, vogais dobradas, como em *paadar* < *paladar*, em *fee* < lat *fides*, em *pees* < lat *pedes*, em *seetta* < lat *sagitta* etc. Contudo, Nunes de Leão se posiciona contra outras grafias não fonéticas correntes na sua época que considera excessivas (*princepsa*, *epse*, *oolho*, *comptar*, *sompno*, *dampno*, *scripvão/ sprivão*, *screpver/sprever*, *rrei*, *quall*, *mill*). A elas se refere como "nojenta escritura e fora de razão" (*Ort* 14) e argumenta que "as palavras são como as moedas, que não valem senão as correntes e as que estão em uso". Com isso queria dizer que o conhecimento do passado em questões ortográficas não deve ser motivo para perder de vista a realidade sincrônica da língua e, portanto, deve-se escrever *cruz* e não *crux*. Por outro lado, pela Etimologia se rejeitariam algumas outras grafias correntes, como a de *consyderar*, pois, como derivada do lat *sidus* "astro", deveria ser escrita com *i* (*Ort* 2, *Orig* 2). Defendendo a aproximação do português com outras línguas "corruptas" (sobretudo o toscano e o francês), argumenta a favor da grafia *doctor* em vez de *doutor* ou de *scrivão* em vez de *escrivão*, bem como o uso da consoante dobrada nos diminutivos em *–ete*. É fácil perceber que, nesse ponto, Nunes de Leão se mostra contraditório, já que as razões por que prefere algumas escritas etimológicas a outras não são muito claras.

Nunes de Leão em sua *Origem* apresenta-se mais teórico do que na *Ortografia*. Sua tese diacrônica fundamenta a visão da língua em constante mutação: "Assi como em todas cousas humanas ha continua mudança, & alteraçaõ, assi he tambem nas lingoagẽs (...) polo que em hũa mesma lingoa vaõ fazendo-se tantas mudanças de vocabulos, que per discurso do tempo, fica parecendo outra" (*Orig* 1). As inovações são ou voluntárias, ou necessárias, como no caso do grego, que teria fornecido ao português termos para a denominação de doenças, partes do corpo, ervas e plantas, pedras preciosas, assim como para áreas do conhecimento, como Arquitetura, Ginástica, Música, Poesia, Geometria, Astronomia, Astrologia, Gramática e Religião (*Orig* 5). Essa transformação das línguas se daria, abandonando algumas palavras, substituindo-as ou modificando-as. Nunes de Leão dedica-se também à história externa da língua portuguesa e duvida da tese tubalina (a de que Túbal, neto de Noé, falante do idioma caldeu, tivesse preferido colonizar a montanhosa região onde hoje vivem os bascos, temendo novo dilúvio). Aposta numa tese poligenética, mostrando que, antes dos romanos, haviam chegado à Espanha os fenícios, os gregos, os babilônios, os judeus, os galos e os cartagineses (*Orig* 2-4). Posteriormente aos romanos, contribuíram para a "corrupção" da língua os vândalos, alanos, godos, suevos e outros bárbaros (*Orig* 6), antes do chamado "cativeiro" dos mouros (termo que usa, em comparação ao cativeiro da Babilônia, do Velho Testamento). Nunes de Leão imagina que os godos e vândalos falavam o latim com sotaque, a saber, com os vícios chamados de barbarismos e solecismos (*Orig* 7). Todas essas considerações foram retomadas nas ideias dos substratos e superstratos na Linguística dos séculos XIX e XX.

Nunes de Leão tinha consciência de que as línguas se modificavam consideravelmente na passagem do tempo: "pelo discurso do tempo se vaõ desemelhando hũas lingoas de outras com que tinhaõ algũa semelhança, & consigo mesmas, tanto que ficaõ parecendo outras" (*Orig* 5). Os tipos de corrupção enumerados por Nunes de Leão são mais amplos que os de Nebrija, pois não se circunscrevem apenas à corrupção das letras, pois fala:

- da mudança das terminações das palavras (lat *sermo* > *sermão*, lat *prudens* > *prudente*);
- de modificações por diminuição de letras ou sílabas (lat *mare* > *mar*, lat *nodo* > *noo,* lat *sagitta* > *seetta*);
- de acréscimo de letras ou sílabas no início, meio e fim da palavra (lat *umbra* > *sombra*, lat *stella* > *strella*, lat *cor* → *coração*);
- de troca e transformação de letras (lat *ecclesia* > *igreja*, lat *desiderĭum* > *desejo*, lat **cupiditĭam* > *cobiça* e muitas já citadas);
- de troca de letras por outras não semelhantes (lat *mimus* > *momo*, lat *pustula* > *bostela*, lat *cumulare* > *cogular*);
- de deslocamento de letras de um lugar para outro (lat *fenestra* > *feestra*, lat *feria* > *feira*, lat *vicario* > *vigairo*, lat *niger* > *negro*, lat *pauper* > *pobre*).

Nesse sentido, sente-se que Nunes de Leão aplica os metaplasmos e outras figuras retóricas nas regras de corrupção, sem dizê-lo explicitamente. Por isso, a transformação ocorre também em outras situações, pois pode haver corrupção:

- por mudança de gênero (*cor*, *flor*, *goma*, *nariz*, *lacryma*);
- por mudança de número (*arma*, *escada*, *grades*, *grelhas*);
- por mudança de significado (lat *macula* > *malha* ≈ *mágoa* ≈ *mancha*, lat *pulvere* > *pó* ≈ *polvora*);
- por impropriedade do uso de significado (lat *fur* ~ *latro* > *ladrão*, lat *vocare* ~ *clamare* > *chamar* etc.);
- por metáfora (*abelhudo*, *taludo*, *viver a olho*).

A surpreendente atualidade dessas observações deixa claro que muitos autores dos séculos XIX e XX se serviram do raciocíno e até dos exemplos de Nunes de Leão, sem citá-lo.

Nos capítulos subsequentes (*Orig* 8-15), faz longas listas, em parte confusas, mas com grande número de acertos, para palavras provenientes do latim, grego, árabe, francês, italiano, alemão, hebraico, sírio e godo. Frisa em vários momentos algumas exclusividades do português (*Orig* 16, 19, 20-24). É provavelmente dele a divulgada lenda de que *saudade* só existe em português (*Orig* 21). Há ainda considerações sobre a diferença entre os termos técnicos e os usuais na fala (*Orig* 25), arcaísmos (*Orig* 17, 26) e vocábulos rústicos (*Orig* 18). Toda a obra de Nunes de Leão é de grande importância para a história dos estudos etimológicos e para o próprio estabelecimento do *terminus a quo* de muitas questões etimológicas particulares. Por exemplo, no Capítulo 5 da *Origem* cita que as palavras *esplêndido, arrogante, acomodar, deliberar, consulta, primórdio, infesto, infestar, aludir* não se usavam cinquenta anos antes de sua obra.

Como Nunes de Leão acredita que conhecer o étimo nos protegeria da ignorância (*Orig* 26), conclui sua obra com algumas anedotas de cunho normativo, que revelam quão precário é o conhecimento linguístico do falante sem o estudo histórico. Cita pessoas que, por ignorância, pronunciavam como paroxítonas palavras de origem latina como *emulos, esplendido* (que são proparoxítonas). Também menciona o caso de uma pessoa que julgava que o *diabo meridiano* (de que se fala num salmo de Davi) era proveniente da cidade de Mérida, pois desconhecia que a palavra provinha do lat *meridies* "meio-dia", "sul". Ora, conhecendo a etimologia de *Mérida* (a saber, lat *Emerita*), sabe-se, por outro lado, que seu gentílico é *emeritense* e não *meridiano*, argumenta Nunes de Leão.

A obra de Nunes de Leão acabou sendo relegada a um segundo plano, não só devido à publicação da já citada *Origen* de Aldrete (1606), mas também por causa do sucesso de outras obras espanholas, como Juan de Valdés (?-1541?), Sebastián de Covarrubias (1539-1613) e Gregorio Mayans y Siscar (1699-1781). Somente no século XX será redescoberto, mas mesmo hoje o valor de suas obras parece não ser totalmente reconhecido.

Leibniz

Nunes de Leão está separado por um século de Gottfried Wilhelm von Leibniz (1646-1716), o qual, numa de suas mais importantes obras, *Nouveaux essais sur l'entendement humain* (escrita entre 1701 e 1704, mas publicada postumamente, apenas em 1765), aponta os supostos erros do famoso *Essay concerning human understanding* (1609), de John Locke (1632-1704), na forma de um diálogo no estilo platônico entre Teófilo (que representa a postura do próprio Leibniz) e Filaleto (cujas falas correspondem a Locke e seus seguidores). O terceiro livro dessa obra, sobretudo nos dois primeiros capítulos, é dedicado às palavras (*Des mots*). Nele faz um panorama das preocupações etimológicas no início do século XVIII. Na verdade, tais comentários derivam-se de vários estudos sobre questões de Filologia e Etimologia, alguns publicados também postumamente, por Dutens (1768, v. 6, parte 2).

Segundo Leibniz, existe, nas palavras, um primeiro significado (*primiére signification*). Por exemplo, o vocábulo *espírito* designa o "sopro" (lat *spiritus*), *anjo* seria um "mensageiro" (gr *ággelos*). Esses significados ocultos são suas etimologias. O estudo das palavras em si poderia ensinar-nos conexões que a análise dos seus significados evidentes (*notions*) não pode fornecer por meio da razão. Esse método seria aplicável inclusive para as preposições, pois nelas sempre existem primordialmente significados como *lugar*, *distância* e *movimento*. A partir deles nasceriam outras noções. Nesse item específico, antevê toda a discussão sobre gramaticalização, que aparece na Linguística dos séculos XX e XXI (Viaro, 1994; Heine & Kuteva, 2002).

Leibniz, porém, acredita que a maioria dos étimos (*les vrayes etimologies*) se perdeu, pois o decorrer do tempo e as mudanças semânticas os obscureceram. Ao contrário de Locke, crê que as palavras são determinadas por motivos naturais e somente as línguas artificiais são arbitrárias, como, por exemplo, a de Georgius Dalganus (*Ars signorum, vulgo character universalis et lingua philosophica*, 1661) e de John Wilkins (*Essay towards a real character and a philosophical language*, 1668). Também seriam arbitrárias as gírias, como o *rothwelsch*, a *lingua zerga* e o *narguois*. As demais línguas naturais se derivaram de outras, mais antigas. O significado das línguas altera-se, por meio de metáforas. Novos vocábulos se cunham por composição e derivação. As línguas surgiram, assim, do relacionamento entre os povos: quando vizinhas, misturaram-se, e uma delas foi tomada por base. Essa alteração ou corrupção se dera pelo acréscimo de palavras, como ocorre com línguas próprias para o comércio entre diversos povos, por exemplo, a *língua franca*, proveniente do italiano. Conclui que todas as línguas de sua época estariam profundamente alteradas e isso seria observável se as comparássemos com formas mais antigas. Entre os exemplos, observa que o francês antigo se parecia mais com o provençal e com o italiano do que com a língua moderna. Também cita o alemão do Evangelho de Otfried von Weissenburg e, por fim, o *Codex Argenteus*, do século IV, escrito em gótico, por Úlfilas, o qual, embora muito distinto do alemão moderno, tinha a mesma base linguística (*le meme fonds de langue*).

Antes de Leibniz, vários autores haviam observado a semelhança entre as línguas. Sobretudo o parentesco das línguas semíticas já era conhecido desde a Idade Média: Saadia ben Yoseph/Sa'id al-Fayyumi (892-942), Dunaš ha-Levi ben Labrat (920-990), Jehuda ibn Qurayš (século X), Abū-l-Wālid Marwān ibn Ganāh (c990-1050), David ben Abraham al-Fāsī (século X), Abu Ibrahīm Isḥaq ibn Barūn (séculos X-XI), Yoseph ben Isḥaq Qimḥi (1105-1170), David Qimḥi (1160-1235), entre outros (Meillet & Cohen, 1952: XVII-XVIII). A semelhança entre as línguas semíticas era, portanto, na época de Leibniz, um fato demonstrado por muitos autores: Angelus Caninius (1554), Edmund Castell (1669), Job Ludolf (1702^2). Nas suposições genealógicas, de modo geral, a maioria das obras concorda com o fato de o hebraico ser a língua-mãe de onde teriam provindo as demais: Estienne Guichard (1610), Valentin Schindler (1612), Claude Duret (1613), Peder Syv (1663). Leibniz cita que as semelhanças entre o húngaro e o finlandês eram conhecidas desde Johannes Amos Comenius (1592-1670), assim como entre o finlandês e o lapão, por Johannes Schefferus (1621-1679). Antes ainda, no século XIII, Willielmus de Rubruquis já havia percebido semelhanças entre o húngaro e as línguas turcas. Também na época de Leibniz, a antiguidade do gaulês era bastante discutida: Joachim Périon (1499?-1559) propusera até mesmo, em sua obra *Dialogorum de linguæ Gallicæ origine ejusque cum Græca cognationi libri IV* (1555), que o francês tivesse vindo do gaulês. Na mesma linha da antiguidade europeia do gaulês viriam as obras de Philippe Cluwer (1616) e Paul Yves Pezron (1703), o que motivou a comparação das línguas célticas feita por Edward Lhwyd (1707).

Quando Leibniz compara o antigo texto gótico de Úlfilas com o alemão, na verdade, pretende demonstrar que o elemento germânico e o gaulês procederam de uma fonte única, ainda mais antiga, a qual imagina ser o *céltico*. Num texto de 1710, *Brevis designatio meditationum de originibus gentium*, reimpresso no v. 4 de Dutens (1768: 186-198), Leibniz dá mais detalhes de sua teoria. Palavras de uma língua antiquíssima (*vetustissima lingua*) difundida em uma região muito vasta (*ab Oceano Britannico ad usque Japanicum*) se encontrariam nas mais diversas línguas. Dois exemplos são dados:

- a raiz *mar* "cavalo", ocorre não só no germânico antigo, como se pode observar em *Marischalcus* "marechal" e no inglês *mare* "égua", mas também no chinês (cf. mand *mă*);
- a raiz *khan* "rei" está presente tanto nos títulos dos sármatas, persas, hunos, turcos e tártaros, quanto nas palavras germânicas: ingl *king* e alem *König*.

Leibniz não duvida que se encontrem resquícios dessa língua primitiva na África e na América. As línguas modernas proviriam da mistura e corrupção de outras mais antigas, de modo que nenhuma poderia dizer-se pura. Vestígios da língua antiquíssima se veriam, segundo ele, nos topônimos. Não dá a essa língua nenhum nome específico, embora cite, nos *Nouveaux essais,* o termo *adâmico*, cunhado por Jacob Böhme (1575-1624). Como outros autores, Leibniz não acredita que o hebraico seja a língua-mãe.

A língua original se teria dividido em dois grandes grupos: as meridionais poderiam chamar-se de *arameias*, ao passo que as setentrionais seriam as *japéticas.* Com respaldo de sábios da época, Leibniz equivale Jafé, filho de Noé (Gên. 5: 32), com o titã Jápeto, filho de Prometeu, para criar essa denominação. O Cáucaso seria o centro irradiador (aliás, o mesmo local onde teria supostamente parado a arca, após cessar o Dilúvio). Entre as línguas arameias, cita o árabe, o siríaco, o caldaico, o hebreu, o púnico, o etíope (donde viria o amárico), o egípcio (donde, o copta) e o malabar. O termo *semítico* (nome derivado de Sem, outro filho de Noé) não aparece na classificação de Leibniz, pois seria proposto em 1781 por August Ludwig von Schlözer (1735-1809).

Das japéticas, a mais antiga era o cita, donde viriam o grego, o turco-tártaro (turcos, comanos, tártaros, usbeques, calmuques, mongóis, precopenses), o sarmático (russos, poloneses, boêmios, morávios, búlgaros, dálmatas, eslabinos, ráscios, sérvios, croatas, zículos, vendes, cárnios, carníolos, ávaros, hunos, cazares, dácios, getas), os fínicos (finlandeses, lapões, húngaros, estonianos, livônios, samoiedos) e os célticos. O termo "cita" já havia sido empregado por Marcus Zuerius von Boxhorn (1612-1653). A língua latina seria um misto do grego com o céltico. O etrusco era incompreensível e sua origem, indeterminada. Já os bascos e os antigos hispanos provavelmente teriam vindo da África (ou seja, seriam meridionais), uma vez que não se pareceriam com nenhuma língua europeia. O georgiano seria talvez afiliado às japéticas. O céltico, para Leibniz, se subdividiria em gauleses e germanos. Dos gauleses proviriam os hibérnios, os címbricos, os galeses e os bretões. Os germanos, vindos da Escandinávia (*gentium vagina*), teriam dado origem aos bastarnos, ilírios, peones, longobardos, godos, frísios, caucos, verinos, turíngios, saxões, hérulos, vândalos, cimbros, hermúnduros, queruscos, alamanos, boios, marcomanos, dinamarqueses, suecos (ou suevos), noruegueses, francos, sicambros e batavos.

Essa apresentação dos povos e suas línguas, aliás, está mais próxima de uma representação da futura Teoria das Ondas de Schuchardt-Schmidt do que de uma árvore genealógica de Schleicher (cf. Primeira Parte, itens "Schleicher" e "Diez"). A classificação das línguas, porém, não é um intento que se deve a Leibniz. Antes dele, Theodorus Bibliander (1506-1564) apresenta o sérvio e o georgiano como derivados do grego, que, por sua vez, viria do celta. Nessa mesma obra, de 1548, supõe que o armênio esteja ligado ao caldeu e o persa, ao siríaco e ao hebraico. Para explicar a diversidade das línguas, Joseph Justus Scaliger (1540-1609) reconhece onze "matrizes" (*matrices*) que teriam dado origem a diversas linhagens (*propagines*): o latim, o grego, o teutônico, o eslavo, o epirótico, o tártaro, o húngaro, o finolapão, o irlandês, o galobretão e o basco (na obra *Diatriba de Europæorum linguis*, 1599, publicada postumamente em *Opuscula varia antehac non edita*, 1601). Muito antes desses, tornou-se célebre o texto do início do século XIV *De vulgari eloquentia*, de Dante Alighieri (1265-1321), sobre a origem das hoje denominadas línguas românicas. Desde que Johann Schildberger (1396-1427) publica o pai-nosso em armênio e tártaro (1427), várias obras voltaram a atenção também às línguas orientais e de outros continentes. Meillet & Cohen (1952: XIX-XX) cita coleções com grande números de línguas, quase sempre ilustradas com traduções do pai-nosso: Ambrosius Calepinus (*Dictionarium latinum*, 1502), Guillaume Postel (1538a, 1538b), Theseus Ambrosius (1539), Conrad Gesner (1555), Wolfgangus Lazius (1557, citado por Nunes de Leão), André Thevet (1575), Hieronymus Megiser (1592, 1593, 1603), Bonaventura Vulcanius (1597), o Novo Testamento de Nüremberg em doze línguas (1599) e Adriaan Reland (1706-1708).

Leibniz retoma a questão da origem natural das línguas. Sua postura, contrariamente a Locke, é de que os idiomas não são instituições arbitrárias (*ex instituto*), mas elementos naturais, que mais tarde foram ajustados (*naturali quodam impetu natæ hominum sonos ad affectus motusque animi attemperantium*). Para demostrá-la, argumenta que é possível estabelecer uma relação entre as palavras e seus sons. O simbolismo das letras, já visto em Platão, é retomado de forma vigorosa contra a tese da arbitrariedade entre som e significado. A letra *r* denotaria, por exemplo, um "movimento violento", presente em muitas palavras de várias línguas. Assim, ocorre no gr *rhéō* "fluir" e em palavras alemãs (*rinen* "fluir", *rauschen* "barulho do vento ou de um animal roçando as olhas", *reckken* "estender com violência"). Por metáfora, outros significados se derivariam: alem *reck* "coisa avantajada e comprida" >> "gigante", donde alem *reich* "pessoa poderosa", "rico" (próxima do fr *riche,* do ital *ricco,* do esp *rico*). Leibniz conclui que, por meio das metáforas, das sinédoques e das metonímias, as palavras passam de um significado para outro, embora nem sempre seja possível seguir pistas de seu raciocínio, oferecidas pelos exemplos.

Seguindo o mesmo pensamento, também o *l* designaria um "movimento mais doce". Para prová-lo, mostra que as crianças tendem a trocar o *r* pelo *l*, dizendo *mon levelend pèle,* em vez de *mon révérend père* ("meu reverendo pai"). Também, metaforicamente, o som *l* está presente em diminutivos no latim, nas línguas românicas, os quais prefere chamar de "semilatinas" (*demi-latins*), e no alemão setentrional (*allemands superieurs*). No entanto, apresenta também um contraexemplo: os nomes do leão (fr *lion*), do lince (fr *lynx*) e do lobo (fr *loup*), apesar de terem o som *l*, não evocariam nada de doce. Leibniz mostra que o que estaria por trás dessas palavras é, na verdade, um outro conceito da mesma letra *l*, o da "rapidez", como se pode perceber por meio do alem *lauf!* ("corra!"). Segundo Leibniz, determinar tais elementos nem sempre é possível, por causa dos percalços e mudanças, de modo que a maioria das palavras está extremamente alterada e distanciada da sua pronúncia e significado originais.

O simbolismo de Leibniz também ocorre em outros casos: a letra *a*, presente na interjeição *ah!* associa-se à ideia de um pequeno sopro, donde viriam palavras referentes ao ar e à respiração (lat *aer*, gr *atmós* etc.), assim como metaforicamente à água (por meio de **aha*). Nas línguas germânicas, juntou-se um *w* para melhor marcar-lhe o movimento: alem *wehen* "soprar", ingl *wind* "vento", ingl *water* "água" etc. A forma **aha* seria uma espécie de raiz, visível em islandês e em vários topônimos alemães em *–ach*: o nome do rio *Wiser* ou *Weser* era, na boca dos mais antigos *Wiserach,* que remontaria a **Wiseraha*. A palavra fr *eau* "água" remete ao lat *aqua* por meio de formas intermediárias como *aigues, auue.* Igualmente se vê **aha* em palavras que significam *olho* (alem *auge*) e *ilha* (nórd *oe*, hebr *ai*). O verbo latino *augere* "crescer" teria seu significado derivado da ideia de efusão das águas, donde também se deriva o adjetivo lat *augustus* "crescido" >> "grande" >> "majestoso, venerável". Acresce, ainda, que o nome do imprerador *Augustus* era traduzido por *Ooker* em velho saxão, o que lembra a região do *Ocker*, sujeita a enchentes súbitas.

Leibniz está convencido (*Nouveaux essais* 3: 7) de que as línguas constituem o melhor espelho do espírito humano e que uma análise exata da significação das palavras ajudaria (melhor do que qualquer outra coisa) a conhecer as operações do entendimento, embora a ciência do raciocínio, do julgamento e da invenção lhe pareçam muito diferentes da das palavras e do uso das línguas (*ibidem* 4: 21). Por isso, em comparação com outros autores da época, parece cauteloso ao afirmar as teses apriorísticas que norteiam suas considerações: por exemplo, supõe que os nomes de rios, por provirem geralmente da Antiguidade mais remota, sejam os que melhor caracterizariam a linguagem dos habitantes primitivos. Leibniz diz que o estudo de seu étimo mereceria uma pesquisa especial (hoje feita pela Toponímia) e propõe a tese, de caráter dedutivo (*pro axiomate*), de que nomes próprios haviam sido nomes comuns na Antiguidade (*omnia nomina quæ vocamus propria, aliquando appellativa fuisse, alioqui ratione nulla constarent*). Além disso, por ser algo anterior à escrita e à arte, a língua seria o indício mais forte para determinar a origem dos parentescos dos povos e suas migrações. Outro pressuposto de Leibniz é o de que as primeiras palavras se formaram de onomatopeias (*tales detegunt sese primæ origines vocabulorum, quoties penetrari potest ad radicem tês onomatopoíias*) e os vocábulos proviriam da analogia (*ex analogia*). Para comprovar essas teses, seria preciso estudar línguas de vários povos e criar critérios claros para propor etimologias. Não se deveria, por exemplo, dar fé às etimologias tradicionais, a não ser quando houvesse boa quantidade de indícios que as sustentassem.

Fazer etimologias sem pesquisar esses indícios é referido por Leibniz com o neologismo *goropiser* "goropizar". Esse termo faz alusão a Johannes Goropius Becanus (1518-1572), cuja obra *Hermathena* (1580) se tornou bastante conhecida por sua fantasiosa tese de que o holandês teria sido a língua do Paraíso. Becanus argumenta que os descendentes de Jafé não teriam participado da construção da Torre de Babel e foram para a região entre Scheldt e Meuse, cujo dialeto brabantino ali falado teria conservado sua pureza original, como provaria o monossilabismo das suas raízes. O próprio nome da língua holandesa (*duyts* ou *diets*) confirmaria essa antiguidade, advogada por Becanus, uma vez que essa palavra proviria da expressão *de oudste* "a mais antiga". Algumas etimologias de Becanus:

- *Adam* "Adão" < *haat-dam*: "um dique (*dam*) contra o ódio (*haat*) da serpente";
- *appel* "maçã"< *ap-fel*: remetendo à suposta"maçã" do Paraíso, vale-se da combinação das palavras "morder" (*ap*) e "cruel" (*fel*);
- *Eva* < *Eu-vat*: "um tonel (*vat*) para todos os séculos (*eu*)", ou seja, refere-se ao ventre da mulher, como mãe;
- *vader* "pai" < *vat-er*: "aquilo que a mãe (isto é, *vat*, o tonel) sente (*er*)".

Esse autor não estará sozinho na identificação da língua-mãe com uma língua viva: John Webb (1669) achava que era o chinês, já Andreas Kempe (1688) defendia ser o sueco. O exagero de Becanus tornou-se proverbial e recebeu duras críticas emitidas por Justus Lipsius (1547-1606), Joseph J. Scaliger (1540-1609), Hugo Grotius (1585-1645). Leibniz também refuta o modelo estático de Becanus, uma vez que, para ele, como vimos, as línguas estão em constante movimento e nenhuma preservaria, portanto, a sua pureza original. Embora o chauvinismo de Becanus tivesse admiradores, como Abraham Ortelius (1527-1598) ou Richard Hakluyt (c1552-1616) e até alguns seguidores, como Cornelis Kiliaan (c1529-1607), suas soluções escancararam, de certo modo, a necessidade de haver algum método que devesse ser empregado na identificação das etimologias. No entanto, desconhecidas as preocupações e soluções esboçadas em Nebrija e Nunes de Leão, os próprios étimos de Leibniz (presentes em diversos textos) não ultrapassaram a livre associação dos autores da Antiguidade, pois se limitavam às semelhanças fônicas entre o étimo e a palavra investigada. A arbitrariedade das transformações fonéticas se tornara bastante comum no século XVII, como prova a obra de Gilles Ménage (1613-1692). Persistiram no século XVIII, quando críticas à antiga metodologia etimológica tradicional são encontradas com mais frequência, como nesta passagem, atribuída a Voltaire (1694-1778), sobre a utilização das etimologias para se provar o improvável:

> *il est évident que les premiers rois de la Chine ont porté les noms des anciens rois d'Égypte, car dans le nom de la famille Yu on peut trouver les caractères qui, arrangés d'une autre façon, forment le mot Ménès. Il est donc incontestable que l'empereur Yu prit son nom de Ménès, roi d'Égypte, et l'empereur Ki est évidemment le roi Atoës, en changeant k en a et i en toës.* (1761, prefácio, parte 3)
>
> É evidente que os primeiros reis da China levaram os nomes dos antigos reis do Egito, pois no nome da família Yu podem-se encontrar os caracteres que, organizados de outra forma, formam a palavra Menés. É, portanto, incontestável que o imperador Yu tomou seu nome de Menés, rei do Egito, e que o imperador Ki é evidentemente o rei Atoés, ao substituirmos o *k* em *a* e o *i* em *toés.*

Voltaire, porém, provavelmente nunca disse a frase mais célebre contra o estudo etimológico, a saber, que seria: "uma ciência em que as consoantes valem pouco e as vogais não valem nada", como afirma Müller (1864: 238). Quem detectou o problema foi Bloomfield (1933: 511), que confessa tê-la procurado em vão na obra de Voltaire.

Gébelin

No final do século XVIII, os étimos eram vistos como algo natural (*phýsei*). Dessa forma, Leibniz rechaçava a arbitrariedade (*thései*) na denominação das palavras primitivas. Tal postura se tornou ainda mais evidente no discurso de outros autores. Tanto para a filosofia de Jean-Jacques Rousseau (1712-1778) quanto para a ideia dos gritos instintivos e dos gestos como precursores da linguagem em Étienne Bonnot de Condillac (1715-1780) e Charles de Brosses (1709-1777), esse componente exerceu um papel bastante importante. Antes ainda desses autores, pode-se antever a questão na *Scienza Nuova* de J.-B. Vico (1668-1744). Mais especificamente na área da Linguística, ideias decorrentes dessa discussão se tornaram notórias, por meio de Johann Gottfried von Herder (1744-1803). Para Herder, a linguagem não é obra de Deus, pois não é lógica, nem racional, pelo contrário, é caótica e mal-arranjada. Tampouco é uma invenção do homem. Surgira da necessidade, como os gritos dos animais e emergira de algum impulso natural, como o do embrião que pressiona para nascer. A linguagem humana, contudo, distinguir-se-ia da comunicação animal, não apenas em grau, mas também em novos poderes. Toda uma linha da origem das línguas, associada às onomatopeias, surgirá de suas ideias, as quais aparecem em vários momentos de sua obra, sobretudo no seu premiado ensaio de 1772 (*Abhandlung über den Ursprung der Sprache*). Entre as características da língua primitiva, provinda do Oriente, estaria a abundância de sinônimos e de metáforas.

No ano seguinte, inicia-se a publicação da obra *Monde Primitif*, de Antoine Court de Gébelin (c1719-1784), cujos nove volumes, publicados até 1782, trazem muitas etimologias que, se, por um lado, revitalizam algumas ideias antigas, por outro, associam as línguas europeias às do Novo Mundo. Gébelin defende no v. IX (*Discours préliminaire sur les origines grecques*) que haja uma ciência etimológica (*science étymologique*), a partir da prática iniciada por Platão, de comparar o grego com o frígio. Gébelin lamenta que Platão ou que outro jovem sábio posterior (*quelque jeune Lettré*) não tenham seguido esse método ou explorado essas relações, mas acredita que isso só seria possível na época em que vivia. Entre suas conclusões, Gébelin demonstra que o grego não deve sua existência nem ao hebraico, nem ao alemão, nem ao sueco, nem ao gótico, nem ao fenício, nem ao persa, nem ao indiano, mas à primeira língua da Europa, o *céltico*, que, por sua vez, seria irmã de uma língua oriental. Veem-se várias das teses de Leibniz aceitas agora de forma dogmática. Em seus étimos, por exemplo, faz usos extensos de famílias de raízes monossilábicas, em que as vogais têm pouco papel: assim, *AG ≈ *AIG estaria ligado a nomes de rios ou cidades litorâneas (*Ache-ron*, *Aig-aia*). A influência de Leibniz é visível quando promove a revitalização da valorização da Toponímia e do simbolismo sonoro platônico: determina, por exemplo, que o *r* designa a ação de "correr", de "fluir" e desse som se obtêm diversos nomes de rios europeus. A partir de teses como essa, vários significados são arriscados: *ARD ≈ *ORD designariam florestas; *AT, montanhas grandes etc. Para provar que as palavras gregas viriam dessas formas radicais, muitas mudanças fonéticas deveriam ocorrer: sonorizações, fechamento do *a* em *e*, supressão do *e* entre duas consoantes, acréscimo de certas consoantes (*c*, *g*, *k*, *s*) antes de outras (*l*, *m*, *n*, *r*), o som *d* substituído por certos sons (*l*, *s* e *z*), o som *p* se transforma em *f* e vice-versa, ditongos se tornam vogais etc. Nesse ponto, já se sente uma tentativa de sistematização das transformações, para fugir do simples impressionismo de semelhança. A diferença mais evidente, contudo, entre os autores do Renascimento e Gébelin reside numa postura fortemente dedutiva, talvez motivada por suas incursões no Ocultismo. Desse modo, sua obra mostra uma espécie de síntese da Etimologia dedutiva (Platão, Isidoro de Sevilha, Leibniz) com a indutiva (Nebrija, Nunes de Leão), feita num contexto de maduro conhecimento das línguas do mundo, mesclada a uma visão pré-romântica da procura de uma sociedade primitiva.

Outra obra de Gébelin (1776), extraída da anterior, discute todas essas questões associadas ao que chama de Gramática Universal (*grammaire universelle*). Tratando da história natural da fala, subdivide o texto em três partes: Etimologia, Escrita e Gramática. A Etimologia ensinaria a razão das palavras (*raison des mots*). Conhecê-la iluminaria o espírito, que não ficaria mais perdido no labirinto das línguas (*le dédale obscur des Langues*), onde as palavras não são tão óbvias. A Etimologia facilitaria a retenção das palavras na memória, pois cada uma pertenceria a uma família, poupando tempo e esforço e tornando o espírito livre para o conhecimento das coisas. Os princípios de que parte são títulos de subcapítulos:

- toda palavra tem sua razão;
- a razão de cada palavra é sua relação com o objeto que designa;
- as palavras têm qualidades diferentes;
- a palavra tem uma origem divina;
- a palavra nasce com o homem.

As etimologias dariam às palavras, segundo Gébelin, uma energia surpreendente, uma vez que remetem ao estado em que seus inventores se encontravam, gerando uma descrição viva e exata das coisas designadas por esses nomes. Além disso, uma lista de étimos seria, por si só, um resumo de todas as ciências, visto que as etimologias são como definições que os sábios poderiam utilizar em suas obras e ajudariam, paralelamente, a escolher melhor as palavras. Outra vantagem das etimologias seria proporcionar o aprendizado de línguas, reduzindo o esforço necessário à memorização. Por fim, a Etimologia faria ver o progresso das ideias ao longo dos tempos, as mútuas influências entre os povos e o seu grau de perfeição (*degré de perfection*), embora nenhuma língua possa dizer-se perfeita.

Gébelin acredita que todas as línguas são apenas dialetos de uma só e as diferenças que reinam entre os idiomas não podem impedir que se reconheça que todos têm a mesma origem, a saber, uma língua monossilábica. Acredita que a comparação do maior número de línguas possível nos poderá conduzir à expressão primitiva e ao verdadeiro étimo de cada palavra. Intui que quanto mais familiar for o uso de uma palavra, maior será sua alteração. Exemplos:

- lat *miscere* > *mescler* > *mesler* > fr *mêler* “misturar”;
- lat *sigillum* > *segel* > *scéel* > *scel* > fr *sceau* “selo”.

Essas alterações se resumiriam em mudanças de consoantes, de vogais e de posição. A lista de étimos que apresenta é bastante correta:

- lat *a* > fr *ai* ~ *e* (lat *pane* > fr *pain*; lat *fame* > fr *faim*, lat *mare* > fr *mer*);
- lat *e* > fr *oi* ~ *i* (lat *serus* > fr *soir*, lat *cera* > fr *cire*);
- lat *i* > fr *a* ~ *e* (lat *lingua* > fr *langue*, lat *firmus* > fr *ferme*);
- lat *o* > fr *eu* ~ *ou* ~ *ui* (lat *hora* > fr *heure*, lat *honor* > fr *honneur*, lat *octo* > fr *huict,* lat *totus* > fr *tout*, lat *corium* > fr *cuir*);
- lat *u* > fr *o* ~ *oi* (lat *urtica* > fr *ortie*, lat *numerus* > fr *nombre*, lat *nux* > fr *noix*).

Várias mudanças consonantais também são observadas:

- lat *p* > fr *v* (lat *sapor* > fr *saveur*);
- lat *t* > fr *d* (lat *metallum* > fr *medaille*).

Gébelin também vê relação entre as palavras de muitas línguas europeias:

- lat *nox* ≅ fr *nuit* ≅ ingl *night* ≅ alem *Nacht* ≅ ital *notte*;
- fr *dent* ≅ flam *tant* ≅ din *dand*.

Em vez de chegar ao indo-europeu, porém, Gébelin, com seu método à procura da língua primitiva, acabou por extrapolar: do fr *parole* e fr *parler*, por exemplo, retira uma suposta raiz *PAR, com correspondências em bretão, hebraico, alemão, irlandês e latim. As regras para o estabelecimento das raízes originais, ou seja, do étimo mais remoto, são explicitamente declaradas, embora sua aplicação seja pouco clara:

- não se deve levar em conta as vogais;
- não se deve confundir letras acessórias com letras primitivas;
- os radicais são compostos de duas consoantes separadas por uma vogal;
- palavras se classificam por famílias;
- subordinam-se ao sentido físico todos os sentidos morais, espirituais ou figurados;
- não se supõe nenhuma alteração que não possa ser justificada ou pelo uso ou pela analogia;
- evita-se toda etimologia forçada.

Os capítulos que se seguem tratam da fisiologia do aparelho fonador, da classificação articulatória dos sons e dos valores associados aos mesmos sons, por simbolismo. A fala promoveria, para Gébelin, a pintura das ideias por meio dos sons (*la parole est la peinture de nos idées par les sons de l'instrument vocal*). Em suma, apesar de Gébelin ser um autor totalmente ignorado pela maioria dos livros de Historiografia da Linguística mais antigos, suas conquistas não foram pequenas e serão retomadas no século seguinte, sem que os devidos créditos lhe fossem dados, possivelmente por causa de algumas posições consideradas excêntricas pela própria Linguística do final do século XVIII.

Gyarmathi

As opiniões de Leibniz tiveram grande impacto na Filosofia e nas ciências. Sob sua influência, Pedro, o Grande (1672-1725), czar da Rússia, mandou coletar vocábulos de várias línguas de seu império. Esse impulso, continuado por Catarina II (1729-1796), gerou obras como a de Peter Simon Pallas (1741-1811) e, indiretamente, de Sámuel Gyarmathi (1751-1830), o qual dista muito de Gébelin pelo tratamento empírico dos dados coletados e pela sua análise austera. Como outros autores antigos já haviam aventado (inclusive Leibniz), Gyarmathi demonstra, baseando-se num grande número de exemplos, que o húngaro – uma língua europeia – possuía de fato parentesco com outras, consideradas "primitivas", faladas em lugares muito distantes, no Oriente. O elemento inovador dessa comparação e o grande mérito de Gyarmathi, porém, foi o de privilegiar os elementos gramaticais, em vez de – como usualmente se fazia – atentar somente às semelhanças lexicais. A superioridade dos elementos gramaticais nas decisões de parentesco linguístico havia sido sugerida alguns anos antes, por Lorenzo Hervás y Panduro (1735-1809) em seu catálogo das línguas, com mais de trezentas traduções do pai-nosso (1784), o qual seria ampliado notavelmente nos anos subsequentes (1800-1805).

Em sua estada em Göttingen, influenciado pelas ideias que circulavam na Alemanha, Gyarmathi travou conhecimento com obras que apontavam para as semelhanças por ele estudadas, sobretudo entre o húngaro e o lapão. Cita textualmente János Sajnovics (1770), Olaus Rudbeckius Jr. (1772), Josef Hager (1793) e Pál Berégßaßi (1796). Com base nelas, Gyarmathi ordenará, em seu livro, longas listas em que demonstra o parentesco não só entre o húngaro e o lapão, mas também inclui o finlandês e o estoniano (a inclusão dessa última língua no mesmo grupo já tinha sido suposta por Leibniz, como visto). Vai mais além, provando também a semelhança com muitas outras línguas urálicas (cheremisse, mordvino, votiaco, tchuvache, zirieno, vogul, pérmico) e aparentadas (samoiedo, ostiaco). Também leva em consideração o elemento tártaro, o turco e parte do vocabulário de línguas eslavas (russo, sérvio, boêmio, polonês). Não seria o caso de mostrar, nesta obra, com muitos exemplos, como é o procedimento de Gyarmathi, uma vez que trata de línguas muito exóticas. Para entender seu pensamento, porém, citaremos alguns trechos importantes. Do ponto de vista fonético, leva em consideração características comuns como a de se evitarem encontros consonantais no início das palavras. Na Morfologia, percebe com muito detalhe a presença de estruturas semelhantes. Por exemplo, faz equivalências entre as terminações derivacionais húngaras e algumas do lapão (nos exemplos a seguir, retirados de sua obra, reproduziremos a ortografia do húngaro do século XVIII, que é distinta da atual):

Lapão	Húngaro
–as	*–os, –es, –as*
–dakes, –takes	*–déges, –teges, –dékes, –dákos*
–es	*–es*
–ot	*–ott*
–dag(e)	*–dag, –tag, –deg, –teg*

Gyarmathi faz listas de diversas equivalências nas terminações verbais (sobretudo na forma e comportamento do verbo "ser"), nos advérbios e nas "preposições", as quais, pondera, melhor se chamariam "posposições" (*jure Postpositiones nominare possunt*), por virem depois da "palavra regida". No que se refere às posposições, características dessas duas línguas, acrescenta ainda as terminações do diminutivo e os privativos, que, embora tenham grande semelhança estrutural, formalmente não são tão próximos:

- lap *–ats* ≈ *–atz* ≈ *–uotz* ≈ *–uts* ≅ húng *–ats* ≈ *–ets* ≈ *–átska* ≈ *–atska* ≈ *–etske* (diminutivos);
- lap *kiedatembe* ≅ húng *kezetlen* "sem mãos".

Gyarmathi elabora tabelas com treze casos distintos (*nominatiuum*, *genitivum*, *dativum*, *accusativum*, *vocativum*, *ablativum*, *locativum*, *mediativum*, *negativum*, *factivum seu mutativum*, *nuncupativum*, *penetrativum*, *descriptivum vel instructivum*). Diversas semelhanças sintáticas características do húngaro são encontradas também nas línguas com as quais a comparação é feita. Por exemplo, percebe que o arranjo entre sufixos possessivos (em vez de pronomes) e a terminação de plural é bastante semelhante:

	Singular			Plural		
	Lapão	Húngaro	Tradução	Lapão	Húngaro	Tradução
1ª SG	*suarbma-m*	*barma-m*	"meu dedo"	*suarbma-idam*	*barm-unk*	"meus dedos"
2ª SG	*suarbma-d*	*barma-d*	"teu dedo"	*suarbma-idad*	*barma-tok*	"teus dedos"
3ª SG	*suarbma-s*	*barma*	"o dedo dele"	*suarbma-ides*	*barm-ok*	"os dedos dele"
1ª PL	*suarbma-me*	*barma-im*	"nosso dedo"	*suarbma-mech*	*barma-ink*	"nossos dedos"
2ª PL	*suarbma-de*	*barma-id*	"vosso dedo"	*suarbma-dech*	*barma-itok*	"vossos dedos"
3ª PL	*suarbma-sa*	*barma-i*	"o dedo deles"	*suarbma-sach*	*barma-ik*	"os dedos deles"

Percebe também que as terminações dos comparativos são muito parecidas:

- lap *kedze* "gracioso" ≅ húng *keskeny*;
- lap *kedzeb* "mais gracioso" ≅ húng *keskenyebb*;
- lap *zjabbe* "belo" ≅ húng *szép*;
- lap *zjabbeb* "mais belo" ≅ húng *szebb*.

O que chama mais a atenção são os numerais, exemplificados com muitas variantes de ambas as línguas e aqui simplificados na seguinte tabela:

Numeral	Lapão	Húngaro
1	*agd*	*egy*
2	*kuåhte*	*kettö*
3	*holma*	*három*
4	*nelje*	*négy*
5	*wita*	*öt*
6	*kota*	*hat*
7	*kietja*	*hét*
8	*åntzje*	*nyótz*
9	*åkhtzje*	*kilentz*
10	*loge*	*elég*

A comparação de Gyarmathi pauta-se, por vezes, apenas na semelhança de algumas formações. Como comprova a Linguística Comparativa, é comum haver semelhanças entre os relativos e os interrogativos nas mais diversas línguas do mundo, inclusive nas que não sejam aparentadas. Isso, porém, é incluído por Gyarmathi entre os indícios de gênese comum das duas línguas (também pensarão assim os autores que defendem as superfamílias; cf. Primeira Parte, item "Trombetti"):

- lap *mi?* "quê?" ≅ húng *mi?*;
- lap *kutte?* "quem?" ≅ húng *ki?*;
- sufixo lap *-ke* ≅ prefixo húng *vala–*;
- lap *kutteke* "alguém" ≅ húng *valaki* "alguém".

A comparação de Gyarmathi revela, muito além das semelhanças sonoras, que a semelhança estrutural das línguas não pode ser fortuita. Não lhe parece obra do acaso haver tantas coincidências nas estruturas dessas línguas, que se diferenciam das dos idiomas circundantes. É verdade que também aponta diferenças, como, por exemplo, a existência do dual em lapão, mas não em húngaro. Nos vocabulários, Gyarmathi tem o cuidado de distinguir algumas palavras que soam de modo semelhante e dá destaque àquelas que, apesar de parecidas, têm significados distintos.

Uma resenha exaustiva de sua importante obra seria desnecessária neste momento e apenas útil para especialistas em línguas fino-ugrianas, junto aos quais a importância de Gyarmathi é redobrada, mas o já dito é suficiente para reconhecer a necessidade da inclusão de seu nome na Historiografia da Linguística. A diferença de seu método reside em ter observado e provado que as línguas que estuda são, de fato, estruturalmente semelhantes e que remontam a uma origem comum, antecedendo assim os estudos do indo-europeu. Dessa forma, além das semelhanças das palavras, um novo tipo de investigação se inaugurará na busca da origem das línguas: a das semelhanças gramaticais. Cada vez mais os pronomes, numerais e terminações serão confrontados e se tornarão decisivos para a determinação de uma origem comum. O próximo século trará um salto de qualidade na perspectiva diacrônica e confirmará o *insight* de Gyarmathi, a tal ponto que a Historiografia costuma distingui-lo como o início de uma visão "científica" da Linguística, o que é particularmente injusto para a figura de seus precursores. Desse modo, os avanços dos séculos anteriores e as hipóteses arriscadas, como a de Gébelin, serão abandonadas ou aproveitadas sem menção a seus autores. Por fim, suas obras tornaram-se completamente esquecidas ou ignoradas, sem que uma revisão crítica e imparcial tivesse sido feita. Somente hoje se releem os autores do século XVIII, o que confirma sua importância para o estudo da Linguística. Entre eles, devemos citar ainda James Burnett, mais conhecido como Lord Monboddo (1714-1799), e Jonathan Edwards Jr. (1745-1801) como os mais notáveis precursores da Linguística Comparativa.

Rask

O século XIX vivenciará, nas suas três primeiras décadas, um tremendo progresso na quantidade de dados e na qualidade da pesquisa linguística e, por conseguinte, do método etimológico. Em 1806 saía o primeiro volume da grande obra de Johann Christoph Adelung (1732-1802), que será de grande importância para o desenvolvimento da Linguística Comparativa. Todo o terreno já estava pronto para as duas obras que iniciam, como informam os manuais de Historiografia, a chamada "fase científica" da Linguística.

O mérito normalmente divide-se entre o dinamarquês Rasmus Christian Rask (1787-1832) e o alemão Franz Bopp. Apesar de o livro de Rask ter saído dois anos depois da obra de Bopp, ou seja, em 1818, o manuscrito é de 1814, quando estava na Islândia e tinha 27 anos. Em 1811, porém, já havia publicado uma obra sobre o islandês. Rask, bibliotecário e professor de História Literária, aparece obscurecido e até diminuído pela figura de Bopp, nos livros de História da Linguística, apesar da sua genialidade e sua grande produção. Seu texto fora premiado pela Academia Real Dinamarquesa de Ciências, num concurso sobre a origem das línguas escandinavas. Desde então, Rask dedicaria toda sua vida a aumentar o seu conhecimento sobre as línguas e a expor suas teses. Na época, sua autoridade era reconhecida (*vide* prefácio de Bopp, 1827) e, sem qualquer dúvida, é a ele que se devem as ideias mais revolucionárias para o estabelecimento das etimologias científicas.

A obra de Rask difere bastante da de Gyarmathi e da de Bopp. A partir do antigo islandês estabelece princípios de reconstrução muito antes de Schleicher. Sua preferência pelo islandês, a mais conservadora das línguas nórdicas, se evidencia na profusão de obras que publica sobre o assunto. Em 1814 edita o léxico islandês-latim-dinamarquês de Björn Halldórsson (1724-1794); quatro anos depois, faz uma edição do Snorra Edda (século XIII). Entre os dois, publica, em 1817, um método de anglo-saxão. As línguas germânicas (sobretudo o islandês, o anglo-saxão e o frísio) serão os principais objetos de seus primeiros estudos. Para Rask, a língua – mais do que a religião, as leis, os costumes e outras instituições – é o principal meio para se entender a história das nações antes do surgimento dos documentos. Por isso, como Gyarmathi, prende-se aos dados e faz um trabalho de extensa coleta e compararação.

Em 1822, numa obra organizada por Johann Severin Vater (1771-1826), Rask fala sobre um grupo de línguas que identifica ao "trácio" (*Über die thrakische Sprachclasse*), termo inspirado em Adelung, ao se referir à língua primitiva de onde haviam saído o grego e o latim. Importa saber que Vater é o grande divulgador do termo *Linguística*, usado já em 1812 por Gabriel Henry (o termo *linguista* aparece, porém, usado já por Michael Denis, no século XVII). Nessa obra de 1818, juntamente com outros autores, que tratavam do albanês, do grusínio (isto é, do georgiano) e do gaulês, Rask – como fez Gyarmathi – enfocou o sistema gramatical e não o léxico. Sua tese é a de que as línguas mais complexas do ponto de vista gramatical se aproximam da língua-mãe (no caso, o "trácio") e que, para provar o parentesco linguístico, o estudo dos pronomes e numerais é decisivo. Ao fazer a comparação, percebe que as coincidências estruturais são grandes demais para ser obra do acaso, por exemplo, a redução formal dos casos nominais do plural e a existência de um dual em algumas línguas. Somente por meio da comparação das línguas julga possível provar o seu parentesco. Isso envolveria a concordância de letras e regras de transição, quando se comprova alguma similaridade na estrutura das línguas comparadas. Por exemplo, para encontrar a origem do islandês, descarta o esquimó (*Grönlandsk*) e o basco. Mostra que:

- gr *patēr* ≅ lat *pater* ≅ alem *Vater* ≅ isl *fadir* "pai", mas: esq *angutta*;
- gr *heks* ≅ lat *sex* ≅ alem *sechs* ≅ isl *sex* "seis", mas: esq *arboret*;
- gr *sy* ≈ *ty* ≅ lat *tu* ≅ alem *du* ≅ isl *þú* "tu", mas: esq *iblit*.

Dessa forma, o esquimó não seria comparável às línguas europeias. A ideia de uma origem comum não só para as mais importantes línguas europeias, mas também para as sem tradição escrita muito antiga (como as línguas germânicas, bálticas e eslavas) já estava presente, porém, em Leibniz ("*in slavonica lingua multa sunt communis originis cum germanicis, nonnulla et cum græcis*", carta a Wotton de 10/7/1705 em Dutens, 1768, v. 6, parte 2, p. 219), em Charles Denina (1731-1813) – que via semelhanças entre o alemão, o polonês e o latim – e em Philipp Ruhig (1675-1749) – que incluía o lituano entre as línguas estudadas. Isso explica o fato de Rask, muito antes dos indo-europeístas alemães, englobar o eslavo e o lituano em suas comparações.

Na sua obra de 1818, Rask afirma que os gregos e os romanos não trataram seriamente a Etimologia (*en Disiplin, som Græker og Rommere ikke egentlig dyrkede*) e considera insuficientes e não muito científicas (*ufyldestgjörende og uvidenskabelig*) as informações de contemporâneos, como Johann Nicolaus Tetens (1736-1807), Carl Ferdinand Degen (1766-

1825), Johan Ihre (1707-1780) e antigos como Gerardus Joannes Vossius (1577-1649). Não se sabe se Rask leu Nebrija ou algum seguidor, mas o seu método comparativo se assemelha à intuição do autor espanhol; todavia, é também verdade que dista dele pela comparação multilíngue (que aparece, no entanto, em Nunes de Leão, em Gébelin e em Gyarmathi).

Rask percebe a falta de registros de uma língua anterior ao islandês, semelhante ao latim para as línguas românicas. Essa língua antiga (*de gamle Stammesprog*) é o objetivo de suas investigações etimológicas (*etymologisk Undersögelse),* de onde proviriam suas considerações teóricas acerca dos étimos (*teoretiske Etymologi*). Segundo Rask, as línguas germânicas proviriam do "gótico" (termo equivalente ao que hoje chamaríamos de *germânico,* uma vez que o gótico propriamente dito é chamado de "mesogótico": *mesogötisk*). A Etimologia deveria ser obtida empiricamente, por meio de dados. Dessa forma, a palavra dinamarquesa *Söndag* "domingo" não proviria (como dizia Peder Syv) de **Sohndag,* ou seja, o "dia da reconciliação", mas assemelha-se ao islandês *sunnudag* ou ao alemão *Sonntag,* literalmente "dia do sol". O antigo método (de Platão e Isidoro de Sevilha) tornava-se definitivamente desacreditado. Nascia a necessidade de provar a relação etimológica por meio de regularidades e correspondências. Rask propõe-se a detectar as etimologias forçadas ou falsas (*tvungen og falsk*) e, para tal, inaugura o princípio moderno da ciência etimológica, atribuído normalmente aos Neogramáticos do final do século XIX.

Como distingue as palavras lexicais (*leksikalsk*) das gramaticais (*grammatikalsk*), confere, no seu rigoroso método, maior importância às primeiras do que às segundas (como Hervás y Panduro e Gyarmathi), em questões que transcendem o problema inicial da origem do islandês. De fato, no caso de contato linguístico, é mais comum haver empréstimos de palavras do que de terminações. Observa, por exemplo, a influência do islandês e do francês sobre o inglês, do alemão sobre o dinamarquês, do mesogótico e do árabe sobre o espanhol. Acredita que a língua mais próxima da origem não teria, segundo seu raciocínio, qualquer mistura.

Terminações e flexões desaparecem com o passar do tempo, de modo que o dinamarquês é mais simples que o islandês; o inglês, mais que o anglo-saxão; o grego moderno, mais que o grego antigo; o italiano, mais que o latim e o alemão, mais que o mesogótico. Uma língua, mesmo misturada, porém, pertenceria à mesma classe de outras menos misturadas e o conjunto teria em comum algumas palavras tidas como primárias: "céu", "terra", "mar", "cabeça", "olho", "mão", "pé", "cavalo", "vaca", "bom", "grande", "pequeno", "amar", "ir" etc., sem falar das preposições, pronomes e numerais.

Rask hesita ao tratar do celta, mas não lhe nega algum parentesco com o grupo pesquisado. Conclui que as semelhanças com o finlandês e o lapão devem mais a empréstimos (*Laan*) do que a um parentesco comum (*Ords Grundslægtskab*). Por fim, concorda que haja aproximação com o eslavo, o lituano e o letão e detalha semelhanças com o grego e o latim. É de fato impressionante a coleta feita por Rask e a precisão de seus argumentos. Por indução percebe que, de maneira muito regular, seguindo seu método, há correspondências como:

- lat *mus* ≅ isl *mús* "rato";
- lat *caper* ≅ isl *hafr* "bode";
- lat *cornu* ≅ isl *horn* "chifre";
- lat *caput* ≅ isl *höfud* "cabeça";
- lat *longus* ≅ isl *lángur* "longo";
- lat *satur* ≅ isl *saddur* "farto";
- lat *edo* ≅ isl *èt* "comer";
- lat *velle* ≅ isl *vilia* "querer";
- lat *ad* ≅ isl *at* "para";
- lat *ab* ≅ isl *af* "de".

Rask alerta que é possível encontrar semelhanças em quaisquer grupos de línguas. É preciso, portanto, para não se fazerem agrupamentos errôneos, detalhar quais seriam as equivalências sonoras (*Overensstemmelser immellem tvende Sprog*) e retirar regras delas (*Regler for Bogstavernes Overgange*). Por exemplo, no eslavo, a vogal *o* equivale a um *a* nas demais línguas:

- esl *sol'* ≅ lat *sal* "sal";
- esl *more* ≅ lat *mare* "mar";
- esl *nos* ≅ alem *Nase* "nariz".

Muito antes de Diez, até mesmo o português entra nessas comparações (por exemplo, lat *focus* ≅ port *fogo* ≅ fr *feu*). As correspondências que Rask encontra entre o mesogótico, o islandês, o grego e o latim não se circunscrevem apenas à apresentação de tabelas de vogais e consoantes (antecedendo Grimm, como se verá), mas também apontam para semelhanças estruturais, como em Gyarmathi. Apresenta equivalências de casos, pronomes, numerais e conjugações verbais. Rask, como Nunes de Leão, também não é indiferente à mudança semântica e apresenta diversos exemplos, nas suas comparações (rus *gost'* ≅ pol *góść* ≅ alem *Gast* ≅ isl *gèstr* "hóspede" ≅ lat *hostis* "estrangeiro"). Também fala de mudança gramatical e sugere que as palavras nas línguas românicas não provêm do caso nominativo, mas do ablativo (hoje se considera o acusativo o caso lexicogênico). Muitas vezes recorre a reconstruções: o gr *odous* ≅ lat *dens* "dente" vincula-se ao mesmo radical do lit *dantis* ≅ din *Tand* "dente", porque, na verdade, são resultados de transformações de **o-dont-s* ≈ **dent-s*. Com isso, chega a equivalências pouco óbvias, mas corretas como:

- lit *asz* ≅ lat *ego* ≅ gr *egō* ≅ pol *ja* ≅ mesogót *ek* ≅ sueco *jag* "eu".

Por fim, faz uma longa lista de 352 correspondências entre substantivos, adjetivos, verbos, advérbios e preposições. O gr *myrmos* ≈ *myrmēks* "formiga" associa-se ao rus *murawej* ≅ mesogót *maur* ≅ din *mora* † ≈ *Myre* ≅ isl *maur* ≅ alem *mylre* † ≅ hol *mièr*, mas também ao lat *formica*, por meio de uma hipotética forma **formormica*. Listas desse tipo serviriam para provar a origem comum (*Grundslægtskab*) dessas palavras. Não satisfeito com isso, Rask mostrará que determinadas semelhanças no hebraico, árabe, albanês e armênio corroborariam a antiga proposta de uma origem asiática das línguas.

Rask é muito detalhista em questões de Fonética. Divide, segundo padrões clássicos, as letras (*Bogstaverne*) em vogais e consoantes. As vogais (*Selvlyd*), por exemplo, podem ser originais (*oprindelige*: *a*, *o*, *e*, donde *u*, *i*) ou derivadas (*afledte*: *aa*, *æ*, *y*), entre outras divisões. As consoantes podem ser labiais (*Læbebogstaver*), linguais (*Tungebogstaver*) ou guturais (*Ganebogstaver*). Cada uma tem correspondentes duras (*haarde*: *p* ou *v*, *t*, *k*), suaves (*blöde*: *b*, *d*, *g*) e aspiradas (*aandende*: *f*, *þ*, *x* ou *h*). Há também as líquidas (*flydende*: *l*, *m*, *n*, *r*) e as "sibilantes" (*hvislende*: *s*, *z*, *sch*, *zsch*, *cz*, *szcz*). Os sons participam de vários fenômenos como a "mudança" (*ombyttelse*), visível em pares dentro da mesma língua (lat *pendo* "pesar" ~ lat *pondus* "peso", lat *sedeo* "estar sentado" ~ lat *sido* "sentar-se") ou entre línguas distintas. Num dos exemplos, parte do isl *blað* "folha", que, por meio do acréscimo de uma terminação de plural *–u*, geraria as seguintes transformações: **blað-u* → **blaðu* > **blöðu* > *blöð* "folhas". Quase todas as correspondências interlinguísticas que faz estão corretas, segundo os moldes atuais. Muitas são pouco evidentes. Exemplos de mudanças entre vogais:

- gr *gónos* ≅ lat *genu* "joelho";
- gr *ánemos* "vento" ≅ lat *animus* "espírito";
- lat *ventus* ≅ isl *vindur* "vento";
- gr *phyllon* ≅ lat *folium* "folha";
- gr *nyks* ≅ lat *nox* "noite".

Outros exemplos, entre consoantes:

- isl *haugr* ≅ din *höj* "alto";
- lat *trahere* ≅ isl *draga* "arrastar";
- isl *fadir* ≅ arm *hair* "pai";
- gr *erythros* ≅ lat *ruber* "vermelho";
- gr *lykos* ≅ lat *lupus* "lobo";
- gr *tis* ≅ lat *quis* "quem";
- gr *leireon* ≅ lat *lilium* "lírio";
- anglo-saxão *cild* ≅ alem *kind* "criança";
- lat *ne* ≅ gr *mē* "não";
- ingl *was* ≅ alem *war* "era".

Também há casos complexos (e corretos) entre vogal e grupos de vogal+consoante: gr *dasys* "peludo" ≅ lat *densus* "denso". Além das transformações, Rask menciona as metáteses (*omsætning*) de *r*, *s*, *l*:

- gr *krinō* ≅ *lat cerno* "separar";
- gr ático *ksenos* ≅ gr eólico *skenos* "estrangeiro";
- gr *okhlos* ≅ gr eólico *olkhos* "multidão";
- lat *plenus* ≅ lit *pilnas* "cheio".

Também observa quedas de sons (*forögelse*):

- gr *ekaton* ≅ lat *centum* "cheio";
- alem *Ring* ≅ isl *hríngr* "anel";
- alem *jung* ≅ din *ung* "jovem";
- gr *eidō* ≅ lat *video* "ver";
- gr *kapros* ≅ lat *aper* "javali".

Por fim, descreve acréscimos (*indskydelse*), sobretudo epênteses:

- gr *ōon* ≅ lat *ovum* "ovo";
- gr *zēloō* ≅ lit *zielóju* "desejar";
- gr *nyos* ≅ lat *nurus* "nora";
- lat *pes* > fr *pied* "pé";
- lat *alter* ≅ gr *ateros* "outro";
- gr *pleos* ≅ lat *plenus* "cheio";
- isl *bogi* ≅ din *Bue* "curva";
- gr *demō* ≅ isl *timbra* "construir";
- isl *limr* ≅ ingl *limb* "membro";
- gr *palamē* ≅ lat *palma* "palma da mão";
- lat *solvo* ~ *solutus* "desatar";
- lat *fundo* ~ *fudi* "fundar";
- isl *miöl* ~ *miölva* "farinha";
- lat *pungo* (< **pugo*) ~ *pupugi* "picar".

É observável, nos exemplos anteriores, que também flexões são levadas em conta. Não estão descartados, portanto, dados intralinguísticos, o que inclui não só elementos diacrônicos, mas também a variação dialetal:

- lat *navita* > *nauta* "navegador";
- lat *gnavus* > *navus* "diligente";
- gr *mikros* ≈ *smikros* "pequeno".

Rask não se vale do sânscrito, do céltico ou do albanês, embora documentos e obras póstumas (1834) mostrem que, desde 1818, propunha uma reunião que se assemelha muito ao que mais tarde se chamará de "indo-europeu". Essa reunião incluiria o indiano (decânico e hindustânico), o iraniano (persa, armênio e osseta), o trácio (grego e latim), o sármata (letão e eslavo), o gótico (germânico e escandinavo) e o céltico (bretão e gaélico). Mais tarde incluirá ainda o albanês e o armênio (1832). Muitos historiógrafos atuais ainda compartilham a ideia vigente na segunda metade do século XIX de que Rask não teria sido o fundador da Gramática Histórico-Comparativa (e de fato não o foi, como mostra Gyarmathi e outros ainda anteriores, como vimos). Em vez dele, porém, elegeram o alemão Bopp, embora Rask tenha sido o que melhor tivesse comprovado a hipótese do indo-europeu (que chama de "trácio"). No entanto, Bopp inicialmente só se interessou pelo germânico, sânscrito, latim e grego. As línguas que aparecem já na obra de Rask em 1818 (por exemplo, o lituano e o eslavo) só serão aceitas por Bopp quase vinte anos depois. O fato de Rask não falar do sânscrito, porém, foi decisivo para o esquecimento paulatino de sua obra em uma época em que se idealizava a Índia.

Também a atitude de Rask como pesquisador de línguas o diferencia dos demais nomes da Linguística da época. Empreendeu entre 1816-1823, uma série de viagens pela Suécia, Finlândia, Rússia, Cáucaso e Pérsia, onde estudou as línguas *in loco*, atitude incomum entre seus contemporâneos acadêmicos. Em 1826 encontramo-lo na Índia, estudando o zende, onde faz uma relação das línguas indianas, que passou a ser válida, desde então, para os especialistas. Nesse momento, conclui que o sânscrito é distinto, do ponto de vista tipológico, do malabar ou do dravídico. Em 1820, por exemplo, Bopp ainda incluía erroneamente o tamil como proveniente do sânscrito, junto com o hindustani, o bengali e o marati. A atitude de Rask o aproxima, dessa forma, da Linguística Geral. Publica livros sobre a escrita cingalesa (1821), sobre a Morfologia do italiano e do espanhol (1824, 1827), sobre o egípcio (1827), sobre a língua acra, da Guiné (1828), sobre o hebraico (1828), sobre o árabe (1831) e sobre o lapão (1831).

Na obra de 1818, inclui entre os "citas" o fino-ugriano, o samoiedo, o turco, o mongol, o tungus, o esquimó, as línguas indígenas da América do Norte, o basco, as línguas caucasianas e o dravídico. Tal reunião insólita será levada em consideração por linguistas do século XX que se interessarão por macrofamílias, como veremos (cf. item "Trombetti"). No entanto, Rask critica a facilidade com a qual podemos encontrar semelhanças nas línguas, a fim de justificar uma origem comum (por exemplo, na comparação de interjeições). Alerta que, apesar de o dialeto grego mais conhecido ser o ático, algum outro dialeto pode aproximar-se mais do protogrego e, portanto, do "trácio". Reunir semelhanças entre o latim e o grego, sem levar isso em conta, seria um erro metodológico (e, de fato, Leibniz já alertara sobre isso). Desse modo, postula-se que a diversidade dialetal deva ser um fator na decisão etimológica. O dórico e o eólico também contribuiriam, com sua antiguidade e importância, tanto quanto o ático, para o investigador que busca reconstruir a língua-mãe. Por outro lado, também, o latim dificilmente se relacionaria diretamente ao islandês: o grego e o latim seriam, segundo seus pressupostos, sobreviventes provindos do antigo trácio, porém, não diretamente, mas por meio de construtos intermediários. Mesmo havendo semelhanças entre o latim e o grego, não seria possível, segundo Rask, aproximarmo-nos da língua primitiva apenas estudando esses dois idiomas. Daí, a necessidade de conhecer também as línguas vizinhas.

Afora todas as inovações teóricas e metodológicas que introduz, a contribuição mais evidente de Rask é seu rigor para com os dados fornecidos pelas línguas. Esse cuidado será, mais tarde, assumido pela Linguística alemã. O mérito de suas conquistas, reconhecido no início do século XIX, no entanto, desapareceu algumas décadas depois de sua morte, com o surgimento dos divulgadores e historiógrafos da Linguística, que valorizaram apenas os subsequentes autores da Alemanha.

Bopp

Um ano antes de Gyarmathi publicar seu trabalho, o padre Paulin de Saint-Barthélemy escrevera uma dissertação que aproximava o zende, o sânscrito e o alemão (1798), mas já em 1785, Sir William Jones (1746-1794), num discurso da *Asiatic Society*, afirmava:

> *the Sanscrit language, whatever be its antiquity, is of a wonderful structure; more perfect than the Greek, more copious than the Latin, and more exquisitely refined than either, yet bearing to both of them a stronger affinity, both in the roots of verbs and the forms of grammar, than could possibly have been produced by accident; so strong indeed, that no philologer could examine them all three, without believing them to have sprung from some common source, which, perhaps, no longer exists; there is a similar reason, though not quite so forcible, for supposing that both the Gothic and the Celtic, though blended with a very different idiom, had the same origin with the Sanscrit; and the old Persian might be added to the same family.*
>
> a língua sânscrita, qualquer que seja a sua antiguidade, tem uma estrutura maravilhosa, mais perfeita que a do grego, mais copiosa que a do latim e mais refinada que a de ambos, compartilhando, ainda, com elas uma grande afinidade – tanto nas raízes dos verbos, quanto nas formas de gramática – maior do que poderia ter sido produzida por acaso; tão grande, de fato, que nenhum filólogo poderia examinar as três sem acreditar que não tenham nascido de uma fonte comum, a qual, talvez não exista mais. Há razão semelhante, embora não tão forçosa, para supor que tanto o gótico quanto o céltico, embora misturados com uma língua muito diferente, tiveram a mesma origem do sânscrito. Também o persa antigo poderia ser acrescentado à mesma família.

Esse texto é considerado um marco para os estudos linguísticos, embora semelhanças entre o sânscrito e outras línguas europeias já haviam sido observadas por Filippo Sassetti em 1585 e por P. Cœrdoux, em 1767 (impresso em 1807). Em 1808, Karl Wilhelm Friedrich von Schlegel (1772-1829) já falará de *Gramática Comparativa*, chegando a fazer associações que serão ulteriormente desenvolvidas por outros autores (lat *f* ≅ esp *h*, lat *p* ≅ alem *f* etc.): julgam-se, a partir de então, superadas as etimologias fantasiosas de Johann Arnod Kanne (1773-1824). Reforça-se, porém, o papel da onomatopeia como fundamento das línguas, ideia já expressa por outros, como visto. O sânscrito também já havia sido estudado esporadicamente por Jean-François Pons (1688-1752), Alexander Dow (c1735-1779), Nathaniel Brassey Halhed (1751-1830) e Henry Thomas Colebrooke (1765-1837).

Nesse ambiente revolucionário do início do século XIX, apesar da maturidade das reflexões de Rask, é, sobretudo, a Franz Bopp (1791-1867) que os manuais de Historiografia atribuem o início da Linguística científica. O marco seria sua ainda tímida obra, de 1816, escrita aos 25 anos. Quatro anos depois, o comparativismo se tornará mais explícito em seu método. Uma década depois, seu nome se consagrará completamente, por ocasião da publicação de sua grande obra, a *Vergleichende Grammatik*, muito mais extensa (1833-1852). Parte da reverência prestada a Bopp se deve à sua intensa adesão ao comparativismo, pois são inegáveis as influências posteriores que teve de Grimm e de Rask.

Contudo, na primeira obra de 1816, Bopp – que se autointitula um "pesquisador da língua" (*Sprachforscher*) – impõe-se um método dedutivo, bastante diferente do de Rask, no qual o sânscrito tem papel central. Por ser uma obra em que os aspectos literários e filosóficos assumem um primeiro plano (metade do livro é dedicado a questões de tradução da literatura hindu), observa-se claramente que as influências de Bopp são diferentes das de Rask. Entre elas, citem-se o barão Antoine-Isaac Silvestre de Sacy (1758-1838) e a obra *De emendanda ratione Graecæ grammaticæ* (1801), de Hermann Gottfried (1772-1848), a qual enfatiza a ligação do sujeito com o predicado por meio de uma cópula que seria, a seu ver, o único verbo (*esse* "ser"). Daí retirará uma ideia – semelhante à da obra *Epea pteroenta* (1806-1807), de John Horne Tooke (1736-1812) – de que as desinências seriam etimologicamente reduções de verbos. Só as subsequentes obras de Bopp (e de Grimm) adotam o mesmo método comparativo de Rask. A atribuição do título de fundador dos estudos histórico-comparativos vem sendo repetida, aparentemente, desde que Joseph-Daniel Guigniaut (1794-1876) comenta a obra de Bopp em 1869. Nesse texto, aponta como precursores e influências (in)diretas de Bopp, não só Herder e os irmãos Schlegel, mas George Hickes (1642-1715), Lambert ten Kate (1674-1731), Nicolas Fréret (1688-1749), Nicolas Beauzée (1717-1789), Friedrich Carl Fulda (1724-1788), Charles Wilkins (c1749-1836), Josef Joseph von Görres (1776-1848), Georg Friedrich Creuzer (1771-1858), Louis-Mathieu Langlès (1763-1824), Claude Charles Fauriel (1772-1844), Antoine-Léonard de Chézy (1773-1832), Alexander Hamilton (1762-1824), Hermann Olshausen (1796-1836), entre outros.

Comparando com Rask, a "obra fundadora" de Bopp, no entanto, trata de assunto bastante diverso, uma vez que enfatiza apenas os sistemas verbais. Como outros contemporâneos, reivindica uma visão científica do problema (*wissenschaftliche Spracheinsicht*) e simpatiza-se com metáforas advindas da História Natural como "flexões orgânicas" (*organische Flexionen*). A oposição estoica entre forma (*Form*) e significado (*Bedeutung*) também aparece em suas afirmações, além de uma revisão das tradicionais classes de palavras, motivada pela Gramática Comparativa. Por exemplo, os particípios deveriam ser vistos, segundo Bopp, como adjetivos. Revela-se alguma influência, ainda que indireta, do pensamento de Port Royal, sobretudo quando se mencionam questões que deveriam ser resolvidas por meio da "lógica". A influência de Silvestre de Sacy é evidente, nos exemplos em árabe apresentados. Para Bopp, o verbo (*Zeitwort*) é a classe de palavras (*Redetheil*) que expressa a ligação de um objeto (*Gegenstand*) a uma qualidade (*Verhältnis*). Esse "verbo" não teria significação real, pois seria um *verbum abstractum*, algo como uma ligação gramatical (*grammatisches Band*) entre o sujeito e o predicado. Essas condições são satisfeitas, portanto, por um único verbo, a saber, "ser" (*seyn*), desde que lhe fosse abstraído o conceito de existência. O verbo "ser", desse modo, desempenharia duas funções distintas (*zwey ganz verschiedene Funktionen*): a de ligação gramatical e a de qualidade (*Eigenschaft*), que se atribui ao sujeito. Isso, porém, seria variável nas línguas. Em sânscrito, há dois verbos (*asti/bhavati*) que, embora se confundam às vezes, representariam, respectivamente, as duas funções. Tal postura dedutiva nos faria dizer hoje que Bopp desenvolve (ou aplica) uma "teoria" para entender as formas das conjugações verbais.

A origem comum (*gemeinschaftlicher Ursprung*) das línguas sobre as quais se debruça (sânscrito, grego, persa, germânico, latim) em seu texto já parece consabida – provavelmente por causa das declarações de William Jones – pois formariam seus tempos por meio do *verbum abstractum*, que se mescla ao radical dos verbos. A língua original, porém, não tem nome na primeira obra de Bopp, pois a ela se refere como a "mãe comum" (*gemeinschaftliche Mutter*), mas sua reconstrução nos apresenta algumas características visivelmente aglutinantes: a primeira pessoa dos verbos é marcada com o mesmo *o* do lat *ego* "eu", ou com *m* (no dual com *v*), a segunda pessoa se indica por meio de *s* ou *h* e a terceira, por *t*. A segmentação dessas "marcas" (*Kennzeichen* ou *bedeutende Stammsylben*) – precursoras dos morfemas modernos – é presente em várias passagens de sua obra. A seguir, ocorrem várias transformações, sem a regularidade e o rigor de Rask: por exemplo, *atsi* "tu comes" viria de **adsi* (na notação de Bopp *atsi st. adsi*, donde *st* significa *statt* "em vez de"). As transformações de Bopp são automáticas e não graduais, motivadas por regras da eufonia (*Regeln des Wohllauts*), provavelmente imitando a Gramática hindu, na qual se preveem fenômenos equivalentes (*samdhi*, *guṇa* etc.). As formas "se constroem", assim sânscr *ādat* "comeu" tem a vogal inicial longa devido ao aumento: **ăădat* > *ādat*. Todas essas transformações deveriam pautar-se no "espírito" da língua (*Sprachgeist*).

Segundo o método de Bopp, todos os tempos e modos das línguas estudadas seriam redutíveis a formas do *verbum abstractum*. Sobretudo no capítulo do latim (ou língua de Roma, como diz), os exemplos são mais claros. Seu argumento é o seguinte: um *–s–* seria visível ou dedutível em muitas línguas, tempos e modos. Assim, o imperfeito lat *eram* "eu era" equivaleria a um antigo **esam,* com rotacismo do *s* original (**–s–* > *–r–*). Do mesmo étimo também teríamos o gr **esa* > *ea* "era" e gr *esomai* "serei". Entende que esse **–s–* não seria apenas uma "marca" do futuro, mas o próprio radical presente no gr *esmí* "eu sou". Em latim, os radicais **es* e **fu* equivaleriam aos **as* e **bhu* do sânscrito:

**es-um* geraria lat *sum* "eu sou", como ocorre com o gr *esmi* ~ *esmai* e com o sânscr *asmi.* Nessa comparação, como em várias passagens, comprova sua tese erroneamente usando o etrusco (*esume*, segundo ele), que não é uma língua indo-europeia. O futuro **e-s-o* geraria lat *ero* "serei", do mesmo modo que **e-s-is* gera o lat *eris* "serás". O subjuntivo *sis* "sejas" proviria de *s-i-e-s*, forma atestada em Plauto (*siem* "eu seja", *siet* "ele seja"), o qual equivale ao modo potencial do sânscr **s-ī-ā-t* > *syāt.* Uma marca de subjuntivo **–i–* é usada de forma *ad hoc* para explicar vários tempos verbais: a partir de **esam*, que gerou lat *eram* "eu era", cria-se **es-a-i-m* > **esœm* > **esem*, que, em vez de ★*erem*, se transformou, por algum reforço não explicado, em lat *essem* "fosse". O radical **fu* estaria ligado ao verbo lat *fio* "torno-me" e aos tempos do perfeito (lat *fu-i* "fui" em vez de **es-i*). Outros tempos se formariam por meio da fusão dessas marcas, por exemplo:

- **fu-es-s-e-m* > lat *fuissem* "tinha sido";
- **fu-es-i-m* > lat *fuerim* "terei sido";
- **fu-se* > lat *fo-re* "haver de ser";
- **fu-es-se* > lat *fuisse* "ter sido".

Também as terminações latinas do pretérito imperfeito *–ba-m*, *–ba-s*, *–ba-t* etc., do futuro *–b-o*, *–b-i-s*, *–b-i-t* e do pretérito perfeito *–v-i*, *–v-i-s*, *–v-i-t* remontariam à mesma origem do sânscr *bhū–*. Correspondências fonéticas reforçariam essa hipótese, por exemplo:

- lat *tibi* "a ti" ≅ sânscr *tubhya;*
- lat *–bus* (dativo/ablativo plural) ≅ sânscr *–bhyah.*

O confronto de letras labiais *bh*, *b*, *v*, *u*, *f* é empregado com bastante flexibilidade. Observa que as desinências *–bo*, *–bis*, *–bit* do futuro latino têm notável semelhança (*ausfallende Übereinstimmung*) com o verbo anglo-saxão *beo*, *bys*, *byth* "ser".

Não só o verbo "ser" tem papel na formação das flexões, mas também outros verbos são mencionados, como ingl *do* ≅ alem *thun* "fazer" para explicar o perfeito germânico: gót *soki-ded-u-n* ≅ alem *such-ten* "procuramos". Outros tempos verbais requerem resquícios de um antigo pronome reflexivo **–s–*, que seria usado na voz passiva do latim (sob a forma de *–r*). No entanto, essa nova hipótese requer não só o rotacismo do **–s–*, mas o expediente *ad hoc* da transposição das letras (metátese): **am-a-s-u-t* > **amarut* > lat *amatur* "é amado". A distinção entre a voz ativa e a passiva não seria, porém, tão antiga para ele (opinião, aliás, que ainda hoje é aceita pelos indo-europeístas). O caso do lat *amamini* "sois amados" é distinto, mas Bopp mostra que se assemelha à terminação de particípios em outras línguas (cf. sânscr *–mānah* ≅ gr *–ménos*) e ainda mais em *amamino* (Catão) ou em *famino* (Festo). Por meio desses princípios redutores, Bopp, em sua obra toda, mostra que o étimo de todas as formas verbais das línguas com que trabalhou se resume a algumas centenas de radicais, combinados com verbos abstratos ou com antigos pronomes.

A influência de Grimm sobre as posteriores obras de Bopp é visível, por exemplo, na ideia de que a língua primitiva tinha apenas três vogais (*a*, *i*, *u*) e na de que os nomes provêm dos verbos. Tais posturas perdurarão, aliás, até final do século XIX. Além disso, as suas raízes, diferentemente do semítico, compunham-se, para Bopp, de três letras e duas sílabas, postura que o aproxima do dogmatismo de Gébelin. Bopp distancia-se aos poucos da tipologia linguística de August Wilhelm von Schlegel (1767-1845), feita em 1820, e, posteriormente, da obra de Grimm (1827), aproximando-se das ideias de Wilhelm von Humboldt (1767-1835), com quem se correspondia. Isso é visível na explicação do "vocalismo" da conjugação verbal das línguas, isto é, na alternância vocálica do radical. Por exemplo, entre formas do singular e do plural no presente do indicativo há mudanças vocálicas que se devem à origem comum:

- sânscr *veda* ≅ gót *vait* ≅ gr *oîda* "sabe";
- sânscr *vidima* ≅ gót *vitum* ≅ gr *ídmēn* "sabemos".

Bopp não segue os rigorosos critérios de Rask, de modo que se pauta muitas vezes em transformações que requerem semelhanças mais vagas. Além disso, inicialmente seu campo de atuação era menor: o lituano só aparecerá em suas obras em 1833 e o eslavo, em 1835. Aponta semelhanças também no grupo céltico desde 1823, mas somente consegue incluí-lo em 1839, valendo-se de engenhosas explicações fônicas e influenciado pela obra de Adolphe Pictet (1799-1875), publicada dois anos antes. Bopp também fez investigações incluindo o antigo prussiano (1853), o albanês (1854) e o armênio (1857) e, menos acertadamente, o malaio (1840) e as línguas do Cáucaso (1846).

Entre os seguidores de Bopp, deve-se citar August Friedrich Pott (1802-1887), cuja obra ainda é pouco estudada. O grupo de onde teria provindo a maioria das línguas europeias (o "trácio" de Rask) juntamente com grande parte das da Pérsia e da Índia, por todo o século XIX, terá diversos nomes, dos quais os mais comuns são "indo-germânico" (alem *Indogermanisch*) ou "indo-europeu", usado por Eugène Burnouf (1801-1852), donde ingl *indo-european,* fr *indo-européen* etc. Os termos *comparative philology* e *Indo-european* aparecem cedo em obras de maior divulgação – como a do reverendo William Balfour Winning (1838) –, as quais mostram a revolução causada pela divulgação dos textos de Bopp e o alcance de suas ideias já no primeiro quartel do século XIX.

Grimm

A importância da colossal obra de Linguística Comparativa de Jakob Ludwig Karl Grimm (1785-1863) reside, acima de tudo, na valorização dos dialetos e no rompimento com a Filologia Clássica. Tal postura romântica pretende privilegiar a fala natural e encontra eco em outros autores que o influenciaram, como o jurista Friedrich Carl von Savigny (1779-1861), o qual defendia que as instituições legais provinham de desenvolvimentos graduais da tradição popular. Também influenciou o seu pensamento Ludwig Tieck (1773-1853), que difundiu a poesia popular e o antigo alemão. Outros autores que podem ter contribuído indiretamente com sua obra foram August Bernhardi (1769-1820) e Johann Gottlieb Radlof (1775-1824). Grimm advoga ainda a favor de uma psicologia popular. Daí nascem, em sua juventude, as obras que o consagraram, sobre as cantigas do antigo alemão (1811) e, a seguir, com seu irmão, Wilhelm Karl Grimm (1786-1859), compila as famosas fábulas que lhes deram fama internacional (*Kinder- und Hausmärchen*, 1812-1815).

Após ser criticado por August Wilhelm von Schlegel, nos *Heidelberger Jahrbücher* (1815), Grimm iniciou sua grande obra de Linguística, *Deutsche Grammatik* (1819-1834), cujo primeiro volume saiu quando tinha 24 anos. O nome de Rask é mencionado no seu prefácio (p. XIX). Logo após a publicação, toma contato com novas obras do dinamarquês e o reformula completamente. Nessa segunda edição do primeiro volume (1822) aparecerão as famosas transformações fonéticas (p. 583-592), inspiradas em Rask, as quais seriam chamadas de *leis* dez anos depois, por John Mitchell Kemble (1832, "*this law*"), Rudolf von Raumer (1837, "*das durch Jakob Grimm gefundende Gesetz der Lautverschiebung*"), William Balfour Winning (1838: 36-39, "*Grimm's Law*") e por Robert Gordon Latham (1841, "*currently called Grimm's law*"), diferentemente do que se divulga em muitos manuais, que atribuem o termo a Max Müller (1823-1900). As correlações, como vimos, aparecem em Rask e, muito antes dele, em Nunes de Leão e em Nebrija (cf. item "Nunes de Leão"). Costuma ainda citar-se Jacob Hornemann Bredsdorff (1790-1841) como precursor das leis de Grimm e, em certa medida, também Georg Friedrich Benecke (1762-1844).

Entender as regras propostas por Grimm como *leis* e o caráter dedutivo que lhe foi atribuído, contudo, parece contradizer o próprio Grimm, que se mostra textualmente avesso a conceitos lógicos nas gramáticas (*allgemeinen logischen begriffen bin ich in der grammatik feind,* 1822: vi): afirma que se, por um lado, conduzem a um aparente rigor (*scheinbare strenge*) e a uma coesão das determinações (*geschlossenheit der bestimmungen*), por outro, obstruem a observação (*hemmen ... die beobachtung*), ou seja, a alma da pesquisa linguística (*seele der sprachforschung*). Essa defesa da indução, necessária da parte dos linguistas (*sprachforscher*), se mostra mais clara na seguinte afirmação: "quem não se atém às observações empíricas (*wahrnehmungen*), as quais mancham toda teoria, com sua efetiva certeza, logo de início, nunca se aproximará do inescrutável espírito da língua (*unergründliches sprachgeist*)" (1822: VI). Grimm é, por isso, consciente de que suas regras não têm validade absoluta (p. 590), pois, apesar de explicarem grande número de fatos (*erfolgt in der masse*), falham nos detalhes (*thut sich aber im einzelnen niemals rein ab*).

As transformações que Grimm propõe seriam "deslocamentos de sons" (chamadas posteriormente de *Lautverschiebungen*) e se pautariam, exclusivamente, nas consoantes. Grimm divide-as em três grupos (ou "ordens"), seguindo uma denominação que remonta aos latinos. Cada grupo teria, por sua vez, três séries (ou seja, uma consoante labial, uma dental e uma gutural). O grupo das *tenues* equivaleria ao que hoje chamaríamos consoantes oclusivas surdas (*p*, *t*, *k*). As *mediæ* seriam as sonoras, tanto oclusivas (*b*, *d*, *g*) quanto fricativas (*v*, ð). Já as *aspiratæ* equivaleriam não só às oclusivas surdas aspiradas (*ph, th, kh*), mas também às fricativas surdas (*f*, *þ*, *h*) e às africadas (*pf*, *z*). Comparando o grego, o gótico e o alto-alemão, Grimm aponta para um movimento "descendente" (*eine stufe abwärts,* p. 184), segundo a visão romântica de uma decadência das línguas, ao apartarem-se da língua primitiva. Do grego, que representa os sons originais, parte para o gótico, que representa o germânico (*erste Lautverschiebung*), e do gótico, para o antigo alto-alemão (*zweite Lautverschiebung*). Esse movimento pode ser apresentado sob a forma da seguinte tabela:

	Labiais				Dentais				Guturais		
Grego	*p*	*b*	*ph*		*t*	*d*	*th*		*k*	*g*	*ch*
Gótico	*f*	*p*	*b*		*þ*	*t*	*d*		*h*	*k*	*g*
Antigo alto-alemão	*b*	*f*	*p*		*d*	*z*	*t*		*g*	*ch*	*k*

A qual pode ser resumida no seguinte quadro:

Grego	*tenues*	*mediæ*	*aspiratæ*
Gótico	*aspiratæ*	*tenues*	*mediæ*
Antigo alto-alemão	*mediæ*	*aspiratæ*	*tenues*

Desse modo, há um movimento visível entre os sons, o qual poderia ser representado na história das línguas como um círculo em que *tenues* > *aspiratæ* > *mediæ* > *tenues* etc., ou seja:

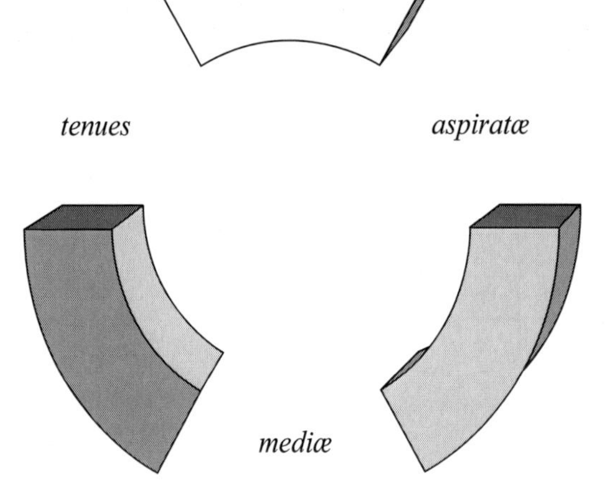

Apontou-se já nesse modelo uma série de inconsistências. Jespersen (1922) vê o conjunto das *aspiratæ* como algo muito forçado, uma vez que engloba várias classes de consoantes e não uma só. Além disso, é possível encontrar erros na sua formulação: não há *mediæ*, mas *aspiratæ*, para o antigo alto-alemão correspondente ao gr *p* e ao gót *f*, por exemplo, gr *poûs* ≅ gót *fotus* ≅ aaa *fuss* "pé" (esperaríamos uma palavra com ★*b*– e não com *f*– no alemão). O mesmo ocorre para os correspondentes do gr *k* e do gót *h* (cf. gr *kardía* ≅ gót *hairto* ≅ aaa *herz* "coração", com *h*– e não com ★*g*–. Não é difícil observar que Grimm estava ainda muito preso às letras, entendidas como sinais gráficos, chegando a afirmar que a palavra *schrift* "escrita" tinha oito sons, computando-se o trígrafo *sch* [ʃ] como três sons em vez de um só e o *f* como dois, pois equivale a *ph* (isto é, uma *aspirata*). Tais confusões entre a figura da letra e a voz da letra, contudo, são impensáveis num autor do Renascimento, como Fernão de Oliveira, e mesmo para os seus coevos, como Karl Moriz Rapp (1803-1883).

Seria errôneo, ainda, imaginar que Grimm aplique rigorosamente as suas "leis" às suas próprias etimologias, numa tentativa de demonstrá-las. Contudo, os autores posteriores, motivados pelo uso do termo *lei*, passariam a ver nas regras de Grimm algo distinto das comparações de Rask, dada a dimensão dedutiva que lhes foi conferida. É verdade, porém, que Grimm, apesar de ter menos rigor, superou Rask quantitativamente em seus exemplos, de tal modo que seu empenho chegou a obscurecer a figura do linguista dinamarquês, na segunda metade do século XIX. Também a terminologia de Grimm influenciará todos os autores subsequentes: o termo alem *umlaut*, decalcado do din *omlyd*, de Rask, será novamente decalcado em francês por Bréal como *métaphonie* (port *metafonia*) na sua tradução francesa de Bopp de 1866-1874; o alem *ablaut*, igualmente, torna-se o fr *apophonie* (port *apofonia*). Na edição de 1822, muito mais dedicada a questões fonéticas, acresceu ainda: alem *anlaut*, o chamado "início da palavra"; alem *inlaut*, o "interior da palavra"; e alem *auslaut*, o "final da palavra". A cada uma dessas três, os linguistas do século XIX associarão as figuras retóricas da Antiguidade, chamadas "metaplasmos" nas descrições dos vocalismos e consonantismos (cf. Segunda Parte, § 2.4.1 e § 2.4.2).

Os três grupos de Grimm seriam mais tarde substituídos por quatro (por exemplo, *p*, *ph*, *b*, *bh*), por outros autores, no final do século XIX (Brugmann & Delbrück, 1897: 92). Admitiu-se também que a língua indo-europeia deveria partir, por exemplo, de *bh*, como no sânscrito e não de *ph*, como no grego. As transformações de Grimm passaram a ser entendidas como "atos de deslocamento" (*Verschiebungsakte*) de todo um sistema de sons (Russer, 1930: 119-122):

*p	*t	*k		*ph	*th	*kh		f	þ	χ
*bh	*dh	*gh	>	*bh	*dh	*gh	>	β	ð	ɣ
*b	*d	*g		*b	*d	*g		p	t	k

Significativamente distinta é a interpretação dos mesmos fenômenos por Prokosch (1939) e por Fourquet (1948, 1954). Radicalmente diferentes são as interpretações de

Hopper (1973) e a de Gamkrelidze & Ivanov (1973). Todas, porém, têm a hipótese de Grimm como base.

Já em 1827, um ano após o lançamento do segundo volume da sua gramática, Bopp questionará algumas das posturas de Grimm – bem como de Eberhard Gottlieb Graff (1780-1841) – a respeito do vocalismo. Inicia-se, assim, um frutífero trabalho comparativo que caracterizará todo o século XIX. O segundo e o terceiro volume (1831) da *Deutsche Grammatik* serão voltados à Morfologia (assim como era o antigo volume de 1819). O quarto (1837) será dedicado à Sintaxe. Em 1840, Grimm, lança a terceira edição do primeiro volume, em que o capítulo sobre as "letras" aparece substituído pelo termo "sons".

Há possivelmente uma influência de outros autores em Grimm ainda não suficientemente estudada, como o já citado Gébelin. No seu raciocínio, Grimm se volta às vezes ao Misticismo. Também a tese do monossilabismo da língua original (em oposição à raiz trilítere das línguas semíticas) se encontra em ambos. No seu ensaio de 1851, Grimm diz que a língua original era do tipo aglutinante com três vogais (*a*, *i*, *u*) e poucas consoantes, não dispunha de abstrações e não tinha indícios de tempo, pessoas, números e modos. Grimm imagina que dos verbos viriam os nomes, como Herder. Fala-se também sobre uma associação sinestésica entre cores e vogais, muito antes do poeta simbolista Arthur Rimbaud (1854-1891) em *Une saison en enfer* (1873, *Délires* II – *Alchimie du verbe*). Percebe-se em Grimm uma procura de elementos eternos e invariáveis (*unstillstehend*) nas línguas e nas próprias mudanças sonoras anteriormente descritas. Isso o aproxima de uma postura dedutiva e justifica por que acreditava serem as transformações motivadas pelo "espírito da língua" (*sprachgeist*). Outro aspecto místico é a sua obsessão por trindades (são três classes de consoantes, três vogais básicas, três declinações, três gêneros, três números, três pessoas, três vozes, três tempos). Nas transformações, o terceiro momento também equivaleria ao estágio perfeito.

Em 1848 Grimm publica sua *Geschichte der deutschen Sprache*, em dois volumes, nos quais se mesclam a história da língua e a do povo que a fala. Tal postura é recorrente em vários autores da segunda metade do século XIX. Tema análogo aparecerá em Wilhelm Scherer (*Zur Geschichte der deutschen Sprache*, 1868, 1878[2]). A partir de 1852, os irmãos Grimm iniciarão o *Deutsches Wörterbuch*, obra colossal, de cuja elaboração do segundo volume (1860) e do terceiro (1864) ainda participou. Somente em 1960 publicou-se o 33º e último volume dessa obra.

Schleicher

Associar a Linguística à História Natural era bastante comum no século XIX: Goethe, Rask, Rapp e Bopp diziam que as línguas eram objetos com leis fixas equivalentes, de algum modo, às dos corpos naturais orgânicos. Era uma época em que a História Natural, a Anatomia, a Fisiologia e a Química formavam paradigmas epistemológicos importantes. Entrevê-se na obra de Rask uma influência das Ciências Naturais em algumas metáforas (por exemplo, *Tungemaals Natur* "a natureza da língua"); Bopp afirma que as línguas são corpos naturais (*Naturkörper*) que se formam (*sich bilden*) por meio de leis definidas (*bestimmte Gesetzen*) e possuem um princípio vital intrínseco (*inneres Lebensprincip*), o qual as faz morrer (*absterben*) aos poucos. Essas metáforas são, contudo, esporádicas (1827b: 251, 1836: 1).

August Schleicher (1821-1868) talvez seja o que levou a metáfora naturalista à sua forma mais radical. Influenciado pela filosofia de George Wilhelm Friedrich Hegel (1770-1831) e contemporâneo de Charles Darwin (1809-1882), privilegiou o trabalho empírico das línguas, vistas em toda a sua concretude, em detrimento da pesquisa da atividade mental, dando à língua uma visão materialista que caracterizará algumas linhas da Linguística da segunda metade do século XIX. Usando da Dialética, deu ensejo a inúmeras questões, as quais seriam desenvolvidas posteriormente. Schleicher buscou romper uma série de pressupostos da Linguística de sua época e sua atitude influenciou tanto quanto suas ideias. Entre suas ousadias há a célebre fábula escrita em indo-europeu (Kuhn & Schleicher, 1868: 206-208):

Avis akvāsas ka

Avis, jasmin varnā na ā ast, dadarka akvams, tam, vāgham garum vaghantam, tam, bhāram magham, tam, manum āku bharantam. Avis akvabhjams ā vavakat: kard aghnutai mai vidanti manum akvams agantam. Akvāsas ā vavakant: krudhi avai, kard aghnutai vividvant-svas: manus patis varnām avisāms karnauti (sic) *svabhjam gharmam vastram avibhjams ka varnā na asti. Tat kukruvants avis agram ā bhugat.*

O cordeiro e o cavalo

Um carneiro sem lã viu cavalos conduzindo rapidamente uma pesada carroça com uma grande carga, que levava um homem. O carneiro disse ao cavalo: em mim se estreita o coração, vendo os cavalos levarem o homem. Os cavalos falaram: escuta, cordeiro, o coração se estreita no que vê: o homem, senhor, transforma a lã dos carneiros em uma quente vestimenta para si e os carneiros ficam sem lã. Tendo isso ouvido, foi-se o carneiro pelo campo.

Schleicher deixa explícito que teria feito essa fábula para demonstrar (*dartun*) que era possível formar frases em indo-europeu. Confessa que talvez tenha sido infeliz na tradução (*mit übersetzungen glückte es mir nicht*) e a considera "malfeita" (*machwerk*). Observa-se que, nesse período, os elementos fonéticos reconstruídos para o indo-europeu diferem muito dos das propostas subsequentes (sobretudo no vocalismo, que, para Schleicher, se compunha apenas de **a*, **i*, **u*, como em Bopp e Grimm) e ainda mais das atuais (que preveem as laringais de Saussure, 1879), de modo que essa fábula foi reescrita posteriormente por vários autores.

Influenciado pelos trabalhos de Ernst Heinrich Philipp August Haeckel (1834-1919), Schleicher, antes da obra de Darwin, de 1859, já esboçava as línguas em árvores genealógicas (1853), também ilustradas na sua *Deutsche Sprache*, de 1860 (1874[3]). Vê-se a influência darwiniana de forma mais evidente no título *Die Darwinsche Theorie und die Sprachwissenschaft* (1863, isto é, "A teoria darwinista e a Linguística"). Deve-se a Schleicher o rigor de marcar as formas hipotéticas com asteriscos, prática que se segue até hoje, mas ainda não era totalmente difundida ainda na década de 70 do século XIX. Seu *Compendium* de 1861-1862 influenciará toda uma série de linguistas, que deram grande ênfase à regularidade das leis fonéticas. Entre os seguidores de suas ideias encontra-se o ex-aluno de Bopp e grande divulgador da Gramática Histórico-Comparativa, Friedrich Max Müller (1823-1900), que iniciou polêmica com William Dwight Whitney (1827-1894) a respeito da evolução das línguas. Defendia Müller que a evolução independe da vontade ou da consciência dos falantes individuais, como os processos fisiológicos (por exemplo, a circulação do sangue). Isso praticamente retoma a visão da língua como *phýsei*. Críticas à nova visão hegeliana nos estudos da linguagem, todavia, se manifestaram cedo. Bruno Paulin Gaston Paris (1839-1903) foi um dos primeiros, já em 1868, a opor-se às metáforas naturais.

Entre 1870-1878, na esteira de Schleicher, muitas regras fonéticas semelhantes à esboçada por Grimm foram descobertas. Entre elas, a célebre *lei de Verner* de 1875, que tornava regulares, com o acréscimo de uma nova variável (a saber, o acento do indo-europeu), mudanças até então vistas como arbitrárias ou excepcionais. O nome dessa nova lei se dá em homenagem a seu descobridor, o dinamarquês Karl Adolph Verner (1846-1896). Nela reza-se o seguinte: no protogermânico, os sons **f*, **þ*, **s*, **χ*, $*\chi^{w}$ convertem-se, respectivamente, em *[β], *[ð], *[z], *[ɣ], $*[\gamma^{w}]$, somente quando antecedidos de uma sílaba tônica. Haveria, portanto, numa transformação fonética (aliás, os mesmos que aparecem em regras de Chomsky & Halle, 1968):

- um elemento inicial;
- um elemento resultante;
- uma condição.

A aplicação da lei de Verner resolvia o problema da irregularidade em cognatos como: alem *Bruder* ≅ lat *frater* "irmão", face ao alem *Vater* ≅ lat *pater* "pai" (o esperado seria ★ *Vader*). A solução do problema se obteve pela reconstrução do acento tônico em indo-europeu, que seria a condição da transformação: a primeira palavra seria originalmente uma paroxítona, enquanto na segunda teríamos uma oxítona (prova disso seria o acento mantido em outras línguas como gr *patēr* ou o sânscr *pitár*). O germânico, portanto, teria recuado o acento para a primeira sílaba somente *depois* da aplicação dessa lei. Por isso, na primeira palavra ocorre a transformação ide **t* > prgerm **d*, enquanto na segunda, não. Com soluções elegantes desse tipo, a fé nas regras fonéticas aumentou de tal forma que, ainda hoje, elas constituem um porto seguro para testarmos a veracidade de étimos propostos.

A solução de Verner rapidamente se multiplicou para outras situações: assim, reconheceu-se, além da lei de Grimm, também a lei de Graßmann (1863), anterior à de Verner, que previa a dissimilação em reduplicações indo-europeias. Importa dizer que Hermann Graßmann (1809-1877) era matemático, além de linguista. Não foi pequeno o entusiasmo entre os linguistas ao se verem aproximando de ciências consagradas. No clima positivista vigente, falava-se de uma infalibilidade das leis fonéticas (*Ausnahmslosigkeit der Lautgesetze*). Nasce, assim, a chamada escola neogramática (*junggramatische Richtung*), que apresenta as leis como "sem exceções" (*ausnahmslos*). Essas leis seriam cegas para a consciência dos falantes, como a evolução o é para os seres vivos. As exceções, toleradas por Grimm, passam a ser indesejáveis, segundo a nova visão. Desse modo, toda exceção passava a ser explicável apenas pela atuação da *analogia*. O indivíduo somente atuaria sobre os resultados das leis fonéticas, alterando-os, por meio desse mecanismo psíquico, quase involuntário. O método então exsurgente, em que participam leis fonéticas e o *ultimum refugium* da analogia, criou uma notável síntese entre a visão de língua como algo natural (*phýsei*) e a atuação humana sobre ela (*thései*). A importância da analogia já se via em 1860 num discípulo de Humboldt, Heymann Steinthal (1823-1899), na sua obra *Assimilation und Attraktion psychologisch beleuchtet*. O conceito de analogia parte da Psicologia rumo à Linguística por Wilhelm Scherer (1841-1886), na sua já citada obra de 1868, e August Leskien (1840-1916), em 1876. Os grandes defensores da ausência de exceções das leis fonéticas eram dois seguidores de Schleicher, a saber, Karl Brugmann (1849-1919) e Hermann Osthoff (1847-1909), os quais expõem essa visão em suas *Morphologische Untersuchungen* (1878). No entanto, havia estudiosos que não concordavam com o afastamento dos estudos linguísticos da esfera cultural.

Em 1885, o filólogo Georg Curtius (1820-1885) critica as por ele chamadas "impropriedades" na obra de Berthold Delbrück (1842-1922), outro seguidor de Schleicher. Inicia-se uma produtiva polêmica acerca da propriedade do uso do termo *lei*, referente às transformações fonéticas. Para Curtius, há situações (como na haplologia, no redobro e nos hipocorísticos) em que nem leis fonéticas, nem analogia atuariam. Descrente de leis universais, Curtius imagina que cada fenômeno lexical deva ser estudado historicamente, como se faz com cada fenômeno fonológico. À polêmica, que durou de 1885 a 1887, juntaram-se muitos nomes, como Isaia Graziadia Ascoli, a favor dos Neogramáticos, e Hugo Schuchardt, contra. Dessa discussão, complexificada pelos dados da Dialetologia, como se verá a seguir, nascerá uma metodologia mais madura, que culminará na própria Linguística Moderna.

Os estudos de indo-europeu continuaram pelo século XX adentro, com número menor de especialistas, mas eram bastante presentes até a Segunda Guerra Mundial. Para entender todos os meandros do problema há alguns bons textos modernos (Krahe, 1958[3]; Benveniste, 1969; Adrados, 1975; Lehmann, 1993; Haudry, 1994[3]; Beekes, 1995). O dicionário mais completo de raízes indo-europeias continua sendo o de Pokorny (1959). As reflexões nascidas dos estudos histórico-comparativos cedo se transformaram em questões de ordem teórica. No século XIX, Hermann Otto Theodor Paul (1846-1921) é, após Humboldt e Schleicher, talvez um dos mais antigos representantes da Linguística Geral. Sua obra *Prinzipien der Sprachgeschichte* (1880[1], 1920[5]) coloca a sociedade acima do falante em questões de língua. Muitas incursões na Psicologia também se vislumbram nas obras de Arsène Darmesteter (1846-1888), Mikołaj Habdank Kruszewski (1851-1887), Jan Niecław Ignacy Baudouin de Courtenay (1845-1929), entre outros. Nesse ambiente também florescem nomes de linguistas que saem amadurecidos da polêmica, alguns diretamente ligados aos Neogramáticos, como Ferdinand Mongin de Saussure (1857-1913), que se tornou famoso pela publicação póstuma de seu curso (1916), reconstruído por seus alunos Charles Bally (1865-1947) e Albert Sechehaye (1887-1964), que se valeram de anotações. As ideias de Saussure foram exploradas pelo Círculo de Praga (1928-1939), mas somente foi incensado como "pai da Linguística Moderna" após a Segunda Guerra Mundial. Em 1943, Louis Trolle Hjelmslev (1899-1965) afirma que Saussure é o "o único teórico que merece ser citado" por ser um "pioneiro indiscutível". No entanto, é preciso lembrar que já em 1869, Theodor Benfey (1807-1881) havia escrito um livro sobre História da Linguística (*Geschichte der Sprachwissenschaft*), citando inúmeros autores, em meados do século XIX. A afirmação de Hjelmslev é obviamente exagerada, mas foi levada a sério e tomou ares dogmáticos durante mais de meio século e ainda hoje se faz sentir.

Diez

O trabalho de Bopp e Grimm encontrou seguidores na forma de linguistas que se especializaram em alguns ramos da Indo-europeística, com o intuito de confirmar as teses recém-descobertas e aduzir mais dados para consolidá-las. Entre eles, estão Johan Gaspar Zeuß (1806-1856), para as línguas célticas, e Franc Miklošič (1813-1891), para as línguas eslavas. Um dos mais importantes, contudo, foi Friedrich Christian Diez (1794-1876), que se preocupou com as línguas românicas. Sua gramática comparada escrita entre 1836-1844 e seu dicionário etimológico de 1854 se tornaram os pilares de todas as discussões subsequentes que envolviam não só a Filologia Românica, mas a Filologia e a Linguística em geral. Os estudos das línguas românicas sob o aspecto filológico iniciaram pelo provençal: August Wilhelm von Schlegel (1767-1845) e François-Juste-Marie Raynouard (1761-1831) são os mais citados precursores. A obra de Raynouard, publicada simultaneamente à de Bopp, em 1816, foi considerada, por uns, como superada por Diez e, por outros (entre eles, o próprio Diez), como o marco do nascimento da Filologia Românica. Classificações das línguas românicas, porém, remontam sabidamente a Dante Alighieri (1265-1321). Todavia, foi Diez quem conseguiu reunir amplos e heterogêneos aspectos linguísticos e filológicos acerca das línguas românicas literárias mais importantes: o italiano, o romeno, o espanhol, o português, o provençal e o francês, filiando-as ao latim vulgar. Nas suas obras, em consonância com sua época, letra e som se tornam elementos distintos, uma vez que estava superado o conceito antigo de *littera* (ainda presente em Grimm), que unia em si não só seu elemento visual, mas também um som e um nome.

Para Diez, aspectos históricos e culturais eram até mais importantes do que os linguísticos (ou glotológicos, como também se dizia), de modo que os dialetos figuravam em segundo plano. Invertendo essa perspectiva, surge a figura do indo-europeísta, romanista e filólogo Graziadio Isaia Ascoli (1829-1907), que demonstrará a possibilidade de tratar os dialetos sob a mesma ótica histórica e geográfica das línguas de cultura. Ligados ao círculo de Ascoli estão vários glotólogos e dialetólogos. Citem-se Pier Gabriele Goidànich (1868-1953), Mateo Giulio Bartoli (1873-1946), Giuseppe Vidossi (1878-1969), Clemente Merlo (1879-1960), Benvenuto Terracini (1886-1968), Bruno Migliorini (1896-1975), Giacomo Devoto (1897-1974), Vittore Pisani (1899-1990). Nasce a ideia da chamada *tese substratista* (AGI 22-23:304), atribuída ao escritor Carlo Cattaneo (1801-1869). Precursores dos estudos dialetológicos há vários, desde Francesco Cherubini (1789-1851) até contemporâneos de Ascoli, como Bernardino Biondelli (1804-1886). Na polêmica com os Neogramáticos, suscitada por Curtius, Ascoli imagina que se dava muita atenção à analogia. Para ele, o mesmo som ou grupo de sons poderia evoluir diferentemente de uma língua para outra. A divergência de resultados desobrigaria as exceções e, por conseguinte, invalidaria as leis fonéticas. Muitas transformações fonéticas teriam, portanto, origem individual. Ascoli é, contudo, favorável aos Neogramáticos, pois vê no método deles o mesmo dos autores antigos, apesar de condenar-lhes o sensacionalismo.

Entre os seguidores de Diez – e declarado continuador de sua obra – está Bruno Paulin Gaston Paris (1839-1903), que, juntamente com Marie-Paul-Hyacinthe Meyer (1840-1917), fundara a revista *Romania* (desde 1872). Segue-se o *Archivio Glottologico Italiano* (AGI, desde 1873), fundado por Ascoli e, logo em seguida, a *Zeitschrift für romanische Philologie* (ZfRP, desde 1877), de Gustav Gröber (1844-1911). Antes da revista *Romania*, já havia outras que se dedicavam aos estudos linguísticos: o *Archiv für das Studium der neueren Sprachen und Literaturen* (desde 1846, fundado por Ludwig Herrig e Heinrich Viehoff), o *Jahrbuch für romanische und englische Literatur* (desde 1859, por Adolf Ebert e Ferdinand Wolf), o *Bulletin de la Société de linguistique de Paris* (desde 1869, quatro anos após a criação da Sociedade de Linguística) e a *Revue des langues romanes* (também desde 1869).

A partir de então, muitos outros autores colaborarão para os estudos das línguas românicas e para estudos de Linguística Geral. A imensa quantidade de material existente nessas revistas – fruto da recolha, ordenação e descrição de dados coletados provenientes de manuscritos e do campo – é ainda bastante inexplorada. Mais especificamente, entre os que se voltam para questões etimológicas das línguas ibero-românicas, nessas revistas, estão Ramón Menéndez-Pidal (1869-1968), Friedrich Hanssen (1857-1919), Rudolf Lenz Danziger (1863-1938). Especificamente para o português citem-se Aniceto dos Reis Gonçalves Viana (1840-1914), Teófilo Braga (1845-1924), Francisco Adolfo Coelho (1847-1919), Jules Cornu (1849-1919), Carolina Wilhelma Michaëlis de Vasconcelos

(1851-1925). Nesse período surgem os estudos dialetológicos. No âmbito da língua portuguesa, a figura que mais se destaca é a de José Leite de Vasconcelos Cardoso Pereira de Melo (1858-1941), fundador da *Revista Lusitana*, desde 1887.

Schuchardt

A especialização acabou diluindo os princípios dedutivos de autores como Bopp. Voltou-se à coleta de dados, de onde nasceriam, no sentido inverso, modelos com viés fortemente indutivo. O estudo da Etimologia assume também esse aspecto, e um dos mais ardorosos defensores de uma Linguística Geral com bases empíricas se concentrará na figura de Hugo Ernst Mario Schuchardt (1842-1927), professor de Graz. Já no seu texto de 1866-1868, apresenta sua original visão das línguas, bastante próxima à que seria desenvolvida em 1872 por Johann Schmidt (1843-1901), conhecida como "teoria das ondas" (*Wellentheorie*). Mais tarde, em sua tese defendida em 1870 (mas publicada apenas em 1900), apresenta uma crítica a Schleicher, sobretudo à sua visão de que as línguas são unidades autônomas facilmente identificáveis e de que duas línguas, uma vez apartadas, divergem entre si cada vez mais, jamais voltando a convergir-se novamente.

Em 1885, na polêmica contra os Neogramáticos, escreverá um texto em que exporá sua visão de língua. Para Schuchardt, as leis da linguagem não têm aplicação geral e absoluta, como na natureza. Num tempo e num espaço definidos, uma lei fonética não tem uma mesma expansão homogênea. Mesmo num dialeto específico, há variações que se atribuem a características do indivíduo falante (sexo, idade, grau de cultura, temperamento etc.). Para Schuchardt, a expansão das leis fonéticas é diversa e acidental, e também se devem computar fatores como: o grau de expressividade das palavras, a autoridade emanada pelo indivíduo e a moda. Outros fatores, como o cruzamento étnico, as mudanças de classe social e a imitação complexificam ainda mais a transmissão. Como os vocábulos possuem frequências de uso desiguais, assim como velocidades de mudança também desiguais, as transformações não são catastróficas, mas lentas. Uma palavra mais frequente sofreria modificações mais profundas do que uma menos frequente. Schuchardt atingira um grau de lucidez sobre o fenômeno linguístico nunca antes demonstrado pelos teóricos.

Como em Leibniz, a delimitação espacial de uma língua não é possível de ser determinada, pois não se sabe quando termina um dialeto e começa outro. Tampouco o tempo serve para definir uma língua, pois não há limites na passagem de uma forma de expressão para outra. A fragmentação linguística chega até o ponto em que é possível afirmar que cada indivíduo tem seu falar próprio, opinião que seria mais tarde divulgada em 1891 por Paul Passy (1859-1940).

Em suma, as condições ideais, segundo Schuchardt, para falar-se de leis fonéticas simplesmente não existem. Uma língua é um *continuum*: não é possível separá-la no espaço ou no tempo. As línguas, na verdade, seriam misturas de línguas e os dialetos, sob esse ângulo, desapareceram completamente. Se não há leis fonéticas, tampouco há exceções. A preocupação de Schuchardt é epistemológica, pois pensa no estudo da linguagem como uma única ciência, com uma única metodologia. A conclusão de Schuchardt é que cada palavra tem uma história. Seguirá, por fim, como ninguém, essa ideia já presente em Grimm (*jedes wort hat seine geschichte und lebt sein eigenes leben* 1822: XIV). A isso também chegaria, mais tarde, a Dialetologia, ao definir um falar como uma concentração de isoglossas.

Nesse sentido, a Etimologia assumiria um papel central e a ela Schuchardt se dedicará em muitos de seus artigos. Para ele, as línguas não formariam nenhum sistema, como queriam os Neogramáticos, posição assumida por toda a Linguística do século XX, após o sucesso do trabalho póstumo de Ferdinand Mongin de Saussure (1857-1913). Da mesma forma que Schuchardt, pensa o filósofo Ludwig Tobler (1827-1895), para quem as leis fonéticas são apenas verificações *a posteriori* dos fatos e não revelam nem a origem, nem a essência das transformações. Desse modo, a língua não poderia ser vista como um organismo mecânico. Algo parecido será dito por Paul-Jules-Antoine Meillet (1866-1936), discípulo de Saussure, o qual afirmará que numa transformação do tipo lat *ĕ* > esp *ie* não há relações de causa-efeito, nem sucessões, mas correspondências, uma vez que se equiparam sistemas distintos. Após a crítica de Schuchardt, mesmo os Neogramáticos reviram algumas de suas posturas e as leis fonéticas passam a ser entendidas apenas como meios práticos necessários para as investigações etimológicas.

Ao mesmo tempo que os Neogramáticos visavam ao sistema linguístico, os dialetólogos visavam à fala (*parole*, nos termos saussurianos). Tal divisão era, contudo, apenas uma questão de preferências. A precisão das anotações se torna cada vez maior a partir da segunda metade do século XIX, com a adoção do *standard alphabet* de Carl Richard Lepsius (1810-1884), que também será, aos poucos, usado na transcrição de línguas não europeias pelos periódicos de Geografia e Etnologia. Os estudos de Fonética se desenvolvem nesse período. Também alguns fatores como o convívio entre os nativos se tornou, aos poucos, indispensável. À medida que essas implementações metodológicas se efetuam, muitas das teses de Schuchardt passaram a se confirmar. Em 1877 funda-se a *Revue des patois*, por Léon Clédat (1851-1930); dez anos depois, surge a *Revue des patois galloromains*, fundada pelo abade Pierre Rousselot (1846-1924) e Jules Gilliéron (1854-1926). A ideia da confecção de atlas dialetais existia nos trabalhos de Gilliéron de 1880 e 1881, e, de fato, entre 1877 e 1900 trabalhará, juntamente com o vendedor de hortaliças Édmond Édmont, na coleta de informações para seu *Atlas linguistique de France* (ALF), feito com dados obtidos em 639 lugares, com um questionário de quase duas mil palavras (seis volumes foram publicados entre 1902 e 1910). Gilliéron ressaltará, entre muitas coisas, o fenômeno da homonímia como elemento perturbador dos étimos. Tais obras, bastante polêmicas na época, deram ensejo às interpretações de Louis Gauchat (1866-1942), o qual afirmava que fronteiras naturais nem sempre explicam diferenças dialetais, mas podem ser entendidas por meio de diferenças políticas *no passado*. Algumas das intuições de Schuchardt se reafirmariam na Dialetologia, apresentada então por Georg Wenker (1852-1911), Gustav Weigand (1860-1930), Mateo Bartoli (1973-1946), Karl Jaberg (1877-1958), Jakob Jud (1882-1952), Sextil Puşcariu (1877-1948) e outros. A informação etimológica colhida pela Dialetologia é riquíssima, o que auxiliará a Etimologia a entender significados latentes e incomuns de palavras corriqueiras. Também de grande importância são os arcaísmos conservados em variantes de menor prestígio.

Schuchardt, coerente com seus pressupostos, contrários à ideia schleicheriana de línguas puras, interessa-se pelas línguas pidgin e crioulas. Inicia a publicação de seus *Kreolische Studien* (1882-1890), em que estuda os crioulos de São Tomé, Cochim, Diu, Filipinas, Melanésia, Mangalore, Ano Bom, Vietnã e Malásia. Os falares crioulos já haviam sido objeto de estudo de Alphonse Bos (1880) e de Adolfo Coelho (1881). Schuchardt ainda se interessou pela língua franca, pelo berbere, pelo húngaro, pelas línguas do Cáucaso, pelo celta, pelas línguas africanas, pelo basco e pelo contato entre o eslavo e o alemão ou entre o eslavo e o italiano. O interesse pelas línguas exóticas era crescente na época e sobre elas se encontram vários artigos em boletins de Geografia e em revistas de Etnologia (veja-se, por exemplo, a *Revista d'Ethnologia e de Glottologia*, fundada por Adolfo Coelho, em 1881). As etimologias desenvolvidas por Schuchardt, sobretudo na *Zeitschrift für romanische Philologie* tentam enfocar vários aspectos da mesma palavra e, por isso, são longas e assemelham-se a pequenas histórias. Em todos esses trabalhos, Schuchardt enfatizava que a língua é um fenômeno que se regula por leis sociológicas e não é uma coisa. Esse fenômeno se daria porque estilos individuais se generalizam mediante a imitação. A generalização, por sua vez, se deve a circunstâncias da vida exterior e a particularidades psíquicas e fisiológicas dos falantes. Por isso, nas etimologias de Schuchardt, todas as variantes regionais são avaliadas e todas as fases são percorridas. O mesmo conceito se busca em várias línguas e o significado sempre é mais importante do que o significante.

Destaca-se entre os atributos de Schuchardt o de ser um grande polemista, o que o aproxima, em nosso percurso historiográfico, de Sócrates e Leibniz. Semelhanças com esses autores também há no fato de ser partidário do simbolismo, quando questiona a tese da arbitrariedade do signo. Outra semelhança com Leibniz se percebe ao determinar que, primitivamente, os verbos precederam os substantivos. Como dito, em 1885, Schuchardt entra na polêmica iniciada por Curtius contra os métodos dos Neogramáticos, apoiando-se mais em fatos do que na lógica e, por fim, sai vitorioso. O termo *neogramático*, depois dos argumentos de Schuchardt, adquirirá conotações negativas nas correntes linguísticas futuras.

Schuchardt foi um dos primeiros a divulgar o símbolo <, no entanto, se compararmos seu modo de usá-lo com o atual, percebe-se que o faz de maneira invertida. Dito de outra forma, para dizer "*a* gera *b*" em vez de escrever, como hoje se faz, $a > b$, Schuchardt escrevia $a < b$ e, para dizer "*a* provém de *b*" escrevia $a > b$ e não, como atualmente, $a < b$. Afirmava que esse símbolo era motivado: o ângulo agudo devia apontar para a origem e se abrir no extremo oposto, para marcar a diversidade provinda de um mesmo étimo. Os étimos eram indicados por seus contemporâneos de muitas formas, algumas, por vezes, ambíguas, como _a_ = _b_, embora houvesse algumas variações. Jules Cornu, por exemplo costuma indicar o étimo em versalete: a = B. Alguns autores seguem a mesma prática de Schuchardt, como Adolphe Dietrich, num artigo de 1891. No entanto, na mesma revista em que se encontram os artigos de Dietrich, outros autores usavam o símbolo como é da praxe atual (p. 375), ou seja, com o ângulo agudo apontado para o resultado da transformação e não para o étimo. No ano seguinte, para solucionar o problema gerado pelo uso ambíguo desse símbolo, Gaston Paris fez uma investigação, para saber quem tinha razão, e argumentou que Schuchardt estava errado (_Romania_ 1892, p. 471-472). Atribui a invenção do símbolo ao americano Francis Andrew March (1825-1911) e informa que, em 1870, já era adotado pelos dinamarqueses, como Karl Verner (1846-1896) e Kristoffer Nyrop (1858-1931). Vencido, mas não convencido, Schuchardt passa a usar outro símbolo, modificando levemente o formato, mas mantendo a sua suposta motivação: em vez de seu _a_ < _b_ passou a usar _a_ { _b_ e, em vez de _a_ > _b_, seus artigos mostravam a notação _a_ } _b_. Desse modo, o símbolo continuaria a serviço de suas ideias, representando o movimento da unidade para a diversidade. A despeito dessa desagradável polêmica, a consolidação do uso dos símbolos de March foi, contudo, um grande passo para a formalização dos estudos etimológicos. Outro símbolo, o asterisco, para formas hipotéticas, criado por Schleicher (cf. item "Schleicher"), no entanto, aparece bem mais cedo nas revistas, sobretudo no _Archivo_ de Ascoli. Por exemplo, um artigo de Louis Havet (_Romania_ 1877: 254-257) usa, em vez de fr ant _midie_ < *_medium_ < lat _medĭcum_, notação _mirie_ = _medi(c)um_. Outras sequências ainda eram marcadas simplesmente por vírgulas e não pelo sinal >, como em: *_midie_, *_miδie_, _mirie_, _mire_ em vez de *_midie_ > *_miδie_ > _mirie_ > _mire_.

Schuchardt, mais tarde, atacará o monogenismo de Alfredo Trombetti (cf. item "Trombetti"). Nessa altura, também se interessará pelo fenômeno de aquisição da linguagem. Sua forte personalidade e seu interesse pelas línguas artificiais então exsurgentes (como o volapük e o esperanto) talvez tenham sido os motivos do esquecimento de suas ideias, embora tivesse sido altamente respeitado pelos seus contemporâneos. Semelhante destino foi trilhado também por precursores do Estruturalismo que se interessaram pelas línguas artificiais, como Otto Jespersen (1860-1943) e Edward Sapir (1884-1939). Reler esses autores, esquecidos pelas correntes do pós-guerra, ainda hoje nos confere grandes surpresas, pois muitas ideias que se supõem nascidas no Estruturalismo (ou depois dele) já se encontram, por vezes, totalmente desenvolvidas em suas obras.

Meyer-Lübke

Wilhelm Meyer-Lübke (1861-1936), juntamente com Diez, é um dos maiores nomes da Filologia Românica. Avesso às polêmicas teóricas de sua época, das quais soube filtrar o que havia de melhor, compôs extensas obras, entre as quais se destaca a sua gramática das línguas românicas (1890-1902) e seu dicionário etimológico (sigla REW, 1911-1920), sínteses quase esquemáticas dos resultados de todos os especialistas de então. Tais obras, diferentemente das de Diez, levam em consideração não só as línguas literárias, mas também todos os dialetos românicos falados.

Juntamente com Rudolf Meringer (1859-1931), Meyer-Lübke funda em 1909, a revista *Wörter und Sachen*, na qual estudos etimológicos se mesclam à história das palavras. Essa revista declarava perigosa e vazia de sentido a Etimologia que tomasse por base apenas a língua. Nessa perspectiva, o objeto concreto, fonte da denominação, é pesquisado, juntamente com seu nome. Na divulgação do nome, levam-se em conta relações do ponto de vista semasiológico e onomasiológico. Pesquisa-se sua inserção em todo o léxico da comunidade. A *referência* (ou como diziam, os *realia*) toma papel central: o aspecto exterior dos seres, seu modo de vida e seus hábitos, pois tudo isso pode influir na sua denominação. Daí o interesse por objetos domésticos, nomes de plantas e animais. O cruzamento dos dados da Etnologia com a Linguística finalmente se efetiva nessa época. Também a comparação das denominações do mesmo objeto em várias línguas se torna um elemento importante no julgamento das etimologias, o que a torna mais elástica. Desse modo, fala-se de "ondas de cultura", dentro das quais está a língua. Para Meringer, a história da língua é a própria história da cultura. Tais ideias, se não tiveram sua gênese nos escritos de Schuchardt, estavam na pauta do dia. Há várias semelhanças entre Schuchardt e Meringer: por exemplo, para ambos, as palavras não afetariam as coisas, mas, inversamente, são as coisas que fundamentam as denominações. Em 1904, Schuchardt também explicita a ideia de um atlas com fotografias ou desenhos de objetos e suas denominações, o que foi concretizado na *Wörter und Sachen*. Entre outros nomes desse movimento está Gottfried Baist (1853-1920), Max Leopold Wagner (1880-1962) e Fritz Krüger (1889-1974), autor que também trabalhou com a língua portuguesa. Tal movimento também valorizava a explicação de fundo psicológico, uma vez que a afetividade passa a ser entendida como um dos elementos que promovem a mudança linguística. Isso complexificará intensamente as futuras explicações etimológicas.

Pouco depois da fundação da revista *Wörter und Sachen*, Meyer-Lübke edita seu dicionário etimológico das línguas românicas, que superou o de Gustav Körting (1845-1913). Contrariamente a Schuchardt e compatível com os Neogramáticos, nesse dicionário se encontra seu método, que privilegia as formas e suas transformações, em detrimento do significado. Deve-se a Meyer-Lübke a aplicação do método de reconstrução de Schleicher nas línguas românicas, com o intuito de reconstruir o latim vulgar, ideia já apresentada por Gustav Gröber, em 1888. Para Meyer-Lübke, a situação do latim vulgar em relação ao latim escrito era comparável a uma verdadeira diglossia. Além das seis línguas românicas literárias, estudadas por Diez, acrescenta o dálmata e o sardo – falares que haviam alçado ao nível de língua, respectivamente, por Bartoli e Wagner – além do reto-românico e do franco-provençal, estudados por Ascoli. O catalão só seria definitivamente admitido como distinto do provençal em 1925. Um ano depois, Ramón Menéndez-Pidal (1869-1968) defenderá que essa língua pertence ao grupo ibero-românico e não galo-românico, como queria Meyer-Lübke. Entre os discípulos de Meyer-Lübke cite-se a figura de Emil Gamillscheg (1887-1971).

Dessa forma, a situação da Linguística e seu posicionamento diante dos fatos, no início do século XX, antes do *Cours* de Saussure, são extremamente complexos. Se, por um lado, Meyer-Lübke encarna todo o resultado objetivo, fruto do positivismo, por outro, as correntes teóricas enfocam os mais variados ângulos do mesmo fenômeno *língua*. Acresça-se ainda outro opositor bastante original dos Neogramáticos, Karl Vossler (1872-1949), com sua linha antilogicizante valorizadora do indivíduo. Seguindo Humboldt, Schuchardt, Rousselot, Gauchat e, sobretudo, a obra *Estetica come scienza dell'espressione e linguistica generale* (1902), do filósofo Benedetto Croce (1866-1952), Vossler valoriza a forma interna das línguas (*innere Sprachform*), que seria, para ele, idêntica em todos os povos (antevê-se nessa ideia a hipótese da Gramática Universal, do Gerativismo). Focaliza também a Estilística e o livre-arbítrio, com relação à aceitação ou à rejeição dos falantes. A Linguística seria, portanto, segundo Vossler, uma área da Estética e não uma ciência natural, muito menos uma subárea da Sociologia ou da Psicologia. Para ele, a ideia de leis fonéticas é tautológica e a distinção entre palavras cultas e populares apenas reflete quantidades distintas de uso. As leis fonéticas não se oporiam à analogia, uma vez que entre elas existiria apenas uma gradação. Na prática, tudo seria analogia: as leis fonéticas apenas refletiriam conjuntos com maiores quantidades de exemplos e uma maior dispersão no tempo e no espaço. Desse modo, pode-se dizer que Vossler se opõe tanto à corrente dos Neogramáticos quanto às opiniões do psicólogo Wilhelm Maximilian Wundt (1832-1920). Nesse cipoal de opiniões, a Dialetologia, do ponto de vista da ênfase da fala sobre o sistema, estaria a meio-caminho de Vossler e Wundt. Já o Estruturalismo, concentrando-se no sistema e nas ideias sociológicas, representado por Saussure, estaria entre os Neogramáticos e Wundt.

A meio-caminho também está Leo Spitzer (1887-1960), que, na mesma época de Vossler, faz uma admirável síntese das ideias de Schuchardt, Meringer e Croce. A ele se deve a introdução da Estilística nos estudos etimológicos, uma vez que se interessa sobretudo pelos étimos obscuros e pelas criações *ex nihilo*. É dele a ideia de que, antes de recorrer às outras línguas, é preciso esclarecer o fenômeno dentro do próprio sistema a que pertence a palavra. Tal postura fez a Linguística aproximar-se da Literatura, o que gerou polêmica com outro seguidor das teses neogramáticas, o estruturalista americano Leonard Bloomfield (1887-1949). Tanto Vossler quanto Spitzer podem ser considerados sucessores das ideias de Herder e de Grimm, no que toca ao interesse pela expressividade. Também diretamente ligado a essa questão expressiva está o problema do tabu linguístico, fenômeno que impede a livre transmissão dos étimos ao longo do tempo (cf. Segunda Parte, § 6.1). O tabu linguístico foi problematizado por autores da década de 50 do século XX: Charles Bruneau (1952), Manlio Cortellazzo (1953), John Orr (1953) e pelo brasileiro Rosário

Farani Mansur Guérios (1956). A chamada etimologia popular foi bastante estudada por Vittore Pisani (1960).

Trombetti

O schleicherianismo acabou por desenvolver, paralelamente aos estudos de ordem filológica, outras linhas que trabalharam de maneira mais radical apenas com a matéria linguística, deixando de lado todos os demais aspectos culturais para focar a língua *per se*. Essa postura desenvolveu duas vertentes completamente distintas.

A primeira linha será chamada de Linguística Moderna, a qual, aos poucos, se afastou do estudo histórico, sobretudo na vertente estruturalista americana. Tal postura de negação da história ainda era visível nos primórdios do Gerativismo. Ainda hoje, o resultado dessa atitude está bem presente, pois muito do que foi estudado no final do século XIX e início do XX foi esquecido e associado a algo "pré-científico" ou "acientífico". Um ressurgimento da preocupação com dados históricos se fez sentir timidamente na década de 80 do século XX, sobretudo por meio da Sociolinguística e, posteriormente, da Linguística Cognitiva.

No extremo oposto, os neoschleicherianos radicalizaram o método diacrônico, de modo que alguns se empenharam em construir macrofamílias ainda mais antigas das até então conhecidas. É o caso de Holger Pedersen (1867-1953), que reunia o indo-europeu, o semítico, o urálico, o esquimó-aleuta, o samoiedo, o yukaghir e o fino-ugriano na superfamília chamada de *nostrático* (1903). Antes ainda, Franz Wüllner (1798-1842) reunia o indo-europeu, o semítico e o tibetano (1838). Em 1915, Edward Sapir (1884-1939) também havia mostrado semelhanças entre línguas ameríndias (tronco *na-dene*, incluindo o haida) e as línguas sinotibetanas. Bem antes, Rask já pensara na união do urálico com o esquimó-aleuta.

Muito maior é a ousadia dos que propõem o monogenismo. Como se sabe, trata-se de uma visão bastante antiga, fundamentada na passagem bíblica da Torre de Babel (Gênesis 11: 1-9), mas descartada pela Linguística do século XIX. No entanto, renasceram defensores dessa hipótese, valendo-se de métodos muito próximos dos das reconstruções. Quem o fez de maneira mais consistente, no início do século XX, foi o italiano Adolfo Trombetti (1866-1929). Ecos do monogenismo também se veem nas ideias de seu contemporâneo Nikolaj Jakovlevič Marr (1865-1924). Como se sabe, a monogênese sempre foi alvo de suspeita, porque sempre atraiu não especialistas (cf. Wadler, 1935). Trombetti, contudo, defende sua tese por meio de uma quantidade enorme de línguas e de dados. Estipula que entre 30 mil e 50 mil anos atrás, era possível falar de monogenismo. Trombetti é extremamente prolífico em suas obras, que levam em consideração semelhanças fonéticas e semânticas. O interesse pela religião se entrevê em alguns artigos, como no texto que estabelece o nome mais difuso da divindade (1921), com base da palavra andamanesa *puluga*. O monogenismo, porém, é essencialmente diacrônico e não se deve confundir com outros modelos de linguagem, voltados para a unidade da cognição, como a ideia de uma Gramática Universal humana (atualmente chamado de *mentalês*) ou, mais ingenuamente, à ideia da língua primitiva espontânea, como a da famosa lenda de Psamético (Heródoto *Opera* 2: 2; Rabelais – *Pantagruel* – *Œuvres* 3: 19), encontrada, nos tempos modernos, em Friedrich Engels (*Anteil der Arbeit an der Menschwerdung des Affen*, 1876).

Além de Trombetti, o método histórico-comparativo "tradicional" foi criticado como inviável em 1957 por Joseph Harold Greenberg (1915-2001), o qual argumenta que são possíveis 4.140 formas de classificar 8 línguas quaisquer e que para 25 línguas o número de classificações subiria para 4 quinquilhões. Isso é problemático, diz Greenberg, sobretudo para as línguas ágrafas: só o grupo nigero-congolês tem cerca de 1.500 línguas, o que impossibilitaria a comparação. Portanto, Greenberg advoga que é preciso reduzir o material a ser comparado (vocabulário, morfologia e mudanças fonéticas) ao mesmo tempo que se faz necessário aumentar o número de línguas. Esse seria o primeiro passo para uma comparação, a qual aplica em seus artigos para as línguas africanas desde 1949 até as últimas versões na década de 80 do século XX. Segundo Greenberg, todas as línguas da África se reuniriam nas macrofamílias afroasiática (= camito-semítica), nilo-saariana, nigero-congolês e khoisan. Greenberg finaliza seu modelo para a África em 1963 e faz o mesmo em 1971 para as línguas da Nova Guiné: sua macrofamília *indo-pacífica* inclui o grupo papua, o andamanês e as línguas da Tasmânia. Volta-se em 1987 para as da América, as quais reúne em apenas três grupos, propondo a polêmica macrofamília *ameríndio*, que inclui mais de 2.000 línguas, com exceção do esquimó-aleuta e do grupo na-dene. Greenberg, em 2000, propõe o *eurasiático* (já por ele esboçado desde os anos 60 do século XX), uma fusão do indo-europeu, do ural-altaico, do etrusco, do japonês, do coreano, do ainu, do chukchi-kamchatkano, do esquimó-aleuta e do gilyak (ou nivkh).

Paradoxalmente e quase ao mesmo tempo, na Rússia, em 1964, Vladislav Illič-Svityč (1934-1966) e Aron Dolgopolsky (1930-), aplicando rigorosamente o método histórico-comparativo, reúnem o grupo indo-europeu, o afro-asiático, o kartveliano, o urálico, o altaico e o dravídico, retomando a antiga hipótese de Holger sobre o *nostrático*. Suas ideias foram divulgadas por Vladimir Antoniovič Dybo (1931-) e Vitaly Victorovich Shevoroshkin (1932-). Mais tarde, em 1988, Shevoroshkin e Mark Kaiser propuseram que o nilo-saariano e o nigero-cordofaniano também deveriam integrar a mesma macrofamília. Nasce, assim, a Paleolinguística. A lista de Dolgopolsky, baseada em 250 línguas, sustenta a comparação por meio de quinze palavras mais estáveis ('eu', 'tu', 'dois', 'que/quem', 'língua', 'nome', 'olho', 'coração', 'dente', 'dedo', 'piolho', 'água', 'morto', 'lágrima' e o advérbio de negação), com graus maiores ou menores de conservação. Como Schleicher e sua fábula, Illič-Svityč faz um poema em nostrático na epígrafe do seu *Nostratic Dictionary* (Kaiser & Shevoroshkin 1988: 315).

****K'elHä wet'ei ʕaK'un kähla*
k'alai palhVk'V ma wete
śa da ʕak'V ʕejV ʕälä
jak'o pele t'uba wete

A língua é um vau através do rio do tempo
Ela nos conduz à morada dos ancestrais
Mas não chega lá
Quem teme as águas profundas

Algumas macrofamílias são ainda mais controversas, pois reúnem grupos isolados. Em 1984, Sergei Anatolyevich Starostin (1953-2005) cria o grupo *sino-caucasiano*, que inclui, de forma descontínua, as línguas do norte do Cáucaso, o sino-tibetano e o ienisseiano. Em 1991, Sergei L. Nikolayev adicionaria também o na-dene ao mesmo grupo, que passa a ser conhecido como *dene-caucasiano.* Em 1996-1997, John D. Bengston inclui o basco, o burushaski, o sumério. Shevoroshkin, em 1998, sugere que o grupo indígena algonquino-wakashano (proposto por Sapir em 1929) também pertença ao dene-caucasiano. Associado a essa questão está, ainda, o nome de Edward Vajda.

Seguindo Wilhelm Schmidt (1868-1964), que propunha em 1906 a superfamília *áustrica,* na qual se fundem o *austronésio* (= malaio-polinésio) e as línguas *austro-asiáticas* (munda, khasi-khmúico, mon-khmer), Paul K. Benedict, em 1942, apresenta o *austrotai*, juntando-se a essa família também o kradai e o hmong-mien (= miao-iao). Em 1989, Ilja Pejros integra esse grupo com o nostrático e o dene-caucasiano. No mesmo ano, Shevoroshkin levanta semelhanças entre o nostrático, o dene-caucasiano, o ameríndio, o australiano e o indo-pacífico. Por fim, desde a década de 90, John D. Bengston e Meritt Ruhlen (1944-) empenham-se para encontrar raízes em todas as línguas do mundo (o chamado *protossapiens*, *proto-humano* ou *protomundo*), supostamente demonstrando sua covergência em 27 palavras, como, por exemplo, a famosa forma *TIK para "dedo". Citem-se ainda, nesse empenho, autores como Giovanni Semerano (1911-2005), Tamaz V. Gramkelidze (1929-), Allan R. Bomhard (1943-) e Václav Blažek (1959-).

O que tem caracterizado a defesa desses pressupostos é o uso de instrumental teórico interdisciplinar. Morris Swadesh (1909-1967) acrescentou, em 1955, no seu método, chamado de *Glotocronologia*, o cálculo matemático aos métodos diacrônicos e à reconstrução, como hoje se usa em sistemática filogenética para o estabelecimento de cladogramas. Muito se criticou a respeito desse método que tem retomado sua credibilidade bem recentemente. Para atingir seus fins, linguistas também têm buscado corroboração de seus resultados em dados arqueológicos, entre os quais, os trabalhos de Marija Gimbutas (1921-1994), Andrew Colin Renfrew (1937-), Christy G. Turner e outros. Também os geneticistas têm sido muito citados, entre eles Stephen L. Zegura, Laurent Excoffier, Alberto Piazza, Guido Barbujani (1955-), Robert Reuben Sokal e, principalmente, Luigi Luca Cavalli-Sforza (1922-). Deslocamentos humanos, comprováveis pelo estudo do DNA, em épocas anteriores ao desenvolvimento da escrita, têm sido associados a protolínguas, dando apoio aos estudos diacrônicos. Suas opiniões também têm sido bem recebidas por alguns e ferozmente criticadas por outros. Para Cavalli-Sforza, por exemplo, o dene-caucasiano, o ameríndio e o nostrático se juntariam no *eurasiano*, excluindo três das superfamílias africanas, o australiano e o indo-pacífico.

É preciso, contudo, alertarmos que uma crítica honesta e detalhada dos métodos empregados nessas macrofamílias ainda está por ser feita, de modo que é difícil avaliar o quanto houve de progresso real nesses estudos diacrônicos, como tão apressadamente se alardeia. Também parece precipitado afirmar que é necessário anular importantes resultados de pesquisas mais antigas, mais comedidas, defendidas pelos que relutam em aceitar as macrofamílias. Às sensacionais descobertas que vêm ganhando terreno nas discussões linguísticas, alia-se talvez um novo furor iconoclasta, sobretudo da parte de divulgadores como Ruhlen. Com isso, corre-se o risco de se ignorarem as ideias de gerações inteiras de autores, como já ocorreu em meados do século XIX e, novamente, na metade do século XX. Tais posturas devem ser cuidadosamente avaliadas antes de os novos modelos se transformarem em verdades dogmáticas reacionárias e, assim, de maneira paradoxal, se tornarem óbices para futuros questionamentos válidos que façam progredir, de fato, a ciência linguística e a Etimologia, em particular.

Segunda parte:
O método etimológico

1. Fontes da etimologia

Para se chegar a um bom étimo, não basta, como pensam muitos, ter imaginação e conhecimento de sua língua materna ou de apenas algumas línguas. Não são incomuns ironias contra a atitude etimológica, como a caricaturizada pelo personagem grego Gus Portokalos (Michael Constantine) no filme *Casamento grego* (*My big fat Greek wedding*, de Joe Wick, 2002). Gus chauvinistamente afirma que todas as palavras se derivam do grego, inclusive o jap *kimono*, o qual teria vindo, segundo ele, do gr mod *kheimónas* "inverno" por meio de malabarismos argumentativos:

> *Kimono, kimono, kimono. Ha! Of course!* Kimono *is come from the Greek word* kheimona, *is mean 'winter'. So, what do you wear in the wintertime to stay warm? A robe. You see: robe, kimono. There you go!*
>
> Quimono, quimono, quimono. Ah! Claro! *Quimono* vem do grego *kheimona*, significa 'inverno'. Pois bem, o que é que você usa no inverno pra ficar aquecido? Um roupão. Aí está: roupão, quimono. Pronto!

Etimologia e imaginação, contudo, nem sempre fazem um bom casamento. Mais infeliz ainda é a tentativa de unir Etimologia e diversão, como se pode ver em muitas obras do gênero. A pesquisa etimológica, como uma edição crítica, deve passar por muitas etapas rigorosas e, mesmo assim, as soluções de étimo são múltiplas e sujeitas a revisão. A situação, perante uma profusão de étimos (quando bons e dignos de avaliação) é apresentá-los sem uma solução definitiva, da mesma forma que muitas ciências o fazem seriamente com hipóteses não excludentes. Cabe a outros confirmar ou rejeitar tais hipóteses mediante a apresentação de novos dados e argumentos igualmente bem fundamentados. Não se pode provar uma etimologia apenas por meio da semelhança formal entre o étimo proposto e as palavras investigadas. Dadas duas línguas quaisquer, se um elemento de seu vocabulário é parecido ou idêntico, tanto no significante, quanto no significado, isso pode dever-se basicamente a três fatores distintos: coincidência, empréstimo ou origem comum.

- A *coincidência formal* é um fenômeno mais corriqueiro do que se possa imaginar. Alguns casos, aliás, são bastante surpreendentes: o nome para "olho" em grego moderno é *máti* e em malaio, *mata*; a palavra para "mau" tanto em inglês, quanto em persa é *bad* [ˈbæ:d]. No entanto, essas semelhanças não informam basicamente nada acerca de uma origem comum dessas línguas. Rastreando o passado à procura de documentos ou valendo-se de outras línguas afins, rapidamente se prova que não houve empréstimo nem há afinidade entre as palavras citadas. Por exemplo, não há étimo comum para gr *máti* e mal *mata*. As formas modernas do grego são alterações de outras mais antigas, bem menos semelhantes:

    - gr mod *máti* "olho"< gr ant *ommátion* "olhinho" ← gr *ómma* "olho" < _*opma_ ← *opsomai* "verei" ← *oráō* "ver"

  Já o malaio remete ao protoaustronésio _*mata_, que remonta a um tempo muito mais antigo do que a forma do grego moderno, como provam as outras línguas do mesmo grupo (tagalog, indonésio, javanês, samoano, pangasinan, kapampangan, winaray etc.).

  Se, numa mesma língua, pode haver palavras idênticas, de origem diversa (os homônimos), também é possível que duas línguas quaisquer tenham algumas dezenas de semelhanças, principalmente se não houver critérios rígidos para separá-las dos empréstimos ou se for empregada uma grande elasticidade nas equivalências sonoras. Desse modo, nascem hipóteses fantasiosas como a origem comum entre o tupi e o japonês, entre o quíchua e o húngaro, só para citar algumas. Colocada sob suspeição desde o tempo de Leibniz (cf. Primeira Parte, item "Leibniz"), a semelhança fortuita é tão comum nas palavras de duas línguas quaisquer, quanto o é em outros aspectos da natureza. Mesmo entre os animais, há casos – por vezes surpreendentes – de semelhança entre insetos taxonomicamente distintos, as chamadas homoplasias por convergência (por exemplo, os mantídeos e os mantispídeos). As semelhanças que conferem, de fato, alguma relação de afinidade entre duas línguas não devem ser procuradas exclusivamente nas sincronias atuais, mas em *sincronias pretéritas*, como se verá a seguir.

- O *empréstimo* ocorre quando línguas estiveram comprovadamente em contato direto, envolvendo ou não bilinguismo (como ocorreu com o português e o espanhol nos séculos XVI e XVII) ou quando uma delas teve algum prestígio e influência cultural e, nesse caso, não supõe necessariamente contiguidade espacial (como com o português e o italiano no século XVI ou com o francês em toda a história do português até início do século XX). De fato, é preciso observar que algumas línguas como o francês e o inglês tiveram ampla difusão por todo o mundo e muitas vezes os étimos são diretamente ligados a elas. O empréstimo tem grande importância para a Etimologia: dados fonéticos sobre a pronúncia de uma sincronia pretérita qualquer podem ser deduzidos dele, embora as grafias necessitem sempre ser relativizadas. Palavras herdadas se modificam com velocidade e sistematicidade diferentes das dos empréstimos.

- Por fim, a *semelhança por origem comum* será tratada pormenorizadamente neste livro nos capítulos subsequentes.

É necessário ter cuidado com a apresentação do étimo. Os poucos que o tiveram escreveram quase sempre em artigos científicos antigos e não em livros de maior visibilidade. Confundem-se, com frequência, étimo e derivação morfológica. No étimo, por definição, a *mesma* palavra sofre mudanças fonéticas e semânticas sem nenhum aumento ou decréscimo de elementos de formação (como prefixos ou sufixos); já na derivação, trata-se visivelmente de *palavras distintas* (cf. § 3.2). Observe-se, contudo, que mesmo distinguindo simbolicamente etimologias (do tipo $a > b$) das derivações ($a \rightarrow b$), nem sempre estarão claras as seguintes questões:

- Quando exatamente tal mudança ocorreu?
- Em quanto tempo a mudança se efetuou?
- De que modo essa mudança ocorreu?

Tais informações, quando aparecem, são dadas de maneira discursiva, pois não se depreendem das formulações simbólicas. Essa deficiência, sobre a qual pouco se refletiu, é certamente resultado da interrupção dos estudos etimológicos na segunda metade do século XX, como vimos. No sentido de sanar parcialmente esse problema, uma série de sugestões pode ser depreendida da lista de símbolos no início deste livro.

Diremos inicialmente que o ÉTIMO de uma palavra investigada é *a forma equivalente da mesma palavra, imediatamente anterior numa sincronia pretérita qualquer*.

Nessa definição, por *forma* entendemos não só palavras, mas também unidades menores, como prefixos, sufixos, desinências, raízes, radicais. Essa forma depende não somente da sua ontogenia (como quando determinamos que, desde a infância até a velhice, podemos identificar um *mesmo* indivíduo), mas também da sua filogenia (como quando provamos que duas espécies mais ou menos aparentadas descendem de um *mesmo* ancestral). Igualmente, a *mesma* palavra pode ocorrer no momento da aquisição da linguagem, na fase adulta, nas variantes regionais da mesma língua e nos seus cognatos em outras línguas.

Um exemplo basta para elucidar o que também entendemos por *imediatamente anterior*: é comum os dicionários apontarem a etimologia da palavra *fotográfico* como proveniente do grego (algo como *foto+grafo+ico*, ou mais cuidadosamente, gr *phōs*, *phōtós* "luz" + gr *gráphō* "escrever" + gr *–ikós*) ou como um derivado de *fotografia* (algo como *fotografia+ico*). No entanto, de ambas as soluções deduz-se que a palavra foi criada no português, o que é falso, pois é possível encontrá-la em muitas outras línguas europeias. Estritamente falando, o étimo é francês (fr *photographique* 1839): foi nessa língua que a palavra foi criada e foi a partir dela que se teriam formado as correspondentes em outras línguas (inglês, alemão, espanhol, português etc.). Todo esse conjunto, com pequenas ou grandes mudanças comprováveis de formas, na verdade, é a história da *mesma* palavra, a despeito de suas alterações (igualmente grandes ou pequenas) de significados que porventura surjam. Por meio dessa definição deduz-se ainda que ter raízes gregas não é o mesmo que ter um étimo grego. É importante frisar que até mesmo o gr mod *phōtographikós* provém do étimo francês. Esse resultado pode parecer surpreendente, no primeiro momento, mas, pela prática, observamos que se eliminam muitas questões que atravancam a cientificidade da Etimologia. Será dessa forma, portanto, que apresentaremos o étimo. A aplicação da nossa definição de étimo acarretará consequentemente uma diminuição abrupta do elemento latino herdado do português e aumentará o do francês (cf. § 1.2). No entanto, não há problema algum, para além de questões emocionais e patrióticas, que grande parte do léxico português tenha étimos franceses e, de fato, muitos termos eruditos não foram inventados diretamente na língua portuguesa, mas tiveram sua introdução no léxico por imitação de outros eruditismos estrangeiros (cf. § 5.1).

Quando se leem as gramáticas históricas do português, verifica-se que os étimos latinos de formas populares de substantivos e adjetivos estão no caso acusativo, como mostraram estudos do século XIX. Novamente é preciso cautela: o mesmo não deveria ocorrer com as formas cultas (cf. § 1.4). É comum, porém, indicarem-se no acusativo (com *–m* apocopado ou não) étimos de palavras que provavelmente nunca foram transmitidas por meio da aquisição da linguagem, mas que se introduziram na língua vernácula em situações extrafamiliares, consideradas "cultas" (escola, igreja, trabalho). Por outro lado, o dicionário de Houaiss & Villar (2001) adota o uso generalizado do caso nominativo nos étimos latinos, o que também não é totalmente exato, uma vez que todos os casos convergiram para o acusativo no latim falado. Para resolvermos isso, indicamos os étimos das palavras provenientes do latim falado no acusativo (sem apócope do *–m*) os das palavras latinas de origem culta no nominativo.

A maior parte dos livros populares sobre Etimologia não explicita seu método e, portanto, não constam da nossa bibliografia, exceto os de maior influência nos estudos acadêmicos. Para atingir-se o nível científico, desejável para ser aproveitado pela Linguística, os passos que serão descritos devem ser seguidos. Somente dessa forma não se sucumbirá à tentação de um étimo *ad hoc* (a chamada "sabedoria de Eutífron" citada por Platão, cf. Primeira Parte, item "Platão") e a Etimologia retomará sua credibilidade entre os estudos linguísticos, deixando de ser mero entretenimento ou curiosidade.

1.1. O problema do *corpus*

Uma única pessoa produz sentenças em grande número diariamente. O número de palavras pronunciadas por ela ao longo de sua vida é enorme. Um número parecido, multiplicado por todos os falantes de uma mesma língua, ao longo de um século, facilmente chegaria a uma quantidade de proporções astronômicas. Se tudo isso pudesse ser coletado e devidamente analisado, teríamos uma ideia bem próxima de o que é uma língua particular. Se o mesmo pudesse ser feito para todas as línguas do mundo, tanto as que existem, quanto as que já existiram, aproximar-nos-íamos do que, de fato, é a linguagem. Esse é o cenário da metáfora da *huge chart* de Bloomfield (1933: 46-47). Conscientizando-nos desse quadro, diríamos, como os romanos: *verba volant*. Pouquíssimo se fez para reconstruir essa *huge chart*. De fato, seria impossível fazê-lo e toda ciência se depara com paradoxos similares: a Biologia, ao se preocupar com os seres vivos e com a Vida em última estância, não estuda todos os indivíduos, mas as espécies. Também na Linguística, o objeto de estudo são abstrações e, portanto, um étimo é um dado de difícil rastreamento, como todo fenômeno linguístico. Mesmo uma Linguística de caráter mais empírico, como a Etimologia, lida com abstrações. No trabalho etimológico, normalmente palavras, morfemas e expressões são coletados em grandes agrupamentos de textos ou dados, organizados mediante uma seleção mais ou menos arbitrária. O problema do tratamento dos *corpora* tem merecido atenção especial nos estudos linguísticos atuais (Sardinha, 2004). No estudo etimológico, os *corpora* são de grande importância, sobretudo os organizados de forma que se possa obter deles alguma informação diacrônica. Para a língua portuguesa, muitos *corpora* eletrônicos são de utilidade para questões históricas. Exemplos de alguns que permitem a consulta *online*:

- o *Corpus do Português*:
  http://www.corpusdoportugues.org;
- o *Corpus Histórico do Português Tycho Brahe*:
  http://www.tycho.iel.unicamp.br/~tycho/corpus;
- o *Corpus Informatizado do Português Medieval*:
  http://cipm.fcsh.unl.pt;
- o *Corpus de Referência do Português Contemporâneo*:
  http://www.clul.ul.pt/sectores/linguistica_de_corpus/projecto_crpc.php;
- a *Linguateca*:
  http://www.linguateca.pt.
- o *Corpus Lexicográfico do Português*:
  http://clp.dlc.ua.pt

A centralização de trabalhos com objetivos tão distintos, contudo, se ocorrer um dia, deve demorar. Outra boa fonte para encontrar informações linguísticas que envolvam questões de datação é a pesquisa no Books Google (http://books.google.com). Obviamente todo *corpus* que lide com textos produzidos anteriormente à invenção da Imprensa necessita do trabalho de pessoas que conheçam Ecdótica e, não raro, o etimólogo necessita consultar também os aparatos críticos das edições, à caça de variantes desfavorecidas pela decisões dos editores.

Também são considerados *corpora* para o estudo etimológico os dicionários especializados. Os dicionários disponíveis para esse tipo de pesquisa em português são vários:

- Constâncio (1836);
- Coelho (1890);
- Cortesão (1900-1901);
- Bastos (1928);
- Nascentes (1932);
- Machado (1952-1977);
- Bueno (1963);
- Guérios (1979);
- Cunha (1982, 1989, 2006);
- Fonseca (2001);
- Houaiss & Villar (2001).

No entanto, não basta abrir um dicionário etimológico e ler as propostas oferecidas pelos autores como “verdade acabada”. As respostas não estão prontas: os autores discordam entre si, propõem várias soluções, elegem esta ou aquela solução e, não raro, erram. Aliás, a qualidade média das informações etimológicas é muito desigual nos autores anteriormente enumerados: se há os que promovem pesquisas sérias e profundas, como Cunha, também há os que fazem apostas demasiadamente ousadas, como Bueno. Obras realmente profundas e rigorosas, assemelhadas, por exemplo, ao dicionário de Corominas (1952) ainda inexistem para o português. O mesmo se passa com os vários dicionários de regionalismos ou de gírias existentes, importantes para o conhecimento de variantes que entram na pesquisa etimológica (cf. § 5.3). É de se observar que os étimos das palavras mais recentes são, paradoxalmente, os mais confusos nos dicionários etimológicos, a despeito da grande quantidade de meios de que dispomos hoje para resolvê-los. A razão disso deve-se, provavelmente, ao desconhecimento do método, que, normalmente, não está explícito nos manuais de história da língua.

Coletâneas de textos úteis se encontram nas crestomatias e antologias de textos antigos, bem como em obras que as analisam. Para entender o latim vulgar, por exemplo, obras como as de Schuchardt (1866), Grandgent (1907), Diaz y Diaz (1950), Silva Neto (1956a, 1957), Maurer Jr. (1951, 1959, 1962) e Väänänen (1985[3]) colaboram com muitos dados e análises úteis para a Etimologia e para a datação. Na verdade, todos os dados levantados pelos autores do século XIX e XX – filólogos, linguistas e gramáticos – contribuem de uma forma ou de outra para a argumentação no estudo etimológico. Listemos cronologicamente alguns desses autores (ordenados por data de nascimento) em cujas obras existem informações que, de modo geral, ainda precisam ser organizadas: Augusto Epifânio da Silva Dias

(1841-1916), Manuel Pacheco da Silva Júnior (1842-1899), José Júlio da Silva Ramos (1853-1930), José Joaquim Nunes (1859-1932), João Batista Ribeiro de Andrade Fernandes (1860-1934), Manuel Said Ali Ida (1861-1953), Otoniel de Campos Mota (1878-1951), Mário Castelo Branco Barreto (1879-1931), José Rodrigues Leite e Oiticica (1882-1957), Álvaro Ferdinando de Sousa da Silveira (1883-1967), Joseph Huber (1884-1960), Augusto Magne (1887-1966), Edwin Bucher Williams (1891-1975), Clóvis do Rego Monteiro (1898-1961), Ismael de Lima Coutinho (1900-1965), Cândido Jucá Filho (1900-1982), Joseph-Maria Piel (1903-1992), Manuel de Paiva Boléo (1904-1992), Theodoro Henrique Maurer Jr. (1906-1979), Aires da Mata Machado Filho (1909-1985), Rubens Costa Romanelli (1913-1978), Silvio Edmundo Elia (1913-1998), Carlos Henrique da Rocha Lima (1915-1991), Paul Teyssier (1915-2002), Celso Ferreira da Cunha (1917-1989), Serafim Pereira da Silva Neto (1917-1960), Gladstone Chaves de Melo (1917-2001), Luís Felipe Lindley Cintra (1925-1991). Atualmente, nova revitalização dos estudos históricos ocorre e, no âmbito da língua portuguesa, devem-se mencionar os nomes de Rosa Virgínia Barreto de Mattos Oliveira e Silva, Américo Venâncio Lopes Machado Filho, Clarinda de Azevedo Maia, Ataliba Teixeira de Castilho, Volker Noll, entre muitos outros que se têm detido em questões mais pontuais e contribuído com mais dados. Uma grande síntese, contudo, ainda está por vir. Além das publicações, há material inédito, como as 170 mil fichas referentes à pesquisa etimológica feita por Antônio Geraldo da Cunha, que se encontram na Casa de Rui Barbosa, no Rio de Janeiro. Tais fichas foram consultadas e parcialmente publicadas em Houaiss & Villar (2001) e em Cunha (2006). Há várias outras pesquisas individuais em estado semelhante, muitas vezes fadadas à destruição, após a morte de seus autores, que zelosamente as guardam em suas bibliotecas particulares.

Ao contrário do que se imagina, os textos dos *corpora*, de modo geral, são pobres em informação, se pensarmos na profusão de frases geradas pelos falantes. Por exemplo, se nos valemos das 427 cantigas de Santa Maria (século XIII), atribuídas a Afonso X (1221-1284), obteremos pouco mais de 11 mil palavras diferentes, as quais, porém, não são lematizadas, isto é, ou estão flexionadas ou apresentam diferenças gráficas (*igreja*, *igrejas*, *jgreia*, *ygreia*, *ygreja*, *ygreia*, *eigreia* etc.). Um cálculo bastante otimista as reduziria a 20% do total inicial. Sobre essa pobreza lexical já discutira D. Duarte (1391-1438) no seu *Leal Conselheiro*, mas não é exclusivo do português, uma vez que todas as línguas, vistas sob o aspecto utilitário (oposto ao enciclopédico), têm um léxico mais ou menos reduzido e só adquire sua "riqueza" por meio de cultismos, empréstimos e variação sociolinguística. Como se sabe, léxicos extensos são construtos artificiais que não revelam sistemas reais, mas estão repletos de anacronismos, resultantes do somatório de contextos, experiências e jargões que, embora presentes na complexidade das sociedades modernas, não são ativos no discurso diário da época em que foram publicados. Os *corpora*, não se valendo de aspectos normativos, conseguem suprir (mas não substituir) os dicionários, quando se deseja ter a visão da língua em suas múltiplas facetas. Dessa forma, é possível falarmos de *corpus* não só quando usamos textos impressos, mas também ao usar dados provenientes de filmes, letras de música, histórias em quadrinhos e da *internet* (sobretudo textos de *blogs*, *scraps* e *e-mails*). Tal postura aproxima um pouco mais o linguista da ideal onisciência dos dados da *huge chart* bloomfieldiana.

Em questões etimológicas, a ideia de que línguas são sistemas estanques, definíveis no tempo e no espaço, não tem grande utilidade. Na verdade, a língua é uma coleção de sistemas. Do ponto de vista diacrônico, deve-se levar em conta a sincronia atual e as pretéritas (definidas não arbitrariamente, mas segundo critérios bem estabelecidos). Também do ponto de vista diatópico, diastrático e diafásico, todas as variantes pertencerão à mesma língua, mesmo que sejam supostamente pertencentes a sistemas distintos. Por isso, toda e qualquer informação é relevante para desvendar a origem de uma palavra, sobretudo se for de difícil rastreamento (cf. § 5.3). De fato, o que chamamos normalmente de *línguas* são objetos de existência convencional (e não real). As distinções entre as línguas que conhecemos nem sempre são motivadas pela intercomunicabilidade (pois algumas vezes há línguas distintas em que a comunicação ocorre e, outras vezes, não há comunicação possível entre dialetos de uma mesma língua), mas principalmente o são pela História, pela Religião, pela Política e principalmente pela tolerância mútua entre certas comunidades linguísticas.

Portanto, todos os *corpora* se deparam com problemas como:

- delimitação dos sistemas empregados: num *corpus* do português deveriam entrar textos em dialetos? Em galego? Em mirandês?;
- classificação estilística dos textos: devem-se misturar textos literários com científicos? Transcrições de língua oral com textos originalmente produzidos para língua escrita?;
- agrupamento temporal dos dados: a divisão do tempo em séculos, décadas etc. é de fato a mais adequada ou deve-se pautar por datas de eventos importantes para a mudança social?.

Desse modo, tudo que for escrito em português e claramente definido temporalmente será útil para o estudo do étimo. Se, porém, o étimo provier de outra língua, tudo que se conhece sobre essa língua, no tempo da transmissão do étimo, também será importante.

Alguns problemas surgem ao se lidar com os *corpora*. O mais frequente é o caso das *palavras de papel*. Por exemplo, o peixe de nome *abacatuia* aparece em alguns dicionários com uma variante ★*abacatina*, que nunca existiu de fato, pois é um erro de leitura de manuscritos. Esse não é o único erro de leitura que se tornou verbete. Por vezes, adquire vida real pelo uso: um caso famoso é o da palavra ★*ledino*, na expressão *cantar de ledino*, apresentada numa edição crítica de Teófilo Braga. O termo *ledino*, em seguida, foi usado no título de uma obra de Ernesto Monaci (1844-1911). Anos depois, Carolina Michaëlis de

Vasconcelos provou, contudo, que a leitura correta da passagem era *cantar dele dino* (isto é, "digno") e a palavra voltou a deixar de existir. Outro exemplo é o da palavra ★*refualar*, dicionarizada por Cândido de Figueiredo (1846-1925), que também é um erro de leitura de manuscritos: trata-se, de fato, de *resvalar*, grafado *reſualar*: O chamado *s caudado* (*ſ*) foi confundido com o *f* e a letra *u* não foi interpretada como consoante. O resultado disso foi a dicionarização de uma palavra inexistente (Silva Neto, 1956b).

Os *corpora* podem resolver problemas que envolvem a datação de derivações e composições. É difícil decidir se a palavra *reexibição* é formada por *re+exibição* ou por *reexibir+ção*. As intuições do falante ou as regras práticas da Gramática valem muito pouco para a Etimologia. Somente as datações fornecidas pelos testemunhos escritos podem aproximar-nos da solução ideal. De modo geral, imagina-se que o particípio é meramente uma flexão do verbo, representado pelo infinitivo. Se isso pode ser verdadeiro do ponto de vista sincrônico, não o é para o diacrônico (nem para o historiográfico, pois particípios eram originalmente classes de palavras independentes). A falsidade dessa afirmação é provada pela relação entre o infinitivo *prostrar* e o particípio *prostrado*: é quase "natural" imaginar que *prostrar* → *prostrado*, tão repisada foi a regra (advinda da prática lexicográfica) de que os infinitivos sejam as formas a partir das quais se criariam os demais tempos verbais. Na verdade, não só cada tempo verbal, mas também cada pessoa da conjugação verbal tem uma história distinta. E de fato, historicamente, o que ocorreu foi o inverso: *prostrado* < *prostratus* ← lat *prosternĕre*, donde a derivação "anti-intuitiva" *prostrado* → *prostrar*. Nossa "intuição", nesse caso, é uma regra escolar aprendida, nada mais. Assim, as questões que os *corpora* nos podem responder para provar ou refutar hipóteses seriam do tipo:

- Em que momento da história do português ocorreram os fenômenos em questão?
- Pode-se falar de um verbo **prostrare* já no latim vulgar ou no ibero-romance?
- Houve algo como **prosternir* em português? (de fato, existe nos *corpora* a forma *prosternar*).

Por fim, os *corpora* podem ser os únicos índices para se responder questões sobre a influência de uma palavra sobre outra nos casos de etimologias populares ou de analogia, como veremos adiante (cf. § 3.2, especialmente § 3.2.9). Para tal, a *frequência de uso* das palavras é muitas vezes suposta em questões de Etimologia. Obviamente só um vocábulo muito usado pode influir analogicamente sobre outro. Restaurar tal frequência revela-se de grande importância, no entanto, é extremamente difícil e, às vezes, impossível na prática, por tratar-se de outra consequência do paradoxo da *huge chart* anteriormente mencionado.

1.2. O *terminus a quo*

Transposto o étimo e indo para um passado cada vez mais remoto em busca do percurso da palavra, os métodos também se modificam, assim como a História se torna Arqueologia e a Arqueologia, por sua vez, se torna Paleontologia. Por isso, dizer que uma determinada palavra tem étimo latino não é afirmar que essa mesma palavra tenha uma raiz indo-europeia: vocábulos latinos são verificáveis nos textos, já os de origem indo-europeia são construtos. Toda vez que invocamos o latim vulgar, também temos reconstruções, não comprováveis em textos, e o mesmo problema também se apresenta. Por vezes, essas formas são encontradas e as reconstruções se tornam dados, mas essas descobertas são raras.

A distinção entre dados e reconstruções parece perigosamente perder importância quando o etimólogo não define o escopo do método empregado. Muitas vezes, dadas as deficiências metodológicas, são os pressupostos do etimólogo que estão em questão e não a veracidade do étimo apresentado, a qual sempre se deve reforçar com dados paralelos e com argumentação. Dito de outra forma, o *terminus a quo* caracteriza o tipo do método etimológico a ser empregado.

Um exemplo ilustra os problemas anteriormente delineados. A palavra *açúcar* provém do árabe *as-sukkar* "o açúcar" que, por sua vez, é proveniente do sânscrito *çarkarā* "cascalho". Coerentes com nossa definição, diremos que o ÉTIMO da palavra *açúcar* é árabe, o que não é contraditório com a afirmação de que a ORIGEM do mesmo vocábulo seja indiana. Tudo depende, portanto, da datação do limite mais antigo da forma investigada, a saber, do seu *terminus a quo*. De qualquer modo, a ETIMOLOGIA (isto é, o percurso entre o étimo ou a origem e a palavra investigada) pode ser expressa por uma única fórmula:

- sânscr *çarkarā* > ár *sukkar* → ár *as-sukkar* > *açúcar*.

Algumas vezes o uso flutuante dos termos *étimo*, *etimologia* e *origem*, bem como o salto de etapas se fazem de maneira desordenada, quando não de forma ideológica, como na atitude xenofóbica contra os estrangeirismos (cf. § 5.1). É verdadeiro e consabido que o português seja uma língua proveniente do latim, no entanto, para reforçar essa afirmação, computam-se também os empréstimos de outras línguas neolatinas, entre elas, milhares de palavras diretamente provenientes do francês do século XIX que se aportuguesaram por modificação ortográfica ou por adaptação das terminações. Muitas palavras "latinas" são, rigorosamente falando, introduzidas na língua portuguesa *via* inglês, ou, então, foram criadas em alemão, mas passadas para o português por meio de outra língua românica (sobretudo francês, espanhol ou italiano cf. § 5.1 e § 5.2). Um estudo etimológico científico não deve, como já dissemos, simplificar esses trajetos, sob pena de parecer tendencioso.

Como também vimos, para estabelecer-se o étimo, é preciso ter *corpora* datados. Conhecer a data de *criação* de uma palavra é, contudo, praticamente impossível, exceto em termos técnicos. Normalmente a palavra é usada na fala e aparece na escrita somente muito tempo depois. No entanto, a *datação* da ocorrência mais antiga é importante porque só por meio dela saberemos que *naquela sincronia* a palavra já era usada. Se a invenção da palavra é da mesma época da documentação ou se ela só foi grafada séculos depois é uma questão que se apresenta apenas hipoteticamente. A importância da primeira datação, desse modo, é a mesma que se atribui aos dados coletados pela Arqueologia ou pela Paleontologia.

Recentemente, uma maior valorização da língua falada fez diminuir o tempo de ingresso dos neologismos na língua escrita. Meios em que imperava exclusivamente uma linguagem culta há cinquenta anos se tornaram hoje mais informais (sobretudo jornais e revistas). Na *internet*, há farta documentação de palavras coloquiais nos *blogs*, de modo que praticamente tudo pode ser encontrado pelos mecanismos de busca (como http://www.google.com). No entanto, a datação desses mesmos textos nem sempre é clara e fácil de obter. Ao que tudo indica, isso piorará ainda mais com o tempo, quando se poderá fazer uma diacronia dos textos na *internet*, que obviamente envelhecerão ou serão permanentemente descaracterizados por causa de atualizações. Desse modo, estamos hoje perante um paradoxo: se temos dados sobejos nos *sites* como nunca houve, falta-nos informação segura para datarmos a postagem desses dados (embora não seja um problema para especialistas em Informática). Para mapear bem um problema, no entanto, é preciso, como vimos, conhecer a *data* da documentação em que a palavra é usada. Somente a partir dela é possível traçar propostas etimológicas.

Para refinarmos as datações já disponíveis em alguns dicionários etimológicos, é preciso fazer um trabalho de *retroação*, à procura da data mais recuada. A definição do *terminus a quo* é muito falha na língua portuguesa, diferentemente do que ocorre com o inglês, com o francês, com o italiano e com o espanhol. Um exemplo basta para ilustrar esse trabalho de retroação: o longuíssimo título constante da página de rosto do dicionário de Rafael Bluteau (1638-1734) pode retroceder o *terminus a quo* conhecido de muitas palavras. Consideradas como dos séculos XIX ou XX, é possível flagrar o uso dessas palavras já em 1712, data do primeiro volume da obra de Bluteau. Além disso, essa única página permite tanto a inclusão de datas para palavras sem datação, quanto a determinação mais exata do *terminus a quo*. Para as siglas da tabela seguinte, consulte-se Houaiss & Villar (2001); RB é a sigla utilizada nessa obra para o *Vocabulário* de Bluteau:

Terminus a quo		
	Houaiss & Villar (2001)	Data retroagida e/ou determinada
dendrológico	antes de 1958 MS[10]	1712 RB
florífero	1817-1819 EliComp	1712 RB
gnomônico	sem datação	1712 RB
hierológico	sem datação	1712 RB
homonímico	1874 CCBNIns	1712 RB
isagógico	1881 CA[1]	1712 RB
litológico	sem datação	1712 RB
ornitológico	1836 SC	1712 RB
ortográfico	1836 SC	1712 RB
quiditativo	verbete inexistente	1712 RB
sinonímico	1858 MS[6]	1712 RB
tecnológico	1874 JMeIC	1712 RB
terapêutico	1839 JMeIC	1712 RB
uranológico	sem datação	1712 RB
zoológico	1815 Cuvier	1712 RB

A retroação de datas é preocupação de alguns grupos de pesquisa (*vide*, por exemplo, http://www.usp.br/gmhp) e tem interesse não só para a Etimologia, mas também para várias outras áreas, sobretudo para a Historiografia.

Às vezes, porém, a delimitação temporal é indireta e oferecida pelos próprios autores. Bluteau recusa-se a traduzir a palavra *abandonar* (*s.v.*) para o latim, por purismo. O autor indiretamente nos informa que o termo, na sua época, era novo na língua portuguesa:

> *he tomado do Francez Abandoner, ou do italiano Abãdonare; & em huma, & outra lingoa val o mesmo, que Largar, dezemparar; & segundo as origens da lingoa Italiana de Ferrari, Bandum na Baixa Latinidade significava Bandeira* (...) *Jà que temos Largar, & desemparar, não me parece precisa a introducção desta palavra no idioma Portuguez.*

Nunes de Leão informa-nos que alguns vocábulos provenientes do português seriam, segundo ele, recém-introduzidos no espanhol (ou vice-versa): *lástima*, *regalo*, *bilhete*, *camarada*, *a troco*, *de mimo*, *brinco*, *menino*, *enfadar*, *desenfadar*, *festejar*, *marmelada*, *serão* (*Orig* 22). Embora útil, esse tipo de informação deve ser aceito com cautela em considerações sobre o *terminus a quo*, pois as impressões do falante frequentemente são falhas, quando o assunto é a história de sua língua materna. Qualquer brasileiro pensaria, por exemplo, que *cair na gandaia* é uma expressão recente, por ser coloquial, quando, na verdade, os *corpora* revelam uma maior antiguidade. De fato, *andar à gandaia* é documentável em português desde o século XVIII e, em catalão, *gandalla* era o nome dado a bandoleiros catalães já no século XVI.

A questão da determinação do *terminus a quo* pode invalidar várias decisões errôneas da Gramática Normativa. No início do século XX, Cândido de Figueiredo voltou-se contra a expressão "fazer com que", usando um argumento típico dos gramáticos logicizantes: por ser um verbo transitivo direto, o verbo *fazer*, segundo ele, deveria pedir como complemento ou um objeto direto ou uma oração subordinada substantiva objetiva direta. Seguindo esse raciocínio, a preposição "com" seria espúria e deveria ser retirada. Dito de outro modo, *fazer com que* deveria ser corrigido para *fazer que*. Esse raciocínio seguia, como em muitos outros casos, o princípio do *inutilia truncat* ("corta-se tudo que é inútil"), central em Claude Favre de Vaugelas (1585-1650), cujas *Remarques* deram um cunho logicizante até então incomum à Gramática Normativa. Essa tentativa de corrigir as línguas (o *vaugelaisianismo*) ainda hoje goza de muito prestígio. No entanto, Lindolfo Gomes (1875-1953), contrariando a postura de Figueiredo, publica em *O Estado de S. Paulo,* em 4 de agosto de 1913 (transcrito no mesmo ano na *Revista Lusitana* 16:338-340) um estudo no qual argumenta que a construção preposicionada remonta ao século XVI, não sob a forma *fazer com que* X *partisse,* mas como *fazer com* X *que partisse*. Para tal, dá exemplos de Rui de Pina (1440-1522), Garcia de Resende (1470-1536) e Tomé Pinheiro da Veiga (1570-1656). Observa que esse fenômeno não estava isolado, pois Nunes de Leão, na mesma época, dizia *ordenar com que*, além de citar outros exemplos clássicos de *cumprir com que*, *mandar com que.* Para Gomes, esse *com que* não seria uma locução conjuntiva, mas vestígio preposicional de um adjunto adverbial latente, independente da conjunção. Gomes deu dignidade a uma forma expurgada indevidamente pela arbitrariedade da Gramática Normativa logicizante, valendo-se do mesmo método utilizado para se encontrarem étimos. O erro da Gramática Normativa, assim como do falante comum, é tentar encontrar alguma "lógica" na sincronia atual, quando o factível é apenas encontrar algumas regularidades, com o auxílio de sincronias pretéritas. Exceções, muitas vezes, são transformações ou resquícios de formas mais regulares no passado. Buscar regularidades sem valer-se da informação diacrônica seria, na verdade, anacrônico, pois pressuporia que o sistema linguístico e vocabulário de uma língua se formou todo ao mesmo tempo, como que por um ato criacionista.

1.3. Escrito *vs.* falado

Durante algumas décadas do século XX foi comum afirmar-se que a linguagem escrita não era o principal objeto de estudo da Linguística. Isso acabou motivando uma suposta ruptura com a Filologia. Também criou-se o pressuposto da influência unidirecional da língua falada sobre a escrita. O argumento mais forte aduzido para conferir essa predileção pela fala foi o fato universal de as crianças aprenderem a falar antes de ler ou escrever. Além disso, afirmava-se que há povos e indivíduos que não sabem ler e, nem por isso, são desprovidos de conhecimento linguístico. A verdade desses argumentos é indiscutível. Consequentemente, línguas mortas e etapas linguísticas antigas pareceram, com o tempo, menos interessantes do que as línguas vivas faladas, para muitos ramos da Linguística. No entanto, para estudos de Etimologia não é possível prescindir da língua escrita, uma vez que, durante longuíssimos períodos da Humanidade, o único registro era escrito e, apesar de todas as deficiências das ortografias, trata-se do único acesso que temos hoje a sincronias pretéritas. Esse seria, contudo, um argumento pró-escrita de caráter estritamente prático.

Outro argumento, mais forte, prova que existe, na verdade, influência bidirecional entre língua escrita e língua falada, embora não tão evidente. A diglossia entre língua escrita e língua falada é um fenômeno bastante comum ainda hoje em várias partes do mundo e, em alguns casos, a distinção rígida é atenuada. Na Suíça, aparentemente não há contradição quando se pergunta *Sprechen Sie Schriftdeutsch?* "Você fala alemão escrito?", pois a língua usada na escrita, a saber, o alemão oficial (*Schriftdeutsch*) é possível de ser pronunciada, apesar de ser bastante diferente do alemão suíço (*Schwyzertüütsch*), que é preponderantemente usado na comunicação diária. Tal diglossia também ocorreu durante longos períodos da Idade Média, nas zonas de fala românica, quando o latim era usado como língua veicular, mas há poucos estudos sobre o latim medieval que revelem a mútua influência das línguas românicas em formação e esse latim falado por pessoas cultas. Existe, porém, grande número de dados nos *Portugaliae Monumenta Historica* publicados pela Academia das Ciências de Lisboa em 1856.

Na verdade, o elemento escrito pode gerar o falado. Para provar isso, vejamos o caso da preposição lat *sub*, que originou a palavra *so* "sob" em português antigo (usado também como prefixo: *soterrar*, *socapa*). Esse *so* tem origem popular, como mostram as transformações normais que sofreu (cf. § 2.2.3 e § 2.4.1). No entanto, com o tempo, *so* deixou de ser usado na língua falada, embora a língua escrita (mais conservadora, mesmo sem a necessidade de gramáticas que regulem seu uso) ainda o manteve por mais tempo. No seu lugar, na língua falada, foram usadas, com maior frequência, locuções prepositivas como *embaixo de*. No entanto, por um acidente histórico (o advento da escrita etimológica, defendida, por exemplo, por Nunes de Leão), a palavra *so* passou a ser grafada *sob*. Dito de outro modo, *sob* se lia [ˈso] nesse período, da mesma forma que *Job* e *Jacob* se liam, respectivamente, [ˈʒɔ] e [ʒaˈkɔ], ou seja, o *–b* era uma letra muda. Com o tempo, *so* (grafado *sob*) se tornou uma palavra realmente típica da língua escrita, a tal ponto que os que a viam escrito passaram a pronunciar [ˈsob] ou, como no português brasileiro, [ˈsobi]. Esse som [b], portanto, ressuscitou devido a um acidente histórico.

Vários outros casos mostram que a escrita interferiu na fala. Em muitos casos, a própria escrita é fonte de étimos. Para entender por que a pessoa intermediadora de amores é referida como *dez-e-um* ou como *onze-letras* em algumas regiões do Brasil, é preciso ter em conta o étimo *alcoviteira* (que possui, de fato, essa característica gráfica). Além disso, a escrita atua diretamente no âmbito mais expressivo da linguagem, a saber, as gírias, nas quais a fala predomina de tal forma que, muitas vezes, é impossível rastrear seu étimo.

Sabe-se que a letra *x* pode ter várias leituras: por exemplo, a palavra *mixar* significa coisas distintas, dependendo se essa letra é pronunciada com [ʃ] ou com [ks]. Os vocábulos *concha*, *praxe* e *moxabustão* deveriam ser pronunciadas ★[ˈkõka], ★[ˈpraksi] e ★[moksabusˈtɐ̃w], pois refletem, respectivamente, o lat *concha,* o gr *práksis* e o jap *mokusa*, mas, inspiradas pela escrita, são todas pronunciadas com o som [ʃ]. O mesmo ocorre com as palavras *tóxico*, *bruxismo* e *proxeneta*, pronunciadas por muitos falantes com [ʃ], embora a Gramática Normativa recomende [ks]. A palavra *sintaxe* também oscila entre a pronúncia [ks] e a mais acadêmica [*s*]. Por fim, havia no português antigo grafias como *trousse* ≈ *trouxe*, a primeira representava o som [s̺] e a segunda, certamente, representava o som [ʃ]. A norma culta preferiu a pronúncia com [s] e, ao mesmo tempo, a grafia com *x,* mesclando-se, assim, as duas situações originais. Em todos esses casos foi o uso que ditou a norma, como já dizia Fernão de Oliveira, no século XVI.

Algumas pessoas preferem pronunciar [ɾ] em palavras como *palrar*, *guelra*, embora usem [x] para *honra*, possivelmente porque possui uma frequência de uso maior. Verifica-se nisso que o falante não sente necessidade da sistematicidade linguística preconizada pelo Estruturalismo. Para além disso, entrevê-se nesse fato uma motivação da escrita. Recentemente, há a grafias *catinguelê* para um animal mais conhecido como *caxinguelê.* Grafias semelhantes a essa podem ser, no futuro, indícios da existência da pronúncia [tʃ]. Em vários casos, a sequência de letras *-qu-* oscila entre as pronúncias [k] ou [kʷ] por causa da escrita: *adquirir*, *questão*, *quinquênio.* Flutuações como essa são muito frequentes no inglês e francês, línguas nas quais há grande distância entre letras e realização sonora, como revela o fr *psychokinétique* em francês, no qual o som [k] é grafado de três formas distintas: *ch*, *k*, *qu.* Outras formas de oscilação revelam, na verdade, uma hipercorreção da fala a partir da escrita (cf. § 3.2.6). São pouco toleradas pela norma culta e tidas, às vezes, por regionalismos ou idioletos. Alguns exemplos de hipercorreção (escrita ou falada):

- *galfo* < *garfo* ⇦ *faltar* [faɽˈta];
- *douze* < *doze* ⇦ *pouco* [ˈpoku];
- *norva* < *noiva* ⇦ *porco* [ˈpojku];
- *agaichar* < *agachar* ⇦ *baixar* [baˈʃa];
- *exageiro* < *exagero* ⇦ *feira* [ˈfeɾa];
- *carangueijo* < *caranguejo* ⇦ *beijo* [ˈbeʒu];
- *taixa* < *taxa* ⇦ *caixa* [ˈkaʃa];
- *ótemo* < *ótimo* ⇦ *crisântemo* [kɾiˈzɐ̃tʃimu];
- *tempeiro* <*tempero* ⇦ *primeiro* [pɾiˈmeɾu].

O convívio de normas faz com que essas palavras apareçam mesmo na fala de semiletrados ou analfabetos, o que mostra a sua existência efetiva e sua concorrência na fala. Na tentativa de falar "corretamente" é que surgem os casos mais frequentes de hipercorreção.

No português, a ortografia etimológica é particularmente visível na manutenção da distinção gráfica entre *ç* e *ss*, de *g* e *j*, do uso do *h* etc. Mesmo nas línguas com grafia etimológica, esse princípio não é seguido à risca:

- ingl *literature* ≅ fr *littérature* "literatura";
- ingl *ophthalmology* ≅ fr *ophtalmologie* "oftalmologia";
- ingl *oxidase* ~ *oxidable* ≅ fr *oxydase* ~ *oxydable* "oxídase ~ oxidável".

Inconsistências se veem nos elementos derivados. A forma simples provém, às vezes, do latim vulgar, enquanto a derivada é adaptação do latim clássico:

- lat *herbam* > *erva*, mas *herbário* < lat *herbarium*;
- lat *hibernum* > *inverno*, mas *hibernar* < lat *hibernare*;
- lat *humerum* > *ombro*, mas *humeral* < lat *humeralis*.

Por vezes a grafia varia na mesma língua, como em *úmido* (Brasil) *vs.* *húmido* (Portugal). Quando o português tinha uma escrita preponderantemente etimológica, foram registrados casos de cruzamento analógico. Segundo Nogueira (1937), escrevia-se, na sua época, *Christo*, mas *crystal* (cf. francês *cristal*, inglês *crystal*) e, com frequência, por erro, surgiam formas mistas como *christal*. Nomes próprios costumam ser conservadores e, por isso, ainda hoje é comum encontrarmos grafias como *Christina*, *Theresa*, *Theodoro*, com fundamento etimológico, mantidas por puro tradicionalismo não veiculado pelo ensino. Ao mesmo tempo, também surgem formas analógicas como *Thiago*, *Thadeu* etc. sem fundamento etimológico (embora algumas também tenham certa tradição). Não raro, a analogia afeta a pronúncia, por exemplo: o fr *létal* equivale ao ingl *lethal* [ˈli:θɫ], que foi criado por meio da confusão com palavras de étimo distinto, motivada pela escrita (como *lethargy*, *lethargic*). Ora, *letal* vem do lat *letalis*, da mesma raiz do lat *letum* "morte", já *letargia* vem do gr *lēthargía*, ligado ao gr *lḗthē* "esquecimento".

O papel da escrita na criação de palavras vai ainda mais longe nas siglas. A partir delas derivaram-se outras, como:

- *Partido dos Trabalhadores* → *PT* → *petista*;
- ingl *unidentified flying object* → ingl *UFO* → ingl *Ufology* ≥ port *Ufologia*;
- lat cient *pondus Hydrogenii* → *pH* → *peagômetro*;
- *capital* > **cap* → *Novacap* ≠ *Velhacap*.

No Piauí, é comum referir-se aos meses terminados em *–bro* (setembro, outubro, novembro e dezembro) como época do *B-R-O-bró* [ˈbeˈɛxiˈɔˈbrɔ], à maneira das cartilhas de alfabetização. Outro caso curioso de formação de palavras é o da antissigla: *delta* → *atled*, termo usado em cálculo vetorial. A consciência da escrita aparece em códigos, por exemplo, na língua do pê, no *pig latin* e na fala inversa amplamente utilizada na cidade de Sabino (SP):

- port *você não vai no cinema hoje porque meu irmão não deixa* → sab [seˈvo nũ ˈiva nu maˈnesi ˈʒeo ˈkeɽpo ˈume mɐ̃ˈwiɽ nũ ˈʃade].

Essa inversão é muito interessante para a Fonologia, pois lembra a de outras formas espontâneas como o *verlan* e o fenômeno chamado *binaliktad*, encontrado com frequência no tagalog (uma das principais línguas das Filipinas). Nenhuma dessas formações correntes na fala especializada ou coloquial são possíveis sem alguma participação da escrita. Um modelo linguístico que queira explicá-las não pode valer-se exclusivamente da língua falada.

Por fim, para o etimólogo, são úteis grafias, como *Qui é qui essi ómi qué comê?* Tais modos de escrever são relativamente comuns na representação "realista" de falas de pessoas rústicas e estão presente em obras literárias da língua portuguesa, desde Gil Vicente. Em textos antigos, são reveladores de dados linguísticos importantes que podem ser datados: uma vez determinada a época do testemunho, pode-se estabelecer um *terminus a quo* para as pronúncias (cf. § 5.3). Valendo-se do exemplo anterior, observaremos que em *essi*, *ómi*, *qui*, o *i* está no lugar de *e* para representar o som [i]. Dele também se deduzem a ausência de nasalidade, a pronúncia aberta do *ó* em *ómi,* a ausência do *–r* do infinitivo, entre outras coisas – e tudo isso pode ser estabelecido cronologicamente (Teyssier, 1982; Noll, 2008^{2}). Entre o fim do século XIX e o começo do século XX há vários testemunhos desse tipo (para não falarmos de expressões idiomáticas, cuja datação é praticamente ausente nos dicionários etimológicos cf. § 6.3), por exemplo, na obra cômica de Mendes Fradique, Juó Bananére e em outros escritores do Modernismo. A determinação do *terminus a quo* de fenômenos fonéticos é muito difícil: sua aparição é mais lenta do que a dos fenômenos lexicais, pois costumam ser encontrados em peças de teatro, textos humorísticos ou em caracterizações regionais muito tempo depois de efetivamente surgirem. Além disso, mescla-se com frequência a informação objetiva com valorações normativas. Assim, nem sempre a caracterização é fiel, pois raramente é grafada pelo usuário da variante. Reflete, portanto, a "visão do outro". Contudo, é o único recurso de que dispomos para reconstruir sincronias pretéritas de variantes. Por exemplo, uma grafia como *memu*, para "mesmo" pode aparecer na representação da fala caipira, mas, na verdade, não caracteriza nenhum regionalismo, antes representa uma variante hoje usada por todo Brasil. Esses chamados *pseudorregionalismos* seriam projeções de pronúncias "do outro", mais imaginadas que reais. No entanto, é difícil julgar a situação pretérita da difusão das formas com base na situação atual. Todos esses dados poderão ser indiretamente usados pela Etimologia como corroborações ou invalidações de étimos propostos, como se verá (cf. § 5.3).

1.4. Popular vs. culto

Em Filologia costuma-se distinguir as palavras de origem latina em:

- palavras herdadas diretamente do latim falado (*vulgarismos* ou *elemento popular*), que sofreram mudanças de forma e significado, muitas vezes acentuadas;
- palavras latinas veiculadas por meio da Ciência, da Religião, da Literatura, da Política e da Filosofia (*cultismos ou eruditismos*) que apenas se adaptaram foneticamente na passagem de um sistema a outro, embora a mudança semântica seja, por vezes, tão grande quanto no termo popular.

Na verdade, observando mais atentamente essa divisão, verificaremos que é muito rígida, pois podemos subdividi-la em vários subcasos. Bizzocchi (2009), por exemplo, faz a seguinte classificação:

➢ Vulgarismos
- herança (lat *petram* > *pedra*, lat *caballum* > *cavalo*, lat *bonum* > *bom*, lat *ambulare* > *andar*);
- empréstimo de vulgarismo estrangeiro (ingl *football* > *futebol*, tupi **ywa-katí* > *abacaxi*, ital *pizza* > *pizza*, fr *bombonnière* > *bombonnière*);
- tradução de vulgarismo estrangeiro (ingl *skyscraper* ≥ *arranha-céu*, ingl *hot dog* ≥ *cachorro-quente*);
- composição com raízes vulgares ("puxa-saco", "pernilongo", "cabisbaixo");
- derivação a partir de radical vulgar, seja com afixos cultos ou vulgares ("cabecear", "mesário", "saudosismo").

➢ Cultismos
- empréstimo de palavra diretamente do grego ou latim (cultismo direto: gr *théatron* > lat *theatrum* > *teatro*, lat *temperatura* > *temperatura*, lat *status* > port *status*);
- empréstimo de cultismo a partir de outra língua vulgar (cultismo indireto: fr *helicoptère* > *helicóptero*, fr *initiative* > *iniciativa*, ingl *fractal* > *fractal*, ingl *genome* > *genoma*);
- refecção ou restauração (lat *silentium* > port ant *seenço* † ⇒ *silêncio* < lat *silentium*, port ant lat *florem* > port ant *chor* † ⇒ *flor* < lat *flos*, *-oris*);
- restituição (ingl *feed back* ≥ *retroalimentar*, fr *opérationnel* ≥ *operacional*);
- composição com radicais cultos ("anteroposterior", "supramencionar");
- derivação a partir de radical culto com afixos cultos ("fisiologismo", "globalitarismo")

➢ Semicultismos
- tradução de palavra grega ou latina (lat *superponĕre* ≥ *sobrepor*, lat *supervivĕre* ≥ *sobreviver*, lat *fugitivus* ≥ *fugidio*, lat *providĕre* ≥ *prover*, lat *emotio* ≥ *emoção*);

- metamorfismo (lat *doctor* > *doutor*, lat *conceptus* > *conceito*, lat *senatus* > *senado*, lat *canonicus* > *cônego*, lat *clericus* > *clérigo*, lat *capitulum* > *cabido*, lat *articulum* > *artigo*, lat *statua* > *estátua*, lat *instructio* > *instrução*);
- refecção parcial (lat *inimicum* > *imigo* ⇒ *inimigo* ≤ lat *inimicus*);
- composição com um radical culto e outro vulgar ("auriverde", "rubronegro", "bafômetro");
- derivação a partir de radical culto com afixos vulgares ("agricultável", "deseducar").

➢ Casos inclassificáveis
- palavras inventadas ("chinfrim", "zureta", "poperô");
- onomatopeia ("zunzum", "tilintar");
- derivações de nomes próprios ("amperímetro", "kantiano");
- composições com fragmentos de morfemas ("reprografia", "informática", "metrô", "minissaia", "showmício").

A classificação anterior atenta para vários casos fronteiriços entre os cultismos e os vulgarismos. Nem sempre palavras, mas também elementos menores, como os sufixos, entram na discussão. Desse modo, é comum haver sufixos populares como *–eiro* < lat *–arium* para nomes de árvores e profissões ao lado de cultos, como *–ite* < *gr –îtis*, para marcar nomes de doenças e inflamações:

- *cozinheiro* < lat *cocinarium* ← lat *cocinarius* ← lat *cocina* "cozinha" + lat *arius,*
- *nogueira* < **nucariam* ← lat *nux*; *–cis* "noz" + lat *arius*;
- *faringite* < fr *pharyngite* ← gr *phárygks* "garganta" + gr *–îtis*;
- *hepatite* < fr *hépatite* ← gr *hēpar*, *–atos* "fígado" + gr *–îtis*.

Toda palavra introduzida pela escrita é, por definição, culta para a Etimologia (cf. § 1.4). No entanto, termos cultos, propagados inicialmente pela escrita, muitas vezes, adquirem larga difusão e popularizam-se na língua falada. Termos semicultos, provenientes do latim eclesiástico, durante a Idade Média, parecem ser, do ponto de vista das leis fonéticas, um misto de palavras cultas com populares, como gr *epískopos* "vigia" > lat ecl *episcŏpus* "bispo" → lat *episcŏpum* > *bispo* (Maurer Jr., 1951). A palavra *mistério* < lat ecl *mysterium* < gr *mystērion* "ritual secreto" é outro caso de popularização de um termo originalmente culto. Por outro lado, palavras populares, provenientes diretamente do latim falado, podem continuar na língua falada ou adquirir ares de léxico seleto, persistindo apenas na escrita, devido à menor frequência de uso e consequente arcaização (dito de outra forma, palavras populares passam a ser *sentidas* como cultas), como é o caso de *coita* "aflição, sofrimento" e de *asinha* "rapidamente". Alguns arcaísmos provenientes de formas populares, por outro lado, podem aparecer em composições de palavras de uso culto: o vocábulo *preamar* "maré cheia" tem um componente *prea–* proveniente de um adjetivo vindo do português arcaico e do latim vulgar: *prea* < *prẽa* < lat *plenam* "cheia". Apesar de o reconhecimento desse adjetivo ser impossível para os falantes do português atual, mantém o gênero feminino do port med *mar* na sua concordância. Dessa forma, o uso atual (culto ou popular) não tem a ver com a sua introdução (culta ou popular) no léxico da língua, mas a distinção para a Etimologia se pauta preponderantemente na introdução e não no uso.

Desse modo, não somente o resultado é complexo, mas também o modo de transmissão do étimo. Se a divisão entre vulgarismos e cultismos é válida para períodos antigos da língua, transmitidos apenas pelos livros ou pela fala, não o é mais modernamente, após o surgimento do jornal, do rádio, da televisão e da *internet.* Na verdade, a diferença de transmissão entre palavras populares e cultas é tão grande que valeria a pena usarmos símbolos distintos nos dois casos, no entanto, nem sempre é fácil fazer a distinção sem um aprofundado estudo etimológico (e muito há por fazer, nesse sentido). Esses novos meios atuam, por vezes, com forte papel normatizador. Alguns exemplos:

- nos anos 1980 circulavam os termos SIDA e AIDS, mas a sigla inglesa, com peculiar pronúncia portuguesa baseada na escrita (ou seja [ˈajdʒiz] em vez de [ˈejdz]) prevaleceu no Brasil;
- a televisão impôs definitivamente a diferença de gênero entre *o cólera* "doença" ~ *a cólera* "ira", embora a doença fosse, no passado, referida também no feminino;
- a sigla FFLCH para a Faculdade de Filosofia, Letras e Ciências Humanas da USP tinha várias propostas de pronúncias (entre elas *felche*, *fifiloche*, *fofoleche*), mas depois da greve dos estudantes de 2002, uma das variantes correntes (*fefeleche*), pronunciada constantemente pelos megafones, impôs-se definitivamente.

Os termos populares introduzidos no repertório dos falantes, principalmente nos primeiros períodos da aquisição da linguagem, sofrem uma série de transformações que não ocorrem com os termos cultos (cf. § 2). Um deles é a queda do *–l–* intervocálico original (cf. § 2.2.2.4): lat *colorem* > *coor* > *cor* ou lat *coloratum* > **coorado* > *corado.* Alguns derivados dos mesmos vocábulos (como: *colorido*, *coloração*, *incolor*), por serem cultismos ou empréstimos, mantêm a consoante. Da mesma forma também temos o vulgarismo lat *dolorem* > *door* > *dor*, mas os cultismos *dolorido, doloroso*, *indolor*, *Dolores* (Maurer Jr., 1951). Também seriam cultismos algumas transmissões complexas como lat *coloratum* > esp *colorado* [koloˈɾaðo] > esp [koloˈɾao] > *colorau*. Termos cultos forjados podem apresentar inconsistências: lat *ŭndam* > *onda*, mas o diminutivo lat *ŭndŭla* foi reintroduzido como o vocábulo *ôndula*, de modo que não é, sob o aspecto formal, nem termo popular (cf. manutenção do *–l–* intervocálico e do segundo *–ŭ–*), nem culto (cf. transformação do primeiro *ŭ–* > *o–*).

É possível falar que nos cultismos, muitas vezes, há ressurreição das palavras, por meio da escrita, fenômeno que, no caso do português, tomou grandes proporções já no século XV. Trata-se de um fenômeno puramente ideológico. Por exemplo, no século XX, o hebraico voltou a ser língua falada para milhões de pessoas (e há muitos monolíngues em

Israel), saindo do âmbito apenas religioso, em que era exclusivamente usado. O romeno "recuperou" a maior parte de seu vocabulário latino por meio do italiano e do francês, nos séculos XVIII e XIX. Formas latinizantes, como rom *populaţie* "população", não foram herdadas, mas entraram *via* francês, pois o componente do latim vulgar no romeno é bastante pequeno. O maior responsável pela reintrodução de palavras latinas nas línguas do mundo hoje é o inglês, que não é um idioma neolatino. No português, os anglicismos *deletar*, *informática*, *computador*, *inicializar* e inúmeros outros comprovam essa afirmação. Questões desse tipo suscitam movimentos de patriotismo (cf. § 5.1) – sobretudo quando o que se está em questão é uma busca de "identidade" linguística – os quais se iniciaram, com veemência, na Europa pós-bonapartista (embora já sejam detectados entre os alexandrinos, quando recuperaram, no Egito, hieroglifos desusados milênios antes).

A função da introdução de um termo culto é, muitas vezes, a de tornar mais precisa alguma noção sentida como vaga por palavras populares. No entanto, a opacidade semântica para os falantes quase sempre é uma consequência. Algumas línguas, como o português e o japonês, não veem grande problema na introdução de termos opacos, já outras, como o alemão ou o chinês, sentem-no mais intensamente devido à grande produtividade de seus radicais (§ 5.1 e § 5.2). No primeiro grupo, a irregularidade não incomoda tanto quanto no segundo, e os empréstimos não são vistos pelos falantes comuns como palavras "especiais", na maioria das vezes. Por certas línguas lidarem bem com a opacidade, é comum encontrarmos termos com o mesmo étimo para além da área das línguas de uma dada família linguística. Assim, o vocábulo latino *popularis* se vê não só nas línguas românicas, mas também no alem *populär*, búlg *populjaren*, srv-cr *popularan,* rus *populjarnyj* e, fora das línguas indo-europeias, no turco *popüler.* O estudo etimológico, portanto, não se confunde com o estudo genealógico das línguas, pois as palavras muito frequentemente extrapolam os limites das suas famílias linguísticas, as quais são definidas mais pelas suas classes fechadas (pronomes, preposições, conjunções) do que pelas suas classes abertas (substantivos, adjetivos, verbos cf. § 4.1). É um erro pensar que, por ser o português uma língua neolatina, todo latinismo lhe seja "natural" ou "inerente". Maior prova disso é o inglês, que tem um léxico latino comparável ao de qualquer língua românica sem deixar de ser de origem germânica (como mostram suas classes fechadas).

Entre os cultismos, computam-se também os latinismos, que são vários no português moderno:

- *a priori*;
- *alibi*;
- *alter ego*;
- *carpe diem*;
- *causa mortis*;
- *curriculum vitæ*;
- *data venia*;
- *et cætera*;
- *ex libris*;
- *grosso modo*;
- *habeas corpus*;
- *Homo sapiens*;
- *honoris causa*;
- *idem*;
- *in continenti*;
- *in loco*;
- *in vitro*;
- *ipsis litteris*;
- *lapsus linguæ*;
- *lato sensu*;
- *mens sana in corpore sano*;
- *modus vivendi*;
- *mutatis mutandis*;
- *p.s.*;
- *pari passu*;
- *per capita*;
- *persona non grata*;
- *sic*;
- *sine qua non*;
- *status quo*;
- *sui generis*;
- *supra summum*;
- *tabula rasa*;
- *vade retro*;
- *vulgo*.

As proparoxítonas praticamente inexistiam no português antigo, já que as formas herdadas haviam sido substituídas por paroxítonas, por meio de síncopes (cf. § 2.2.2.1). No português antigo é possível, contudo, encontrar poucos casos de proparoxítonas em termos populares (*relâmpago*, *árvore*, *nádega*, *nêspera* e verbos na primeira pessoa do plural, como *cantávamos*). Também é comum classificar como populares quaisquer palavras cujo étimo seja desconhecido e sem atestação em textos antigos. Por fim, as hipercorreções são formas consideradas populares (cf. § 3.2.6), como é o caso de *corar* > *quarar* "clarear a roupa ao sol", palavra formada por analogia com antigas refecções, como lat *quadraginta* > port ant *corenta* † > *quarenta*.

Os meios escritos sempre foram os maiores perpetuadores de formas cultas. Como dissemos, com o advento do rádio, do cinema e da televisão, a situação da tipologia das transmissões mudou drasticamente. Palavras muito populares foram veiculadas para além das áreas de seu confinamento linguístico, o que torna a distinção entre o culto e o popular, por vezes, bem mais nebulosa. Alguns vocábulos humorísticos divulgados pelo programa "Os trapalhões", da Rede Globo, na década de 1980, ainda são usados às vezes até mesmo por falantes que não tiveram contato direto com as emissões originais: *psit* (= sujeito), *poupança* (= nádegas), *bufunfa* (= dinheiro), *audácia da pilombeta* (= arrogante), *o da poltrona* (= telespectador), *tesouro* (= mulher bonita), *mé* (= aguardente), *popotizar* (= hipnotizar), *camuflar* (= ser homossexual) e *cacildis!* (= caramba!). Na mesma época, a atriz-repórter Cissa Guimarães, no programa "Vídeo Show", da mesma emissora, divulgava a expressão *gentem!*, cuja existência atual se comprova facilmente por pesquisas na *internet*. Bordões de novelas e outros programas televisivos criaram ou divulgaram expressões que passaram a ter subitamente uso mais amplo e transregional (*aquele abraço*, *não é brinquedo não*, *bótimo*, *tô mals*, *nos trinques*, *mui amigo!*, *na chom*, *me poupe*, *ô coitado!*, *felomenal*, *copiou?*). A expressão *tipo (assim)* já se encontra em tirinhas do humorista Henfil, da década de 1970 e hoje se ouve nos dois lados do Atlântico sem que sua origem tenha sido suficientemente esclarecida.

Resumindo, pode-se afirmar que um elemento popular se introduz na língua (e não na fala de um indivíduo específico) por meio da transmissão espontânea e oral de uma geração para outra, já um elemento culto ou é um estrangeirismo ou é uma adaptação de uma palavra de uma língua morta (principalmente do latim ou do grego clássico). A dúvida é: o caso da transmissão transversal por intermédio dos meios de comunicação não escritos equivale a formas especiais de cultismos, a despeito da coloquialidade de alguns elementos transmitidos? Tal questão complexificaria a antiga distinção entre culto e popular. Um caminho para responder talvez seja aliar o estudo etimológico com os recentes estudos sobre o letramento (Kleiman, 1995).

1.5. A reconstrução e os graus de certeza

Não se deve confiar num etimólogo que ofereça um étimo qualquer com certeza absoluta, pois tal atitude seria típica de uma religião e não de uma ciência (cf. § 7). Isso é particularmente válido para o português no caso de etimologias de origem indígena ou africana. O primeiro erro seria imaginar o tupi, o quimbundo e o iorubá como normatizadas, homogêneas ou sem história. Para além das línguas de origem europeia, é comum desconsiderar-se o fenômeno natural da fragmentação linguística. Ora, todas as línguas variam sociolinguisticamente no espaço e no tempo. Há variantes que levam em conta o sexo e a faixa etária dos falantes, apenas para mencionar algumas variáveis (cf. § 5.3). O iorubá usado nas cerimônias afro-brasileiras pode conter arcaísmos e regionalismos, mas, não raro, é corrigido por puristas que, conhecendo apenas o iorubá padrão moderno, se sentem no direito e no dever de intervir para evitar formas consideradas "erradas". Tais intervenções corretivas frequentemente são reforçadas por falantes nativos do iorubá (que atuam como consultores). Em vez de valorizar a cultura afro-brasileira, tais intervenções se afiguram mais como um desserviço, pois podem contribuir para o desaparecimento de dados e, consequentemente, dificultam o entendimento da transmissão dos étimos de línguas, que já são pouco documentadas. De fato, nenhum falante nativo apenas com informação linguística obtida na aquisição da linguagem consegue ter uma visão ampla de qualquer fenômeno linguístico, pois, para isso, pressupõem-se estudos diacrônicos e sociolinguísticos. É preciso não se esquecer que o falante nativo não é linguista, muito menos saberia avaliar, para além do seu conhecimento linguístico da língua-ferramenta (cf. Introdução), fatos que destoassem daquilo com o qual está acostumado, sobretudo os de variação dialetal e diacrônica. Na verdade, a situação precária dos étimos africanos dá azo a etimologias fantasiosas, que abundam em obras como a de Lopes (2003). Também o tupi reconstruído para étimos é fonte de imaginação excessiva e poucos dicionários úteis existem. Mesmo os dicionários etimológicos não são imunes a esse problema.

A *dúvida* é o melhor auxílio à prática da ciência etimológica. Mesmo em reconstruções muito bem feitas, há muitas incertezas. Não se pode reconstruir, por exemplo, a palavra "mão" em indo-europeu: lat *manus* = gr *kheír* = gót *handus* = rus *ruká*. Não se pode esquecer que toda protolíngua é um construto e não uma realidade, senão seria forçoso dizer que, a partir dos dados anteriores, se inferiria que não existia uma palavra para "mão" em indo-europeu, o que seria absurdo. Também é preciso acautelar-se com os termos técnicos. Por exemplo, na linguagem comum, não se pode falar de algo derivado sem pressupor um elemento primitivo. No entanto, os termos "primitivo" e "derivado" são nomes arbitrários na metalinguagem da Gramática que não apontam para essa intuição. Para a Gramática, a condição *sine qua non* para uma palavra ser considerada primitiva é, na verdade, não ter afixos. Já uma palavra derivada é, *grosso modo*, uma palavra com afixos (se excluirmos a derivação regressiva ou a derivação imprópria). Ora, isso pode fazer-nos pensar que toda palavra inicialmente nasce sem afixos e, com o passar do tempo, esses afixos lhe são acrescentados. O raciocínio parece bom, mas não é totalmente verdadeiro, do ponto de vista histórico. A palavra lat *collatio* "ajuntamento", por exemplo, é formada regularmente pela sufixação de *–io* sobre o radical do lat *collatus*, particípio do lat *conferre* "ajuntar". Mais tarde, *collatio* passou a significar outras coisas, entre elas, "o ato de conferir" (uma vez que *conferre*, em sua polissemia, também significava "conferir"). Do lat *collatio* nasceu o termo culto *colação*, que é igualmente polissêmico em português. Um desses sentidos é transparente na expressão *colação de grau*, que é, etimologicamente falando, o ato de *conferir* grau a um estudante. Esse cultismo aparece em muitas línguas: esp *colación de grado*, fr *collation des grades*. No entanto, em português, diferentemente delas, formou-se um verbo *colar* a partir de *colação*. Dito de outra forma: na língua portuguesa, os dados nos mostram que a palavra "derivada" *colação* apareceu antes da "primitiva" *colar* e, de fato, isso é confirmável pela datação de Houaiss & Villar (2001). Tal fato, contudo, só parecerá paradoxal para uma postura sincrônica e dedutiva, que defina regras genéricas aplicáveis a dados, e não para uma postura diacrônica e indutiva, que extrai verdades gerais a partir dos dados, como se empregaria idealmente em Etimologia.

Quando trabalhamos com sincronias pretéritas, na verdade, lidamos com reconstruções e, necessariamente, nossas certezas precisam ser relativizadas. Uma reconstrução de um étimo tecnicamente é marcada por um asterisco (cf. Primeira Parte, item "Schleicher"). Trata-se, portanto, de uma cautela: esse símbolo alerta que a forma sugerida como étimo não foi encontrada e pode não ter existido. Dito de outro modo: pode ser apenas obra da imaginação do linguista. Não é possível fazer transcrições fonéticas de palavras em latim (como tão comumente aparecem em textos científicos) sem indicar, por meio de um asterisco, que aquela pronúncia de fato foi reconstruída, no entanto, tal cuidado muitas vezes não existe, havendo confusão de níveis abstratos nas avaliações. As informações que permitem a reconstrução de sincronias pretéritas são quase sempre dados indiretos e lembram muito o trabalho da Ecdótica. A aplicação perfeita da indução em Etimologia não é sempre possível, pois reconstruções são dados obtidos dedutivamente. Raras são as obras no passado, como a de Fernão de Oliveira, que nos darão pistas um pouco mais concretas de como deveria ser a pronúncia de etapas antigas do português. Na maior parte das vezes, os dados das sincronias pretéritas são construtos.

Como nem todos os discursos foram registrados e como há discursos desconhecidos ou ainda não analisados pelos linguistas, há lacunas enormes para se estabelecer a ligação entre o étimo e a palavra estudada. Nem sempre é possível detectar no passado uma forma que satisfatoriamente sirva de étimo. Nesses casos, como vimos, desde Platão, recorre-se a formas imaginadas. Essa reconstrução, contudo, para ter caráter científico, deve ser compatível com outras palavras da mesma sincronia pretérita (tanto na forma quanto nas relações de significado). Uma boa reconstrução, portanto, não pode ser *ad hoc*, mas deve servir não só para explicar uma única palavra-problema, mas um grupo de vocábulos (na mesma língua à qual pertence a palavra estudada ou não).

Vejamos alguns exemplos. A palavra latina *cor* "coração" gerou o fr *cœur*, o ital *cuore*, o sobress *cor*, o val *cour*, o friul *cûr.* No entanto, temos port *coração*, gal *corazón*, esp *corazón*: todas provêm, sem dúvida, do mesmo étimo. Esse pressuposto se sustenta porque o seu oposto seria improvável (isto é, imaginar que a mesma forma divergente em línguas contíguas não tivesse o mesmo étimo). Esse princípio se assemelha às decisões da Ecdótica, quando distingue os erros significativos dos erros poligenéticos. Pela aplicação das regras fonéticas na ordem inversa, chega-se a **corationem* (acusativo de um hipotético **coratio*). Para sermos mais exatos, as formas ditongadas em *–ção* no português são mais recentes: a palavra portuguesa de que devemos nos servir, de fato, precisaria ser o port ant *coraçom*, o que torna essa língua, nesse caso, mais próxima do galego e do espanhol. O étimo **corationem* parece bom, pois está no caso acusativo, como a maioria dos substantivos e adjetivos portugueses introduzidos pela via popular. Além disso, semanticamente, o uso de um sufixo indicador de abstratos como *–io* pode dar ensejo a discussões sobre peculiaridades do conceito de "coração", que não é só um órgão físico, mas também representa um estado de espírito (como quando dizemos que fulano tem um "bom coração"). A justificativa da sufixação é convincente, com base em outros exemplos paralelos. O trânsito entre termos concretos e abstratos em partes do corpo, como "coração" ou "cabeça", também se prova pelo movimento inverso (por exemplo, a palavra rom *inimă* "coração" provém do lat *anima* "alma"). Pois bem, aparentemente tudo está de acordo para aceitar-se esse étimo. Mas não podemos afirmar que há 100% de segurança nessa reconstrução, pois há muitos ângulos do problema que ajudam a problematizar a etimologia proposta.

Alguém poderia, suponhamos, negar o étimo, alegando corretamente que *–io* em latim é um sufixo que só se apõe a bases participiais (cf. § 4.2). Ora, como lat *cor* "coração" não é verbo, nem existe um verbo lat ★*corare*, donde se obteria algum hipotético particípio lat ★*coratus*, sobre o qual se aporia o sufixo *–io* para formar lat **coratio*, conclui-se, portanto, que o étimo está errado. A favor do lat **coratio* pode-se dizer que o sufixo teria assumido diretamente a terminação *–atio* (oriunda da composição de uma vogal temática *–a–,* da marca de particípio *–t–* e do sufixo *–io*), o que é comprovável em vários outros exemplos, nos quais a existência de um verbo e de um particípio não se fez necessária, pelo fato de *–ação* se ter tornado um sufixo denominal independente em alguma sincronia pretérita (Freitas, 2008). O mesmo ocorre com outra forma do mesmo sufixo, por exemplo, *–itio* no lat *dentitio* "dentição" ← lat *dens*, *–ntis* "dente". O fato de a vogal temática *–a–* ser da conjugação mais produtiva também reforça a hipótese. Em suma, o étimo parece ser defensável nesse caso e, realmente, não há outro.

Isso não impede que vejamos mais problemas que o problematizem:

- Por que a palavra *coração* é masculina, se *–(at)io* forma substantivos femininos? Mudanças de gênero são incomuns nas palavras herdadas. Sabe-se que os neutros se tornam masculinos no português: teria sido, então, por causa uma influência da base *cor*, originalmente neutra? De fato, outros sufixos teriam esse comportamento, como os diminutivos, em que, normalmente, o gênero do derivado é o mesmo da palavra simples: *maçã* (FEM) → *maçãzinha* (FEM), *sapato* (MASC) → *sapatinho* (MASC). Também a dependência do gênero da palavra derivada ocorre em subconjuntos semânticos de um mesmo sufixo, por exemplo, com *–eiro*(*a*) para nomes de árvores: *jabuticaba* (FEM) → *jabuticabeira* (FEM), *caju* (MASC) → *cajueiro* (MASC). No entanto, nada indica que *–*(*at*)*io* seja parecido quer com o primeiro, quer com o segundo caso, pois, normalmente, formações com sufixo *–io* seriam invariavelmente femininas, a despeito do radical.

- Além disso, os produtos da derivação sufixal em *–ção* referem-se basicamente a seres abstratos. Isso é válido para o significado original, não necessariamente para as demais acepções da palavra, que podem ser concretas: *criação* "ato de criar" >> "animal". No entanto, em *coração*, aparentemente, o sentido concreto veio antes do abstrato, a menos que tenha existido algum significado abstrato inicial que não podemos restaurar.

- Outro problema, mais sério, seria a datação: teria mesmo existido uma inovação do latim falado regional **corationem*, documentável apenas na Península Ibérica (isto é, no ibero-romance)? Ou uma das línguas ibero-românicas o teria formado mais tarde, sob a forma **coraçon* (a letra *–ç–* representaria os sons *[ts] ou *[θ]) e, em seguida, espraiado para as demais línguas vizinhas? Argumentar a favor da segunda hipótese só seria possível se tivéssemos formas antigas, na mesma região, provenientes do lat *cor* e não do lat **coratíonem*. De fato, o catalão não participa dessa inovação (cat *cor*).

Corominas (1954: 896-899, v. 1) aposta que *corazón* originalmente seria um aumentativo "*que aludía al gran corazón del hombre valiente y de la mujer amante*", mas se essa explicação pode valer, formalmente, para o espanhol, parece fraca para o português, pois seria preciso provar que há de fato dois sufixos aumentativos *–aço+ão* (como em *–arro+ão*) e que essa estrutura já estava consolidada em espanhol no século XII (quando aparece no *El Cid*) e nas duas línguas no final do século XIII. A não sobrevivência de testemunhos de **coraço*, anterior a *coração*, fragiliza a hipótese, mas não a destrói. De qualquer forma, a palavra não poderia ter surgido independentemente no português, no galego e no espanhol: ou provém do ibero-românico ou é um empréstimo de uma sobre as outras.

Corominas reforça a sua hipótese, mostrando antiteticamente a existência de diminutivos da palavra lat *cor* (lat *corculum* ≈ lat *coricillum* "coraçãozinho"). Se ocorria nos diminutivos, também poderia parecer no aumentativo, argumenta. Essa prova por paralelismo se assemelha à *etymologia ex contrariis* de Isidoro de Sevilha. Para tal, imagina um étimo alternativo bem menos convincente: lat **coricio*, paralela a lat **pedicio(nem)* > *pezón* (originalmente "*pezinho", posteriormente "objeto saliente").

Corominas refuta a hipótese de Heimann Hariton Tiktin (1850-1936), que defendia vir o espanhol *corazón* do lat *curationem*, no sentido de uma concretização do "ato de limpar (latim *curare*)", ou seja "aquilo que se limpa", referindo-se às entranhas do animal limpo (cf. no esp ant *corada* "vísceras", também presente no catalão, no occitano, no italiano setentrional e no sardo, bem como no astur *coraes*, no fr ant *corée*, no ital *corata*). Para ele, a hipótese de Tiktin é engenhosa, mas extremamente frágil, pois requereria uma especialização regional, sem explicar problemas específicos do espanhol: por que originalmente temos *corazón* e não **coraçón*, segundo as leis fonéticas? De fato, *–z–* e *–ç–* representavam sons distintos no espanhol antigo. Corominas, por fim, explica formas semelhantes ocorridas fora da Península Ibérica como castelhanismos: seria o caso do occ *corason* ≈ *courassoun* ≈ *courassou* ≈ *coursou* (também occ *cabesso* "cabeça"). Segundo ele, tais formas do provençal teriam entrado pelo porto de Marselha. É sabido, porém, que empréstimos de partes do corpo são extremamente incomuns (cf. Primeira Parte, item "Trombetti").

Citando outro exemplo, enganosamente pacífico: observemos a palavra *rapaz* em português. As gramáticas costumam definir o aumentativo de *rapaz* como *rapagão* (cf. esp *rapaz* → esp *rapagón*). O étimo de *rapaz* é lat *rapacem* "que rouba" (derivado do verbo lat *rapĕre* "roubar"). Do nominativo lat *rapax* são dedutíveis as formas cultas *rapace* e *rapacíssimo*. Esse étimo supõe que o sentido negativo de *rapax* se atenuou, pois "aquele que rouba" >> *"jovem que rouba" >> "qualquer jovem". Isso contraria uma tendência observada por Ullmann (1964) sobre a alta ocorrência de mudanças semânticas que adquirem o valor pejorativo com o passar do tempo. Por outro lado, a realização *[k] da letra latina –*c*–, que se torna *[g] na România Ocidental, se confirma no derivado *rapag-ão* (da mesma forma que ocorre com *narig-ão, perdig-ão*). O mesmo som torna-se –*z*– antes de vogais anteriores (*e, i*), as quais caem mais tarde: lat *rapacem* > **rapaze* > *rapaz*, como em lat *naricem* > *nariz*, *perdicem* > *perdiz*. Esse jogo consonantal entre –*g*– e –*z*– se vê nas conjugações verbais: lat *dicit* > *dize* > *diz*, mas lat *dicat* > *diga*. Nesse aspecto formal, ambos os étimos são muito bons, embora o mesmo não se possa dizer quanto à sua mudança semântica. Mesmo assim, é possível encontrar problemas na transformação do elemento significante:

- Quando afinal ocorreram as modificações do tipo –*c*– > –*g*–/–*z*–? A julgarmos pelo dito, já no latim vulgar e, portanto, necessitaríamos de étimos como **rapaconem*, **nariconem*, **perdiconem*, que parecem ser *ad hoc*, pois inexistem nas demais línguas românicas. Corominas (1954: 999, v. 3) concorda com Diez que tais soluções são desnecessárias pois ainda existiria um "sentimento" da alternância fonética, mantida viva por vários pares verbais e outras palavras (como *nariz* → *narigudo*). Essa solução, contudo, não é comprovável.

- Por que temos –*p*– intervocálico se, nessas circunstâncias, deveríamos esperar um –*b*–? De fato, esperaríamos ★*rabaz* e não *rapaz*, exceto se pensarmos que é uma palavra provinda de algum dialeto conservador desconhecido que não participe da extensa sonorização das surdas intervocálicas, que é regular em toda a România Ocidental (mas qual dialeto seria?), ou, numa solução também *ad hoc*, imaginar um ensurdecimento posterior (à maneira do esp *rabosa* † > *raposa*, como em Nunes de Leão).

- Por que o feminino de *rapaz* é *rapariga*? De fato, a derivação pouco usual *pode* lançar dúvidas suplementares sobre o real étimo de *rapaz*.

As duas etimologias anteriores, à procura dos étimos de *coração* e *rapaz*, bastariam para mostrar que, mesmo nas reconstruções mais assentadas, sempre há alguma fragilidade, sobretudo quando elementos de outras línguas são trazidos à baila.

Não é possível tratar uma reconstrução da mesma forma que um dado real, pois se trata de um construto teórico e, portanto, sujeito a revisões. Reconstruir um étimo é buscar um elo perdido, algo como a arte de reconstruir dinossauros inteiros a partir de alguns poucos ossos fossilizados. Portanto, a existência de elementos reconstruídos pode ser altamente provável ou altamente improvável, mas sempre sujeita a revisão. A probabilidade de sua existência depende, conforme visto anteriormente, de uma série de fatores. Como o elemento reconstruído pertenceu a um dado sistema numa dada sincronia pretérita, deve seguir as regras desse mesmo sistema, deduzidas pelas reminiscências de que dispomos.

Se todo o sistema for uma reconstrução, como é o caso do indo-europeu, contudo, deve ter semelhanças estruturais mínimas com outras línguas existentes. De fato não seria razoável imaginar uma protolíngua com uma estrutura absolutamente incomum, com mais ou menos sons do que as conhecidas no mundo. Jespersen (1922: 307, nota 1) observa que há dificuldade em classificar as etimologias oferecidas pelos dicionários: seriam "certas"? "Prováveis"? "Possíveis"? "Improváveis"? "Impossíveis"? Tal gradação também deveria ser levada em conta quando se estabelece uma forma reconstruída (Viaro, 2009).

Em suma, pesos importantes para separarmos soluções idiossincráticas ou *ad hoc* das soluções mais prováveis e científicas numa proposta de étimo seriam:

- Delimitação temporal precisa da sincronia pretérita à qual o étimo pertence. De fato, não se pode entender o passado de forma simplificada.

- Adequação do étimo ao sistema reconstruído na sincronia pretérita, que precisa ser reconstruída. Para tal, é preciso estabelecer alguns pressupostos, por exemplo: dadas três sincronias pretéritas S, S' e S", se o termo ocorre em S e em S", é evidente que também estará em S', a menos que tenha sido ressuscitado por cultismo em S".

- Conhecimento do contato ou da influência cultural entre as línguas *nessa mesma época*. Para tal, reconstroem-se as sincronias pretéritas coetâneas desses sistemas linguísticos que interagem.

- Avaliação do étimo em comparação com a palavra investigada. No caso de irregularidades nas mudanças fonéticas, deve haver razões pró ou contra, pautadas em paralelos com outras palavras ou outros sistemas e não em argumentos *ad hoc*.

- Igualmente, comparando-se o significado do étimo e da palavra investigada, nos casos de mudanças muito bruscas de significado, deve haver razões pró ou contra, pautadas em paralelos com outras palavras ou outros sistemas. Nesse caso, porém, a arbitrariedade das explicações costuma ser ainda maior.

Contudo, na falta de uma teoria da Etimologia, abortada pela descontinuidade teórica diretamente causada pelas Guerras Mundiais do século XX, a dosagem desses fatores é hoje problemática, pois nas obras sobre Etimologia subjazem pressupostos nem sempre explicitados com clareza, dos quais só temos pistas ao lermos toda a obra, em busca da reconstrução do raciocínio do etimólogo. Infelizmente, a exegese dos autores se confina à Historiografia da Linguística e não à Ciência da Linguagem de modo geral. Todavia, o estudo historiográfico é necessário, dada a carência da metalinguagem neutra, sobre a qual já falamos (v. Introdução). Somente com melhores definições consensualmente aceitas, os diversos ramos da Linguística poderão partilhar seus dados, sem levar em conta seus pressupostos teóricos.

2. As mudanças fonéticas

Conforme nos ensina a Filologia Românica, o latim vulgar paulatinamente se transformou nas línguas neolatinas mediante a influência da língua do povo que o adotou (substrato) e dos povos que, mais tarde, sobre essa mistura original, contribuíram com seu léxico (superstratos). Naquele momento, a regionalização se tornou mais acentuada na Idade Média e o isolamento promoveu a fragmentação dialetal. Muito mais tarde, quando essas novas línguas desenvolveram uma Gramática Normativa, pautaram-se em apenas um dentre os muitos dialetos delas. Desde então, reinicia-se o ciclo: os dialetos originais excluídos da normatização gráfica se tornam menos visíveis e atuam como novos substratos, ao passo que, no sentido contrário, a norma falada pelas pessoas cultas também os modifica, contribuindo para extinção total de suas formas ou para a formulação de uma *koiné*. Toda história das línguas é a história de uma mescla, seja entre línguas radicalmente distintas, seja entre variantes muito próximas. Tudo indica que *sempre* foi assim, desde a Pré-História. Não há, nunca houve, nem haverá línguas puras (cf. § 5.3).

Como vimos, para fazer boa etimologia é preciso conhecer a estrutura da língua de onde o étimo provém. O latim clássico era uma língua que dispunha de seis casos, os quais representavam todas as situações sintáticas que conhecemos. Esses casos tinham várias formas e eram agrupados em cinco declinações. O latim vulgar reduziu esse número de maneira drástica. A perda dos casos se deu provavelmente de maneira distinta em cada região. O francês antigo possuía ainda um caso reto para o sujeito da oração (fr ant *le murs* "o muro" pl. *li mur* "os muros") e um caso oblíquo para todas as demais situações (fr ant *le mur* "o muro", pl. *les murs* "os muros"). O romeno possui ainda hoje um caso geral (para indicar sujeitos, objetos diretos e complementos de preposições), um vocativo (de origem eslava, no singular) e um genitivo-dativo (que também serve como vocativo plural). Tais flexões de caso são mais facilmente reconhecíveis nos substantivos femininos, nas concordâncias e nos artigos definidos (que são pospostos):

	SINGULAR	PLURAL
CASO GERAL	*domn-u-l* "o senhor" *doamn-a* "a senhora"	*domn-i-i* "os senhores" *doamn-e-le* "as senhoras"
CASO VOCATIVO	*domn-u-le* "ó senhor!" *doamn-o* "ó senhora!"	*domn-i-lor* "ó senhores!" *doamn-e-lor* "ó senhoras!"
CASO GENITIVO-DATIVO	*domn-u-lui* "do senhor", "ao senhor" *doamn-e-i* "da senhora", "à senhora"	*domn-i-lor* "dos senhores" "aos senhores" *doamn-e-lor* "das senhoras", "às senhoras"

Nas outras línguas provindas do latim, como o português, a flexão nominal apenas se restringiu à marcação do gênero e do número, sendo os casos praticamente perdidos e suas funções transpostas da Morfologia para a Sintaxe. Escolheu-se o acusativo como caso lexicogênico, na passagem do latim vulgar às línguas românicas, ou seja, quase todos os nomes (substantivos e adjetivos) provêm do acusativo. Excepcionalmente, alguns se conservaram nos pronomes, sobretudo nos pronomes pessoais:

- nominativo lat *ille* > *ele* (apenas como sujeito e após preposições no português europeu e na norma culta; caso geral no português brasileiro falado);
- dativo lat *illi* > *lhe* (objeto indireto);
- acusativo lat *illum* > *lo* > *o* (objeto direto) etc.

Uma palavra como lat *delicatus*, em vez de flexionar-se em dezenas de casos, era usada pelo povo, exclusivamente no acusativo (lat *delicatum*, na forma masculina). Com o passar do tempo, a palavra modificou-se formal e semanticamente no port *delgado*. Igualmente, o lat *solitarĭum*, acusativo de lat *solitarĭus*, tornou-se, com o tempo, *solteiro*. Isso não impediu que a palavra lat *delicatus* coexistisse ao lado de *delgado* e que lat *solitarĭus* convivesse com *solteiro* na boca de eruditos que conheciam latim e que, mais tarde, de maneira artificial, reintroduziram no léxico português as palavras cultas *delicado* e *solitário*, fazendo apenas pequenas adaptações (lat *–atus* > *–ado* e lat *–arĭus* > *–ário*). Como vimos, seria errôneo apresentar o étimo de *delicado* e *solitário* no acusativo (e pior ainda, na forma apocopada, usada desde Meyer-Lübke, a saber, lat *delicatu–* ou lat *solitariu–*), pois a transmissão dessas palavras foi totalmente diferente da de *delgado* e *solteiro* (nas quais o étimo no acusativo se justificaria):

- lat *delicatum* > *delgado* ≅ *delicado* < lat *delicatus*;
- lat *solitarium* > *solteiro* ≅ *solitário* < lat *solitarius*.

Essa diferença formal entre palavras populares e cultas (cf. §1.4) ainda se torna mais complexa quando se trata dos semicultismos e dos empréstimos. O lat *planus*, por exemplo, na forma acusativa lat *planum* gerou a palavra *chão* em português. São visíveis as alterações fonéticas e semânticas pelas quais passou, a ponto de o cultismo *plano*, para o falante comum (que desconhece a história de sua língua materna) ser irreconhecível como cognato de *chão*. Além disso, há outra forma que tem a mesma origem: lat *planum* > *prão* > *porão*. Esse termo é considerado pela Filologia um semicultismo. Nesse caso, o lat *planus* teria sido reintroduzido muito cedo na Idade Média, talvez pelo jargão dos arquitetos, depois da época em que houve a transformação lat *pl–* > *ch–*, mas antes ou durante a época em que lat *–anum* > *–ão*. Já outros podem especular que talvez isso reflita uma variação diatópica (pois em algumas regiões, teria ocorrido lat *pl–* > *ch–* e, em outras, lat *pl–* > *pr–*). Aparentemente, as duas teses seriam defensáveis. Paralelamente, o lat *planum* gerou a palavra ital *piano* (via francês), que foi introduzida no português como empréstimo do século XIX, da mesma forma que a palavra *lhano*, provinda do esp *llano* < lat *planum* o fora no período quatrocentista. As transformações lat *pl–* > *pi–* e lat *pl–* > *lh–* são desconhecidas do português e confirmam a ocorrência do empréstimo:

- lat *planum* > *chão* ≅ *porão* ≅ *plano* (< lat *planus*) ≅ *piano* (< fr *piano* < ital *piano*) ≅ *lhano* (< esp *llano*).

Resumindo, se partirmos do étimo lat *planus* (ou lat *planum*) teremos cinco formas distintas usuais em português (*chão*, *plano*, *porão*, *piano*, *lhano*), cada uma com uma história distinta de introdução no idioma. Esse fenômeno é conhecido como *divergência formal*. Também os manuais costumam apresentar o fenômeno oposto de *convergência*, que explica, do ponto de vista etimológico, o fenômeno da homonímia. A palavra *são* tem vários homônimos, provenientes de étimos distintos:

- lat *sanum* > *são* "sadio";
- lat *sanctum* > *sam* > *são* "santo";
- lat *sunt* > *som* > *são* "terceira pessoa do plural do verbo *ser*".

É errado equiparar o latim vulgar sempre a uma variante tardia do latim, posterior ao latim clássico. É verdade que muitas formas são encontradas no latim tardio. Em Petrônio, por exemplo, veem-se construções como *fui in funus* "fui ao enterro" (Sat 62), com o verbo lat *esse* "ser", usado como o verbo lat *eo* "ir". Ora, em português e em espanhol, tanto o verbo *ser* quanto o verbo *ir* têm o pretérito perfeito na mesma forma (*fui*) e o texto de Petrônio pode ser um *terminus a quo* desse fenômeno. Mas nem todos os exemplos vêm de um latim tardio. Antes do período chamado clássico, o latim era pouco sistematizado e entreveem-se nele muitos detalhes que se encontrarão novamente no período tardio. No latim clássico, "perguntar" se dizia *quæsĕre* (donde se formou, a partir do particípio lat *quæstus* → *quæstio* > *questão*). No entanto, em Plauto, encontra-se o lat *percontari*, que sobreviveu na Península Ibérica (port *perguntar*, esp *preguntar*). Portanto, formas do latim arcaico e do pré-clássico, evitadas ou menos comuns no período clássico, também são úteis para o estabelecimento do étimo, ao lado das formas tardias. O chamado latim vulgar – cumpre sempre lembrar – é um construto do que imaginamos ter sido o latim falado na queda do Império Romano.

Entre um étimo proposto e a palavra a ser investigada, ocorrem várias modificações formais que normalmente se classificam em quatro categorias (adição, subtração, transposição e transformação), observadas desde a Antiguidade e presentes nas obras de Aristóteles.

Nas *adições*, um elemento formal qualquer, que pertença à palavra (isto é, um som ou uma sílaba) e que ocupe um determinado *locus* na sua estrutura, não existia na sincronia pretérita, embora exista na etapa estudada, ou seja, dado um elemento formal x qualquer e P a sua posição original, então $P(ø) > P(x)$ (cf. § 2.1):

lat *mora* > A*mora*

	P(1)	P(2)	P(3)	P(4)	P(5)
Latim	–	*m*	*o*	*r*	*a*
Português	A	*m*	*o*	*r*	*a*

Nas *subtrações*, passa-se o inverso: um elemento formal qualquer num *locus* do étimo inexiste na palavra estudada, ou seja, dado um som x qualquer e P sua posição original, então $P(x) > P(ø)$ (cf. § 2.2):

lat *rosa*M > *rosa*

	P(1)	P(2)	P(3)	P(4)	P(5)
Latim	*r*	*o*	*s*	*a*	M
Português	*r*	*o*	*s*	*a*	–

Nas *transposições*, um determinado elemento formal do étimo não está no mesmo *locus* da palavra investigada, ou seja, dado um som x qualquer e P sua posição original, então $P(x) > P'(x)$, sendo $P \neq P'$ (cf. § 2.3):

lat *semp*ER > *semp*RE

	P(1)	P(2)	P(3)	P(4)	P(5)	P(6)
Latim	*s*	*e*	*m*	*p*	E	R
Português	*s*	*e*	*m*	*p*	R	E

Por fim, nas *transformações*, um elemento formal, que ocupa um determinado *locus* não é o mesmo, na palavra investigada, ou seja, dado um som x qualquer e P sua posição original, então $P(x) > P(y)$, sendo $x \neq y$ (cf. § 2.4):

lat *o*C*to* > *o*I*to*

	P(1)	P(2)	P(3)	P(4)
Latim	*o*	C	*t*	*o*
Português	*o*	I	*t*	*o*

Raramente existem casos simples, pois, numa mesma modificação pode haver mais de uma categoria. De fato, a escrita, por vezes, mascara o que realmente aconteceu e isso se passa mesmo nos exemplos anteriores. Em lat *rosam* > port *rosa*, por exemplo, há, na verdade, além da subtração, várias transformações do ponto de vista fonético: lat *[ˈrosam] > port [ˈxɔzɐ]. Essas categorias já haviam sido percebidas, como vimos, por Nebrija e Nunes de Leão (cf. § 2.4). Dentre as múltiplas soluções possíveis, é comum a Etimologia científica aceitar apenas a mais econômica como o étimo ideal (embora, de fato, exceções menos econômicas possam deduzir-se dos dados). Assim, em lat *super* > *sobre*, além de uma inegável transformação do lat *–u–* para *–o–*, diz-se que houve uma transposição do *–r* da posição final para a de segundo elemento do ataque silábico na última sílaba. Isso é preferível a imaginar transformações *ad hoc* (*–r–* > *–e–* e *–e–* > *–r–*) ou subtrações seguidas de adições (lat *super* > **sobe* > *sobre*), soluções que, além de menos econômicas, no mais das vezes, são abstrusas por não haver paralelos em outras etimologias que as justifiquem. Dito de outra forma, o *–r–* no lat *super* e no port *sobre* deve ser entendido como o mesmo elemento, apesar de não ocuparem o mesmo *locus*.

As mudanças fonéticas norteiam, de algum modo, a certeza da etimologia e, apesar de não ser um método absolutamente dedutivo (ou uma *lei,* como queriam os Neogramáticos, cf. Primeira Parte, item "Schleicher"), é expediente imprescindível para separar as boas etimologias das más. Mudanças imprevistas ocorrem, mas é preciso uma boa justificativa para elas (e mais que isso: provas em outras línguas ou em outros contextos similares da mesma língua), caso contrário, é melhor afirmar que o étimo é desconhecido, o que é mais honesto do que propor um étimo *ad hoc*. Se essas mudanças estavam no cerne do modelo linguístico schleicheriano das árvores genealógicas, desenvolvido pelos Neogramáticos, hoje, é possível (e desejável) imaginar uma língua não como uma árvore, mas como um pomar sem cercas, em que só a arbitrariedade das convenções definiria o que pertence a um proprietário ou a outro. Dessa forma, elementos linguísticos não são estanques e arraigados a uma língua, a não ser por convenção, a qual se legitima não só pela mútua compreensibilidade, mas também por questões ideológicas (que envolveriam Política, Religião etc.). As regras das mudanças fonéticas apenas organizam a excêntrica falta de uniformidade que vemos nos dados linguísticos, pois é verdade que, ao lhes retirarmos os elementos tradicionais de organização, apresentam-se-nos como algo que beira o caótico. Certa uniformidade e a logicidade da língua só se instauram artificialmente se privilegiamos uma variante, para finalidades didáticas ou metodológicas, mas quando a diacronia entra em jogo, aliada à variação sociolinguística, como ocorre na Etimologia, é preciso encarar a língua como ela é. Nesse caso, é preciso trabalhar com uma visão mais fluida e fragmentada de língua em detrimento de uma visão mais homogênea e idealizada, como veremos.

2.1. Adições

As adições de sons podem ocorrer no início (*próstese*), no meio (*epêntese*) ou no final das palavras (*paragoge*). Detalhemos cada caso em particular.

2.1.1. Próstese

O termo *próstese*, que provém do gr *prósthēsis* "adição", foi substituído aparentemente sem motivo por *prótese* já no século XIX. No intento de privilegiar o sinônimo técnico mais antigo, porém, usaremos neste livro a primeira forma, embora a segunda seja mais comum (*vide* considerações sobre o ICZN na Introdução). Como as demais mudanças, trata-se de um fenômeno de natureza variada.

A próstese mais frequente ocorreu (e ainda hoje ocorre), nas línguas ibero-românicas em vocábulos que iniciam com *s+consoante–*, seja na transmissão (popular ou culta) das palavras latinas, seja nos empréstimos mais tardios. Trata-se, portanto, de uma regra pancrônica, que ocorre tanto nas palavras populares, quanto nas cultas, tanto nos termos vernáculos, quanto nos empréstimos. No português do Brasil e em Portugal, o som prostético preferido, nesse caso, é [i], grafado *e–*:

- lat *specŭlum* > **speclu* > *espelho* (cf. esp *espejo*);
- lat *stare* > *estar* (cf. esp *estar* ≅ fr *être* < fr ant *estre*);
- lat *schola* > *escola* (cf. esp *escuela*);
- ingl *spam* > port *spam* [is'pẽ];
- ingl *skate* > port *skate* [is'kejtʃi].

Nas línguas ibero-românicas ocorreram comumente prósteses com *a–*, como se vê em palavras antigas e recentes do português:

- lat *læsionem* > **leijão* > *aleijão*;
- gr *phántasma* > lat *phantasma* > *abantesma* † ≈ *fantasma* < lat *phantasma*;
- lat *vulturem* > **buitre* > *abuitre* ≈ *abutre* (cf. esp *buitre*);
- *lembrar* > *alembrar* (também usado no Sri Lanka);
- *resolver* > [axezow've].

A origem desse *a–* é diversamente explicada: pode ser analógica ou deve-se a substratos. Cada caso particular deveria ser elucidado. Nem sempre é claro se *avoar* (atestado já no século XIV) é uma próstese de *a–* ou uma conservação do lat *advolare* "voar para perto" (ou lat *avolare* "voar para longe"). Desse modo, as causas atribuídas à próstese do *a–* são múltiplas (desde subtratos antigos até analogia). Em palavras femininas é comum atribuir-se a causa a uma falsa segmentação, associada ao artigo feminino *a*. Alguns casos de próstese atribuida à aglutinação de artigos seriam:

- lat *mora* > **mora* → *a* + **mora* > *amora*;
- lat *volvĭtam* > *bóvada* > *abóbada* (cf. esp *bóveda*);
- lat *dacam* > *daga* > *adaga* (cf. esp *daga*);
- lat *vincam* > **venca* > *avenca*;
- lat *rutam* > *ruda* > *arruda* (cf. esp *ruda*);
- lat *rajam* > *raia* > *arraia* (cf. esp *raya*);
- fr *est* → *l'est* > *leste* (cf. ingl *east*);
- ár *h̲uzâmah* → *al-h̲uzâmah* > *alfazema*;
- ár *muh̲addah* → *al-muh̲addah* > *almofada*;
- ár *sukkar* → *as-sukkar* > *açúcar* (cf. ingl *sugar* ≅ fr *sucre*).

Embora mais comuns, nem sempre as prósteses são representadas por vogais. Um caso de próstese consonantal é o *g*– adicionado aos étimos germânicos (na maior parte das vezes, atribuídos ao gótico ou ao frâncico) iniciados com **w-*, como em germ **wardōn* > lat med *guardare* > *guardar*, nos quais há a conservação da semivogal. Tal fenômeno ocorreu independentemente também no esp *huevo* > [ˈgweβo] "ovo", esp *huele* > [ˈgwele] "cheira". Em outras palavras germânicas, o *[gw] inicial se reduziu a [g]: port med *guisa* "modo, jeito" < germ **wīsa* (cf. alem *Weise* ≅ ingl *–wise*, como em ingl *like-wise*, *other-wise*), mas, ao que tudo indica, a palavra portuguesa é um empréstimo de alguma língua galo-românica. Não está claro nem de qual língua teria provindo, nem em que época, nem por meio de qual língua intermediária (se houver). Dessa forma, esse caso não é, rigorosamente dizendo, uma próstese ocorrida no português. A mesma eliminação da semivogal se passa no germ **werra* > *guerra* (mas não no italiano *guerra*, cf. inglês *war*).

2.1.2. Epêntese

Um segundo tipo de adição é a *epêntese* (do gr *epénthesis* "intercalação"), também conhecida como *anaptixe* (do gr *anáptyksis* "desdobramento") ou ainda como *suarabácti* (do sânscr *svarabhakti* "vogal que divide"). O termo *epêntese* tem sido hoje usado de forma demasiadamente ampla pela Fonologia para qualquer tipo de adição, incluindo fenômenos de próstese e paragoge, no entanto, novamente, por sua longa tradição em Linguística Histórica, este termo deveria ser reservado exclusivamente para o acréscimo de sons no interior do vocábulo (cf. Introdução).

A epêntese é muito atuante e bastante comum tanto no português brasileiro quanto no europeu, mas não é um fenômeno pancrônico como a próstese do *e*–. Desse modo, observa-se, nos empréstimos recentes do português brasileiro, um *–e–* epentético, cuja pronúncia varia entre [e] e [i]:

- *advogado* > [adevoˈgadu];
- *pneu* [peˈnew];
- *sexo* > [ˈsɛkisu];
- *apto* > [ˈapitu];
- ingl *football* [ˈfʊtbɔːɫ] > *futebol* [futʃiˈbɔw].

A epêntese pode alterar alguns padrões sonoros. Na palavra *ritmo* > [ˈxitʃimu], uma paroxítona tornou-se uma proparoxítona e em sua derivada, *rítmico* > [ˈxitʃimiku], uma pró-proparoxítona (ou sobre-esdrúxula). O mesmo ocorre com 653 vocábulos, constantes no dicionário Houaiss & Villar (2001). Em quatro palavras do mesmo *corpus* é possível uma pronúncia pró-pró-proparoxítona por meio de epênteses: *arqueópterix* [aɾkiˈɔpiteɾikis], *diatenópterix* [diateˈnɔpiteɾikis], *dípterix* [ˈdipiteɾikis], *monópterix* [moˈnɔpiteɾikis] (Viaro & Guimarães-Filho, 2007; Araujo et al., 2007).

A epêntese vocálica para separar encontros consonantais, contudo, segue regras específicas em cada sincronia. No português brasileiro padrão, toleram-se basicamente encontros em somente duas situações: (a) a primeira consoante é uma oclusiva ou uma fricativa labiodental e a segunda consoante, um *r* ou um *l*; (b) a primeira é um *s*, um *l* ou um *r* e a segunda, qualquer consoante. No entanto, houve variantes em que essas também estiveram sujeitas à epêntese:

- ingl *sleeper* > *chulipa*;
- *flor* > *fulô*;
- *dificuldade* > *dificulidade*.

Uma hipótese de superstrato africano ou indígena, para esse caso específico de epêntese, é bastante frágil e necessita de comprovação, uma vez que muitas línguas africanas não possuem apenas estruturas CV. Mesmo o inglês, que é extremamente tolerante a encontros consonantais, realiza epênteses em alguns contextos fônicos, por exemplo, com a terminação *–ism* [ɪzəm]. Outras línguas não formam nunca encontros consonantais. Isso é visível em:

- jap *kurejittokādo* “cartão de crédito”< ingl *credit card*;
- mand *démòkèlāxī* “democracia” < ingl *democracy*;
- hav *meli kalikimaka* “Feliz Natal”< ingl *Merry Christmas*.

Aliás, em alguns momentos da história antiga do português, também supostamente por atuação do substrato, algumas epênteses desfazedoras de encontros consonantais também são testemunhadas:

- lat *februarium* > **fevreiro* > *fevereiro*;
- lat *blattam* > **brata* > *barata*;
- germ **kruppam* > **grupa* > *garupa*;
- *tetravô* > *tataravô*.

A epêntese de uma semivogal anterior [j] é comuníssima em amplas regiões do português brasileiro, entre vogal tônica e um /s/ final:

- *arroz* > [aˈxojs];
- *capaz* > [kaˈpajs];
- *voz* > [ˈvɔjs];
- *freguês* > [freˈgejs].

Esse fenômeno pode ser indiretamente inferido, numa pesquisa etimológica em *corpora*, já no século XIX. No poema seguinte, de Álvaro de Azevedo (1831-1852), reconstrói-se a pronúncia *[ˈlujs] por meio da sua rima com *azuis:*

Um anjo d'asas azuis,
Todo vestido de luz,
Sussurrou-me num segredo
Os mistérios doutra vida!

É importante, para questões de delimitação do *terminus a quo*, observar que há ditongação de palavras como *três* e *mês*, não só no português brasileiro, mas também em testemunhos do português falado na Índia e em Sri Lanka. Em determinadas regiões do Brasil, tal fenômeno também ocorre com vogais átonas. Em alguns falantes do Rio de Janeiro, por exemplo, é comum a pronúncia *meninos* > [miˈniənujʃ]. O caso de *desde* > [ˈdejzdʒi] encontra-se, porém, numa área mais vasta. Percebe-se, por esse último exemplo, que o fenômeno pode ser mais antigo do que se imagina, pois deve ter ocorrido em época em que ainda se tinha a consciência de que *des* era uma preposição independente: lat **de-ex* > *des* > *des+de* > [ˈdejzdʒi]. Algumas formas ditongaram em um período realmente muito antigo e as formas originais monotongadas sobreviveram em outras variantes. Por exemplo, lat **deexpost* > *despois* ≈ **depôs* ≈ *depois*. A existência de **depôs* é testemunhável nas formas correspondentes de Cabo Verde, Sri Lanka e no malaio-português, bem como na fala espontânea de algumas regiões do Brasil: Pará [deˈpus], Santa Catarina [deˈpoʃ] e São Paulo *depois que* [deˈpo ki].

No espanhol foi frequente o desfazimento de grupos do tipo *consoante nasal+r*, *l* por meio de uma consoante oclusiva com o mesmo ponto de articulação da nasal. Tal fenômeno de formação de *consoantes homorgânicas* (consequência de um fenômeno mais amplo, conhecido como *espraiamento* pela Fonologia Autossegmental) também ocorre, em menor grau, no português:

- esp _hombre_ < _*omre_ < _*omne_ < lat _hominem_;
- esp _nombre_ < _*nomre_ < _nomne_ < lat _nomen_;
- esp _hembra_ < _*femra_ < _femna_ < lat _feminam_;
- esp _tendré_ < _*tenré_ < _*tenre+aio_ < lat _tenĕre habeo_;
- port _ombro_ < _*umru_ < lat _humĕrum_ (cf. esp _hombro_);
- port ant _ondrar_ † < _honrar_ < lat _honorare._

Epênteses também são testemunhadas em línguas antigas e em reconstruções. A raiz indo-europeia _*mr̥t_ para "morto" (cf. lat _mort-u-us_) se encontra com epêntese do _–b–_ no gr _a-mbrot-ós_ "imortal" (cf. gr _ambrosía_ "alimento dos imortais").

No português, outra epêntese típica se vê no desfazimento do encontro do ditongo _ou + vogal_ por meio da consoante _v_:

- lat _audire_ > _*ouir_ > _ouvir_ (cf. espanhol _oir_);
- lat _laudare_ > _*louar_ > _louvar_ ≅ _loar_ †;
- lat _caulem_ > _*coue_ > _couve._

Por fim, há epêntese de nasais homorgânicas entre alguns casos de _vogal nasal tônica + vogal._ Tecnicamente, trata-se de outro espraiamento: a vogal fechada anterior nasal (_–ĩ–_) na posição de hiato tende a perder a nasalidade e, ao mesmo tempo, a produzir, epenteticamente, uma consoante nasal palatal (_–nh–_). Isso é bem menos corriqueiro do que o da vogal fechada posterior nasais (_–ũ–_), que só ocorre em algumas palavras com alta frequência de uso. Nessas, gera-se uma consoante nasal bilabial (_–m–_), pois o arredondamento vocálico equivale homorganicamente à bilabialidade consoantal:

- lat _vinum_ > _vĩo_ > _vinho_;
- lat _cocinam_ > _cozĩa_ > _cozinha_;
- lat _unam_ > _ũa_ > _uma._

Observe-se que as formas _vĩo_ e _ũa_ ainda se ouvem em muitos lugares do Brasil (sobretudo Nordeste). O mesmo ocorreu com lat _lunam_ > _lũa_ > _luma_, que é dialetal (e se transformou no nome próprio Luma), mas na variante adotada para o português padrão, preferiu-se a forma desnasalizada _lua_ à epentética _luma_ ou à nasalizada _lũa._

Muitas supostas epênteses, na verdade, são conservações e só uma análise diacrônica pode prová-las. Se partimos de _diabo_ → _endiabrado_, imaginaremos que houve uma epêntese de _–r–_ (também em _diabrete_, _diabrura_ etc.), mas, na verdade, ocorreu a transformação do _–l–_ original em um _–r–_, ou seja, trata-se de um rotacismo (cf. § 2.4.2) conservado nas formas derivadas (a palavra _diabro_, aliás, ainda aparece dicionarizada). Resumindo, a partir de um étimo correto, a derivação passa a ser a seguinte: gr _diábolos_ > lat _diabŏlus_ → lat _diabŏlum_ > _diabro_ → _endiabrado._ O mesmo se pode verificar em _povo_ → _povoar, pente_ → _pentear_ (e não ★_povar_ ou ★_pentar,_ como se esperaria). Também nesses casos, não há epêntese vocálica, mas conserva-se uma vogal antiga que somente não desapareceu nos derivados: *povo* < *pôvoo* < lat *popŭlum*, *pente* < *pentem* < lat *pectinem*. Na verdade, seria mais condizente com os fatos dizer que *pôvoo* † → *povoar* e *pentem* † → *pentear*. Dessa forma, mostra-se mais uma vez que não é possível explicar corretamente as derivações, valendo-se apenas de dados sincrônicos atuais (aliás, isso seria paradoxal). Por outro lado, somente com os dados sincrônicos atuais podemos teorizar sobre produtividades futuras das derivações.

2.1.3. Paragoge

Por fim, um acréscimo de som (sobretudo vocálico) no final da palavra é conhecido pelo nome de *paragoge* < gr *paragōgē* "ato de trazer, desvio". Como o português brasileiro é muito restritivo com relação às consoantes que podem surgir no final das palavras, trata-se de um fenômeno comum em cultismos, empréstimos e siglas:

- *sob* > [ˈsobi];
- ingl *videogame* [ˈvɪdɪowgeɪm] > [vidʒjoˈgejmi];
- USP > [ˈuspi].

A datação do fenômeno é dedutível a partir de grafias com acréscimo do *–e* de empréstimos do léxico português. Assim, segundo Houaiss & Villar (2001), as datações das grafias epentéticas seriam:

- ingl *club* > *clube* (1899);
- ingl *team* > *time* (século XX);
- ingl *beef* > *bife* (1836?);
- ingl *film* > *filme* (século XX);
- fr *chic* > *chique* (1873);
- fr *kiosque* > *quiosque* (1839).

De fato, em *bife* não está claro se a forma abonada é grafada como atualmente ou se era usada ainda a grafia *beef* no português de 1836. Também em *quiosque*, a data é incerta, pois a forma abonada (port *kioskes*) não diz muita coisa: além de a própria grafia francesa se valer de um *–e* (normalmente não pronunciado), a portuguesa ocorre no plural, em que o acréscimo do *–e–* é também comum em outras palavras terminadas em consoante (como *dor* → *dores*) e, portanto, nada tem a ver com a epêntese. Os casos mais antigos apontam, nesta lista, seguramente para a existência de paragoges já na segunda metade do século XIX, mas esse *terminus a quo* pode ser recuado por meio de investigações em listas maiores e em outros *corpora*.

2.2. Subtrações

Além dos acréscimos de sons, existe ainda uma grande gama de subtrações. Um tipo bastante comum é a *monotongação*. No português europeu, *ou* > [o] de forma sistemática, sobrevivendo o ditongo apenas em dialetos setentrionais. Já no Brasil, a ditongação faz parte da pronúncia mais cuidadosa, sendo, portanto, uma variante estilística.

- lat *paucum* > *pouco* > [ˈpoku] ≈ [ˈpowku].

Também houve a monotongação *ei* > [e] de forma sistemática em dialetos meridionais portugueses. Em todo o território brasileiro é comum essa monotongação apenas diante de sons [ɾ], [ʃ] e [ʒ]. Também na pronúncia cuidadosa, o ditongo é pronunciado no Brasil como [ej] e em Portugal, como [ɐj]:

- *feira* > [ˈfeɾa] ≈ [ˈfejɾa] ≈ [ˈfɐjɾɐ];
- *deixa* > [ˈdeʃa] ≈ [ˈdejʃa] ≈ [ˈdɐjʃɐ];
- *beija* > [ˈbeʒa] ≈ [ˈbejʒa] ≈ [ˈbɐjʒɐ].

A monotongação pode ocorrer com o ditongo *ai* antes de [ʃ], como em *baixo* > [ˈbaʃu] ≈ [ˈbajʃu]. Acresça-se a essa lista a palavra *manteiga* > [mẽˈtega] ≈ [mẽˈtejga] ≈ [mɐ̃nˈtɐjgɐ], que tem uma monotongação antiga, pois se encontra também na Ilha da Madeira, em Cabo Verde e entrou na formação do léxico do papiamento (língua falada nas ilhas caribenhas de Aruba, Bonaire e Curaçao). Outros contextos fônicos são mais regionais, sendo comum também antes de [t] ou de [m] em algumas áreas do Brasil, como em *leite* > [ˈleti], em *feitiço* > [feˈtisu], em *queimar* > [keˈma]. As monotongações *ei* > *e* e *ou* > *[o] > *u* também são a base de formas portuguesas herdadas pelo crioulo de Guiné-Bissau. Cada uma dessas monotongações deve ser estudada separadamente e, por vezes, o estudo de *cada* palavra é necessário. Para outros tipos de monotongação, cf. § 2.1.2.

Pode-se falar de monotongação de ditongos crescentes quando *qu* e *gu* latinos, inicialmente *[kw] e *[gw], passam a [k] e [g] antes de [e], [ɛ] e [i]:

- lat *aquilam* > *águia*;
- lat *nunquam* > *nunca*;
- lat *quid* > *que*;
- lat *quem* > *quem*.

Ou quando um *i* semivogal é absorvido pela consoante, nos verbos (nos casos a seguir, a letra *h* representa a semivogal *[j]):

- lat *dormio* > *dormho* † ≈ *durmo*;

- lat *comedo* > **comeo* > *comho* † ≈ *como*;
- lat *limpĭdum* > *limpho* † ≈ *limpo*.

Outro caso é a monotongação em sílabas postônicas, comum no português brasileiro popular, mas também em várias regiões de Portugal:

- *órfão* > [ˈɔɾfɐ̃w] ≈ [ˈɔɽfu];
- *série* > [ˈsɛɾji] ≈ [ˈsɛɾi];
- *álcool* > [ˈawkuuw] ≈ [ˈawku];
- *vendem* > [ˈvẽdẽj] ≈ [ˈvẽdĩ] ≈ [ˈvẽdi].

A datação desses fenômenos não é evidente. Informações em manuscritos esbarram em fatores como: raridade de ocorrências, possibilidade de lapso e unicidade de testemunhos, o que dificulta o estabelecimento de um *terminus a quo*. De qualquer forma, para a Etimologia, questões como a monotongação não se devem pautar na variante padrão, mas no percurso diacrônico das palavras estudadas. A pronúncia da expressão "meu irmão" na variante carioca [mehˈmɐ̃w] ou caipira [meɽˈmɐ̃w] pode ser interpretada como uma solução antiga e dialetal do pronome possessivo lat *meum* > [me] e não da forma padrão *meu* > [me]. A monotongação do ditongo *eu* > *e* é encontrada em alguns dialetos em Portugal (transmontano, baixo-beirão). Na pronúncia [sɐ̃ˈpawlu] pode haver uma conservação do port ant *sam* † < *santo* e não uma monotongação de *são* < *sam* † < *santo*. Com referência ao advérbio de negação em posição proclítica, o port ant *non* > [nũ] é uma explicação alternativa a *não* > [nũ], haja vista que a monotongação se ouve não só no Brasil e Portugal, mas também é testemunhada em Sri Lanka, na Índia e na Malásia. É sabido que a expansão portuguesa ocorreu num período em que as formas ditongadas em *–ão* não eram ainda considerados padrão universal como supomos ser hoje.

No tocante à sua posição na estrutura vocabular, as subtrações podem ocorrer no início (*aférese*), no meio (*síncope*) ou no final das palavras (*apócope*).

2.2.1. Aférese

A *aférese* < gr *aphaírēsis* "supressão" é um fenômeno ainda bastante ativo que atua principalmente sobre vogais átonas (normalmente em sílabas sem coda) no início dos vocábulos, mas, às vezes, em sílabas inteiras. Tal fenômeno se deve frequentemente à chamada *falsa segmentação* ou *metanálise*, ou seja, supostos componentes não justificáveis pela Etimologia são reconhecidos numa dada sincronia pelo falante (exemplos em § 3.2.2.3 e 3.2.10). Se iniciais, esses componentes, são eliminados, resultando, assim, na aférese. Desse modo, a aférese seria o resultado da transformação enquanto a metanálise seria a causa (portanto, mais ampla). Por exemplo:

- gr *epískopos* "vigia"> lat *episcŏpum* > **ebispo* > *obispo* > *o+bispo* > *bispo*.

O *o–* inicial cai por causa da confusão com o artigo *o*, mas no espanhol, língua em que o artigo se diz *el*, não houve tal fenômeno (esp *el obispo*). O mesmo se teria passado, segundo os autores, com:

- lat *abbatinam* > *abatina* > *a+batina* > *batina*;
- lat *acumen* > *a+gume* > *gume*;
- lat *apothecam* > *a+bodega* > *bodega*;
- gr *lýgks* > lat *lynx* → **lynceam* > ital *lonza* > fr **lonce* > *l'+once* > port *onça* (como esp *onza*);
- *horror* >**o+ror* > *ror*.

O caso de *bodega* é, na verdade, mais complexo, pois também ocorre no esp *bodega*, donde se conclui que, se não houve empréstimo entre as línguas, a causa da aférese talvez seja outra (a saber, a preposição *a* e não o artigo *a*, que em espanhol se diz *la*). Exemplos de aférese motivada por supostas preposições também existem. No caso lat *damascenam* > **dameixa* > **d'+ameixa* > *ameixa*, houve falsa segmentação porque se confundiu o início da palavra com a preposição *de* > [d]. Ocorrem também confusões com a preposição *em* ou com a conjunção *e*: *enamorar* > *ẽ+namorar*> *namorar*.

Aféreses de consoantes são mais incomuns do que aféreses de sílabas, que ocorrem no fenômeno do *truncamento*, estudado pela Morfologia (cf. § 2.2.3) e comum na gíria, como em: *paranoia* > *noia*. Por vezes, tais truncamentos são usados também como explicações de étimos, como em *esquina* > *quina*. A datação desse fenômeno é importante para questões lexicais acerca da neologia. Um dos exemplos apresentados por Alves (1994[2]: 69) mostra que, já no final da década de 1980, se encontra documentada a palavra *níver* < *aniversário* (*O Globo*, 10/12/1988, 2º cad., 9, c. 6), fato que o falante nativo pode desconhecer e julgar mais recente. O número de aféreses é mais comum quando investigado fora da norma culta:

- *abandonar* > [bɐ̃doˈna];
- *acampar* > [kɐ̃ˈpa];
- *aconteceu* > [kõteˈsew];
- *adiantou* > [dʒiɐ̃ˈto];
- *adivinha* > [dʒiˈviɲa];
- *aeronáutica* > [ɛɾoˈnawtika];
- *aguentar* > [gwẽˈta];
- *alergia* > [leɾˈʒia];
- *amanhecer* > [mɐɲeˈse];
- *antibiótico* > [tʃibiˈɔtʃiku];
- *apanhar* [pɐˈɲa];
- *apelido* > [piˈlidu];
- *aposentadoria* > [pozẽtaduˈɾia];
- *arreganhar* > [xegɐˈɲa];
- *assobiar* > [subiˈa];
- *coitadinho* > [taˈdʒiɲu];
- *emagreci* > [magɾiˈsi];
- *eucalipto* > [kaˈlipju];
- *imundície* > [mũˈdʒisi];
- *observar* > [biseɾˈva].

Muitos desses casos estão, na verdade, correlacionados com outros fatores, como a alta frequência de uso e a fala rápida, mas têm ampla difusão em todo o Brasil:

- deixa eu ver > [ʃoˈve];
- *deixa comigo* > [ʃakuˈmigu];
- *espera aí* > [pɛɾaˈi];
- *licença!* > [ˈsẽs];
- *essa casa aí* > [sakazaˈi];
- *isso aí* > [saˈi];
- *essas coisas* > [sasˈkojza];
- *bom dia!* > [ˈ^{n}dʒia];
- *outra vez* > [tɾaˈvejs];
- *outro dia* > [tɾuˈdʒia];
- *acho que* > [ʃuki];
- *aparecia* > [paɾiˈsia];
- *vim embora* > [ˈvĩ ˈbɔɾa];
- *você* > [uˈse] > [ˈse].

A distribuição desses fenômenos é muito pouco conhecida, mas ajudaria na datação dos fenômenos. Registraram-se formas como *ocê* na Índia, sobretudo em Damão (*ussê*), Korlai e no Negapatão (*ocê*, *cê*). Aféreses semelhantes às dos termos brasileiros também foram encontradas em Guiné-Bissau, Sri Lanka, Damão, Macau e no papiamento (em palavras como *apanhar*, *acabar*, *ajudar*, *abafar*, *ajudar*, *amaldiçoar*, *amarelo*, *adivinhar*, *arrancar*, *arranhar*, *acordar*, *arrepender*, *enlamear*, *entristecido*). Um mapeamento integral e uma datação de fenômenos prosódicos em toda a área da Lusofonia ajudariam muito a entender tais fenômenos, porém, são trabalhos ainda por fazer.

Apenas um estudo detalhado dirá quais casos de aférese são exclusivamente brasileiros (regionais ou pan-brasileiros), comuns a toda a Lusofonia ou a parte dela. Há muitos estudos a respeito, mas não se sabe quais fatores sociolinguísticos (faixa etária, profissão, religião, sexo, classe social, grau de instrução) importam realmente. A visão geral dos fenômenos é bastante baseada em impressões. No entanto, sabe-se que formas apocopadas do verbo *estar* (*está* > [ˈta], *estou* > [ˈto]) se encontram não só no português europeu, mas também no espanhol. A pergunta do etimólogo, perante tal quadro, é: desde quando tal fenômeno existe? Qual o documento mais antigo em que aparece registrado (cf. § 5.3)?

Algumas aféreses são antigas. A Gramática Histórica costuma detalhar as seguintes etapas intermediárias para a etimologia de *relógio*:

- *relógio* < *o*+**rológio* < **orológio* < lat *horologium* < gr *hōrológion*.

Se essa explicação parece boa, a comparação entre línguas deixa entrever suas fragilidades: não é possível pensar em falsa segmentação para o cognato esp *reloj* (cujo artigo – cumpre lembrar – é *el,* não *o*) e, portanto, não haveria motivo para o *o–* desaparecer nessa língua, como não sumiu no ital *orologio* e no fr *horloge* < *oriloge* †. A forma dissimilada do fr ant *oriloge* † (século XII), em que o *–o–* original se transforma numa vogal anterior (fr *–i–*) parece o fundamento da vogal igualmente anterior (*–e–*) no cat *rellotge* (século XIV), port *relógio* (século XV) e esp *reloj* (século XVI). Pautado na datação, Corominas afirma que o catalão teria sido a fonte para as demais línguas ibero-românicas, o que nos daria a seguinte etimologia:

- _relógio_ < esp ant *_reloje_ < cat ant _relotge_ < fr _oriloge_ < lat _horologium_ < gr _hōrológion_.

Se a dissimilação do _–o–_ > _–e–_ (cf. § 2.4.2.6) foi um passo para descobrir um caminho mais razoável de afiliação dos termos, por outro lado, a aférese do _o–_ continua mal explicada, a não ser que se busquem outros exemplos. No catalão antigo, um artigo _lo_ explicaria a falsa segmentação cat ant _relotge_ < *_lo+relotge_ < *_l'+orelotge_ < fr _l'oriloge_. Mesmo assim, algumas dúvidas pairam:

- Por que a forma portuguesa é mais antiga que a espanhola? Teria o português adquirido o termo diretamente do catalão?
- Por que o português tem o ditongo _–io_ e não um _–e_? Há formas documentais para sustentar um port ant *_reloge_, corrigido para _relógio_ por eruditismo?
- O lat _–r–_ *[ɾ] se transformou, automaticamente, em vibrante múltipla [r] na pronúncia francesa antiga? De fato, na primeira proposta etimológica anterior tal problema estava mascarado pela grafia: *_orológio_, com vibrante simples [ɾ], jamais teria facilmente gerado *_rológio_, com [r] vibrante múltiplo. Isso a enfraquece muito, com relação à segunda proposta.
- Por que no português do Sri Lanka se falava _orlozo_ (Dalgado, 1900)? Qual teria sido a trajetória etimológica dessa variante?

De qualquer forma, fica claro que, para fazer etimologias, não é possível partir do _terminus a quo_ grego ou latino e saltar diretamente para o português, sem a compreensão dos empréstimos e do trajeto etimológico de línguas espacialmente contíguas.

Algumas aféreses são resultados de mudanças mais regulares. No castelhano, o _f–_ inicial passou a uma aspirada *[h], que acabou por desaparecer na pronúncia (embora a grafia mantenha um _h_ etimológico nessa posição):

- lat _filĭum_ > *[ˈfiʒo] > *[ˈhiʃo] > esp _hijo_ [ˈiχo];
- lat _folĭa_ > *[ˈfoʒa] > *[ˈhoʃa] > esp _hoja_ [ˈoχa].

Essa transformação é explicada por força de um substrato ibérico ou de um superstrato basco. Trata-se, portanto, de um fenômeno iniciado no norte da Península Ibérica que não atingiu o galego e o português padrão (cf. § 2.4.2.3). No português falado, porém, ocorre uma aférese semelhante, de ampla expansão no território brasileiro, mas claramente registrada na pronúncia rápida da palavra de alta frequência _gente_ > [ˈẽt], a qual também é testemunhada em outras variantes não europeias do português, como no cabo-verdiano

(Taralo & Alkmin, 1989). De fato, essa aférese poderia ser explicada da seguinte forma: *gente* > [ˈʃẽti] > [ˈxẽti] > [ˈhẽti] > [ẽt]. Transformações do som palatal [ʃ] em velares e pós-velares [x], [χ] e [h] não são incomuns fora da Península Ibérica. De fato, em russo há dois sons difíceis de se distinguir para os ouvidos dos falantes de português, a saber, *š* [ʃ] "velarizado" e *šč* [ʃʲ] "palatalizado". O primeiro se alterna com *h* [χ] em paradigmas nominais e verbais: rus *uho* "orelha" [ˈuχə] ~ rus *uši* "orelhas" [ˈuʃi], rus *vozduh* "ar" [vɐzˈduχ] ~ rus *vozdušnyj* "do ar, aéreo" [vɐzˈduʃnəj], rus *mahat'* [maˈχatʲ] "acenar" ~ *mašu* [maˈʃu] "estou acenando".

Exemplos como este, que envolvem línguas muito distintas e sem contato, como o russo e o espanhol, mostram que o mesmo fenômeno pode ter origens independentes, motivado por coincidência ou por princípios universais (cf. § 1). Contudo, também é possível, no caso de línguas contíguas (como o português e o espanhol), supor que a mudança tenha permanecido latente na língua falada. Encoberta pelas normas cultas, acabou aflorando na escrita em tempos distintos à medida em que foram sendo aceitas (sobre as derivas, cf. § 2.2.2.4).

2.2.2. Síncope

A eliminação do som interno, ou *síncope* < gr *sygkopē* "encurtamento, redução" é, de longe, a mais comum das subtrações. Há diversos tipos: a síncope da postônica, a síncope da pretônica, a crase, a síncope consonantal e a haplologia. Também as monotongações (a que nos referimos em § 2.2), quando ocorridas no interior da palavra, podem ser incluídas entre as síncopes.

2.2.2.1. Síncope da postônica

Como o acento tônico, na maior parte das vezes, foi mantido na passagem do latim para o português, grande número de proparoxítonas se transformou em paroxítonas por causa da queda da primeira vogal átona (entre a tônica e a átona final), mais conhecida como átona postônica. Trata-se de um dos fenômenos mais recorrentes no *Appendix Probi* (AP), lista do século VII adicionada à gramática de Valerius Probus (séculos III-IV). Nela há 227 frases do tipo X *non* Y "(deve-se) dizer X, não Y" em que abundam casos de síncope. No exemplo *speculum non speclum* (AP 3), fica evidente que o port *espelho* provém do lat vulg *speclum*, como testemunhado nesse texto, e não diretamente do lat cláss *specŭlum*, o que demonstra a importância do *Appendix Probi* para os estudos de Etimologia. O mesmo fenômeno se encontra ainda vivo e, de fato, há síncopes que não são tão recentes como parecem, por exemplo: *abóbora* > *abobra* já é documentada no século XIX. Diminutivos como *abobrinha*, *xicrinha* e *cosquinha* podem permitir estabelecer o *terminus a quo* de várias formas sincopadas, respectivamente *abóbora* > *abobra*, *xícara* > [ˈʃikɾa] e *cócega* > [ˈkɔska]. Praticamente todas as línguas românicas ocidentais participaram dessa transformação, que ocorreu posteriormente à sonorização das surdas intervocálicas, contudo, antes da queda dos *–l–* intervocálicos em português. Os contextos mais comuns são vogais entre *l* ou *r* e uma oclusiva, ou vice-versa:

- lat *calidam* > **caldam* (AP 53 *calda*) > *calda*;
- lat *viridem* > **virdem* (AP 201 *virdis*) > *verde*;
- lat *lepŏrem* >**lébore* > *lebre*;
- lat *opĕra* > **óbera* > *obra*;
- lat *pulĭcem* → **pulĭcam* > **púlega* > *pulga.*

Outros casos envolvem um *–s–*, como em lat *posĭtum* > **postum*> *posto*, que é bastante antigo, como se vê em Lucrécio (I a.C.) *postus.* A síncope da postônica continua ainda muito viva, tanto no português brasileiro, quanto no europeu. Em *música* > [ˈmuzga], existe assimilação progressiva (§ 2.4.2.5), posterior à síncope, como em *cócega* > [ˈkɔska]. Mais exemplos de alterações pós-síncope:

- lat *domĭnum* > **domno* > *dono* (cf. rom *domn*);
- lat *ocŭlum* > **oclu* > *olho*;
- lat *anĭmam* > **anma* > *alma.*

Muitos encontros estranhos à estrutura silábica do português se acabam formando por meio de síncope e soluções diferentes são dadas nas diversas sincronias, cf. *número* > *[ˈnũmɾu] > [ˈnũɾu] (Araujo et al., 2007). A síncope da postônica, porém, não ocorreu em algumas variantes do latim falado, conforme se depreende em transformações como:

- gr *ággelos* > lat *angĕlus* → *angĕlum* > *angeo* > *anjo* (e não do lat **anglus* > fr ant *angle* †);
- lat *persĭcum* > *pêssego* (e não do lat **persca* > fr *pêche*);
- lat **retĭnam* > *redẽa* > *rédea* (e não do lat **retnam* > fr ant *resne* † > *rêne*);
- lat *macŭlam* > *mágoa* (e não do lat **maclam* > *malha*);
- lat *pericŭlum* > *perigoo* > *perigo* (e não do lat **periclum* > esp *peligro*);
- lat *popŭlum* > *poboo* > *povo* (e não do lat **poplum* > fr *peuple*).

Muito comum, em algumas regiões do Brasil, é a síncope da semivogal em posição postônica, em palavras como:

- *polícia* > [puˈlisa];
- *negócio* > [neˈgɔsu];
- *inocência* > [noˈsẽsa].

Associa-se esse último tipo de síncope ao falar nordestino, mas na verdade não há determinação clara da sua extensão, nem se se trata de fenômeno generalizado ou exclusivo. Além de ocorrer também em áreas de Portugal, encontra-se tal fenômeno em Goa e em Sri Lanka. Para mais exemplos cf. § 2.2.

2.2.2.2. Síncope da pretônica

Além das postônicas, também não são incomuns as síncopes de pretônicas, sobretudo do *–e–* e do *–i–* (em menor número, também o *–o–* e o *–u–*). Em muitos casos, existe sonorização antes da síncope:

- lat **alicunum* > *algum*;
- lat **imbarricare* > **embarregar* > *embargar*;
- lat *amaricare* > **amaregar* > *amargar*;
- lat *bonitatem* > *bondade*;
- lat *caballicare* > **cavalegar* > *cavalgar*;
- lat *comitatum* > **comedado* > *condado*;
- lat *communicare* > **comunegar* > *comungar*;
- lat *comparare* > *comprar*;
- lat *computare* > **comptar* > *contar*;
- lat *delicatum* > *delgado*;
- lat *februarĭum* > **febrarium* (AP 208 *febrarius*) > *febreiro* > **fevreiro* > *fevereiro*;
- lat *follicare* > *folgar*;
- lat *honorare* > *honrar*;
- lat *inimicum* > *ẽimigo* > *iimigo* > *imigo* †;
- lat *judicare* > *judgar* > *julgar* (também há a forma *juigar* < lat *judicare*);
- lat *legalitatem* > *lealdade*;
- lat *liberare* > **liverar* > *livrar*;
- lat *limitare* > **limedar* > *lindar*;
- lat *maiorinum* > *meirinho*;
- lat *melimelum* > **melimellum* > **melmelo* > *marmelo*;
- lat *pœnitentĭam* > *peendença* > *pendença* †;
- lat *prædicare* > *preegar* > *pregar*;
- lat *recuperare* > **recoberar* > *recobrar*;
- lat *sufferre* → **sufferere* > *sofrer*;
- lat *traditionem* > *treiçom* † ≈ *traiçom* > *traição*;
- lat *veritatem* > **veredade* > *verdade*;
- lat *vindicare* > **vindegar* > **vindgar* > *vingar*.

Também podem ser entendidos como uma síncope da pretônica casos semelhantes a *quieto* > [ˈkɛtu]. Em outros, a pretônica sobrevive como em:

- lat *civitatem* > *ciidade*> *cidade* (cf. esp *ciudad*);
- lat **cupiditĭam* > *cobiiça* > *cobiça*;
- lat *mirabilĭa* > *maravilha*;
- lat *salutare* > *saudar.*

Bastante comum, embora pouco citada pela literatura sobre Fonética, é a síncope do [i] entre oclusivas e [s] ou [z] no português do Brasil (sobretudo no Sudeste):

- *lápis* > [ˈlaps];
- *clientes* > [kliˈẽts];
- *camiseta* > [kamˈzeta];
- *desespero* > [dzisˈpeɾu];
- *aconteceu* > [akõˈtsew];
- *dizia* > [ˈdzia];
- *precisar* > [psiˈza];
- *precisava* > [ˈpzava].

Como registro escrito do fenômeno, há páginas da *internet* chamadas *Dzaí* < *diz aí* (milhares de ocorrências no Google). Até mesmo vogais tônicas na pronúncia pausada e isolada, as quais se tornam átonas no ato da fala rápida, por causa de deslocamentos de acentos, podem sincopar-se: *fica calma, mãe!* [fkaˈqɑːwmaˈmɐ̃j]. A possibilidade estrutural, a velocidade de fala e a alta frequência de uso são fatores que motivaram substrações irregulares, como em *você* > *[ˈvse] > [ˈse], que se diferencia da aférese [oˈse] < *você.*

2.2.2.3. Crase

Na história do português, é sistemática a síncope de certas consoantes intervocálicas latinas (*–b–, –v–, –d–, –g–, –l–* e *–n–*):

- lat *tibi* > **tii* > *ti*;
- lat *rivum* > *rio*;
- lat *ædificare* > *eivigar* † ≈ *edificar*;
- lat *legalem* > *leal* ≈ *legal*;
- lat *regalem* > *real.*

Quando isso ocorre, muitas vezes, no português arcaico, as vogais que as circundam ficam em situação de hiato, sofrendo algumas modificações posteriores. Uma delas é a ditongação:

- lat *dedi* > *dei*;
- lat *malum* > *mau*;

- lat _manum_ > _mão_;
- lat _frigidum_> *_friio_ > _frio_;
- lat _filum_ > _fio_;
- lat _regem_> *_ree_ > _rei_;
- lat _gradum_ > _grau_;
- lat _medium_ > _meio_.

Em outras, ocorrem epênteses, sobretudo quando a primeira vogal é nasal (cf. § 2.1.2):

- lat _vinum_ > _vĩo_ > _vinho_;
- lat _unam_ > _ũa_ > _uma_;
- lat _reginam_ > _reĩa_ > _rainha_.

Por fim, alguns casos sofrem a _crase_ (do gr _krâsis_ “mistura”), ou seja, a fusão de dois sons idênticos:

- lat _umbilicum_ > _umbiigo_ > _umbigo_;
- lat _sagittam_ > _saeta_ > _seeta_ > _seta_;
- lat _pedem_ > _pee_ > _pé_;
- lat _dolorem_ > _door_ > _dor_;
- lat _colorem_ > _coor_ > _cor_;
- lat _legĕre_ > _leer_ > _ler_;
- lat _sedere_ > _seer_ > _ser_;
- lat _quadraginta_ > _coraenta_ > _coreenta_ > _quarenta_;
- lat _majorem_ > _maor_ > _moor_ > _mor_;
- lat _vadam_ > _vaa_ > _vá_;
- lat _culum_ > _cuu_ > _cu_;
- lat _nudum_ >_nuu_ > _nu_.

Em posição pretônica, algumas dessas palavras, no português europeu, conservam uma vogal aberta, resultante da crase, em vez de uma vogal semifechada ou fechada, como se esperaria se partíssemos da sincronia atual:

- lat _prædicare_ > _preegar_ > _pregar_ [prɛˈɣar] e não ★[prəˈɣar];
- lat *_excadescĕre_ > _escaecer_ > _esqueecer_ > _esquecer_ [ɨʃkɛˈser] e não ★[ɨʃkəˈser];
- lat _coloratum_ > _coorado_ > _corado_ [kɔˈraðu] e não ★[kuˈraðu];
- lat *_panata_ > *_paada_ > _pada_ → _pada+aria_ > *_pãadaria_ > _paadaria_ > _padaria_ [paðɐˈriɐ] e não ★[pɐðɐˈriɐ];
- lat _vagativum_ > _vaadio_ > _vadio_ [vaˈðiw] e não ★[vɐˈðiw].

A crase é fenômeno, por definição, restrito às vogais, mas em nada difere da chamada *degeminação*, que ocorreria com as consoantes. A simplificação das consoantes geminadas latinas é um fenômeno de ampla extensão no latim vulgar e somente não ocorreu em alguns dialetos italianos (entre eles, o oficial). No entanto, a diferença entre *–r–* e *–rr–* foi mantida em todo o ibero-românico, inclusive no português, sob a forma da oposição [ɾ] simples/[r] vibrante. Esse último som, posteriormente, assumiu várias pronúncias [ʀ], [h], [x]. O espanhol teve uma solução distinta para as líquidas e nasais geminadas, que foram palatalizadas: lat *–ll–* > esp *–ll–* [ʎ] ~[j] e lat *–nn–* > esp *–ñ–* [ɲ] (*vide* também § 2.4.2.1):

- lat *currĕre* > *correr* *[ˈkoreɾ] > [koˈxe] ≅ esp *correr* [koˈreɾ] ≅ ital *correre* [ˈkorrere];
- lat *caballum* > *cavalo* [kaˈvalu] ≅ esp *caballo* [kaˈβajo] ≅ ital *cavallo* [kaˈvallo];
- lat *annum* > *ano* [ˈɐnu] ≅ esp *año* [ˈano] ≅ ital *anno* [ˈanno];
- lat *vaccam* > *vaca* [ˈvakɐ] ≅ esp *vaca* [ˈbaka] ≅ ital *vacca* [ˈvakka];
- lat *buccam* > *boca* [ˈboka] ≅ esp *boca* [ˈboka] ≅ ital *bocca* [ˈbokka].

Fora esses, há outros casos mais específicos de síncope em encontros consonantais inusitados, que supõem assimilações (§ 2.4.2.5) e crases, como se encontra em lat *septimanam* > *setmana* > *semana,* cf. cat *setmana* > [s̺əmˈmanə].

2.2.2.4. Síncope consonantal

Além das consoantes intervocálicas já mencionadas anteriormente (§ 2.2.2.3), ocorridas na formação do galego-português, há outras, mais tardias. Assim, o *–d–* intervocálico caiu nos particípios de algumas variantes do espanhol e também é testemunhado nas segundas pessoas do plural do português medieval. Em francês, a queda do *–d–* secundário já havia acontecido em período ainda mais antigo:

- lat *cantatum* > esp *cantado* > [kanˈtaðo] > [kanˈtao];
- lat *cantatis* > *cantades* > *cantaes* > *cantais* > *canteis*;
- lat *cantaretis* > *cantaredes* > *cantarees* > *cantareis*;
- lat *maturum* > *[meˈðyr] > fr ant *meür* > fr *mûr.*

Fenômenos semelhantes que ocorrem num mesmo grupo linguístico, em tempos e locais distintos, como a síncope do *–d–* nas línguas românicas, são chamados de *derivas* (ingl *drifts*, cf. Sapir, 1921). A repetição do mesmo padrão, com certeza, não se deve a uma estranha coincidência, mas ao fato de algumas variantes sem valor fonológico (no caso [d] ≈ [ð] ou [ð] ≈ ø) conviverem, durante muito tempo, apenas na língua falada (§ 2.2.1), até que uma delas assuma a forma padrão e apareça na escrita. Importante para entender como a deriva se manifesta é o conceito de *norma*, tal como definido por Coseriu (1973). Os falantes convivem, quase inconscientemente, com variantes que são pouco perceptíveis. Se um determinado falante não se baseia na norma, gera-se o que se costuma chamar de *sotaque*: a compreensão não é afetada, pois não se trata de um elemento distintivo que está em jogo. As variantes previstas nas normas, contudo, raramente aparecem escritas (se há de fato como anotar diferenças mínimas de quantidade, entonação ou mesmo de qualidade sonora sem se valer de definições rigorosamente pautadas pela Fonética Acústica). Quando começa a ter *status* de elemento significativo, contudo, adquire visibilidade e a notação se faz necessária de algum modo. Assim, o fenômeno pode circular entre línguas (afins ou não) e o seu tempo de aparição na escrita é variado, pois dependerá do surgimento de distinções promovidas por pares mínimos.

Da mesma forma, alguns fenômenos são antigos e esporadicamente documentados, como é o caso de síncopes de oclusivas antecedidas de nasais, como em:

- *também* > [tɐˈmẽj];
- *quando* > [ˈkwɐ̃nu];
- gerúndios *–ando* ~ *–endo* ~ *–indo* ~ *–ondo* > [ˈɐ̃nu] ~ [ˈẽnu] ~ [ˈĩnu] ~ [ˈõnu].

A pronúncia de *também* sem o *–b–*, rara nos documentos, deve ser, contudo, antiga, pois se encontra em Portugal, em Goa e na Malásia. Essas reduções são, de fato, menos sistemáticas em português do que em outras línguas ibero-românicas:

- lat *lumbum* > *lombo* ≅ esp *lomo*;
- lat *palumba* > *pomba* ≅ esp *paloma*;
- port *andar* ≅ esp *andar* ≅ cat *anar*.

A síncope do *–r–* ocorre em lat *patrem* > *padre* > **pade* > *pai*. A forma **pade* aparece em compostos: lat *compatrem* > *compadre* > [kũˈpadʒi] e gera derivações como *padre* → *padrinho* > [paˈdʒiɲu]. Síncopes do *–r–* como segundo elemento de encontros consonantais ocorrem não só no Brasil na fala rápida, como em *outro* > [ˈotu], mas também em Ano Bom e em Cabo Verde (Viaro, 2005a). Para outros casos, cf. § 2.4.2.6. Particularmente complexa, do ponto de vista etimológico, é a ausência de *–r–* em *murcho* > [ˈmuʃu], atestado desde o século XIV (*muschas*, segundo Houaiss & Villar, 2001): é difícil decidir se se trata de síncope ou de epêntese (§ 2.1.2), dada a dificuldade do étimo. A associação com o lat *marcere* "murchar" não parece convincente. Nas variantes, não devemos partir da forma utilizada pela norma culta para deduzirmos as demais. Isso fica evidente quando nenhuma das duas variantes tem frequência de uso proporcionalmente muito grande ou é preferida pela norma culta. Por exemplo, dadas as formas *tramela* e *taramela*, sem o dado histórico, não é possível afirmar se estamos diante de uma epêntese (*tramela* > *taramela*) ou de uma síncope (*taramela* > *tramela*). Optar pela forma mais conhecida (ou a adotada pela norma culta) e imaginar as variantes como desvios não é uma postura científica, por ser demasiadamente subjetiva. Os dicionários propõem a etimologia lat **trabellam* > *tramela* > *taramela*, contudo, a datação de *taramela* é mais antiga. Além disso, a transformação *b* > *m* é incomum e insuficientemente explicada. Desse modo, há indícios de que *taramela* seja a forma mais antiga (o que equivaleria a dizer que estamos diante de uma síncope).

Outro exemplo: é fácil definirmos a etimologia tupi *tareýra* > *taraíra* > *traíra*, mas como *traíra* é mais comum do que *taraíra* em muitas regiões brasileiras, as quais acabaram "exportando" a palavra para locais em que o peixe não era nativo (ou era incomum ou tinha outro nome), pensa-se erroneamente que *taraíra* seja a forma alterada. Segundo esse juízo, pautado por uma visão não diacrônica, pode-se falar de uma epêntese e não de uma síncope, quando o étimo prova o contrário. Para a Etimologia, a sensação dos falantes (sobretudo dos que se pautam frequentemente nas variantes de prestígio) não tem nenhum valor nos julgamentos acerca de questões históricas.

Algumas síncopes muito específicas da língua atual estão correlacionadas com as frequências de usos de determinadas palavras, no entanto, a bibliografia sobre sua distribuição regional é praticamente inexistente:

- *botijão* > **butjão* > *bujão*;
- *eles* > [ejs];
- *elas* > [ˈɛas];
- *professor* > [ˈpsoɾ];
- *porque* > [ˈpke];
- *será que?* > [ˈs:aki].

Outros sons como o *–c–* e o *–p–* caem esporadicamente em Portugal (apenas na pronúncia, mas não na grafia), em alguns encontros consonantais de cultismos. Simultaneamente, há uma abertura vocálica da pretônica (como em § 2.2.2.3):

- lat *director* > fr *directeur* > *director* [diɾɛˈtoɾ] e não ★[diɾəˈtoɾ];
- lat *receptio* > *recepção* [ʀəsɛˈsɐ̃w] ≈ [ʀəsɛpˈsɐ̃w] e não ★[ʀəsəpˈsɐ̃w];
- lat *actio* → *actionem* > *acção* [aˈsɐ̃w] e não ★[ɐˈsɐ̃w].

Em outros casos, a consoante se pronuncia: *facto* [ˈfaktu] e não ★[ˈfatu]. Síncopes idênticas ocorreram no passado: o *–c–* caiu, por vezes, no encontro *–ct–*, já em português antigo, como em lat *junctum* > *junto* (mais exemplos em § 2.4.2.2). Igualmente, o lat *–x–* *[ks] reduziu-se para [s], grafado como *x* (nos cultismos) ou *s* (nas palavras populares):

- lat _extraneum > estranho_;
- lat _*excappare > escapar_;
- lat _extensio > extensão_;
- lat _extendĕre > estender_;
- lat _extenuare > extenuar._

Por fim, também é possível pensar numa etimologia que preveja a síncope no lat _*deexpost > despois ≈ depois_, em vez de se propor um étimo duplo (_despois < *deexpost ≈ *depost > depois_). A forma [ˈmemu] em vez de _mesmo_ ocorre nos dois lados do Atlântico, o que revela uma síncope do _–s–_ muito mais antiga do que se supõe.

2.2.2.5. Haplologia

Um outro tipo especial de síncope é a _haplologia_ (termo proveniente do inglês _haplology_, formado a partir do gr _haplóos_ "simples"+ gr _lógos_ "linguagem"+ sufixo ingl _–y_), que se pode definir do modo seguinte: "dadas duas sílabas iguais ou iniciadas pela mesma consoante (mas com vogais diferentes) e sendo a segunda delas tônica, ocorre com frequência a queda da primeira".

Tal fenômeno é frequente nas sufixações e em composições:

- _idade+oso → *idadoso > idoso_;
- _piedade+oso → *piedadoso > piedoso_;
- _nítido+idade → *nitididade> nitidade_;
- _saudade+oso → *saudadoso > saudoso_;
- gr _eidōlolatreía_ > lat _idololatria ~ idolatria_ > port _idolatria._

Assim também, explicam-se as formas:

- lat _perdĭtam > pérdida > perda_ (cf. esp _pérdida_);
- lat _*vendĭtam > *vêndida > venda_ (cf. ital _vendita_);
- lat _rotatorem > *redador > redor_ (cf. esp _rededor_).

A partir da palavra lat _formica_ "formiga" e da terminação _–cida_ (do verbo lat _cædĕre_ "matar", proveniente da analogia com _suicida_, _uxoricida_, _homicida_) criou-se _formicida_, haplologia instantânea de _*formicicida._ É preciso observar que algumas formas haplológicas já são empréstimos e, portanto, nunca ocorreram dentro do sistema da língua portuguesa, como muitas vezes se pensa:

- lat *tragicus* + lat *comœdia* → lat *tragicocomœdia* ≈ *tragicomœdia* → fr *tragi+comique* > port *tragicômico* (portanto, nunca houve ★*tragicocômico* em português);
- lat *matutinas* > prov *matinas* > port *matina*;
- gr *sýmbolos* + gr *lógos* + gr *–ía* > lat med *symbolologia* > ingl *symbology* > *simbologia*.

Em outros casos, a haplologia se encontra no português e não no étimo:

- ital *semi+minima* → *semiminima* > port *semínima*;
- port *embalsamamento* > *embalsamento*.

Nos dicionários, citam-se vários casos que mereceriam um melhor detalhamento etimológico (alguns deles são apenas aparentados a haplologias):

- *bromatotoxicismo* > **bromatotoxismo* > *bromatoxismo*;
- **minhococultura* > *minhocultura*;
- **mononômio* > *monômio*;
- **paranoioide* > *paranoide*;
- **plasticificar* > *plastificar*;
- **polioníquico* > *poliônico*;
- **políptiquico* > *políptico*;
- **protoxidoide* > *protoxoide*;
- *oftalmalgia* > *oftalgia*;
- *ototoxicidade* > *otoxidade*.

Alguns gentílicos fazem haplologias que envolvem mais de duas sílabas:

- *paula-candense* < *paula-candidense* < top *Paula Cândida+ense*;
- *paulivense* < **pauloolivencense* < top *Paulo* + top *Olivença+ense* ← top *São Paulo de Olivença*;
- *presidutrense* < **presidendutrense* < **presidentedutrense* < top *Presidente Dutra+ense*;
- *primaiense* < **primeimaiense* <**primeirodemaiense* < top *Primeiro de Maio+ense*.

2.2.3. Apócope

Por fim, a *apócope* (do gr *apokopē* "amputação"), a eliminação dos sons finais, ocorre, já na passagem do latim para o português. Nesse momento, caíram todos os *–c*, *–t*, *–b*, *–d*, *–m*, alguns bastante frequentes nas flexões latinas. O *–m* não caiu apenas quando era marca do acusativo, mas também em advérbios (já no latim vulgar), permanecendo na preposição *com* < lat *cum* e nos pronomes *quem* < lat *quem* e *alguém* < lat *aliquem* (sobre as palavras em *–r*, § 2.3.1):

- lat *amat* > *ama*;
- lat *amant* > *amam*;
- lat *rosam* > *rosa*;
- lat *mensam* > *mesa*;
- lat *et* > *e*;
- lat *sub* > *so* † (cf. § 1.3);
- lat *jam* > *já*;
- lat *numquam* > *numqua* (AP 219) > *nunca.*

A única consoante latina que resistiu à apócope foi o *–s*. Isso, por vezes, provocou irregularidades nos paradigmas morfológicos:

- lat *qualem* > **quale* > *qual* ~ *quais* < *quaes* < lat *quales*;
- lat *canem* > **cane* > *cam* † ~ *cães* < lat *canes*;
- lat *solitudinem* > *solidõe* †;
- lat *certitudinem* > *certidõe* †;
- lat *leonem* > **leone* > *leom* † ~ *leões* < lat *leones*;
- lat *visionem* > *visom* † ~ *visões* < lat *visiones*;
- lat *rationem* > *razom* †.

Mais tarde (século XVI), as formas em *–am*, *–om* e *–õe* analogicamente se tornaram *–ão* (a partir do modelo lat *manum* > *mão*: *cão*, *solidão*, *leão*, *visão*, *razão* cf. § 3.2.2.1), mas seus plurais serão mantidos como *–ães* e *–ões*. Isso nos mostra que irregularidades podem ter histórias distintas.

A vogal *–e* original ou resultante da apócope do *–m* também costuma cair se antecedida de *–n–*, *–l–*, *–r–*, *–s–*, *–z–* (o último, resultante de um *–c–* em sincronia anterior cf. § 2.4.2.1). O resultado foi a formação, no português, de novas palavras terminadas em consoantes:

- lat *hominem* > *homem*;
- lat *venit* > *vem*;
- lat *male* > *mal*;
- lat *fidelem* > *fiel*;
- lat *solem* > **sole* > *sol*;
- lat *amare* > *amar*;
- lat *amorem* > *amor*;
- lat *mare* > *mar*;
- lat *quæret* > *quere* > *quer*;
- lat *mensem* > **mese* > *mês*;

- lat *posuit* > **pose* > *pôs*;
- lat *facit* > *faze* > *faz*;
- lat *fecit* > *feze* > *fez*;
- lat *dicit* > *dize* > *diz*;
- lat *vocem* > **voze* > *voz*;
- lat *lucem* > **luze* > *luz*.

Em algumas variantes do português antigo, esse fenômeno ocorreu, às vezes, em época anterior à síncope do *–n–* e do *–l–*:

- lat *salit* > **sale* > *sal* † ≈ *sai*;
- lat *valet* > *vale* ≈ *val* †;
- lat *ponit* > **pone* > *pom* † ≈ *põe*.

Na continuação das quedas das consoantes finais, o português brasileiro falado também eliminou o *–r* do infinitivo, a não ser na linguagem formal utilizada, sobretudo, nas falas solenes em público. É verdade que uma influência da escrita o mantém em alguns falantes em outras situações, mas trata-se, provavelmente, de uma atitude influenciada pela Gramática Normativa (e, no caso de crianças, pela televisão):

- *cantar* > [kɐ̃ˈtaɾ] > [kɐ̃ˈta];
- *beber* > [beˈbeɾ] > [beˈbe];
- *cair* > [kaˈiɾ] > [kaˈi].

Outros *–r* de substantivos e verbos também desaparecem, mas têm distribuição variada e são menos aceitos na norma culta brasileira. O mesmo ocorre com os *–l* e os *–s*: Essas apócopes também foram testemunhadas em muitos outros lugares da Lusofonia (no falar barranquenho, em Macau, no malaio-português, assim como no papiamento):

- *qualquer* > [kwawˈkɛ];
- *quer* > [ˈkɛ];
- *zíper* > [ˈzipi];
- *coronel* > [koɾoˈnɛ];
- *tropel* > [tɾoˈpɛ];
- *simples* > [ˈsĩpɾi];
- *Farias* > [faˈɾia].

O português antigo ainda apocopava sílabas, como hoje é regra do esp *gran* < *grande*, esp *muy* < *mucho*, esp *cien* < *ciento*, esp *buen* < *bueno*, esp *tan* < *tanto*. Essas formas se conservaram parcialmente no português atual:

- *santo* > port ant *sam* † > [sẽ] cf. em *São Paulo* [sẽˈpawlu] cf. § 2.2;
- *grande* > port ant *gram* † > *grão* cf. em *grão-duque*;
- *muito* > port ant *mui*;
- *cento* > *cem*;
- *tanto* > port ant *tam* † > *tão*;
- *dominum* > *dono* > *dom*.

Também comum ao português e ao espanhol antigos é a apócope de *filho* > [fi], como se encontra em: *filho d'algo* > *fidalgo*, *filho de Deus* > [fi dʒiˈdews] e *filho da puta* > [fi daˈputa] (cf. esp *hideputa* †). Outro caso de apócope antiga se observa nas preposições: *de* > [d] antes de vogais, como ilustram, por exemplo, as formas articuladas *do, da, dos, das* e com pronomes pessoais e demonstrativos: *dele, daquele* etc. Na língua falada, também se verifica em *com* > [k], *se* > [s], *em* >*em+lo* † > *em no* † > *no* > [n] ⇦ [d] < *de* (cf. § 2.4.2.5):

- *com o* > [ku];
- *com um* > [kũ];
- *com a* > [kwa] > [ka];
- *com você* > [kuˈse];
- *de você* > [duˈse];
- *em você* > [nuˈse];
- *se você* [suˈse].

Na Índia, há formas parecidas: no Negapatão e dialetos norteiros é testemunhado o uso de *procê* < *pra você* e outras apócopes comuns na língua falada brasileira, como *sempre* > [ˈsẽp]. Em várias regiões do Sudeste brasileiro, há uma queda frequente dos [i] e [u] átonos, na fala rápida. Tal fenômeno também ocorre com palavras de alta frequência de uso:

- *isso* > [ˈis];
- *meio* > [ˈmej];
- *mesmo* > [ˈmemu] > [ˈmem];
- *tiro de guerra* > [ˈtʃiɽ dʒiˈgɛxa];
- *quase caí* > [ˈkwas kaˈi];
- *que eu saiba* > [kewˈsajba];
- *rádio e tevê* > [ˈxadʒ iteˈve];
- *vendeu o sítio* > [vẽˈde uˈsitʃu];
- *colégio de freira* > [koˈlɛ ʒ:iˈfreɾa].

Muitas vezes, o [a] é apocopado (em situações semelhantes ao *samdhi* das gramáticas indianas):

- *olha* > [ɔj] ≈ [ɔ];
- *diferença de idade* > [dʒifeˈɾẽs dʒiˈdadʒ];
- *minha irmã* > [miɲ iɾˈmɐ̃];
- *lá embaixo* > [lẽˈbaʃu];
- *eu ficava as férias lá* > [ewfiˈkav asˈfɛɾjɐ ˈla];
- *comprava o que queria* > [kõˈpɾav ukikiˈɾia].

Também o [s] final desaparece, algumas vezes, por razões fonéticas, outras, por morfossintáticas:

- *vamos abrir o jogo*> [ˈvɐm aˈbɾi uˈʒogu];
- *depois eu vejo*> [dʒiˈpo ewˈveʒu];
- *fiquei vinte anos usando isso* > [fiˈkej vĩtʃ ˈɐn uˈzɐnw ˈis];
- *das melhores coisas que tinha* > [dazˈmjɔ ˈkojs kiˈtʃiɲa].

Algumas dessas pronúncias se encontram em outros pontos da Lusofonia. Por exemplo, no indo-português de Damão registram-se *outro* > [ˈotu] > [ˈot], assim como algumas das formas anteriores: *semp* "sempre", *dent* "dentro", *pó* "pode", *mei* "meio", *ont* "ontem", *ord* "ordem", *viaz* "viagem" (Dalgado, 1902-1903). Também a apócope de vogais é testemunhada em Goa e Sri Lanka (em palavras como *agora*, *fora*, *veio*, *meio*), tal como em muitas falas brasileiras (Amaral, 2000: *tio* > *ti*, *veio* > *vei*).

Bastante comum em muitas regiões do Brasil é a apócope motivada por haplologia interlexical (cf. § 2.2.2.5), principalmente quando [t] e [d] estão envolvidos. Tal fenômeno normalmente é associado à produção espontânea da língua falada (*parole*), contudo é possível encontrá-lo sistematicamente em várias regiões do Brasil, o que o faz aproximar mais da norma, no sentido coseriano, ou de possíveis subsistemas. Alguns exemplos:

- *antes de ontem* > [ɐ̃sˈdʒõtʃ];
- *carta de motorista* > [ˈkaɽ dʒimotoˈɾista];
- *dentro do bolso* > [dẽ duˈbowsu];
- *do ladinho de casa* > [dulaˈdʒĩ dʒiˈkaza];
- *do lado de casa* > [duˈla dʒiˈkaza];
- *doido demais* > [ˈdoj dʒiˈmajs];
- *estado de São Paulo* > [isˈta dsɐ̃ˈpawlu];
- *estou morrendo de dó* > [tomoˈxẽ dʒiˈdɔ];
- *fundo de garantia* > [ˈfũ dʒigaɾɐ̃ˈtʃia];
- *lei que proíbe os feirantes de gritar* > [ˈlej kipɾoˈibi usfeˈɾɐ̃ dʒigɾiˈta];
- *lente de contato* > [ˈlẽ dʒikõˈtatu];

- *litro de leite* > [ˈli dʒiˈlejtʃ];
- *ministro da Fazenda* > [miˈnis dafaˈzẽda];
- *monte de coisa* > [ˈmõ dʒiˈkojza];
- *morto de fome* > [ˈmoɽ dʒiˈfɔmi];
- *na frente de casa* > [naˈfɾẽ dʒiˈkaza];
- *não tinha nada disso não* > [nũˈtʃiɲa ˈna ˈdʒisu ˈnẽw];
- *perto da lagoa* > [ˈpɛɽ dalaˈgowa];
- *pode dar bronca* > [ˈpɔ ˈda ˈbɾõka];
- *posto de gasolina* > [ˈpos dʒigazuˈlina];
- *presta atenção!* > [ˈpɾɛs tẽˈsẽw];
- *quanto tá o jogo?* > [ˈkwẽ ˈta uˈʒogu];
- *rede de esgoto* > [ˈxe dʒizˈgotu];
- *tenho medo de escuro* > [ˈteɲu ˈme dʒisˈkuɾu];
- *vontade de comer* > [võˈta dʒikoˈme].

Mas há também casos que envolvem outras consoantes e, por vezes, sílabas inteiras:

- *debaixo da mesa* > [badaˈmeza];
- *isto tudo* > [isˈtudu];
- *na casa da Maria* > [naˈka damaˈɾia];
- *Nossa Senhora* > [ˈnɔ siˈɲɔɾa];
- *pinga com mel* > [ˈpĩ kũˈmɛw];
- *pode ficar* > [ˈpɔ fiˈka];
- *pode parar* > [ˈpɔ paˈɾa];
- *quilo de carne* > [ˈki dʒiˈkaɾni];
- *sábado passado* > [ˈsa paˈsadu];
- *sete de setembro* [ˈsɛ seˈtẽbru];
- *vou trazer uma roupa pra você* > [votɾaˈze maˈxo puˈse].

Tais formas se ouvem nos mais variados estados do Brasil e não somente em Minas Gerais, como se divulga informalmente. Uma investigação mais séria nos dará um quadro melhor da distribuição desse fenômeno. A datação, contudo, desses fenômenos, para uma pesquisa diacrônica e etimológica, é bastante difícil, mas não impossível (cf. § 5.3).

Apócopes modificadas por vogais temáticas especiais ou acrescidas de sufixos recebem, na Morfologia, o nome de *truncamentos* (cf. § 2.2.1). Tais unidades lexicais são bastante comuns nas gírias e na linguagem informal, de modo geral, mas inexistem estudos etimológicos para elas:

- *Belo Horizonte* > [bɛloɾiˈzõtʃi] → *Belô*;
- *bicha* → *bi*;

- *bilhão* → *bi*;
- *bissexual* → *bi*;
- *faculdade* → *facu*;
- *flagrante* → *flagra*;
- *laje prefabricada* → *laje pré*;
- *poliomielite* → *pólio*;
- *português* → *portuga*;
- *pós-graduação* → *pós*;
- *pré-escola* → *pré*;
- *prejuízo* → *preju*;
- *profissional* → *profissa*;
- *psicopata* → [ˈpisiku];
- *rebuliço* → *rebu*;
- *recruta* → *reco*;
- *São Paulo* > [sẽˈpawlu] → *Sampa*;
- *travesti* → *traveco*.

Na história do português também não faltam formas assim geradas: lat *prægnentem* > *prenhe*. Alguns truncamentos desse tipo já teriam ocorrido, na verdade, em outra língua e, portanto, são empréstimos:

- *cinema* ≈ *cine* ← *cinematógrafo* (cf. esp *cine* ≈ fr *cinéma*, alem *Kino* ≈ nor *kino*);
- *fone* ← *telefone* (cf. ingl *phone*);
- *foto* ← *fotografia* (cf. fr *photo* ≈ ingl *photo*);
- *inox* ← *inoxidável* (cf. fr *inox*);
- *kilo* ← *quilograma* (cf. fr *kilo* ≈ ingl *kilo* ≈ alem *Kilo*);
- *moto* ← *motocicleta* (cf. fr *moto*);
- *pneu* ← *pneumático* (cf. fr *pneu*).

Por conseguinte, étimos de palavras como essas não deveriam ser indicados como *fotografia* > *foto*, como costuma ocorrer, mas da seguinte forma, mais completa:

- port *foto* < fr *photo* ← fr *photographie* > port *fotografia*.

É comum pensar que tais truncamentos ocorreram de maneira independente em cada língua. A coincidência é difícil de se comprovar, sobretudo em línguas contíguas ou com muito contato cultural, contudo, há, de fato, formas independentes, restritas a uma única língua ou apenas a algumas, como:

- jap *kiro* "quilômetro" ← ingl *kilometer* (e não do ingl *kilogram*);

- din *bil* "automóvel" ← fr *automobile* (cf. nor *bil* ≈ sueco *bil* ≈ isl *bíll*);
- din *bio* "cinema" ← din *biograf* < ingl *Biograph*® (cf. sueco *bio*).

2.3. Transposições

Diferentemente da adições e subtrações, as transposições se caracterizam pelo fato de um mesmo segmento sonoro aparecer num local distinto do encontrado no étimo. Pode haver transposições de sons (*metátese*) ou de acentos (*hiperbibasmo*) nos fenômenos diacrônicos (§ 2.2.3).

2.3.1. Metátese

A *metátese* (do gr *metáthesis* "troca de posição") é um dos expedientes mais comuns para se evitar a apócope do *–r* latino:

- lat *inter* > *entre*;
- lat *semper* > *sempre*;
- lat *super* > **sober* > *sobre.*

Como se pode ver, pelo último exemplo, a metátese do *–r* latino ocorreu após a sonorização, dado importante para questões etimológicas, uma vez que se torna possível fazer uma cronologia dos fenômenos e caracterizar, desse modo, as sincronias pretéritas de que participou. Por outro lado, palavras com *–r* final voltaram a aparecer nas sincronias subsequentes quer pela apócope do *–e* original provindo de *–em* ou *–et* (cf. § 2.2.3), quer por novas metáteses como, por exemplo, no lat *pro* > *por*, provavelmente por analogia ao port *per* † < lat *per.* Costuma-se chamar de *hipértese* (do gr *hypérthesis* "ação de passar por cima") um tipo especial de metátese, em que a transposição se dá de uma sílaba a outra. Outros autores usam o termo "hipértese" como sinônimo de "metátese". Apenas com uma pesquisa historiográfica saberemos qual termo é o mais antigo, a fim de privilegiá-lo (cf. Introdução e § 2.1.1). Alguns exemplos de *–r–* que migram de uma sílaba para outra:

- lat *tenebras* > *tẽevras* > *teevras* > **tevras* > *trevas*;
- lat *fenestram* > *fẽestra* > *feestra* > **festra* > *fresta*;
- *cerveja* > **cevreja* > *breja* (cf. § 2.2.1);
- *pedestre* > [pe'drɛstʃi].

A razão dessas mudanças deve ser buscada nas sincronias pretéritas e possivelmente é analógica (cf. § 3.2). No entanto, também não se excluem motivações estruturais: nesses casos, originalmente a sílaba postônica se inicia com duas consoantes (*vra*, *tra*) e a tônica com uma única (*te*, *fes*). Essa situação é equilibrada pela metátese, uma vez que a ênfase da tônica se daria não só pelo acento, mas também pelo agrupamento consonantal resultante (*tre*, *fres*). Isso, porém, não é regra geral, como se vê em:

- lat *pigritĭam* > *pegriça* > *preguiça* ⇦ sufixo *pre-* (cf. § 3.2.2.1);
- *estuprar* > [istɾuˈpa];
- *cadarço* > [kaɽˈdasu];
- *caderneta* > [kaɾdeˈneta];
- *micróbio* > [miˈkɔbrju].

Outra metátese muito comum é a da semivogal [j], responsável pela formação de novos ditongos:

- lat *primarĭum* > *primairo* > *primeiro*;
- lat *ferĭam* > *feira*;
- lat *monasterĭum* > **mõasteiro* > *mõesteiro* > *mosteiro*;
- lat *basĭum* > **bajio* > **baijo* > *beijo*;
- lat *sapĭam* > *sabha* > *saiba*;
- lat *capĭo* > *cabho* > *caibo*;
- lat *capĭam* > *cabha* > *caiba*.

Tal fenômeno tem grande importância para questões de determinação do *terminus a quo*, pois é possível observar que também o espanhol compartilha as mesmas mudanças, como em:

- lat *primarĭum* > *primairo* > *primeiro* > esp *primero*.

Todavia, o espanhol fez a transposição em período anterior à metátese em português, como se pode observar pela ausência de sonorização das consoantes intervocálicas nos seguintes exemplos:

- lat *basĭum* > **baiso* > **beiso* > esp *beso*;
- lat *sapĭam* > **saipa* > **seipa* > esp *sepa*;
- lat *capĭam* > **caipam* > **queipa* > esp *quepa*.

No português, os ditongos *–ai–* de *saiba*, *caibo*, *caiba* não se assimilaram (isto é, não se tornaram ★*seiba*, ★*queibo*, ★*queiba*), mostrando, assim, que se trata de uma metátese mais recente (cf. § 2.4.2.5). Com o semivogal *–u–* há também casos semelhantes:

- lat _habuit_ > _*haube_ > _houve_;
- lat _cepit_ ⇒ _*capuit_ > _*caube_ > _coube_;
- lat _traxit_ ⇒ _*traxuit_ > _*trauxit_ > _trouxe_ ≈ _trougue_ < _*tracuit_ ⇐ lat _traxit_.

Algumas metáteses são duplas, havendo verdadeira inversão na posição das consoantes. Em alguns casos, apenas ocorreu a metátese em alguma língua românica, mas não em outras:

- _estraçalhar_ > [istraʎaˈsa];
- _prestidigitador_ > [prestiʒiditaˈdor];
- gr _eleēmosýnē_ > lat _eleemosy̆nam_ > _*elmosna_ > _esmolna_ > _esmonla_ > _esmola_, mas sem metátese em: esp _limosna_ ~ fr _aumône_ < _*elmosna_ < lat _eleemosy̆nam_ < gr _eleēmosýnē_;
- gr _parabolē_ > lat _parabŏlam_ > _*paravla_ > _palavra_ ≅ esp _palabra_, mas sem metátese em fr _parole_ ≅ cat _paraula_ < _*paravla_ < lat _parabŏlam_ < gr _parabolē_;
- lat _genu_ → _genuculum_ > _*genuclu_ > _gẽolho_ > _geolho_ > _joelho_;
- lat _hirundinem_ → _*hirundinam_ > _*erondĩa_ > _*arondĩa_ > _*andorĩa_ > _andorinha_,
- lat _merŭlum_ > _merlo_ > _melro_;
- lat _paludem_ > _*padulem_ > _paul_ ≅ rom _pădure_;
- lat _pericŭlum_ > _periglo_ > esp _peligro_ ≅ port ant _peligro_ †, mas sem metátese em _perigo_ < port ant _perigoo_ † ≈ _perigro_ † ≈ _periglo_ † < lat _pericŭlum_;
- lat _plantaginem_ > _*chantagem_ > _tanchagem_;
- _tenaz_ → _atenazar_ > _atanazar_ > _atazanar_.

Por fim, as metáteses podem ocorrer com sílabas ou até mesmo com radicais inteiros. A partir de uma palavra tupi _mbyiu-pirá_ (nome de uma espécie de peixe), formada por duas raízes, formam-se em português tanto _bijupirá_ quanto _pirabiju_. Ambas possuem muitas variantes que sofreram a ação da analogia: _beijupirá_ ≈ _beiupirá_ ≈ _beiapirá_ ≈ _beijo-pirá_ ≈ _beirupirá_ ≈ _biupirá_ ≈ _parabiju_ ≈ _parambiju_ ≈ _pirambiju_ ≈ _pirapiju_ ≈ _biju_.

2.3.2. Hiperbibasmo

O _hiperbibasmo_ (do gr _hyperbibasmós_ "transposição") é um fenômeno que costuma ser dividido em dois grupos: _sístole_ (do gr _systolē_ "contração"), quando o acento se desloca para sílabas anteriores à sílaba tônica original e _diástole_ (do gr _diastolē_ "expansão, dilatação"), quando o contrário ocorre: o acento se desloca para uma sílaba posterior à sílaba tônica original.

2.3.2.1. Sístole

Um exemplo claro de sístole ocorreu na etimologia da palavra *nível*, a saber:

- lat *libra* → **libellum* > fr ant *livel* † > fr *nivel* (atual *niveau*) *[niˈvɛl] > port *nível*.

Observe-se que o hiperbibasmo não é testemunhado nem em esp *nivel,* nem em cat *nivell*, que têm a mesma base dissimilada no fr ant *nivel*, já o ingl *level* é empréstimo da forma mais antiga do francês (fr ant *livel* †). Outros exemplos são:

- lat *benedictionem* > *bẽeçõ* > *benção* > *bênção*;
- lat *salivam* > **saíva* > **saiva* > *seiva*;
- lat *ficatum* > **ficătum* > *fígado* ≅ esp *hígado*;
- lat **trifŏlum* > *trevoo* > *trevo*;
- top *Pantanus* > ital *pantano* > port *pantano* † > port *pântano*;
- esp *reptil* > port *réptil*;
- fr *aimant* > *imã* > *ímã* (cf. esp *imán*);
- fr *projectile* > *projetil* > *projétil*.

Em formas dialetais europeias há sístoles como *façamos* > *fáçamos*, *digamos* > *dígamos*, *possamos* > *póssamos*, *tenhamos* > *tênhamos*, todas motivadas pela analogia. Na formação dos pretéritos imperfeitos, ocorre normalmente a transformação *–ebam* > *–ea* > *–ia*, que mantém o acento original, no entanto, em alguns casos, o contato com o radical terminado em vogal nasal motivou a sístole:

- lat *ponebam* > **ponéa* > **põía* > *pũia* > *punha*;
- lat *tenebam* > **tenéa* > **tẽía* > **tĩía* > *tĩia* > *tinha*;
- lat *veniebam* > **veniéa* > **vẽía* > **vĩía* > *vĩia* > *vinha*.

Na língua popular, há sístoles como *ruim* > [ˈxũj], *penteio* > [ˈpẽtʃju], *decapita* > [deˈkapita]. Em espanhol, algumas palavras sofreram sístole, o que as distingue das portuguesas pela posição do acento: esp *nostalgia* [nos̺ˈtalχia] < fr *nostalgie* > port *nostalgia*. Outras diferenças de acentuação entre português e espanhol em vocábulos de origem grega não se devem à sístole, mas ao fato de o acento já ter sido modificado em latim. Essa língua não tolerava nem oxítonas nem vogais breves acentuadas na penúltima sílaba e transformava esses empréstimos gregos respectivamente em paroxítonas e proparoxítonas. Nesses cultismos, o português costumava seguir a acentuação grega e o espanhol, a latina, mas há exceções:

- port *anemia* < gr *anemía* > lat *anémĭa* > esp *anemia* [aˈnemia];

- port *democracia* < gr *dēmokratía* > lat *democrátĭa* > esp *democracia* [demoˈkraθia], mas: gr *pharmakía* > lat *pharmácĭa* > port *farmácia* ≅ esp *farmacia* [faɾˈmaθja];
- gr *Aristotélēs* > lat *Aristótĕles* > port *Aristóteles* ≅ esp *Aristóteles*.

Alguns empréstimos, provindos de outras línguas europeias (inglês, francês) e formados por composição de radicais gregos, costumam ter a acentuação mais recuada em espanhol, pois o português costuma adotar a mesma acentuação do francês ao passo que o espanhol prefere acentuar a vogal de ligação ou o primeiro elemento da composição:

- esp *atmósfera* (1709) ≅ port *atmosfera* (1712) < fr *atmosphère* (1665);
- esp *oxígeno* (1817) ≅ port *oxigênio* (1836) < fr *oxygène* (1783);
- esp *teléfono* (1884) ≅ port *telefone* (1877) < fr *téléphone* (1876) < ingl *telephone* (1849);
- port *polícia* (século XV) < fr *police* (1250) < lat *policīa* < gr *politeîa* > lat *policīa* > esp *policía* (1399).

2.3.2.2. Diástole

A diástole ou deslocamento do acento para uma sílaba posterior à tônica original ocorre de forma sistemática com os verbos da terceira conjugação latina, no período do ibero-românico (com exceção do catalão). Tal transposição acentual fundiu-os com os da segunda (ou, às vezes, com os da quarta):

- lat *véndĕre* > _*vendére_ > esp *vender* ≅ port *vender* ≅ gal *vender*;
- lat *pónĕre* > _*ponére_ > esp *poner* ≅ gal *poñer*;
- lat *tráhĕre* > _*trahére_ ≈ _*tracére_ > esp *traer* ≅ gal *traer* ≅ port *trazer*;
- lat *vívĕre* > _*vivíre_ > esp *vivir* ≅ gal *vivir*, mas: port *viver* < _*vivére_ < lat *vívĕre*.

Desse modo, as quatro conjugações latinas se tornam três no português, no galego e no espanhol, diferentemente do resto das línguas neolatinas:

- lat *véndĕre* > cat *vendre* ≅ fr *vendre* ≅ rom *vinde* ≅ ital *véndere*;
- lat *pónĕre* > cat *pondre* ≅ fr *pondre* ≅ rom *pune* ≅ ital *póndere* > *porre*;
- lat *tráhĕre* > cat *treure* ≅ fr *traire* ≅ rom *trage* ≅ ital *tràggere* > *trarre*;
- lat *vívĕre* > cat *viure* ≅ fr *vivre* ≅ ital *vívere*.

Na verdade, alguns resquícios da antiga acentuação sobrevivem em português, sobretudo no futuro do presente e no futuro do pretérito:

- lat *pónĕre* > *pôer* > *pôr*;

- lat *tráhĕre* > *trar → *trar+hei > port *trarei*, mas: esp *traeré*;
- lat *dícĕre* > *dir → *dir+hei > port *direi* ≅ esp *diré*;
- lat *fácĕre* > *far → *far+hei > port *farei* ≅ esp *haré*.

Outros casos de diástole. Em muitos deles o português e o espanhol concordam (o que apontam para uma sincronia pretérita em comum), em outros o acento destoa, sobretudo nos cultismos:

- lat *océănum* > *oceano* (mas não no esp *océano*);
- lat *júdĭcem* > *juiz* ≅ esp *juez*;
- lat *íntĕgrum* > *inteiro* ≅ esp *entero*;
- lat *mulíĕrem* > *mulher* ≅ esp *mujer*;
- lat *lintéŏlum* > *lençol*;
- *gratuito* > [gɾatuˈitu];
- gr *anékdota* > fr *anecdote* > *anedota* (mas esp *anécdota*);
- lat *impar* > esp *impar* (mas port *ímpar*);
- lat *mediŏcris* > esp *mediocre* (mas port *medíocre*).

Na língua falada, ocorrem alguns casos de diástole sobre a vogal epentética (o que mostra estarem em sincronias distintas), como em:

- *opta* > [ˈɔpita] > [oˈpita];
- *rapta* > [ˈxapita] > [xaˈpita];
- *indigna* > [ĩˈdʒigina] > [ĩdʒiˈgina];
- *impregna* > [ĩˈpɾɛgina] > [ĩpɾeˈgina];
- *resigno* > [xeˈziginu] > [xeziˈginu].

Também a diástole se testemunha em vocativos. Em vários exemplos da língua familiar, sobretudo em monossílabos, os vocativos efetuam uma diástole sobre uma vogal paragógica:

- *Cláudio* > [klawˈdʒjo];
- *mãe* → [mɐˈɲe];
- *pai* → [paˈje];
- *bem* → [beˈɲe].

Algumas formas humorísticas que pretendem imitar a língua francesa – língua essencialmente oxítona – apresentam esporadicamente o mesmo fenômeno, cf. *chiquê* < *chique*.

2.4. Transformações

As transformações podem ser de vários tipos. Quando sistemáticas, recebem o nome de *vocalismo* ou *consonantismo*, dependendo do grupo fônico envolvido.

2.4.1. Transformações vocálicas

O vocalismo português segue, de modo bastante conservador, o do latim vulgar, como apresentado na tabela a seguir. Às vogais orais cedo se acresceram as nasais:

<table>
<tr><td colspan="2">Latim</td><td>ā</td><td>ă</td><td>æ~ĕ</td><td>œ~ē</td><td>ĭ</td><td>ī</td><td>ŏ</td><td>ō</td><td>ŭ</td><td>ū</td></tr>
<tr><td rowspan="2">Português antigo</td><td>tônicas</td><td colspan="2">*[a]</td><td>*[ɛ]</td><td colspan="2">*[e]</td><td>*[i]</td><td>*[ɔ]</td><td colspan="2">*[o]</td><td>*[u]</td></tr>
<tr><td>átonas</td><td colspan="2">*[a]</td><td colspan="3">*[e]</td><td>*[i]</td><td colspan="3">*[o]</td><td>*[u]</td></tr>
</table>

Além de æ e œ, o latim dispunha do ditongo lat *au* > [ow] ≈ [oj] (sobre a monotongação desse ditongo § 2.2, sobre a formação de *–ou–* secundário, por metátese, cf. § 2.3.1).

- lat *causam* > *cousa* ≈ *coisa.*

Muitos outros ditongos se formaram por meio de síncopes e epênteses como já visto (cf. § 2.1.2 e § 2.2.2). Outros foram criados por vocalização (§ 2.4.2.2) e por metátese (§ 2.3.1). São várias as situações que modificam o vocalismo e a falta de tonicidade é a principal delas. O vocalismo das tônicas, pretônicas, postônicas, intertônicas é bem distinto. Também é preciso entender as transformações vocálicas do português dentro de um quadro maior das línguas românicas (para mais detalhes, cf. Williams, 1938 e Lausberg, 1956-1962).

Algumas dessas posições especiais são ativas, tanto no português antigo, quanto no moderno, como, por exemplo, a regra que diz que um *e–* átono inicial, diacronicamente, deve converter-se em *i–*:

- lat *ætatem* > *edade* > *idade*;
- lat *æqualem* > **egual* > *igual*;
- *elefante* > port europeu [ilə'fɐ̃t] ≈ port brasileiro [ele'fɐ̃tʃi].

No português europeu, as átonas orais pretônicas tendem a ser quatro [ɐ], [ə], [i] e [u]. Nas crases (§ 2.2.2.3) e em alguns eruditismos (§ 2.2.2.4) também ocorreu as vogais [a], [ɛ] e [ɔ]:

- *lavo* ['lavu] ~ *lavamos* [lɐ'vɐmuʃ];
- *festa* ['fɛʃtɐ] ~ *festinha* [fəʃ'tiɲɐ];

- *como* [ˈkomu] ~ *comeu* [kuˈmew];
- *dinossauro* [dinɔˈsɑwɾu];
- *autocarro* [ɑwtɔˈkaʀu].

No português brasileiro, nenhumas dessas condições existem, no entanto, pode haver, na posição pretônica, as vogais [a], [ɐ], [e], [i], [o], [u] e no Nordeste também [ɛ], [ɔ]. As regras, todavia, são complexas e não prescindem da história da língua. Quando vogais de uma certa abertura se tornam mais fechadas, diz-se, segundo a terminologia atual da Fonologia, que sofreu um *alçamento.* Nem sempre é possível entender a causa do alçamento como uma assimilação, motivada pela sílaba seguinte (cf. § 2.4.2.5). Muitas formas com alçamento vocálico são simplesmente herdadas:

- *menino* [miˈninu];
- *dormir* [duɾˈmi];
- *porque* [puɾˈke];
- *pedir* [piˈdʒi];
- *pequeno* [piˈkenu].

Essas pronúncias não são regionalismos, mas ocorrem em todo o Brasil. Só numa pronúncia artificial (discursos perante uma plateia ou em malsucedidas imitações de fala de outras regiões) teríamos variantes como [meˈninu], [doɾˈmiɾ], [peˈdʒiɾ] etc. De fato, a palavra *pidir* é abonada no século XV em Portugal, na Índia, no malaio-português, em palanquero e em papiamento. A grafia *minino* já se encontra no século XIII (Cantigas de Santa Maria 323, v. 40-41: "*ca log' en aquela casa entrou a Sennor conprida de todo ben, e tan toste deu ao minynno vida*") e é a base das palavras portuguesas usadas no Sri Lanka, em Damão e em Goa. Já *menino*, grafia que representa a dissimilação (cf. § 2.4.2.6) de um [i] átono que antecede um [i] tônico, aparece mais tarde em Portugal *[miˈninu] > [məˈninu]. Outros casos de dissimilação do *–i–* em condições parecidas são atestadas por Viana (1883): *mənistro*, *məlitar*, *prəvəligiado*, *vəcijar*, *dəfícil*, *dəvirto*, *dəvədiria*. Portanto, *menino* não pode ser tomado como base para se explicar [miˈninu], pois essa última forma é mais antiga. Não se trata, rigorosamente falando, de um alçamento. Anacronismos pautados na escrita ou na intuição do falante não se coadunam com transformações, que só podem ocorrer, por definição, no eixo diacrônico e para cujas provas se requerem dados. A forma *piqueno* (século XV) também existe em Portugal e em Goa. Muitas vezes o alçamento é explicado por uma assimilação da pretônica com a vogal tônica. Exemplos:

- *queria* [kiˈɾia] ~ *querer* [keˈɾeɾ];
- *fedido* [fiˈdʒidu] ~ *fedor* [feˈdoɾ];
- *comida* [kuˈmida] ~ *comer* [koˈmeɾ].

As exceções, contudo, levam em conta outros fatores sociolinguísticos e o estudo de cada caso deveria ser feito. O conhecimento das línguas crioulas de base portuguesa, dos dialetos portugueses e das ex-colônias (incluindo o Brasil) é importantíssimo para a datação desse fenômeno (Viaro, 2005a).

O alçamento parece ser o caso mais frequente em certas palavras do português brasileiro, como:

- *algodão* [awgu'dɐ̃w];
- *almoçar* [awmu'sa];
- *bonito* [bu'nitu];
- *botina* [bu'tʃina];
- *cemitério* [simi'tɛɾiu];
- *chouriço* [ʃu'ɾisu];
- *coberto* [ku'bɛɾtu];
- *cobrir* [ku'bɾi];
- *costurar* [kustu'ɾa];
- *depois* [dʒi'pojs];
- *depressa* [dʒi'pɾɛsa];
- *dezoito* [di'zojtu];
- *domingo* [du'mĩgu];
- *engolir* [ĩgu'li];
- *escorraçar* [iskuxa'sa];
- *espoleta* [ispu'leta];
- *joelho* [ʒu'eʎu];
- *moleque* [mu'lɛki];
- *perigo* [pi'ɾigu];
- *pessoal* [pesu'aw];
- *polenta* [pu'lẽta];
- *precisar* [pɾisi'za];
- *procurar* [pɾuku'ɾa];
- *sossego* [su'segu];
- *vestir* [vis'tʃi].

Alçamentos parecidos ocorrem também em Goa e Sri Lanka. Em algumas regiões do Brasil, porém, o alçamento é mais comum do que em outras:

- *apelido* [api'lidu] ≈ [ape'lidu];
- *Benedito* [bini'dʒitu] ≈ [bene'dʒitu];
- *cabeludo* [kabi'ludu] ≈ [kabe'ludu];
- *coluna* [ku'luna] ≈ [ko'luna];
- *começar* [kume'sa] ≈ [kome'sa];
- *comer* [ku'me] ≈ [ko'me];
- *deveria* [dʒivi'ɾia] ≈ [deve'ɾia];
- *estrepolia* [istɾipu'lia] ≈ [istɾepo'lia];
- *feliz* [fi'lis] ≈ [fe'lis];
- *fogão* [fu'gɐ̃w] ≈ [fo'gɐ̃w];
- *novilha* [nu'viʎa] ≈ [no'viʎa];
- *obediente* [ubidʒi'ẽtʃi] ≈ [obidʒi'ẽtʃi];
- *paletó* [pali'tɔ] ≈ [pale'tɔ];
- *senhora* [si'ɲɔɾa] ≈ [se'ɲɔɾa];
- *serviço* [siɾ'visu] ≈ [seɾ'visu];
- *sopetão* [supe'tɐ̃w] ≈ [sope'tɐ̃w];
- *travesseiro* [tɾavi'seɾu] ≈ [tɾave'seɾu];
- *governo* [go'veɾnu] ≈ [gu'veɾnu];
- *morreu* [mo'xew] ≈ [mu'xew];
- *sozinho* [sɔ'ziɲu] ≈ [su'ziɲu];
- *registrado* [xeʒis'tɾadu] ≈ [xiʒis'tɾadu];
- *ressentido* [xesĩ'tʃidu] ≈ [xisĩ'tʃidu].

Nos vários Estados do Nordeste brasileiro, algumas dessas palavras oscilam entre [e] ≈ [i] ≈ [ɛ] (mas há as que oscilam apenas entre [e] ≈ [ɛ] como em *pegar*, *recreio*, *nervoso* etc.), outras variam entre [o] ≈ [u] ≈ [ɔ] (ou apenas entre [o] ≈ [ɔ] como *coração*, *mortal* etc.). As razões disso normalmente se buscam na Fonologia, valendo-se de regras posicionais dedutivas, sem se levar em conta dados históricos e comparativos. Na verdade, dadas as dimensões territoriais brasileiras, um extenso mapeamento do fenômeno nunca foi feito e só há descrições de certas variantes. Às vezes somente prevalece a impressão da pronúncia do outro, sem cuidados de coleta e de análise.

Algumas formas são exploradas pelos meios de comunicação na caracterização de personagens: na novela "Paraíso Tropical" (Rede Globo, 2007), a atriz Camila Pitanga (Bebel) pronunciava sistematicamente a palavra *categoria* como [katʃiguˈɾia] e era constantemente corrigida para falar [kategoˈɾia]. É difícil de determinar quais fatores para além da escrita atuam na normatividade dos falantes. Estudar esse fenômeno do ponto de vista histórico, dialetológico e sociolinguístico é um trabalho a ser feito. Associar grafia ao fenômeno fonético é, muitas vezes, um erro metodológico comum.

Mais complexo ainda seria localizar exatamente as regiões em que existe certa variação nas tônicas, como em *monta* ≈ [ˈmũta], *fomos* ≈ [ˈfumu], *farpa* ≈ [ˈfeɾpa], *raiva* ≈ [ˈxɛjva]. Em outros casos, existe uma verdadeira concorrência de formas, ligadas não só a questões regionais mas também a outros fatores sociolinguísticos: [o] ≈ [ɔ] oscilam em *poça*, *fome*, [e] ≈ [ɛ] podem variar em *incesto*, *prelo*. Normalmente as gramáticas normativas se posicionam mais claramente em relação a esses casos em seus capítulos sobre Ortoépia (ou Ortoepia), mas não elucidam onde ocorrem ou quem realizaria as formas "não recomendadas". A pronúncia [ˈvɛvi] para *vive* também ocorre no Alentejo. Trata-se de um caso particularmente importante para a Etimologia, pois reflete oscilação na conjugação do verbo *viver*. De fato, tal pronúncia só se justificaria com verbos da terceira conjugação como *ferir* → *fere* [ɛ]. O esp *vivir* reforça a tese da existência em sincronias pretéritas de um **vivir* em português. Seguindo o mesmo paradigma temos, no português brasileiro, *existe* ≈ [iˈzɛsti], forma documentada também na Beira. Transformações como *o* > *u* em sílaba tônica se encontram em Guiné-Bissau port *corpo* > guin *kurpu* e no Pará *boto* > [ˈbutu]. É possível que sejam formas independentes, mas uma origem comum, associada a dialetos lusitanos, não pode ser descartada. Monotongações *ei* > *e* que não ocorram antes de *r*, *x*, *j* (do tipo *queima* > [ˈkema] MG) também existem em ambos os lados do Atlântico (*vide* § 2.2).

Uma outra mudança fonética na área das vogais é a *metafonia* (*vide* § 3.2.1), que é importante para fenômenos morfológicos de sufixação e flexão. Em várias palavras portuguesas, existe um [o], quando se esperaria um *[ɔ] < lat *ŏ*, segundo o vocalismo. Normalmente esse fenômeno está associado a palavras masculinas no singular:

- lat *pŏrcum* > *porco* *[ɔ] > [o]; mas:
- lat *pŏrcos* > *porcos* [ɔ];
- lat *pŏrcam* > *porca* [ɔ];
- lat *pŏrcas* > *porcas* [ɔ];

- lat *cŏrbum* > *corvo* *[ɔ] > [o];
- lat *cŏrbos* > *corvos* [ɔ];

- lat *jŏcum* > *jogo* *[ɔ] > [o];
- lat *jŏcos* > *jogos* [ɔ];

- lat *fŏcum* > *fogo* *[ɔ] > [o];
- lat *fŏcos* > *fogos* [ɔ].

No espanhol, não há distinção entre /o/ e /ɔ/ e o lat *ŏ* > esp *–ue–* de forma consistente. Comparem as palavras portuguesas com esp *puerco*, *cuervo*, *juego*, *fuego*, nas quais a metafonia não ocorreu. Nas palavras portuguesas, portanto, numa certa sincronia pretérita, associou-se o som [o] ao masculino singular, ao passo que o masculino plural e as formas do feminino continuaram com o som herdado [ɔ]. Tal regra é, de fato, "simbólica" (termo usado por Sapir, 1921) e acaba por anular a herança diacrônica, como, por vezes, ocorre nas sincronias. Também há [ɔ] onde se esperaria, pelo vocalismo, um *[o] < lat *ō*:

- lat *formōsum* > *formoso* [o];
- lat *formōsos* > *formosos* *[o] > [ɔ];
- lat *formōsam* > *formosa* *[o] > [ɔ];
- lat *formōsas* > *formosas* *[o] > [ɔ].

Esse jogo simbólico, em sincronia, é, contudo, muito antigo, como provam as ditongações do romeno:

- lat *formōsum* > rom *frumos*;
- lat *formōsi* > rom *frumoşi*;
- lat *formōsa* > rom *frumoasă*;
- lat *formōsæ* > *rom frumoase*.

A metafonia que associa vogais fechadas ao masculino e abertas ao feminino também está presente em pronomes. Prevê-se um *[e], derivado do *ĭ* latino, mas na verdade temos um [ɛ] em:

- lat *ĭlle* > *ele* [e] ~ lat **accu-ĭlle* > *aquele* [e];
- lat *ĭllam* > *ela* [ɛ] ~ lat **accu-ĭllam* > *aquela* [ɛ].

Tais fenômenos não ocorrem sempre em galego, que diz *porco* [ˈpɔrko], *corbo* [ˈkɔrbo] e *ela* [ˈela] ≈ [ˈɛla]. Também não tiveram efeito algum no espanhol.

Nos verbos, a vogal da terminação afetou a do radical. Pode-se dizer, de modo geral, que a metafonia ocorre quando a vogal da terminação é um *–i–* ou um *–u–* em latim, fechando, assim, a do radical. Já um *–a–* tende a abri-la. Quando a vogal seguinte se torna uma semivogal, há a tendência à sua síncope em época posterior à metafonia (§ 2.2.2.1). Outros exemplos:

- lat *decĭmum* > *dêzimo* > *dízimo*;
- lat *tepĭdum* > *tibio*;
- lat *servĭo* > *servho* > *sirvo*;
- lat *servĭtĭum* > *serviço*;
- lat *quæsivi* > **quisi* > *quise* > *quis*;
- lat *dormĭo* > *dormho* > *durmo*;
- lat *posŭi* > **pusi* > *puse* > *pus*;
- lat *potuī* > **pudi* > *pude*;

- lat *cerĕsĭam* > *cereja* [e];
- lat *matĕrĭam* > *madeira* [e];
- lat *mĕtum* > *medo* [e];
- lat *sĕdĕam* > *seja* [e];
- lat *pŏpulum* > *pôvoo* † > *povo* [o];

- lat *tēla* > *tela* [ɛ], mas: lat vulg *tēlam* > *tea* > *teia* [e];
- lat *fōrmam* > *forma* [ɔ];
- lat *hōram* > *hora* [ɔ].

A palavra *medo* tem [ɛ] aberto no galego, assim como em Sri Lanka e em Cabo Verde, o que pode indicar que essa transformação foi tardia ou não estava completamente efetuada quando tais regiões foram colonizadas. A razão de a metafonia não ocorrer é algo a ser investigado pelo estudo etimológico de cada palavra, não só no português, mas também em outras áreas da Romània (Lausberg, 1981[2], § 193-199).

O jogo vocálico sincrônico faz parte dos esquemas de conjugação do português. Por exemplo, na segunda e terceira conjugações, a vogal do radical é mais fechada na primeira pessoa do singular do que nas demais pessoas do presente do indicativo:

- lat *dēbĕo* > *devo* [e] ~ *deve* [ɛ] < lat *dēbet*;
- lat *tĕxō* > *teço* [e] ~ *tece* [ɛ] < lat *tĕxit*;
- lat *vĕrtō* > *verto* [e] ~ *verte* [ɛ] < lat *vĕrtit*;
- lat *fĕrĭo* > *firo* [i] ~ *fere* [ɛ] < *fĕrit*;
- lat *sĕrvĭo* > *sirvo* [i] ~ *serve* [ɛ] < *sĕrvit*;

Metafonias complexas se encontram no presente do indicativo e do subjuntivo, no pretérito perfeito do indicativo e no imperativo dos verbos irregulares. Desse modo, há um jogo simbólico entre vogal fechada nas primeiras pessoas do singular do pretérito perfeito e semifechadas nas terceiras, como em: lat *fēcī* > *fizi* > *fize* > *fiz* em oposição a lat *fēcĭt* > *feze* > *fez*; o mesmo se vê em outros pares, como *pus* ~ *pôs*, *tive* ~ *teve*, *vim* ~ *veio*.

A metafonia também ocorre na leitura de siglas: ECA [ˈɛka], FEA [ˈfɛa], embora haja muitas exceções: BANESPA [bɐˈnespa]. Desse modo, a metafonia não é automática, como provam exceções: *vespa* [e], *garota* [o] ou o verbo *chega* [e]. Investigações diacrônicas e o estudo da analogia (§ 3.2), contudo, podem dar mais consistência a modelos que incluam também esses casos.

A metafonia não deve ser confundida com a *harmonia vocálica*, que, *a priori*, não existe em português, no sentido em que foi definida inicialmente. Casos como os anteriores ou como o do alem *Buch* "livro" → *Bücher* "livros" são metafonias (no sentido empregado inicialmente por Rask e Grimm), pois o radical se alterou por causa da adição de uma terminação. Na harmonia vocálica é o contrário que ocorre: a terminação é que toma determinadas feições, dependendo da vogal do radical. Tal fenômeno existe, por exemplo, no húngaro e no finlandês. Em turco, língua em que a harmonia vocálica é muito importante, o sufixo –vm (onde v é uma vogal que depende do radical) significa "meu":

–Vm	Vogal do radical	Exemplos
–im	*–i–*	*dilim* "minha língua"
	–e–	*evim* "minha casa"
–ım	*–ı–*	*kızım* "minha irmã"
	–a–	*kanım* "meu sangue"
–um	*–u–*	*suçum* "minha culpa"
	–o–	*yolum* "meu caminho"
–üm	*–ü–*	*müdürüm* "meu diretor"
	–ö–	*gözüm* "meu olho"

Praticamente todos os sufixos do turco têm um comportamento parecido. Nos exemplos abaixo, –v*m*-v*z* significa "nosso" e *–d*v*r* "(ele/ela) é":

- *evimizdir* "é a nossa casa" ← *ev*-v*m*-v*z*-*d*v*r*;
- *kızımızdır* "ela é nossa irmã" ← *kız*-v*m*-v*z*-*d*v*r*;
- *suçumuzdur* "é a nossa culpa" ← *suç*-v*m*-v*z*-*d*v*r*;
- *müdürümüzdür* "ele é o nosso diretor" ← *müdür*-v*m*-v*z*-*d*v*r*.

A metafonia também não deve ser confundida com a *apofonia* (§ 2.4.2.5).

2.4.2. Transformações consonantais

Com relação ao consonantismo, o português, de um modo geral, é bastante conservador em posição inicial, pois mantém as mesmas consoantes originais do latim, mas há exceções, como lat *vomitare* > [gumi'ta], forma que se encontra dialetalmente no Brasil, em Portugal e em Cabo Verde (mas também no espanhol dialetal, no asturiano e no aragonês). Já as consoantes finais sofrem apócope, com exceção de *s* (cf. 2.2.3). Os fenômenos especiais mais importantes podem subdividir-se em vários tipos, como veremos a seguir.

2.4.2.1. Sonorização

A *sonorização*, ou seja, a transformação de consoantes originalmente surdas em sonoras, sobretudo na posição intervocálica, é fenômeno comum a todas as línguas e dialetos românicos a oeste da chamada linha Spezia-Rimini, na Itália. Citem-se os seguintes exemplos:

- *–p–* > *–b–*: lat *lupum* > *lobo*, lat *cæpullam* > *cebola*, lat *saponem* > *sabom* > *sabão*;
- *–t–* > *–d–*: lat *civitatem* > *ciidade* > *cidade*, lat *bonitatem* > *bondade*, lat *vitam* > *vida*, lat *materiam* > *madeira*, gr *kathédra* > lat vulg **cathédram* > *cadeira* (no latim clássico, a palavra é proparoxítona *cáthĕdra*), lat *catŭlum* → *catellum* (cf. AP 51 *catellus*) → **catella* > *cadela*;
- *–c–/–qu+a, o, u–* > –[g]–: lat *lacum* > *lago*, lat *cæcum* > *cego*, lat *formicam* > *formiga*, lat *acutum* > *agudo*, lat *aquam* > *água*, lat *equam* > *égua*, lat *aquĭlam* > *águia*, lat *sequi* → **sequire* > *seguir*;
- *–c–/–qu-+e, i–* > *–z–*: lat *acetum* > *azedo*, lat *facĕre* > *fazer*;
- *–s–* > –[z]–: lat *casam* > *casa*, lat *rosam* > *rosa.*
- *–f–* > *–v–*: lat *aurificem* > *ourives*, lat *profectum* > *proveito*, lat **trifŏlum* > *trevoo* > *trevo.*

As mesmas consoantes em posição inicial se mantêm surdas, com algumas exceções:

- lat *cattum* > **gattum* > *gato*;
- lat *conspuĕre* > *cuspir* > *guspir.*

A variante **gattum* não ocorre em alguma áreas (lat *cattum* > fr *chat*), mas aparece em outras: val *giat* ≅ friul *ğhat* ≅ port *gato* ≅ esp *gato.* Em galego, o [g] muitas vezes se torna [χ] em várias zonas dialetais: gal *gato* > ['χato] (como ocorreu também em línguas eslavas como o ucraniano cf. § 2.2.1).

As consoantes geminadas se simplificam e não se sonorizam (§ 2.2.2.3 e § 2.4.2.5):

- lat *stuppam* > *estopa*;
- lat *buccam* > *boca*;

- lat *siccum* > *seco*;
- lat *guttam* > *gota*;
- lat *offendĕre* > *ofender.*

Algumas sonorizações tardias são motivadas por erros de leitura (cf. § 1.3). Por vezes se tornaram desusadas, embora muito comuns, quando da difusão da palavra:

- fr *atterrir* → fr *atterrissage* > *aterrissagem* → *aterrissar* > [atexi'za];
- ingl *dinosaur* > [dʒino'zawru] † ≈ *dinossauro*.

Como vimos, as oclusivas surdas intervocálicas se tornam sonoras. Já as suas correspondentes sonoras tornam-se fricativas (movimento semelhante ao *Lautverschiebung* de Grimm, cf. Primeira Parte, item "Grimm") e, em alguns casos, sofrem síncope (cf.§ 2.2.2.3):

- *–b–* > [β] > *–b–* ≈ *–v–* ≈ *ø*: lat *caballum* > *cavalo* (cf. rom *cal* < **caal* < lat **caballum*), lat *nebŭlam* > *névoa*, lat *fabam* >*fava,* lat *debere* > *dever*, lat *cantabat* > *cantava,* lat *dicebat* > *[di'dzeβa] > **dizea*> *dizia*, lat *ibat* > *['iβa] > *ia* (cf. ital *cantava*, *diceva*, *iva*, esp *iba*), lat *fabam* > *fava*, lat *habere* > *haver*;
- *–d–* > *[ð] > *–ø–*: lat *nudum* > *nuu* > *nu*, lat *nodum* > *noo* > *nó*, lat *videre* > *veer* > *ver*, lat *pedem* > *pee* > *pé*, lat *crudum* > *cruu* > *cru*, lat *gradum* > *grau*;
- *–g+a, o, u–* > *[ɣ] > *–g–* ≈ *–i–* ≈ *–ø–*: lat *plagam* > *praia*, lat *rogare* > *rogar*, lat *legalem* > *leal*, lat *ego* > *eu*;
- *–g+e, i–* > [ʒ] ≈ *–ø–*: lat *rugire* > *rugir*, lat *ferruginem* > *ferrugem*, lat *legenda* > *leenda* > *lenda*, lat *reginam* > **reĩa* > *rainha*, lat *digitum* > *deedo* > *dedo.*

Oclusivas associadas a *–r–* ou a *–l–* em posição intervocálica produzem diversos resultados. De modo geral, as oclusivas sonoras mantêm-se, ou seja, não sofrem síncope nem se tornam fricativas (exceto, esporadicamente, *–b–* > *–v–*). Oclusivas surdas também se mantêm quando vêm em segundo lugar (após a divisão silábica), mas sonorizam-se quando seguidas de *–r–*. De modo geral, a formação de grupos consonantais com *–l–* conduz a vários outros resultados mais complexos (cf. § 2.4.2.2, § 2.4.2.3 e § 2.4.2.5):

- *–r/l+b–*: lat *arbŏrem* > *árvore*, lat *carbonem* > *carvom* > *carvão*, lat *album* > *alvo*;
- *–b+r/l–*: lat *librum* > *livro*, lat *colŭbram* > *coovra* ≈ *coobra* > *cobra* (cf. lat *colŭbram* > esp *culebra*);
- *–r+d/g–*: lat *ardere* > *arder*, lat *largum* > *largo*;
- *–d/g+r–*: lat *cedrum* > *cedro*, lat *nigrum* > *negro*;
- *–p/t/c+r–*: lat *lacrĭmam* > *lágrima*, lat *petram* > *pedra*, lat *capram* > *cabra*;

- *–r+p/t/c–*: lat *corpus* > *corpo*, lat *fortem* > *forte*, lat *porcum* > *porco*;
- *–l+p/t/c–*: lat *palpare* > *poupar*, lat *altarium* > *outeiro*, lat *falcem* > *fouce* ≈ *foice*.

O fenômeno contrário à sonorização, a saber, o *ensurdecimento*, não é representado no português, embora seja muito comum no castelhano e no galego:

- lat *casam* > *['kaz̺a] > esp *casa* ['kas̺a] ≅ gal *casa* ['kas̺a], mas port *casa* ['kaza];
- lat *gentem* > *['ʒente] > esp *gente* ['χente] ≅ gal *xente* ['ʃente], mas port *gente* ['ʒẽtʃi].

O ensurdecimento do [ʒ] > [ʃ] se vê também em algumas interjeições associadas ao Nordeste brasileiro, como port *ó gente* > [ɔ'ʃẽti] e *virgem* > ['viʃi] (cf. gal *xente*, *virxe*), mas a correlação entre as formas galegas e as nordestinas é de difícil comprovação (§ 2.2.1). O ensurdecimento de oclusivas sonoras intervocálicas é extremamente raro, contudo, é o fundamento da explicação de Nunes de Leão em *raposa* < *rabosa* † < *rabo+osa*.

2.4.2.2. Vocalização

As semivogais latinas *v* *[w] e *j* *[j] sistematicamente se consonantizam em fricativas, respectivamente [v] e [ʒ]:

- lat *novum* *['nowum] > *novo* ['novu];
- lat *navem* *['nawem] > *nau* ≈ *nave* ['navi];
- lat *cujus* *['kuːjus] > *cujo* ['kuʒu];
- lat *jam* *['jam] > *já* ['ʒa].

Uma consonantização bastante incomum aparece no romanche sobremirano, falado na Suíça: lat *murum* > *['myɾ] > *['miɾ] > sobrem ['mejɾ] > *[megr] > sobrem ['mekɾ]. Nesse fenômeno, conhecido como *endurecimento* (alem *Verhärtung*), contrariamente às leis de Grimm, semivogais e fricativas se tornam oclusivas, fato muito raro nas línguas indo-europeias. No português, algo parecido só ocorre entre *v* ≈ *b*, em algumas poucas palavras, fenômeno característico do norte de Portugal, do galego e do castelhano (em posição inicial). No Brasil, documentam-se formas como:

- lat *verrĕre* > *varrer* ≈ *barrer*;
- lat *versorĭam* > *vassoira* ≈ *vassourra* ≈ *bassoura*;
- lat *verrucam* > *verruga* ≈ *berruga*;
- lat *adsibilare* > **assiviar* > *assoviar* ≈ *assobiar*.

O movimento contrário, o da *vocalização*, é muito mais frequente. Ocorreu com oclusivas e laterais em encontros consonantais (na verdade, na vocalização, a consoante se transforma numa semivogal e não numa vogal). Por vezes há síncopes entre as soluções dos mesmos encontros (§ 2.2.2.4). As principais vocalizações e seus complexos resultados podem ser exemplificados da seguinte forma:

- *–g+r–* > *–ir–*: lat *flagrare* > **chairar* > *cheirar*, lat *integrum* > *inteiro*;
- *–g+n–* > *–in–* ≈ **–ni–>–nh–*: lat *cognoscĕre* > *conhocer* > *conhecer*; lat **dis-dignare* > *desdenhar*, lat *cognatum* > *coinado* † ≈ *cunhado*, lat *regnum* > *reino*;
- *–c+t–* >*–ut–* ≈ *–it–* ≈ *–t–*: lat *noctem* > *noute* ≈ *noite*, lat *tractatus* > *trautado* † ≈ *tratado*, lat *octubrem* > *outubre* † > *outubro*, lat *doctor* > *doutor*, *actum* > *auto* ≈ *ato*, *factum* > **faito* > *feito*, *directum* > *direito*, lat *lac* → *lactem* > **laite* > *leite*, lat *ficticium* > *feitiço*, lat *lectura* > *leitura*; lat *tructam* > *truita* ≈ *truta*, lat *luctam* > *luita* ≈ *luta*;
- *–l+t–*> *–ut–* ≈ *–it–* ≈ *–t–*: lat *alterum* > *outro*, lat *vulturem* > *buitre* > *abuitre* ≈ *abutre*, lat *auscultare* > *ascuitar* > *escuitar* ≈ *escutar*, lat *multum* > *munto* ≈ *muito*;
- *–b+s–* >*–us–* ≈ *–s–*: lat *absentiam* > *ausência*, lat *substantiam* > *sustância*, lat *abscondĕre* > *asconder* > *esconder*;
- *–x–* *[ks] > *–is–* ≈ *–ss–* ≈ *–ix–* [iʃ]: lat *sex* > *seis*, lat *dixit* > *disse*, lat *sexaginta* > *sessaenta* > *sessenta*, lat *extranĕum* > *estranho*, lat *saxum* > **saixo* > *seixo*, lat *coaxare* > **caixar* > *queixar*, lat *exsucare* > *eixugar* > *enxugar* (nasalidade por analogia), lat *laxare* > *leixar*;
- *–s+c–* > *–ix–* ≈ *–ç–*: lat *piscem* > *peixe*, lat *miscĕre* > *mexer*, lat *fascem* > *feixe*, lat **nascĕre* > *nacer* † ≈ *nascer*, lat *crescĕre* > *crecer* † ≈ *crescer*;
- *–p+t–* > *–ut–* ≈ *–t–*: lat *captivum* > *cautivo* ≈ *cativo*.

A flutuação de formas é conhecida pela Dialetologia, contudo, as variedades do português arcaico raramente são associadas a regiões específicas e sua divulgação nem sempre esclarecida (Maia, 1986). No espanhol há o surgimento de uma africada, por motivo da metátese do iode na sequência de sons *–it–* > **–ti–* > [tʃ]. O mesmo ocorre em alguns dialetos do português atual (tanto no Brasil, quanto em Portugal):

- lat *factum* > **faito* > **feito* > **fetio* > esp *hecho*;
- lat *lac* → *lactem* > **laite* > **leite* > esp *leche*;
- lat *directum* > **direito*> **diretio* > esp *direcho*;
- *muito* > **mũtio* > [ˈmũtʃu].

No século XX registra-se a vocalização de [l] > [ɫ] > [w] em áreas muito extensas do português brasileiro, de Portugal e em Damão (na Índia): *sal* > [ˈsaw]. Já havia um *[ɫ], conhecido como *l pinguis* "l velarizado" entre os romanos. Muitas vezes a datação desse fenômeno em português é obtida de forma indireta, em textos onde há hipercorreções

(§ 3.2.6) como *troféis*, *chapéis*, as quais demonstram que os falantes já não conseguiam fazer a oposição /w/:/ɫ/ nas formas do singular (e, portanto, não sabiam se se tratava de *troféu* ou ★*trofel*, de *chapéu* ou de ★*chapel*).

No Brasil e em Portugal, existe a tendência da vocalização do *–lh–* > [j]. O mesmo fenômeno se encontra também no riodonorês, no guadramilês, em Cabo Verde, em Sri Lanka e em muitos outros locais da Romània. O som [ʎ] revela-se bastante instável e não se pode falar facilmente de substratos ou influência mútua, nesses casos.

2.4.2.3. Palatalização

A vocalização que gera uma semivogal [j] é responsável por uma série de modificações (cf. § 2.4.2.2), entre elas, mudanças de abertura nas vogais e palatalizações nas consoantes. Esses fenômenos parecem ter ocorrido em vários momentos da história do português.

A palatalização atuou ainda na geração de um novo sistema fonológico para o português. A mais antiga, sem dúvida, ocorreu nas consoantes velares latinas e alguns autores a associam ao substrato celta. Todo *c+e,i* latino se pronunciava como *[k], assim como todo *g+e,i* se pronunciava como *[g], os quais, aos poucos, se palatalizaram, respectivamente, para *[c] e *[ɟ], ponto de partida para um processo de africativização na Romània Oriental: *[c] > *[tʲ] > [tʃ] e *[ɟ] > *[dʲ] > [dʒ]. Na Ocidental, porém, a sequência foi outra: *[c] > *[tʲ] > *[ts] e *[ɟ] > *[dʲ] > *[dʒ]. Na atual França e nas áreas da Península Ibérica que margeiam o Mediterrâneo, incluindo Catalunha e sul de Portugal, *[ts] >[s], assim como *[dʒ] > [ʒ], ao passo que no norte da Península Ibérica, *[ts] >[θ] e *[dʒ] > *[ʒ], som conservado apenas no português e no catalão, pois o galego moderno transformou *[ʒ] > [ʃ] e o castelhano *[ʒ] > [χ]. O [s] assim formado, a partir do *[k] original se sonoriza, ou seja, se torna [z], em português, em posição intervocálica (cf. § 2.4.2.1): lat *vicinum* > *vezĩo* > *vizinho* (esp *vecino*). Em outros contextos, *[k] e *[g] foram conservados (cf. § 2.4.2.1), na maioria da Romània (mas há também tendência para palatalização no galo-românico). Desse modo, como resultado da palatalização, temos:

- lat *dulcem* > **douce* > *doce* (cf. esp *dulce*);
- lat *ducentos* > *duzentos*;
- lat *decem* > **deze* > *dez*;
- lat *genĕrum* > *genro*;
- lat *ferruginem* > *ferrugem*;
- lat *fugio* > *fujo*.

Em outros casos, a palatalização é ainda mais antiga e se deve a algum elemento de substrato pouco conhecido. Os encontros *pl*, *cl*, *fl* são conservados no francês, nos falares romanches da Suíça, bem como no norte da Itália. O *–l–* desses encontros transformou-se, em outras regiões, numa lateral palatalizada *[ʎ], conhecida, entre os romanos, por *l exilis*. Esse som vocalizou-se no italiano oficial (e, em parte, no romeno):

- lat *pluviam* > fr *pluie* ≅ rom *ploaie* ≅ ital *pioggia* "chuva";
- lat *clavem* > fr *clef* ≅ rom *cheie* ≅ ital *chiave* "chave";
- lat *flammam* > fr *flamme* ≅ ital *fiamma* "chama".

Em outros lugares, o *l* era ou transformado em *r* (rotacismo, cf. § 2.4.2.6). A razão dessa variação é complexa e pouco estudada, mas envolve certamente fatores sociolinguísticos e regionalismos:

- lat *placerem* > *prazer*;
- lat *duplare* > *dobrar*;
- lat *miraculum* > **miraclu* > *miragre* > *milagre* (cf. esp *milagro*);
- lat *flaccum* > *fraco*.

A Península Ibérica, de modo geral, foi toda afetada pela palatalização (exceto na região de fala catalã). Em espanhol, esses encontros, no início dos vocábulos promoveram a aférese da primeira consoante (§ 2.2.1): lat *pluviam* > esp *lluvia*, lat *clavem* > esp *llave*, lat *flammam* > esp *llama*. No Noroeste peninsular, a mudança foi mais complexa, uma vez que o *[ʎ] se ensurdeceu por assimilação parcial da consoante inicial, transformando-se, provavelmente, num som alveolar lateral fricativo e surdo *[ɬ], semelhante ao que se encontra no zulu *isihlahla* [isiˈɬaːɬa] "árvore". Por outro lado, *p–*, *c–* e *f–* perderam totalmente seus traços articulatórios originais, adquirindo, por assimilação (cf. § 2.4.2.5), os traços alveolares da lateral e convergindo, assim, numa africada (semelhante ao que existe na língua náuatle, do México): *[pɬ] > *[tɬ], *[kɬ] > *[tɬ], *[fɬ] > *[tɬ]. Esse som instável transformou-se em [tʃ], grafado *ch* e assim permaneceu com grande vigor, até a época do Renascimento, quando port ant [tʃ] > port mod [ʃ]. Manteve-se, porém, o som [tʃ] no galego, no dialeto caipira até início do século XX (Amaral, 1920), em algumas áreas do Mato Grosso (Almeida, 2000) e em vastas zonas da Lusofonia (cf. guin *tchora*). Em alguns lugares o *l–* inicial se palatalizou também, mas os encontros vocálicos foram mantidos, como no no catalão e no aragonês (Andolz, 2004[5]). Em alguns dialetos do leonês, a evolução do som conduziu a [ts]: lat *lunam* > leon [ˈʎuna] ≈ [ˈtsuna] "lua", lat *lanam* > leon [ˈʎana] ≈ [ˈtsana] "lã", lat *lupum* > [ˈʎoβu] ~ [ˈtsoβu] "lobo" (Morala Rodríguez, 2008). É difícil imaginar as primeiras transformações, sem que o substrato tenha tido um papel importante. De fato, a sobrevivência do som [ɬ] em línguas célticas (cf. galês *llwyd* [ˈɬʊɪd] "cinza") pode reforçar a argumentação a favor dessa reconstrução. Tal fenômeno ocorreu tanto em posição inicial, quanto no meio das palavras, desde que antecedido por uma outra consoante:

- *cl–* > *ch–*: lat *clavem* > *chave*, lat *clamare* > *chamar*, lat *mascŭlum* > **masclum* (AP 4 *masclus*) > *macho* (cf. também há *mascel* < lat *mascŭlum* cf. AP 33);

- *pl–* > *ch-*: lat *pluviam* > *chuva*, lat *plus* > *chus* †, lat *planum* > *chão*, lat *implere* > *encher*;
- *fl–* > *ch-*: lat *flammam* > *chama*, lat *afflare* > *achar*, lat *flagrare* > *cheirar*, lat *inflare* > *inchar*.

Na posição intervocálica, **–cl–* provindo da síncope da postônica (sobretudo em diminutivos) elimina a oclusiva e se manifesta como *–lh–* [ʎ]. Nesses casos, o castelhano passou pelas seguintes transformações: *–cŭl–* > **–cl–* > *[ʎ] > *[j] > *[ʒ] > [χ], grafado *–j–* (§ 2.2.1). Com o auxílio do *Appendix Probi* (§ 2.2.2.1) as etapas intermediárias são facilmente reconstruídas:

- lat *ocŭlum* > **oclu* (AP 111 *oclus*) > *olho* ≅ esp *ojo*;
- lat *pedicŭlum* > **peduclu* > *piolho* ≅ esp *piojo*;
- lat *acus* → **acucŭlam* > **acucla* > *agulha* ≅ esp *aguja*;
- lat *ovis* → **ovicŭlam* > **ovicla* > *ovelha* ≅ esp *oveja*;
- lat *apis* → **apicŭlam* > **apicla* > *abelha* ≅ esp *abeja*;
- lat *auris* → **auricŭlam* > *oricla* (AP 83) > *orelha* ≅ esp *oreja*;
- lat *vetus* → **vetŭlum* > **vetlum* > **veclum* (AP 5 *veclus*) > *velho* ≅ esp *viejo*;
- lat *articulum* > **articlum* (AP 8) > *artelho* ≅ esp *artejo*.

Observem-se as diferentes soluções, motivadas sobretudo pela variação dialetal e somente explicáveis por meio de etimologias cuidadosas. Em vários desses casos, apenas ocorre a metátese, noutros, tal fenômeno é seguido de sonorizações, síncopes e palatalizações (cf. § 2.2.2.4, § 2.3.1 e § 2.4.2.1):

- *–bi*V– > *–iv–*: lat *rabiam* > **rávia* > *raiva*, lat *rubeum* > **ruvio* > *ruivo*. Em fr *rabiam* > **ravie* > *rage* regularmente, mas em português também há uma mudança semelhante: lat *habeat* > **abia* > *haja*. Esse fenômeno é difícil de explicar, pois não se trata, evidentemente, de empréstimo (como em lat *leviarium* > fr *léger* > *ligeiro*), nem de analogia (§ 3.2);
- *–vi*V– > *–iv–* lat *pluviam* > **chuvia* > *chuiva* † ≈ *chuva*, lat *gaviam* > **gaiva* → *gaivota*;
- *–ci*V– > *–z–* ≈ *–ç–*: lat *judicĭum* > *juízo*, lat *facĭo* > *fazo* † ≈ *faço*, lat *minacĭam* > **mẽaça* > *meaça* > *ameaça*, lat *faciem* > *face*, lat *lancĕam* > **lancĭa* > *lança*;
- *–gi*V– > *–j–* ≈ ø: lat *fugio* > *fujo*, lat *spongiam* > *esponja*, lat *navigĭum* > *navio*.
- *–si*V– > *–ij–*: lat *basium* > **baziu* > *[ˈbaʒjo] > **baijo* > *beijo*, lat *casĕum* > **cazio* > *[ˈkaʒjo] > **caijo* > *queijo*, lat *ecclesiam* > *eigreija* > *igreja*, lat *phaseŏlum* > *feijoo* > *feijó*;
- *–ssi*V– > *–ix–*: **bassium* > *[ˈbaʃjo] > *baixo*, lat *passionem* > *paixão*;

- *–ti*V– > *–z–* ≈ *–ç–*: lat *rationem* > *razom* > *razão*, lat *putĕum* > **putiu* > *poço*, lat *palatĭum* > *paaço* > *paço*, lat *pretium* > *preço*, lat *altiare* > *alçar*, lat *bracchĭum* > *braço*, lat *pretiare* > *prezar*, lat *tristitĭam* > *tristeza*, lat *putĕum* > **putiu* > *poço*, lat *orationem* > *oraçom* > *oração*, lat *minatĭam* > **mẽaça* > *meaça* > *ameaça*;
- *–sti*V– > *–ch–*: lat *bestĭam* > *bescha* > *bicha*, lat *comestionem* > *comichão*;
- *–di*V– > *–j–* ≈ *–ç–* ≈ ø: lat *hodĭe* > *hoje*, lat *vidĕo* > **vidio* > *vejo*, lat *invidĭam* > *inveja*, lat *medium* > *meio*, lat *sedĕat* > **sedia* > *seja*, lat *ardĕo* > **ardio* > *arço* † ≈ *ardo*, lat *perdo* → **perdio* > *perço* † ≈ *perco* ≈ *perdo* † < lat *perdo*, lat *verecundiam* > *vergonça* † ≈ *vergonha*;
- *–ni*V– > *–nh–*: lat *aranĕam* > **arania* > *aranha*, lat *tenĕo* > **tenio* > *tenho*, lat *venĭo* > *venho*, lat *vinĕam* > *vinia* (AP 55) > *vinha*, lat *balneum* > **baniu* > *banho*, lat *ciconĭam* > *cegonha*, lat *seniorem* > *senhor;*
- *–ri*V– > *–ir–* ≈ *–ur–*: lat *augurĭum* > *agoiro* ≈ *agouro*, lat *corĭum* > *coiro* ≈ *couro*;
- *–li*V– > *–lh–* ≈ *–i–*: lat *filĭum* > *filho* (esp *hijo*), lat *folĭa* > *folha* (esp *hoja*), lat *malĕum* > **maliu* > *malho*, lat *allium* > *alho*, lat *palĕam* > **palia* > *palha*, lat *salĭo* > *saio.*

Há outras atuações do iode na formação de palatais. De fato existe uma inesperada relação entre quantidade de palavras no léxico com determinados fonemas e sua introdução no léxico da língua portuguesa, de modo que fricativas palatais são muito mais raras que oclusivas (Viaro & Guimarães Filho, 2007).

O movimento contrário, de *despalatalização*, embora muito menos comum, também existe no português brasileiro. A pronúncia *–lh–* > [l] é comum no Nordeste brasileiro, na Índia (Korlai), no malaio-português e em Macau e, certamente, provém de dialetos lusitanos, dada a recorrência em determinadas palavras:

- *companhia* > [kõpɐˈnia];
- *mulher* > [muˈlɛ];
- *lhe* > [li].

2.4.2.4. Nasalização

Grande parte das transformações consonantais anteriores revelam uma tendência à *assimilação* (§ 2.4.2.5). Na assimilação, sons distintos aproximam seus pontos articulatórios ou acabam por tornar-se idênticos. Dessa forma, a sonorização de surdas intervocálicas (vista em § 2.4.2.1) também adviria da assimilação promovida das vogais que as circundam, que são sonoras. Um tipo especial de assimilação parcial na língua portuguesa, dada a sua frequência de ocorrência, é a *nasalização*: a síncope de um *–n–* intervocálico (§ 2.2.2.4) afeta normalmente a vogal imediatamente anterior, que se torna nasalizada:

- lat *manum* > *mão;*
- lat *ponit* > *põe*;

- lat *ranam* > *rãa* > *rã*;
- lat *lanam* > *lãa* > *lã* (cf. § 2.2.2.3).

Essa nasalização das vogais concomitante com a síncope da consoante nasal é mais frequente do que a ortografia revela: lat *cantare* *[kanˈtaːɾe]> *cantar* [kɐ̃ˈta]. Outras formas de nasalização se encontram também quando não há contiguidade. Desse modo, a nasalidade pode avançar algumas sílabas antes ou após a tônica, como em:

- lat *nubem* > *nuve* ≈ *nuvem*;
- *mendigo* > [mĩˈdʒĩgu];
- *engabelar* > *engambelar*;
- *sobrancelha* > [sõbrɐ̃ˈseʎa] ⇦ *sombra* (§ 3.2).

No último exemplo, uma dupla interpretação da transformação também pode ser imaginada, pois suscitaria uma discussão acerca da poligênese de certos fenômenos: a palavra seria pressionada não por um, mas por diversos fatores na transformação. A frequência de uso de *sombra* devia ser maior que a de *sobrancelha* na sincronia pretérita em que houve a nasalização, daí a direcionalidade da mudança: há uma nasalização de *sobrancelha* e não a desnasalização de *sombra*.

No entanto, há outros casos de nasalização em que uma consoante nasal afeta apenas a vogal que a segue, num raro fenômeno, por vezes, conhecido como *prolação*, o qual ocorre, sobretudo, em palavras com alta frequência de uso:

- lat *mihi* > *mii* > *mi* > *mim*;
- lat *multum* > *muito* > [ˈmũjtu];
- lat *nec* > **ne* > *nem*;
- lat *matrem* > **made* > **mae* > *mãe* (cf. gal *nai*);
- lat *nidum* > **nio* > *nĩo* > *ninho*;
- lat **muccum* > *monco*;
- fr *message* > *messagem* > *mensagem*;
- *desmazelado* > [dizmɐ̃zeˈladu].

A síncope do *–n–* (§ 2.2.2.4), juntamente com a nasalização, gerou vários hiatos e ditongos que, com o tempo, foram desfeitos de alguma forma. Um expediente muito frequente foi o caminho inverso de uma subsequente *desnasalização*:

- lat *tenēre* > *tẽer* > *teer* > *ter*;
- lat *ponēre* > *põer* > *pôer*> *pôr* (cf. gal *poñer*);
- lat *nominare* > *nomẽar* > *nomear*;
- lat *lunam* > *lũa* > *lua*.

Às vezes, seguiu-se à desnasalização uma epêntese (§ 2.1.2) para desfazer o hiato:

- lat *cenam* > *cẽa* > lat *cea* > *ceia*;
- lat *sinum* > *sẽo* > *seo* > *seio*;
- lat *frenum* > *frẽo* > *freo* > *freio*.

Essa epêntese também ocorre em formas não registradas pela escrita:

- lat *coronam* > *corõa* > *coroa* > [koˈɾowa];
- lat *bonam* > *bõa* > *boa* > [ˈbowa] > [ˈbowwa].

Algumas desnasalizações podem ser muito antigas, como se pode ver na simplificação do latim vulgar *–ns–* > *–s–*, normalmente entendida como síncope (§ 2.2.2.4):

- lat *mensam* > **mesam* (AP 152 *mesa*) > *mesa* (cf. romeno *masă* < **measă* < **mesa* < lat *mensam*);
- lat *tensum* > *teso*;
- lat *tensionem* > **tesom* > *tesão*;
- lat *pensare* > *pesar*;
- lat *ansam* > **asam* (AP 76 *asa*) > *asa*;
- lat *infernum* > *iferno* † ≈ *inferno*.

Sem datações, é difícil decidir, em alguns casos, quais fenômenos atuam nas variantes. Por exemplo, no par *mostrengo* ≈ *monstrengo*, é possível uma nasalização motivada por prolação ou por recuo, bem como uma desnasalização. Tudo isso pode ou não ser motivado por analogia (§ 3.2). Por fim, algumas desnasalizações como em *chimpanzé* > [ʃipɐ̃ˈzɛ] podem ser motivadas por analogia ou simplesmente não ser desnasalização (dada a dificuldade de se localizar o étimo: a origem é supostamente congolesa). A determinação do *terminus a quo* de algumas desnasalizações de vogais postônicas pode ser obtida a partir da antiguidade de alguns de seus derivados, cuja forma, teoricamente, só seria possível a partir de formas desnasalisadas:

- lat *hominem* > *homem* > *home* (já no século XIII) → *hominho* (século XX);
- lat *ordinem* > *ordem* > [ˈɔɾdʒi] → *ordeiro* (século XIX).

Formas desnasaladas de palavras como *homem*, *ordem*, *nuvem*, *virgem*, *ontem* não só ocorrem no português brasileiro e, dialetalmente, no português europeu, mas também se encontram no Sri Lanka e em malaio-português. Apesar de não serem formas privilegiadas pela norma culta moderna (§ 2.4.1), as paroxítonas com a átona postônica desnasalizada são um fenômeno que ocorre nas mais diversas variantes da Lusofonia:

- *cantavam* > [kɐ̃ˈtavu];
- *bênção* > [ˈbẽsa];
- *ímã* > [ˈima].

2.4.2.5. Assimilação

Segundo Nogueira (1937), a *assimilação* é o principal mecanismo das transformações fonéticas. Uma definição do fenômeno foi apresentada no item anterior (cf. § 2.4.2.4). Outras assimilações específicas distintas da nasalização são, contudo, possíveis de ser investigadas. De um modo geral, classificam-se as assimilações em totais ou parciais, em regressivas ou progressivas. Além disso, podem ocorrer entre sons contíguos ou separados por uma única sílaba ou mais. As razões da assimilação são de ordem puramente mecânica ou são motivadas pela analogia, sendo a triagem dos casos, por vezes, difícil (cf. § 3.2). No que toca à mecanicidade de algumas transformações, o estudo da Fonética Acústica poderá dar um forte instrumental teórico para entender por que tais fenômenos ocorrem de forma similar em tantas línguas do mundo e quais são universais. De fato, alguns traços não distintivos cuja existência é comprovável nos espectrogramas parecem mostrar que os órgãos da fala antecipam traços de sons a ser pronunciados (não necessariamente contíguos). Por exemplo, ao pronunciar espontaneamente *caneta* [kɐˈneta], não só a articulação do [k] é menos palatal do que em *quinze* [ˈkĩzi], mas também, o [ɐ] tem traços nasais do [n], o [t] pode ter um pouco de sonoridade adquirida das vogais circundantes e o [e] ser relativamente mais aberto por causa do [a] que ainda será pronunciado. Tais adaptações ou antecipações, motivadas pelo planejamento mental de se pronunciar a palavra, diacronicamente, podem associar-se à norma (no sentido coseriano) e, por fim, tornar-se distintivas e integrar um novo sistema. Por vezes, os traços são tantos que um segmento inteiro se transubstancia, como se vê nas metáteses (§ 2.3.1).

Os prefixos latinos são um bom exemplo de assimilações totais regressivas. Vários terminam em certas consoantes que não se compatibilizam com a do início do radical. Nesses casos, há uma atuação assimilatória da direção do radical para o prefixo (pelo *espraiamento* cf. § 2.1.2), formando, por vezes, algumas geminadas:

- lat *in+legitimus* > *illegitimus* "que não é conforme as leis";
- lat *ad+capĕre* > *accipĕre* "tomar para si, receber";
- lat *ad+causare* > *accusare* "acusar, censurar";
- lat *com+ludĕre*> *colludĕre* "jogar junto";
- lat *dis+facĭlis* > *difficĭlis* "difícil";
- lat *ec+ferre* > *efferre* "levar para fora, produzir";
- lat *in+licĭtus* > *illicĭtus* "proibido, ilícito";
- lat *inter+legĕre* > *intellegĕre* "discernir, compreender";
- lat *ob+ponĕre* > *opponĕre* "pôr adiante";
- lat *sub+cedĕre* > *succedĕre* "vir por baixo, aproximar".

A formação de nasais homorgânicas (§ 2.1.2) é um exemplo de assimilação parcial regressiva, na qual apenas alguns traços são levados em consideração (como o ponto de articulação), não havendo identidade entre o som assimilado e o assimilador:

- *in+pavĭdus* > *impavĭdus* "impávido, calmo";
- *in+barba* > *imberbis* "sem barba, imberbe";
- *com+cedĕre* > *concedĕre* "pôr-se em marcha".

Nos casos anteriores, a junção do prefixo promove a mudança da vogal da raiz (*a* > *e* em lat *imberbis*, *a* > *i* em lat *accipĕre*, *au* > *u* em lat *accusare*). Esse fenômeno, inexistente no português, chama-se *apofonia.* Segundo Lindsay (1895), ocorrera no latim arcaico devido à atração do acento para a primeira sílaba. De fato, formações mais recentes não sofrem apofonia, como se pode ver em alguns casos anteriores (*impavĭdus* e não ★*impivĭdus*). Desse modo, a apofonia é muito importante para determinação de sincronias dentro do sistema latino (*vide* muitos exemplos em Romanelli, 1964 e em Viaro, 2004).

Assimilações totais regressivas também ocorreram no português, quando, após uma síncope, criou-se um hiato (§ 2.2.2.4). Tais palavras, posteriormente, sofreram crase (§ 2.2.2.3) e o mesmo ocorreu com consoantes assimiladas (cf. surdas geminadas intervocálicas em § 2.4.2.1):

- $-v_1Cv_2- > -v_1v_2- > -v_2v_2- > -v_2-$: lat **palumbam* > *paomba* > *poomba* > *pomba* (cf. esp *paloma*), lat *calentem* > *caente* > *queente* > *quente* (cf. esp *caliente*);
- *–mn–* > *[nn] > [n]: lat *damnum* > *dano*, lat *autumnum* > *outono*, lat *somnum* > *sono* (mas palatalizadas em espanhol § 2.2.2.3: esp *daño, otoño, sueño*), lat *dominam* > **domna* > **donna* > *dona* (cf. rom *doamnă* < **domna*). O esp *dueña* < **donna* < **domna* < *domĭnam* se comporta como em lat *annum* > *año* (mas port *ano* < lat *annum*);
- *–ps–* > *[ss] > [s]: lat *ipse* > *esse*, gr *gýpsos* > lat *gypsum* > *gesso*;
- *–pt–* > *[tt] > [t]: lat *septem* > *sete*, lat *captare* > *catar*, lat *scriptum* > *escrito*, lat *neptis* → **nepta* > *neta*;
- *–rs–* > *[ss] > [s]: lat *personam* > *pessõa* > *pessoa*, lat *persĭcum* > **pessĭcum* (AP 149 *pessica*) > *pêssego*, lat **versoriam* > **vessoira* > *vassoira* ≈ *vassoura*, lat *aversum* > *avesso*, lat *ursum* > port ant *osso* † ≈ *urso* (cf. esp *oso*);
- *–rl–* > *[ll] > [l]: lat *per illum* > *per lo* > *pello* > [ˈpelu], *amar+lo* > **amal-lo* > *amá-lo*;
- *–sl–* > *[ll] > [l]: *amas+lo* > *ama-lo*;
- *–x–* > *[ks] > *[ss] > [s]: lat *dixi* > *disse* ≈ *dixe* † (cf. esp *dije*), lat *sexaginta* > *sessaenta* > *sessenta.*

Pode-se ainda falar de assimilações parciais regressivas. Esse subtipo foi bastante importante na formação dos ditongos [ej] e [ow], fenômeno que ocorreu em diversas sincronias pretéritas (cf. § 2.4.1), cujas vogais [e] e [o] remontam a um *[a]. Há, de fato, mais traços fônicos próximos entre [j] em [e] do que entre [j] e *[a] e o mesmo se pode dizer com relação a [w] ~ [o] e [w] ~ *[a]:

- lat *amavi* > **amai* > *amei*;
- lat *primarium* > *primairo* > *primeiro* (cf. § 2.3);
- lat *amavit* > **amau* > *amou*;
- lat *aurum* > *ouro*;
- lat *thesaurum* > *tesouro*;
- lat *vado* > **vao* > **vau* > *vou*;
- lat *do* → **dao* > **dau* > *dou* (cf. rom *dau* < **dao*);
- lat *sto* → **stao* > **stau* > *estou* (cf. rom *stau*);
- lat *habui* > **haubi* > *houve*;
- lat *audere* → *ausus* → **ausare* > *ousar.*

Por fim, há assimilações consonantais regressivas que ocorrem entre sons sem contiguidade. Dentre as regressivas citem-se:

- [u]...[i] > [i]...[i]: lat *umbilĭcum* > **imbilĭcum* (AP 58 *imbilicus*) > *embiigo* > *embigo* ≈ *umbigo* < lat *umbilĭcus* (refecção § 1.4);
- [s]...[ʃ] > [ʃ]...[ʃ]: ital *salsiccia* > esp *salchicha* > port *salchicha* ≈ *salsicha* < ital *salsiccia* (ambas dicionarizadas);
- [ʒ]...[s] > [z]...[s]: lat med *registrum* > fr *registre* > *registro* ≈ *registo* ≈ [xeˈzistu].

Menos comuns são as assimilações progressivas: *amaram+lo* > *amaram-no*, lat *molinarĭum* > **molnairo* > **molneiro* > **molleiro* > *moleiro.* Algumas vezes não é possível determinar se a assimilação parcial é progressiva ou regressiva. Por exemplo, em lat *famem* > **fomem* > *fome* (cf. romeno *foame*), o arredondamento do *–a–* > *–o–* pode ter sido provocado tanto pela consoante *f–*, quanto pelo *–m–*, ambos sons labiais.

2.4.2.6. Dissimilação

Na direção oposta à assimilação encontra-se a *dissimilação*, fenômeno em que sons idênticos ou próximos do ponto de vista articulatório acabam por ficar cada vez mais distintos (cf. definição em § 2.4.2.4). Citem-se alguns casos de dissimilações de vogais:

- *a...a* > *e...a*: lat **maneanam* > *manhã* > *menhã*;
- *a...a* > *a...u*: tupi *tatarána* "parecido com fogo" > *tatarana* > *taturana* ⇦ *tatu*;
- *e...e* > *a...e*: lat *Te Deum* > *Tadeu*;

- *i...i > e...i*: lat *viginti* > esp *veinte* (cf. port. *viinte* > *vinte*);
- *o...o > e...o*: lat *formosum* > *fermoso* (cf. esp *hermoso*, rom *frumos*), lat *horologium* > cat ant *relotge* > *relógio* (cf. § 2.2.1), lat *potio* → **potioniam* > *poçonha* > *peçonha*, lat *rotundum* > *rodondo* > **redondo*, lat *tonsoriam* > *tosoira* > *tesoira* ≈ *tesoura*.

Alguns exemplos de dissimilações de consoantes seriam:

- *l...l > r...l*: lat *calamellum* > *caramelo*, *pílula* > [ˈpiɾula];
- *l...l > n...l*: lat *globellum* > *lovelo* > *novelo*, lat *libellum* > fr ant *livel* > fr ant *nivel* > *nível*;
- *m...m > n...m > l...m*: lat *memorare* > **memrar* > *membrar* > *nembrar* > *lembrar*;
- *n...m > l...m*: lat *anĭmam* > **anma* > *alma*;
- *r...r > r...l*: lat *arbŏrem* > *árvol* † (cf. esp *árbol*), lat *carcerem* > esp *cárcel* (cf. port *cárcere*), lat *marmŏrem*> esp *mármol* (cf. port *mármore*);
- *r...r > l... r*: gót **haribairgo* > lat med *haribergum* > prov *albergue*, *cérebro* > [ˈsɛlebru] (cf. esp *celebro* ≈ *cerebro*).

Muitas vezes, em vez da dissimilação, para evitar a repetição de sons, ocorre a síncope, sobretudo na sequência *r...r*, sendo sincopado ou o primeiro ou o segundo *–r–*, mantendo-se, com frequência, o da sílaba tônica (§ 2.2.2.4):

- lat *aratrum* > *arado*;
- lat *cribrum* > *crivo*;
- lat *proram* > prov *proa* > port *proa*;
- lat *rostrum* > *rosto*;
- *perturbar* > [peɾtuˈba];
- *problema* > [pɾoˈbɾema] > [poˈbɾema];
- *programa* > [poˈgɾɐma];
- *próprio* > *própio* † (também dialetal, cf. espanhol *propio*).

Da mesma forma que é difícil saber se temos síncope ou epêntese (§ 2.2.2.4), também não é simples, às vezes, sem o estudo etimológico, decidir se estamos diante de uma assimilação ou de dissimilação. Algumas situações requerem dupla solução: assim, em *temeroso* < *temoroso* temos uma dissimilação da vogal pretônica, com relação à tônica [o], ou uma assimilação, com relação à pretônica [e] que lhe é imediata? Aparentemente, ambas as soluções estão corretas.

Entre as dissimilações mais frequentes há as transformações *l* > *r* (*rotacismo*) e *r* > *l* (*lambdacismo*), fenômenos comuns nos dialetos antigos e modernos do português em outras situações. As formas que sofreram rotacismo são extremamente comuns não só no Brasil mas em toda a Lusofonia (cf. alguns exemplos em § 2.4.2.3):

- gr *ekklēsía* > lat *ecclesia* > *eigreija* > *igreja*;
- gr *pápyros* > lat *papyrum* > *papel*;
- lat *affligĕre* > *afrigir* † ≈ *afligir*;
- lat *implicare* > *empregar*;
- lat *negligentĭa* > *negrigência* † ≈ *negligência*;
- lat *obligare* > *obrigar*;
- lat *pallidum* > **paldo* > *pardo*;
- lat *simplĭcem* > *simprez* † ≈ *simples*;
- lat *vetus* → **vetŭlum* > **vetlum* > **vedro* → top *Pontevedra* (cf. *velho*, § 2.4.2.3).

Um caso de rotacismo menos comum é a transformação *–s–* > *–r–*, como em *mesmo* > **mermo* > [ˈmeɽmu] ≈ [ˈmehmu]: essas formas são conservações de dialetos antigos europeus trazidos para o Brasil (cf. Póvoa do Varzim *miêrmo*, segundo Vasconcelos 1928: 282). Também *quaresma* > [kwaˈɾɛɽma] se ouve no dialeto caipira, sobretudo em Minas Gerais. Na história do latim, esse rotacismo, porém, teve um importante papel na formação das irregularidades de seu sistema flexional:

- lat *eram* < **esam* "eu era" (mesmo radical *es–* de, por exemplo, lat *estis* "vós sois");
- lat *corporis* "do corpo" < **corposis* etc.

2.5. Fragmentação e unificação de formas

Apesar de atribuídas a Grimm, as mudanças fonéticas, como vimos, foram descobertas por Nebrija e também estão presentes em Nunes de Leão (cf. Primeira Parte, item "Nunes de Leão"), a partir de uma apropriação dos metaplasmos usados pela Retórica greco-latina. Posteriormente, foram reintroduzidas por Rask (cf. Primeira Parte, item "Rask"). Por fim, foram incensadas como infalíveis, dada sua grande regularidade, como se viu na polêmica iniciada entre Curtius e os Neogramáticos acerca do termo *lei fonética* (cf. Primeira Parte, itens "Schleicher" e "Schuchardt"). Na verdade, como se vê nos exemplos anteriores (§ 2.1 a § 2.4), as exceções são frequentes e decorrem de uma série de fatores. O principal é: sincronias pretéritas de uma língua não são uniformes. Tampouco o é a sincronia atual. Toda língua, em qualquer época, traz em si uma variabilidade muito grande, que pode associar-se à região, a elementos sociolinguísticos ou ao estilo (§ 5.3). As palavras, não sendo uniformes na sua origem, não teriam também uniformidade na sua transformação, pois dependem do modo de transmissão, de suas frequências de uso e de associações sincrônicas com determinados registros: tudo isso lhe conferirá maior ou menor grau de conservação. Portanto, a ideia do monogenismo linguístico (cf. Primeira Parte, item “Trombetti”) ou de um sistema sem variantes é ingênua. Na maior parte das vezes, são apenas exercícios de abstração e não refletem o fenômeno *língua* na sua totalidade (cf. Introdução).

Da mesma forma que a fragmentação é uma realidade, também tentativas de unificação, padronização e nivelamento ocorreram com frequência na História da Humanidade, à medida que os grupos tiveram cada vez mais contato entre si, sobretudo a partir do desenvolvimento de gramáticas normativas.

Dito de outro modo, além do movimento representável pelo esquema arbóreo, em que uma forma se multiplica *ad infinitum*, há também o movimento inverso: formas distintas amiúde se unem numa só, gerando, por vezes, uma semântica complexa. Isso é observável quando consultamos acepções dos verbetes de dicionário. Também ocorre em níveis abaixo do lexical. Por exemplo, o significado de sufixo latino *–arius* (formador de adjetivos, profissões, atributos de árvores e de alguns objetos) foi acrescido também do sentido abstrato de “coletivo” na sua flexão neutra *–arium*. Tal significado novo proveio da coincidência formal do gr *–árion* > lat *–arium*: por exemplo, gr *glōssárion* > lat *glossarium*. No entanto, *–arium* já existia antes dessa convergência de formas. O sentido de coletivo, até então inexistente, tornou-se produtivo no período pós-clássico também com bases latinas (para o valor diminutivo de *–arium*, também de origem grega cf. § 3.1):

- port *inventário* < lat *inventarium* “inventário” << “conjunto das coisas encontradas” ← lat *inventum* “(algo) encontrado”;
- port *itinerário* < lat *itinerarium* “mapa” << “conjunto de caminhos” ← lat *iter* “caminho”;
- port *hinário* < lat *hymnarium* “conjunto de hinos” ← lat *hymnum* < gr *hýmnos* “canto”;
- lat *eclogarium* “recolha de pequenas peças” ← lat *eclŏga* “poesia pastoril”;
- lat *trigarium* “conjunto de três coisas” ← lat *tres* “três”;
- lat *vitrarium* “conjunto de vidros” ← lat *vitrum* “vidro”;
- lat *herbarium* “obra de botânica” ← lat *herba* “erva”.

Em períodos em que não há normas escritas e reina o isolamento das comunidades, a fragmentação torna-se uma realidade, como se verifica não só na abundância de línguas ágrafas da Nova-Guiné, mas também na formação das línguas e dialetos românicos a partir do latim. A aproximação de culturas e o bilinguismo promovem um nivelamento das estruturas linguísticas e do seu vocabulário, com o propósito da intercomunicabilidade (o qual é conhecido pelo nome técnico de *koiné*). Tal parece a situação dos dialetos do alemão suíço que, antes bastante diferentes de cidade para cidade, devido ao isolamento anterior à implantação das ferrovias, hoje estão em processo de fusão, formando um alemão suíço mais homogêneo, mediante o nivelamento das diferenças regionais (Viaro, 2001). Menos espontaneamente, esse nivelamento ocorre nos impérios, tal como com os antigos dialetos gregos no período alexandrino. Convergências também são objeto de estudo da Linguística Areal: nos Bálcãs, línguas pertencentes a famílias muito distintas, como o albanês, o romeno, o grego e o servo-croata, têm semelhanças muito grandes, não só no vocabulário, mas também na fonética, na sintaxe e nas locuções, devido a contatos muito íntimos e bilinguismos maciços ocorridos em sincronias pretéritas (Sandfeld, 1930). Em áreas onde as línguas são parecidas, o efeito da *koiné*, apesar de muito frequente, é, porém, menos visível, por se confundir com a origem comum. Desse modo, é difícil, às vezes, saber o que pertence ao português, ao galego, ao leonês ou ao castelhano em sincronias pretéritas, se é que faz sentido usar esses rótulos para as línguas, nesses períodos.

Perseguindo essa reflexão, chegaríamos até mesmo a invalidar a hipótese de protolínguas coesas e uniformes, atitude, aliás, bastante razoável para quem pretende trabalhar com Etimologia e com Linguística Diacrônica de modo geral, pois devem sempre partir de etapas antigas de modo realista, ou seja, como um conjunto de variantes. Falar de unificações não é o mesmo que falar de uniformidade. Nenhuma unificação, por mais poderosa, chegou ao ponto de gerar uma uniformidade, a qual não é um fenômeno que existe para além da escrita nas línguas. Só línguas artificiais poderiam, de fato, gozar da prerrogativa de serem uniformes e nenhum modelo que pretenda descrever uma língua natural qualquer pode partir do pressuposto da invariabilidade do sistema.

Nesse ponto, podemos afirmar que, perante as vicissitudes históricas e as particularidades psicológicas dos indivíduos, é impossível que esquemas tão simples e voltados à descrição, como o das leis fonéticas, deem conta de explicar todas as transformações. De fato, a introdução de uma palavra num sistema é quase obra do acaso. Daí advém a justeza das críticas de Schuchardt e dos que aplicaram suas ideias (cf. Primeira Parte, itens "Schuchardt" e "Meyer-Lübke"). Porém, a vitória da argumentação schuchardtiana contra os Neogramáticos nem invalida a existência de mudanças fonéticas previsíveis nem torna inútil o seu conhecimento. Pelo contrário, as mudanças fonéticas deveriam ser entendidas como instrumentos úteis, pelo seu papel organizador. As exceções, uma vez agrupadas, podem ser (e efetivamente foram, em parte) compreendidas por outros modelos, elaborados por linhas que não necessariamente se preocuparam, no primeiro momento, com o aspecto diacrônico das línguas. Na grande síntese das linhas linguísticas que vem sendo promovida, desde final do século XX, há grande esperança na criação de instrumentos realmente poderosos que não prescindam do extenso material da Linguística antes de Saussure. Assim, até mesmo ciências que entendem o fenômeno linguístico como algo secundário (sobretudo a Psicologia) podem auxiliar a compreender étimos não explicáveis pelas chamadas leis fonéticas, como veremos a seguir.

3. O componente semântico

Independentes das mudanças fonéticas também se observam alterações semânticas nas palavras, as quais normalmente se referem a generalizações ou especializações de sentido, metáforas, metonímias, entre muitos outros fenômenos (Bréal, 1897). Alguns mecanismos foram estudados pela Linguística do final do século XX e início do XXI, tanto no nível intralinguístico (Lakoff & Johnson, 1980), quanto no interlinguístico (Heine & Kuteva, 2002). A arbitrariedade do signo linguístico dificulta a visão da intersecção semântica de duas palavras X e Y quaisquer (exceto nas flexões e em grande parte das derivações), de modo que é complexo entender como o sentido de X passa para o de Y e vice-versa. Entender isso, porém, de forma minimamente organizada é crucial para a Etimologia para que não se deteriore em pura especulação.

As mudanças semânticas também sofrem, por exemplo, atuação das chamadas derivas (cf. § 2.2.2.4). Transformações de significado idênticas e muito específicas podem ocorrer em duas línguas do mesmo grupo em tempos distintos ou mesmo independentemente em duas línguas quaisquer. Há casos de similaridades que realmente parecem intrigantes. Por exemplo, a ideia de "começar", muitas vezes se desenvolve etimologicamente da ideia mais concreta de "pegar" em um grande número de línguas. A explicação disso talvez seja "pegar (um instrumento para começar o trabalho)" >> "começar". Daí vemos:

- lat *capĕre* "pegar" → lat *incipĕre* "começar";
- alem *fangen* "pegar" → alem *anfangen* "começar";
- rus *prinimat'* ("*pegar" >> "aceitar") → rus *prinimat'sja* "começar";
- port ant *filhou-s'a chorar* "começou a chorar" (Cantiga de Santa Maria 404:68), de: *filhar* "pegar, roubar" >> "começar";
- port coloquial *garrou falar* "começou a falar", de: *agarrar* > *garrar* "pegar" >> "começar".

Outro desenvolvimento metafórico é "pegar (com o pensamento)" >> "entender":

- lat *capĕre* "pegar"→ lat *percipĕre* "perceber, entender" (cf. ital *capire*);
- alem *greifen* "pegar" → alem *ergreifen* "entender";

- rus *pri-nimat'* ("*pegar " >> "aceitar") → rus *po-nimat'* "entender";
- port *eu não peguei* "não entendi".

Observe, no exemplo russo anterior, que também "aceitar" é um terceiro desenvolvimento de "pegar", que aparece nas seguintes composições:

- alem *annehmen* "aceitar" ← alem *nehmen* "pegar";
- lat *accipĕre* "aceitar" ← lat *capĕre* "pegar".

A independência tipológica dessas línguas e a impossibilidade de explicar tais coincidências por meio de decalques eruditos, uma vez que são expressões que têm sua gênese supostamente na linguagem espontânea falada (cf. § 5.2), aponta para duas hipóteses:

- Trata-se da consequência de contato, proporcionado por bilíngues que fizeram espontaneamente um decalque (§ 5.2), o qual rapidamente se divulgou. Hipótese descartada facilmente com exemplos de línguas de grupos muito distantes em isolamento cultural mútuo (hoje cada vez mais raros).
- Trata-se do resultado de algo que pertença à cognição do próprio ser humano. Metáforas semelhantes surgiriam espontaneamente diante de situações muito básicas da vida humana. Essas metáforas normalmente refletiriam conceitos espaciais também básicos (Romanelli, 1964; Lakoff & Johnson, 1980; Viaro, 1994) ou metáforas baseadas na compleição física humana, na sua subsistência e na sua sobrevivência (Svorou, 1993).

De fato, o vocabulário latino serviu na Idade Média para a divulgação de ideias bastante abstratas, promovidas pela Filosofia e pela Religião, num crescente processo que vem do período clássico, no entanto, os significados originais das palavras, presentes em suas raízes, estão muitas vezes voltados ainda à vida rural (como se pode ver pela análise detida dos verbetes de Ernout & Meillet, 1932 e Faria, 1943; para exemplos, § 4.3).

Às vezes, as mudanças semânticas se efetuam em cascata:

- lat *sanare* "curar" > *sãar* † "curar"; mas:
- *curar* < lat *curare* "cuidar"; mas:
- *cuidar* < lat *cogitare* "pensar"; mas:
- *pensar* < lat *pensare* "pesar".

No entanto, o sentido antigo de *curar* "cuidar" se encontra em *curador* (acepção jurídica), o de *cuidar* "pensar" em frases do tipo *cuido que ele vem*, e *pensar* "pesar", em *compensar* (*os pratos da balança*). Conservações de sentidos mais antigos são, portanto, também encontradas em expressões, em compostos e em derivados. É uma tarefa constante da Semântica Histórica.

Desse modo, o vocabulário de uma língua, quando classificado por grupos semânticos, revela pistas para o mecanismo da cognição e para famílias de cognatos. Recuperar parte de redes relacionais do passado em recortes sociolinguísticos específicos também é uma tarefa da Etimologia, quando o que se procura é um bom étimo. Por exemplo, os nomes de cores do português atual nem sempre apontam para as mesmas cores do passado. Sabe-se que o port *roxo* e o esp *rojo* "vermelho" são cognatos, pois ambos provêm do mesmo étimo lat *rossĕum* "vermelho escuro". Ora, o significado do português aparentemente se distanciou mais, neste caso, do que o do espanhol. Isso é, porém, fenômeno recente, como se pode ver nas menções que Camões faz, em *Os Lusíadas* 10: 62, ao Mar Roxo (atualmente chamado de Mar Vermelho). A palavra *vermelho* provém do lat *vermicŭlum* "vermezinho" (como o esp *bermejo*), alusão feita à cochonilha, inseto de onde se extrai um corante avermelhado. Ora, a palavra *cochonilha* é empréstimo do esp *cochinilla* e, de fato, com o sentido de "vermelho" também aparece no gr mod *kókkinos*, derivado de *kókkos* "cochonilha", bem como no empréstimo lat *coccĭnus*. Pelo latim vulgar, a forma acusativa *coccĭnum* penetrou a área atual dos Grisões suíços: val *cotschen*, sobress *tgietschen* (por meio de metafonia do *–o–* e posterior assimilação do *c–*, como mostra o plural: sobress *cotschens* "vermelhos"). À primeira vista, poderia parecer improvável que um inseto desse nome a uma cor, mas a metonímia nesse étimo é clara e há muitos dados que o comprovam. Outros objetos, plantas e materiais podem gerar nomes de cores: *laranja*, *prata*, *rosa*, *cinza*, *pastel*, *vinho*, *areia*. Outros exemplos, gerados por metonímia:

- *bordô* < top fr *Bordeaux* "Bordéus" >> "vinho de Bordéus";
- *grená* < fr *grenat* "romã";
- *magenta* < top ital *Magenta*;
- *marrom* < fr *marron* "castanha" (aliás, *castanho* também é uma cor);
- *ocre* < fr *ochre* < lat *ochra* "terra amarelada" < gr *ōkhrós* "amarelado".

Outro aspecto muito explorado pela mudança semântica é o reforço pleonástico. Apesar de sua finalidade última ser a clareza e de ocorrer em autores clássicos (como em Vieira: *sair para fora*), o pleonasmo foi muito reprovado pela Gramática Normativa de viés neovaugelaisiano (cf. considerações em § 1.2). Nesse sentido, o humor costuma valer-se dele: no programa televisivo "Casseta & Planeta" (Rede Globo), é comum o uso de expressões pleonásticas com finalidade humorística, como "autoajude-se a si mesmo" ou "Tabajara books & livros". Na verdade, o pleonasmo, longe de ser reprovável, faz parte da expressividade interna das línguas e isso se pode ver no fenômeno da concordância (nominal e verbal), que é, em muitas línguas, como o português, bastante pleonástica. A função do pleonasmo, assim como o da repetição, é garantir o entendimento do ouvinte, já que a informação dita uma única vez não tem grandes chances de ser assimilada. Uma frase latina como: *abire ab his locis lenoniis* "fugir deste local de alcoviteiros" (Plauto *Menæchmi*: 457) indica a ideia de afastamento cinco vezes (no prefixo *ab–*, na preposição *ab*, no ablativo de *locis*, e nas concordâncias do pronome *his* e do adjetivo *lenoniis*). Também diacronicamente não é estranho encontrarmos reforços aparentemente desnecessários entre os fenômenos de derivação, como *infeliz* → *desinfeliz* ou lat *primus* → *primarius* "primeiro". Não aceitar tais fatos linguísticos, assumindo uma visão logicizante, dificulta a compreensão do fenômeno *língua* (cf. Introdução).

3.1. Homonímia e polissemia

O termo *homonímia* aparece já em Aristóteles (seculo IV a.C. em suas *Categorias*) ao referir-se à multiplicidade de referências que uma palavra pode conter. *Polissemia* é um termo do século XIX, criado por Michel Bréal (1832-1915) para as ocasiões especiais em que palavras homônimas *distintas* possuem o mesmo étimo. Se os seres (inclusive as palavras) se tornam sempre distintos ou são sempre o mesmo é discussão filosófica que opunha Heráclito de Éfeso (c540-470 a.C.) a Parmênides de Eleia (c530-460 a.C.). Para a Etimologia, é preciso assumir, como pressuposto básico, que a aceitação da perspectiva da mudança diacrônica não impede que se reconheça, em *cada* sincronia, a *mesma* palavra (*vide* § 1.2). Portanto:

> dados dois vocábulos X e Y quaisquer com mesmo significante, mas com diferente significado numa mesma sincronia, X é homônimo de Y se tem étimo distinto, ao passo que são acepções distintas de um mesmo vocábulo polissêmico se remetem a uma só origem (sobre a distinção entre étimo e origem *vide* § 1).

A distinção é particularmente útil na lexicografia: ao elaborarem-se dicionários, os homônimos devem ser verbetes independentes, ao passo que a polissemia de um vocábulo se reflete nas acepções de um mesmo verbete. De fato, sem a perspectiva diacrônica, não faz sentido distinguir os dois termos, como se esboça em Câmara Jr. (1970). Além disso, excluir o elemento diacrônico da distinção entre homonímia e polissemia, valendo-se exclusivamente de critérios morfossintáticos, seria criar, na verdade, uma dupla definição para termos técnicos já consagrados. Isso, apesar de corriqueiro em Linguística (funcionando quase como demarcador de correntes), é extremamente contraproducente. Todavia, sem uma regulamentação com base no princípio da anterioridade (*vide* Introdução), nada se alterará. Pautar-nos-emos, como em outros momentos, pela nomenclatura e definições mais antigas. Utilizá-las, porém, não quer dizer que a distinção seja simples na prática lexicográfica: nem sempre sabemos se significados distintos do mesmo significante remetem a verbetes ou acepções (isto é, se se trata de homonímia ou polissemia), dada a escassez da informação etimológica. Essa dificuldade não deveria invalidar a definição, apenas promover o debate científico. De fato, o que consta dos dicionários sob a forma de acepções é passível de revisão, à medida que os estudos etimológicos se aprofundam na investigação do verbete. Citemos, a seguir, vários casos em que homonímia e polissemia se definem por tal critério etimológico.

O exemplo mais comumente citado de homonímia é o da palavra *manga*. Referindo-se à parte da vestimenta, o nome vem do lat *manĭcam* (como ital *manica* ≅ log *maniga* ≅ rom *mânecă* ≅ fr *manche* ≅ cat *mànega* ≅ gr mod *maníki* ≅ basco *manka* ≈ *maunga*). Quando se trata da denominação do fruto, provém de alguma língua dravídica indiana. Dalgado (1913: 102) cita o tâmil *mānkáy*, que é o nome do fruto verde (em oposição a *mampalam*, que seria o fruto maduro). A palavra difundiu-se pelo mundo via fr *mangue* e ingl *mango*, palavras que provavelmente provêm diretamente do português. Do inglês originou-se o esp *mango*, bem como o alem *Mango*. Desse modo, ambas as palavras *manga*[1] (parte da vestimenta) e *manga*[2] (fruta) são homônimas no português, pois não têm absolutamente nada em comum do ponto de vista etimológico. No mesmo grupo lexical, observamos que também a palavra *mangueira* tem, pelo menos, três homônimos. A árvore frutífera (*mangueira*[1]) se forma a partir de uma derivação sufixal de *manga*[2] (que também ocorre, talvez por empréstimo, no fr *manguier*). Da mesma forma, *mangueira* pode ser um tubo (*mangueira*[2]) ou um curral (*mangueira*[3]). A palavra *mangueira*[2] seria, na verdade, uma derivação de uma acepção de *manga*[1], desenvolvida, por metáfora, a saber "objeto tubular que envolve qualquer coisa para proteger, isolar" (Houaiss & Villar, 2001 *s.v.*). Já *mangueira*[3] se derivaria de uma terceira palavra, isto é, *manga*[3], que significa "grupo, bando", restrita ao sentido de "bando de animais". Rastreando o uso dessa palavra, encontramo-la na gíria esp *una manga de locos*, no ár *manga* "bando" (Argélia) e no uso regional de *manga*, atestado em todo o Brasil (com exceção do Sudeste) para referir-se a pastos ou cercados. Pode-se pensar que essa terceira palavra *manga* nada mais é que uma polissemia de *manga*[1] "braço" >> "ala" >> "quantidade (de gente)" >> "quantidade (de animais)" >> "local onde ficam os animais", mas a argumentação daria margem a muitas dúvidas.

Sabe-se, por meio dos estudos diacrônicos, que *coser* < lat *consuĕre* e que *cozer* < lat *coquĕre*. Inicialmente, ambas as palavras eram pronunciadas distintamente, o que justificaria sua diferença na grafia: *coser* *[koˈz̺er] e *cozer* *[koˈdzer] > [koˈzer]. No entanto, quando, na virada do século XVI, se tornaram homófonas, houve com frequência a sua substituição por vocábulos sinônimos e cognatos: *coser* → *costurar*, *cozer* → *cozinhar*. A substituição de um ou de ambos os homônimos é apontada pela Dialetologia na explicação etimológica de algumas mudanças drásticas. Por exemplo, teria ocorrido com o gascão, língua românica que teve, em alguma sincronia pretérita, palavras homônimas para "galo" e "gato", devido a uma transformação fonética característica: *–ll–* > *–t–*:

- lat *gallum* "galo" > gasc **gat*;
- lat *cattum* "gato" > **gattum* > gasc *gat*.

Por serem elementos do mesmo campo semântico (a saber, o dos animais domésticos), a diferenciação de ambas as palavras se fez necessária. Houve, portanto, a substituição de uma delas por um sinônimo. A palavra *gat* para "gato" manteve sua forma, ao passo que, para "galo", substituiu-se o vocábulo original por *bigey* (Gilliéron & Roques: 1912, 121-131):

- lat *gallum* > gasc **gat* ⇒ gasc *bigey* < lat *vicarium* "vigário".

Não é necessário, porém, que ocorra a homonímia, pois uma mera semelhança é suficiente para acionar o mesmo processo: no português do Brasil, a palavra *três* é comumente ditongada, o que gera a pronúncia [ˈtrejs]. Por causa dessa semelhança sonora entre dois numerais, *seis* [ˈsejs], com a finalidade de clareza – sobretudo em números de telefone – é substituído por outra palavra: *seis* ⇒ *meia* < *meia dúzia.*

Nas polissemias, não são raros os casos de outras figuras de linguagem, como, por exemplo, a sinestesia:

- lat *capĕre* "pegar" → *captus* → *captare* "tentar pegar" > *catar* ≈ *captar*.

O significado original mais antigo "pegar" é presente no verbo *catar* no português brasileiro. Desse valor original de tato, pouco documentado no português medieval, passou-se logo a outro, em que *catar* † "pegar (com os olhos)" >> "olhar" (cf. rom *a căta* "procurar com os olhos"). Daí, provavelmente também se gerou, em espanhol, por polissemia, o sentido baseado no paladar: "*pegar (com o paladar)" >> "degustar". No it *cattare* † é "conseguir", um dos sentidos resultativos de "pegar".

Praticamente todas as palavras são polissêmicas: *café* pode ser o nome de uma planta, de uma bebida ou de um estabelecimento, assim como *canela* pode ser uma planta, um produto dessa planta ou de uma parte do corpo etc. Vistas do ponto de vista da sua referência, algumas palavras polissêmicas realmente designam seres totalmente distintos, contudo, isso não invalida, de modo algum, a definição que apresentamos. O vocábulo *cálculo* pode significar tanto "concreção pétrea" (*cálculo renal*), quanto "operação matemática" (*cálculo vetorial*). Para determinarmos se é uma homonímia ou uma polissemia, necessitamos de investigação etimológica: lat *calx* "pedra" → lat *calcŭlum* "pedrinha" (do mesmo radical geraram-se as palavras *cálcio*, *calcário* etc.). O cálculo renal recebeu sua denominação por causa de sua semelhança com elementos do reino mineral. É uma metáfora. Já por metonímia, as pedras utilizadas nas lições de Aritmética serviram para denominar as próprias contas, daí os *cálculos* em Matemática. Portanto, os dois sentidos de "cálculo" refletem uma polissemia. Aliás, também o vocábulo *conta* é bastante polissêmico: metonimicamente, refere-se resultativamente a faturas (*pagar uma conta*), ao conjunto de operações bancárias (*abrir uma conta*) e aos objetos contados para o cumprimento de orações (*contas de um rosário*).

A palavra *libra* pode referir-se a um signo do zodíaco ou a uma unidade monetária. O que une ideias tão distintas é o próprio significado do lat *libra* "balança". No caso do signo zodiacal, o nome está relacionado metaforicamente ao imaginado formato da constelação com mesmo nome. Metonimicamente, transferiu-se para um peso específico dos objetos postos na balança (convencionado em aproximadamente 0,45 kg). Depois, por meio de nova metonímia, do peso passou-se à denominação da unidade monetária britânica. Observe-se que o lat *libra* gerou o ital *lira*. O vocábulo *libra* é tradução portuguesa do ingl *pound* "peso", que encontra equivalência no esp *peso*, outra unidade monetária (assim como o foi o esp *peseta*). Uma metáfora, a partir do diminutivo do lat *libra*, a saber, lat *libellŭla* "balancinha", passou a designar o inseto que, por geralmente manter as asas na posição horizontal, assemelha-se a uma balança em equilíbrio. Dessa forma, é possível observar que, do ponto de vista diacrônico, salta-se, com facilidade e de forma imprevisível, de um gênero (ou hiperônimo) de uma palavra para outro.

O significado original da palavra *banco* é o de assento (frâncico **bank*). Um sentido derivado, o de estabelecimento bancário, provém, na verdade, da divulgação do vocábulo cognato ital *banca*. Pode-se reconstruir a transformação semântica, imaginando transações, no período medieval, inicialmente feitas ao ar livre, talvez em bancos numa praça e, posteriormente transferidas para ambientes fechados (tendas, casas etc.). Como nos estabelecimentos bancários há depósitos, a palavra ampliou seu significado, por metáfora, do depósito de numerário para o de outros objetos (*banco de sangue*, por exemplo). Seja como for, o que interessa para uma ciência de fenômenos linguísticos, como a Etimologia, é apenas que o deslocamento de sentido se efetuou por metonímia e, em seguida, por metáfora. Como *de facto* ocorreu a mudança, ilustrada por histórias por vezes fantasiosas, é, na verdade, algo secundário para a Etimologia científica, mas muito apreciada pela Etimologia descompromissada. É preciso, porém, principalmente, reconhecer o percurso, por meio dos fatos, em vez de reconstruir detalhes do contexto histórico do ato da criação da palavra (tarefa da História). Deduções preenchidas com a imaginação, além de desacreditar o método etimológico, atrapalham a visão geral da necessidade do trabalho das datações, que devia ser urgente para a caracterização das sincronias pretéritas, importantes também para outros estudos de Linguística.

É comum que algumas acepções estejam juntas com outras nos dicionários e refiram-se, na verdade, a homônimos de difícil ou de impossível etimologia. Uma palavra como *jacamim* significa um nome de uma ave e de uma planta. O étimo tupi *iakamín* refere-se somente à ave. A planta seria uma metáfora ou temos um homônimo cujo étimo não foi identificado? O vocábulo já teria homonímia no tupi? Há centenas de casos desse tipo para serem resolvidos e novos dados, provenientes da Etimologia, podem ser úteis no refazimento dos dicionários, transformando acepções em verbetes homônimos.

Muitas vezes palavras altamente polissêmicas convivem com homônimos. O vocábulo *ponto* no sentido poético de "mar", por provir do gr *póntos*, é homônimo de *ponto*, proveniente do lat *punctum* "picada de inseto" (do verbo lat *pungĕre* "picar", cf. *pungente*).

Como a picada deixa uma marca muito pequena na pele, esse sinal de formato arredondado passou, por metáfora, a ser empregado para referir-se a sinais de pontuação: inicialmente ao *ponto-final* e, por metonímia, ao *ponto de interrogação* e ao *ponto de exclamação*. A partir de pontos, na Geometria, representaram-se espaços, donde nasceram expressões como *ponto de partida*, *ponto de chegada*; da Cartografia nasceu a metáfora *ponto estratégico*; do Urbanismo, *ponto de ônibus*. Também da Geometria nasceu a ideia de o ponto ser uma "parte de um todo", donde, por metáfora, foi empregado em outros discursos, como o educacional: *ponto da prova* e, desse sentido, generalizou-se como "assunto" ou "questão": *ponto da discussão*.

Outro caso complexo é o da palavra *cabo*. Aparentemente nada há em comum, para o falante, entre um cabo de panela, um cabo usado para amarrar algo, um cabo militar, um topônimo como *Cabo Frio* ou a expressão *de cabo a rabo*. Se fôssemos pela intuição do falante, só nessa enumeração, teríamos cinco homônimos e, portanto, cinco verbetes num dicionário. O conhecimento histórico, contudo, nos permite afirmar que há, na verdade, apenas dois homônimos para as cinco acepções apresentadas.

- O primeiro teria como étimo o lat *capŭlum*, vocábulo que já era originalmente polissêmico e significava "cabo" no sentido tanto de "corda" (donde, por metáfora, derivam-se "cabo de aço", "cabo do acelerador"), quanto de "extremidade" onde se segura algo (por exemplo, o cabo da faca ou o cabo da panela). Esses dois sentidos, portanto, *cabo*[1a] e *cabo*[1b], refletiriam a polissemia de *cabo*[1]. A ideia comum de ambas as acepções deriva-se do radical *cap–* "pegar" (cf. latim *capĕre*). A transformação lat *capŭlum* > *caboo* > *cabo* transcorreu de maneira regular, embora se esperasse também a corriqueira síncope da vogal intervocálica postônica (cf. § 2.2.2.1). Nas línguas românicas em que a palavra sobreviveu e nas germânicas que a tomaram como empréstimo, o *–l–* latino intervocálico ou sofre vocalização (ital *cappio*) ou não cai (fr *câble*, esp *cable*, ingl *cable*, alem *Kabel* e port ant *cabre* †).
- O segundo homônimo *cabo*[2] tem como étimo o lat *caput* "cabeça". Esse sentido original sobrevive na expressão *de cabo a rabo*. Altamente polissêmica, a noção de "cabeça", nas mais diversas línguas, pode dar azo, por meio de metáforas, tanto a ideias como "objeto redondo" ou "objeto proeminente" (*cabeça de prego*), quanto, mais abstratamente a "algo/alguém muito importante" (*o cabeça do bando*), entre muitas outras. Da mesma forma, *cabo*[2] originou *cabo*[2a] "ponta ou porção do continente que avança mar adentro" e *cabo*[2b] "aquele que chefia" (mais especificamente, o praça superior ao soldado ou o marinheiro). Observe que também a palavra *chefe* vem do fr *chef*, que, por sua vez, também vem do lat *caput*.

A polissemia é, como dito, um fenômeno que perpassa todas as palavras, gramaticais ou lexicais, assim como todos os elementos de formação. O lat *calĭdus* significava "quente" e tinha o mesmo radical *cal–* que vemos em *calor.* Em português, *cálido* existe como um eruditismo aparentemente introduzido no século XVII. Já o acusativo *calĭdum* passou para as línguas românicas, a partir de uma forma sincopada **caldum* (cf. fr *chaud* ≅ ital *caldo* ≅ prov *caut* ≅ cat *cald* ≅ val *chod* ≅ sobrem *tgod* ≅ sobress *cauld* ≅ friul *čhald* ≅ log *kaldu* ≅ rom *cald*). O espanhol e o português especializaram o significado para "(líquido) quente" >> "sopa". Com o deslocamento do núcleo semântico, o gênero (ou hiperônimo) da palavra passou a ser "líquido", de modo que o valor de "quente" se tornou secundário e, em algumas construções, desapareceu completamente (*caldo de cana, dar um caldo*).

Na história das palavras há muitos casos de polissemia dos hiperônimos, sobretudo nas neologias: o nome dado à laranja em alemão em algumas regiões é *Apfelsine*, etimologicamente "maçã da China". Não conhecendo a laranja, os falantes de alemão, quando tiveram contato com a nova fruta, associaram-na imediatamente à maçã, que já conheciam. Também o caju é descrito por Fernão Cardim como um "repinaldo" ou uma "maçã camoesa". No relato de Rustichello da Pisa, sobre a viagem de Marco Polo ao Oriente, há várias passagens em que o desconhecido é descrito por meio do conhecido. Tal atitude gera a polissemia: de fato, *corvo* no Brasil significa não só a ave europeia da família dos corvídeos, mas também os catartídeos americanos (ou *urubus*). O vocábulo *raposa*, por vezes, não somente indica o carnívoro canídeo do Velho Mundo, mas os marsupiais didelfídeos das Américas (ou *gambás*). Essas mudanças semânticas corroboram uma postura da Semântica Simbólica, que costuma definir a metáfora como "uma palavra velha para uma coisa nova". A ampliação do significado de uma palavra se refere mais a certos aspectos abstratos (comportamentais ou funcionais) do que aos que afetam diretamente a percepção. É comum afirmarmos, por exemplo, que compramos um *vidro de xampu*, mesmo quando, hoje em dia, adquirimos produtos em embalagens de plástico.

A pluralidade semântica quase caótica nas palavras cognatas é resolvida por meio de dados fornecidos pelos textos, não pela intuição. Dessa forma, torna-se possível preencher as lacunas pouco claras, motivadas pela transmissão irregular das palavras. Na falta da *huge chart* bloomfieldiana (v. § 1.1), é tarefa da Etimologia reconstruir essas etapas com o máximo de veracidade possível, evitando ao máximo a interpretação anacrônica e a fantasia não comprovável. Os sufixos têm, por exemplo, grande flutuação de sentidos. Um sufixo como *–eiro* é altamente polissêmico (formador de adjetivos *cert-eiro*, marcador de profissões *sapat-eiro*, nomes de árvores *per-eira*, gentílico *brasil-eiro*, objetos *sal-eiro*, locais para guardar *galinh-eiro*, coletivo *formigu-eiro*, intensidade *nevo-eiro*, marcador de atividade constante com tom pejorativo *mexeriqu-eiro* etc.). Todos os sentidos provêm de um único significado existente no sufixo lat *–arium* formador de adjetivos (Viaro, 2007). Por sua vez, havia homônimos em latim, pois nas formas básicas latinas entra também o sufixo diminutivo gr *–árion*. Exemplos:

- lat *logarium* ≈ *logarion* "conta de pequenas despesas" < gr *logárion*;
- lat *volarium* "carocinho (na pintura)" < gr *bōlárion*.

Formações do lat *–arium* diminutivo passam a ser produtivas no latim (cf. para valores coletivos de gr *–árion* > lat *–arium* § 2.5):

- lat *stillarium* "pequena gota" ← lat *stilla* "gota";
- lat *corollarium* "pequena coroa" ← lat *corolla* "coroa";
- lat *lardarium* "pedaço de toucinho";
- lat *olerarium* "legumezinho".

Alguns exemplos do *–arium* afetado pela homonímia passaram para o português como formas cultas diretamente provindas do latim ou por intermédio de outra língua. Por exemplo, entre os sentidos do sufixo *–ário*, há o de "diminutivo", que, apesar de praticamente extinto hoje, deve ser computado na rede de polissemias do sufixo (e de fato ainda são dicionarizados vocábulos como *igrejário* "pequena igreja"). Portanto, parte do resultado polissêmico do sufixo português deve-se a uma homonímia já presente no latim. Algo semelhante ocorre com o sufixo *–agem* (Gonçalves, 2009), que representa a fusão de dois étimos:

- *–agem*[1] < *–age* < prov *–atge* < lat *–aticum* < gr *–(at)ikós*;
- *–agem*[2] < lat *–aginem* (em palavras como *cachagem*, *farragem*, *imagem*, *sartagem*, *soagem*, *tanchagem*, *voragem*).

O gênero feminino do segundo sufixo influenciou o gênero originalmente masculino do seu homônimo, de modo que hoje as palavras portuguesas em *–agem* são quase todas femininas, embora as suas cognatas em espanhol, francês e italiano tenham mantido o gênero masculino, cf. esp *el linguaje*, *el viaje*, *el masaje*, *el porcentaje*.

Se palavras pertencem a sincronias distintas, os termos "homonímia" ou "polissemia" também podem ser usados. Isso é particularmente visível nos arcaísmos. Por exemplo, *petista*[1] < *PT+ista* é vocábulo atual surgido no século XX, no entanto, no início do século XIX se usava também *petista*[2] "mentiroso"< *peta+ista* (cf. Costa, 1820[2]), que, apesar de arcaico hoje, pode ser chamado de homônimo.

Mesmo nos termos técnicos ocorre a polissemia. O termo *morfema* pode ter vários sentidos distintos, dentro do próprio Estruturalismo (como sinônimo do próprio signo linguístico, como apenas o elemento significante dos signos ou ainda o subconjunto de signos gramaticais). O termo *carnívoro* pode significar, em Biologia, "que come carne" (sentido etológico), mas também uma ordem de mamíferos, caracterizada por uma série de traços morfológicos e evolutivos, à qual pertence, por exemplo, o urso-panda (sentido taxonômico). Dito de outra forma, se por um lado, o urso-panda não é carnívoro[1] porque não come carne, mas apenas bambu, por outro, ele é *um* carnívoro[2], uma vez que tem traços comuns a outros mamíferos da mesma ordem, que inclui os cães, os ursos e os gatos. Para afirmar que um mamífero é da ordem dos carnívoros, é preciso que sua dentição, ossatura, características reprodutivas, entre outras coisas condigam com a definição de carnívoro^2, a qual não inclui o hábito de comer carne. A escolha arbitrária de um nome já existente (*carnívoro*^{1}) para o termo técnico (*carnívoro*^{2}) inspirou-se nos hábitos alimentares da *maioria* dos integrantes do grupo. Não denota incúria, pelo contrário, reflete muito rigor, uma vez que um termo *adequado a todos os seres referentes do conjunto* seria impossível. Um termo técnico desse tipo, portanto, combina a arbitrariedade do signo com uma definição rigorosa. Outro exemplo ainda se pode encontrar na Biologia: as moscas pertencem à ordem dos *dípteros* < lat cient *Diptera* < gr *dípteros* "que tem duas asas", termo técnico que agrupa também espécies que não têm asas (como algumas da família *Streblidae*). Jamais se imaginaria invalidar o termo *díptero* porque há exceções na realidade. Mais gritante ainda é o termo *sabor* aplicável a uma das características das partículas subatômicas, tais como os *quarks* e léptons. Os *quarks* se subdividem em tipos cujos nomes são completamente arbitrários e não têm ainda tradução em português (em ingl *up*, *top*, *down*, *charm*, *strange* e *bottom*). Também *cor* foi empregado arbitrariamente para propriedades dos *quarks* e glúons (que obviamente não têm cores): vermelho, azul, verde, antivermelho, antiazul, antiverde (as três últimas são chamadas anticores). Resumindo, se até os termos técnicos têm sentidos distintos, dado seu escopo de atuação (*vide* Introdução), num grau ainda maior, a polissemia ocorrerá nas palavras comuns.

Muito conhecido da prática etimológica e dos estudos da Linguística Funcional é o fato que, de um modo geral, as palavras se remetem inicialmente a elementos referenciais claros e, paulatinamente, se tornam vagas ou abstratas (fenômeno conhecido como *gramaticalização*). Assim, muitos substantivos podem chegar a tornar-se preposições (Viaro, 1994, 2007; Heine & Kuteva, 2002):

- gal *cara* "em direção a";
- fr *chez* "em, para"< lat vulg *casā* "em casa";
- lat *ante* "de frente de" (cf. alemão *Antlitz* "rosto");
- esp *hacia* "em direção a"< *fazia* † < *faze a* † "face a".

No entanto, esse processo de esmaecimento semântico ocorre tanto no nível lexical, entre substantivos, verbos, adjetivos, quanto no nível gramatical, entre sufixos, prefixos, artigos, advérbios, preposições, conjunções. Palavras inventadas para designar algo abstrato, no latim, estão associadas, de alguma forma, a elementos mais concretos (para vários exemplos, cf. § 4.3).

Nos estudos de aquisição da linguagem, é sabido que abstrações surgem depois das noções mais concretas. No entanto, alguns elementos universais extremamente abstratos (como a ideia de negação) são exceções. Aventa-se que a explicação esteja, de algum modo, no apriorismo do mecanismo cognitivo humano (Pinker, 2002). Para a Etimologia, porém, importa apenas se a *forma* desses elementos é ou não explicável pela gramaticalização. O francês manifesta, por exemplo, o conceito da negação de duas formas: *non* e *ne...pas*. O elemento *pas*, muitas vezes, basta para indicá-la. Se buscarmos seu étimo, encontraremos o vocábulo lat *passum* "passo", que é mais concreto. O mesmo ocorreu com os outros indicadores de negação: o sobress *buca*, o vên *miga* e outras palavras do francês (*guère*, *point* etc.).

São comuns, contudo, exemplos contrários: termos abstratos, por vezes, tornam-se concretos. A palavra lat *anĭmam* "alma" gerou o rom *inimă* "coração", inclusive no sentido médico do termo (§ 1.5). Também na passagem do particípio lat *amans* "que ama" > *amante* ou do lat *dolens* "dolorido" > *doente* há uma maior concretização, uma vez que é possível especificar o hiperônimo (a saber, "ser humano"). Nesses exemplos, a concretização se efetua porque o elemento principal está elíptico ou é obtido contextualmente: quando se torna claramente definido (por alta frequência de uso), transfere seus valores semânticos nucleares para o adjunto adnominal, o qual assume novas funções. Transferência semelhante se passa com os sufixos: a palavra *criança* provém de um abstrato lat **creantĭa* "criação". Por usa vez, a palavra *criação* – originalmente abstrata (< lat *creatio*) – pode também referir-se concretamente a animais (*dar comida para a criação*). Como vimos, o sufixo *–arĭum*, formador de adjetivos relacionais, acabou por gerar um sentido bastante concreto do sufixo *–eiro* português, a saber, o de árvores frutíferas. Também na gíria é frequente que o uso de termos originalmente abstratos introduzam valores concretos. Numa expressão como *fala aí, amizade*, a palavra *amizade* vale por *amigo*. O título da música de Charles Brown Jr, *Tamo aí na atividade*, também revela um passo na concretização de um termo abstrato. No filme *Cidade de Deus*, dirigido por Fernando Meirelles (2002), ouve-se a expressão *fica na tranquilidade*, em vez de *fique tranquilo* (como se encontra em várias páginas da *internet*).

Por fim, outra figura de linguagem além da metáfora e da metonímia, atuante na formação de polissemias, é a *hipérbole*. Partindo do lat *ex+agĕre* → *exigĕre* "empurrar para fora, expulsar", o vocábulo passou a significar resultativamente "exigir" (possivelmente no sentido específico da atuação dos senhorios que, ao cobrar o que lhe era devido, faziam seus devedores sair). Outro uso especializado do mesmo verbo, derivado dessa ideia de "cobrar" é "determinar (o preço ou o peso)". Desse modo, o particípio do lat *exigĕre*, a saber, *exactus*, tinha esse sentido de "rigorosamente pesado" >> "sem mais nem menos" >> "determinado, fixo", também presente no port *exato*. O derivado lat *exigŭus* "exatamente pesado" >> "sem abundância", acabou passando, por hipérbole, para "pequeno, curto, exíguo". Outro exemplo de atuação hiperbólica ocorre no lat *prod+agĕre* → *prodigĕre* "empurrar diante de si, jogar diante de si" >> "jogar dinheiro fora", sentido que se encontra no substantivo *prodĭgus* "pródigo" e no seu derivado *prodigalĭtas* "prodigalidade".

Palavras expressivas tendem a mudar muito de forma com o passar do tempo e isso não ocorre só com inventários abertos, mas também com pronomes indefinidos, numerais, advérbios e conjunções. A expressão de "nada", por exemplo – assim como as ideias de "muito" e "pouco" – é hiperbolizada na língua falada (*nadica de nada*, *bulhufas*, *coisíssima nenhuma*) e já o era em latim, como aponta o étimo do lat *nihil* "nada"< *nihilum* < *ne hilum* "nem um olho de fava". O exagero, elemento importante da comunicação humana, atua sobre a expressividade de tal modo que é impossível saber que rumo tomará uma palavra. O lat *nihil* não sobreviveu, pois seu poder expressivo se exauriu e, no lugar dele, outras formas apareceram, como: *nada* < lat *rem natam* "coisa nascida"> fr *rien* "nada".

A hipérbole também participa na formação das ideias perfectivas. Em latim, como várias línguas indo-europeias, muitos prefixos de afastamento acabaram por enfatizar, de forma hiperbólica, o final da ação (para muitos exemplos de prefixos latinos, cf. Romanelli, 1964):

- *ab–* "para longe" >> "acabar" (lat *abrogo* "suprimir legalmente");
- *de–* "para longe" >> "terminar" (lat *debellare* "findar a guerra");
- *ex–* "para fora" >> "até o fim" (lat *ebibĕre* "beber tudo").

Algumas palavras pertencentes a certos campos semânticos têm maior expressão estilística do que outras, revelando assim (juntamente com o tabu linguístico), algumas obsessões culturais, perceptíveis em empréstimos, eufemismos e disfemismos (cf. § 6.1). Uma consequência disso é a grande quantidade de sinônimos gerados na língua falada para palavras que signifiquem "bom", "ruim", "grande", "pequeno", "feio", "bonito", "velho", "rico", "bobo" e outros adjetivos avaliativos, bem como para verbos como "morrer", "roubar", "fugir", "cair", sem falar de substantivos como "dinheiro", "prostituta", "homossexual". Contrastando a enorme lista de sinônimos de "morrer" com a exígua lista de "viver", é fácil detectar a maior expressividade da primeira palavra, a qual também se manifesta em expressões hiperbólicas, eufemísticas ou cômicas (*falecer*, *finar-se*, *ir-se*, *partir*, *descansar*, *adormecer no Senhor*, *bater as botas*, *bater a caçoleta*, *bater o pacau*, *bater a pacuera*, *bater o trinta-e-um*, *ir para a Cucuia*, *comer capim pela raiz*, *esticar a canela*, *ir desta para a melhor*, *ir para o andar de cima*, *ir para o Acre*, *ir para o beleléu*, *passar desta para a melhor*, *vestir o pijama de madeira*, *virar presunto* etc.). Os étimos dessas expressões são, algumas vezes, evidentes, outras, dificílimos (*vide* § 6.3), portanto, sujeitos a muita especulação.

3.2. O papel da analogia

Com o decorrer do tempo, há mudanças fonéticas na língua que promovem parcialmente a continuidade das formas e podem, por vezes, gerar a irregularidade dos paradigmas (chamada *anomalia* pelos antigos gregos, cf. § 2). No sentido contrário, há mudanças que promovem a regularização dos mesmos paradigmas e anulam informações do passado. Ao conjunto dessas últimas, que envolvem diversos fenômenos cognitivos, costuma-se dar o nome de *analogia*. O elemento que promove a analogia, porém, também é herdado. Na formação dos plurais das palavras em *–ão* em português, ao lado de formas herdadas em *–ãos* < lat *–anos* e *–ães* < lat *–anes*, há também *–ões* (< lat *–ones* ou < lat *–udines*), que se tornou a fonte analógica para plurais de novas palavras, inclusive as não provenientes do latim (cf. § 2.2.3). Aos infinitivos herdados em *–er* (< lat *–ēre* ou lat *–ĕre*) e *–ir* (< lat *–ire*) somam-se os em *–ar* (< lat *–are*), fonte analógica para os novos verbos criados nas sincronias subsequentes à do período latino. Assim, das várias possibilidades formais num único paradigma, uma delas costuma destacar-se por causa da sua prolificidade e aplicar-se na neologia sob a forma de padrão analógico. Mas há outras formas de atuação da analogia: dentre um conjunto de opções pode-se destacar não apenas um elemento produtivo, mas vários, e essa produtividade pode não ser absoluta, mas parcial. No romeno, por exemplo, há quatro conjugações verbais, das quais duas (a saber, a primeira e a quarta) são produtivas e não uma só, como em português.

Há também analogias no nível formal e no nível semântico. O papel da analogia foi estudado em português por vários autores (cf. Nogueira, 1937; Sequeira, 1950). Na prática, sob o viés neogramático, a analogia consistia numa espécie de fórmula que explicaria muitas exceções às leis fonéticas: "se X > X' e na intersecção de X e X' há um elemento fonético ou semântico Z qualquer que reflete sua diferença, então Y também pode transformar-se em Y' de modo que a intersecção de Y e Y' também é Z".

Mais estritamente, hoje podemos dizer que, em Etimologia, quando temos uma exceção à regra fonética, inexplicável pelas variantes sociolinguísticas do sistema numa sincronia pretérita, imagina-se *a posteriori* que foi uma palavra ou um conjunto de palavras da mesma época que influenciou o étimo (ou o resultado), perturbando, desse modo, a previsibilidade das regras. Pensando assim, veremos que a analogia é tão hipotética quanto as reconstruções (§ 1.5). A formulação etimológica que necessite da explicação da analogia deve compor-se não só do étimo *x* e do seu resultante *y*, mas também desse terceiro elemento *z* que atua analogicamente sobre o resultante. A notação simbólica adotada nesta obra é *x* > *y* ⇦ *z*. No caso de *y* resultar em *y'*, nossa notação usará parênteses: *x* > *y* (⇦ *z*) > *y'*. Observe-se que o uso de parênteses nas fórmulas etimológicas se faz necessário quando as analogias atuam em meio a uma cadeia de transformações. De fato, a analogia não é, em si, uma transformação, mas numa notação bidimensional da escrita não há como fazê-lo melhor. Uma opção seria indicá-la na vertical e as transformações na horizontal. Discutem-se a seguir algumas classes de analogia.

3.2.1. Analogia semântica

O elemento analógico atuante, como vimos, pode estar no mesmo campo semântico do resultante. Por exemplo, lat *pĭlum* "pelo" deu origem a *pelo,* mas não, regularmente, senão teríamos, segundo as leis fonéticas, lat *pĭlum* > ★*peo* > ★*peio* (cf. sobre a síncope do –*l*– § 2.2.2.3-4, sobre a epêntese do –*i*– § 2.1.2). A manutenção incomum do –*l*–, se não é devida a alguma variante antiga do português que o conservara na posição intervocálica (§ 5.3), deve-se efetivamente a palavras já existentes em etapas antigas que interferiram analogicamente na sua mudança regular. Tais palavras podem ser, com frequência, do mesmo campo semântico. A sugestão dada por Williams (1938) é:

- lat _pĭlum_ > *_pĭllum_ (⇦ lat _capillum_ "cabelo") > _pelo_.

Desse modo, a analogia serve para explicar alguns fenômenos diacrônicos não resolvidos pelas regras fonéticas. Por exemplo: por que há nasalização na etimologia do lat _sic_ > _si_ † > _sim_, se não há nenhuma consoante nasal que alavanque a transformação, por assimilação, como normalmente ocorre? Como uma nasalização é totalmente imprevista nessa palavra (pois o étimo não tem sons nasais), a razão disso não estará, certamente, na _forma_ da palavra, mas no seu _significado_, ou, melhor dizendo, na sua _rede de significados e relações_. Em português arcaico, o par _non_: _si_ transformou-se, paulatinamente, em _não_: _sim_, da seguinte forma:

- lat _sic_ > _si_ † > _sim_ ⇦ _non_ † > _não_.

Nesse caso específico, podemos dizer que palavras se aproximam por serem opostas (notável revalidação da _etymologia ex contrariis_ de Isidoro de Sevilha). Podemos concluir, a partir desse exemplo, que os antônimos interferem na etimologia tanto quanto outras palavras do mesmo paradigma semântico.

Obviamente, também têm força analógica os sinônimos e as relações de gênero e espécie (isto é, os hiperônimos e hipônimos). Exemplos de hipóteses que envolvem analogias:

- lat _humilitatem_ > _humildade_ ⇨ _humilde_ < lat _humilem_ (e não ★_humil_);
- _temeroso_ ⇨ *_mederoso_ > _medroso_ ← _medo+oso_ (e não ★_medoso_);
- lat _prehendĕre_ > _prender_ ⇨ _render_ < lat _reddĕre_ (e não ★_reder_);
- _calorento_ ⇨ _friorento_ ← _frio+ento_ (e não ★_friento_).

No léxico, a ação da analogia se vê com grande vigor. Com relação aos substantivos, alguns exemplos da Filologia Românica são clássicos:

- lat _stellam_ > *_estela_ > _estrela_ ⇦ lat _astrum_. A analogia também ocorre no esp _estrella_ ≅ gal _estrela_ ≅ cat _estrella_, mas não no prov _estela_ ≅ fr _étoile_ ≅ ital _stella_ ≅ rom _stea_. Essa divisão pode servir como informação para datação do fenômeno. Há, de fato, uma epêntese pan-ibérica do –_r_– (a saber, –_st_– > –_str_–) que pode dificultar esse trabalho (§ 2.1.2);

- lat **forestem* > **foresta* (⇦ FEM) > *floresta* ⇦ *flor*. A forma **forestem* se reconstrói pelo fr *forêt* ≅ prov *forest* ≅ cat *forest* †. No entanto, *foresta* (com *–a* final) se vê em italiano e a forma *floresta* também existe no galego e no espanhol;
- fr *cheminée* > *chaminé* ⇦ *chama*. O espanhol diz *chiminea*, assim como o galego (que também tem uma forma analógica: *chaminea*);
- esp *delfín* < lat *delphinum* > **delfinho* ≈ **dolfinho* > *golfinho* ⇦ *golfo*. A forma **dolfinho* se entrevê também no fr *dauphin* ≅ cat *dofí* ≅ ingl *dolphin* e deveria ser uma forma variante, que serviu, às vezes, de empréstimo;
- lat *verucŭlum* > **verrucŭlum* ≈ **ferrucŭlum* (⇦ lat *ferrum*) > *ferrolho*, como em esp *ferrojo* † ≈ *berrojo* † ≈ *cerrojo* (⇦ esp *cerrar*). O prov *verrolh* ≈ *ferolh* parece ser a transição entre as formas provindas de **ferrucŭlum* e as mais antigas, de **verrŭculum* > fr *verrou* ≅ ital *verrochio*.

No primeiro caso, o hiperônimo exerceu força analógica (pois toda estrela é um astro). Nos demais, o elemento analógico é de caráter metonímico: nas florestas há flores; as chaminés estão ligadas às lareiras, onde há chamas; nos golfos, supostamente, há golfinhos e os ferrolhos são de ferro.

Alguns empréstimos provindos de línguas cognatas costumam recuperar partes de sua formação, valendo-se, para tal, de uma espécie de atuação analógica fronteiriça ao decalque (§ 5.2):

- fr *oripel* > port ant *orpel* † > *ouropel* ⇦ *ouro*;
- ital *pittoresco* > port *pitoresco* ≈ *pinturesco* ⇦ *pintura*.

Algumas explicações analógicas são mais dificilmente classificáveis, pois estão num caso limite entre a analogia semântica e a formal, como em:

- fr *camion* > *caminhão* ⇦ *caminho*;
- lat *solitatem* > *soidade* ≈ *soudade* > *saudade* ⇦ *saúde*.

3.2.2. Analogia formal

A analogia, por moldar a forma das palavras, não precisa necessariamente de significados. Basta que uma palavra qualquer de sonoridade semelhante tenha uma alta frequência ou que pertença a um paradigma mais numeroso, para fazer-se atuar. Desse modo, outros grupos para além dos hiperônimos, hipônimos, antônimos e sinônimos agem nas analogias. Esse elemento significante tem poder de alteração analógica tão grande quanto o significado. A distribuição da influência analógica desses grupos significantes, no entanto, é bastante desigual. Quanto maior a sua produtividade ou a sua frequência de seu uso numa dada sincronia, maior será a probabilidade da sua atuação analógica. Portanto, numa língua, dada uma sincronia qualquer, haverá possibilidade de se recorrer à explicação analógica (X > Y ⇦ Z) quando:

- a estrutura do étimo X for pouco frequente ou rara (como as sequências *nasal*+/r/ ou *ditongo*+/r/ em *tenro*, *bairro*);
- a estrutura do elemento analógico Z for muito frequente (como a sequência de sílabas *consoante*+*vogal*);
- a estrutura do elemento analógico Z for rara, mas compensada por sua alta frequência de uso (como o ditongo [ũj] de *muito* ou o [ð] do ingl *that*, ambas palavras com estrutura rara, mas de altíssima frequência).

Dito de outra forma:

- a analogia é diretamente proporcional à frequência de uso e inversamente proporcional à raridade da estrutura.

É bastante comum a nasalização das palavras iniciadas por *e*– ou *i*– átono em sílaba aberta. Durante toda a história do português, palavras iniciadas em *e*– ou *i*– orais sofreram analogia de outros vocábulos, em *en*– ou *in*–, mais frequentes. Ao conjunto de todas as palavras iniciadas com *en*– ou *in*– daremos o nome arbitrário de IN– (conjuntos como esse, indicados em siglas em versalete, terão a característica comum de serem simplesmente determinadas sequências de sons). Esse fenômeno, aparentemente, é pancrônico, o que dificulta a sua datação (§ 1.2):

- lat *exaquare > *enxaguar* ⇦ IN–;
- lat *exsuccare* > *eixugar* > *enxugar* ⇦ IN–;
- lat *examen* > *enxame* ⇦ IN–;
- lat *exagium* > fr *essai* > *ensaio* ⇦ IN–;
- *ignorante* > [ĩgino'rẽ̆tʃi] ⇦ IN–;
- *identidade* > [ĩdẽtʃi'dadʒi] ⇦ IN–;
- *igreja* > [ĩ'greʒa] ⇦ IN–;
- *educar* > [ĩdu'ka] ⇦ IN–.

O mesmo ocorre com um conjunto CON–, com atuação analógica menos produtiva, como: *cozinha* > [kũziɲa] ⇦ CON–, mas nesse caso – como em outros – uma regra fonética, a saber, a nasalização regressiva, pode ter reforçado (e acelerado) a transformação. O último exemplo mostra que, em vez de excludentes, as transformações diacrônicas podem ser poligenéticas (cf. § 2.4.2.2, § 2.5 e § 3.1). Nesse caso, somente explicações improváveis devem ser descartadas. Outros exemplos da atuação analógica: na transformação de lat *obscurum* > *oscuro* > *escuro* ⇦ ES– (§ 2.4.1) e na transposição de *encalçar* > **ancalçar* >

alcançar ⇦ AL– (§ 2.3.1). No primeiro caso, também atuou a dissimilação (§ 2.4.2.6). Façamos, a seguir, uma subdivisão entre a analogia formal nas classes nominais e nas verbais.

3.2.2.1. Analogia formal nos nomes

Aparentemente, apenas a similaridade fônica parece ter impulsionado a mudança nos seguintes exemplos:

- fr *marelle* > *marela* ⇨ **amarela* (⇦ *amarelo*) → *amarelinha* (cf. variantes regionais *maré* MG/GO, *amarelo* CE);
- ingl *country dance* > fr *contredanse* (⇦ CONTRE–) > port *contradança* ≅ esp *contradanza*.

Com exceção de *abril*, todos os nomes de meses terminam com *–o*. No entanto, somente sete provieram da terminação lat *–us*. Esse grupo majoritário (chamado aqui O) atuou analogicamente sobre quatro outros, originalmente em **–e*, derivados da terminação *–er* latina:

- lat *september* > **setembre* > *setembro* ⇦ O (cf. esp *septiembre*);
- lat *october* > **oitubre* > *oitubro* ≈ *outubro* ⇦ O (cf. esp *octubre*);
- lat *november* > **novembre* > *novembro* ⇦ O (cf. esp *noviembre*);
- lat *december* > **dezembre* > *dezembro* ⇦ O (cf. esp *diciembre*).

Nos numerais, a sequenciação também costuma interferir analogicamente:

- o *qu–* inicial do lat *quinque* "cinco" foi gerado a partir de uma analogia com o número indo-europeu para "quatro": ide *k^w*etuōr* > lat *quattuor* "quatro" ~ lat *quinque* "cinco"< *k^w*enk*^{w}*e* (⇦ ide *k^w*etuōr*) < ide **penk*^{w}*e*;
- o *–o* final do port *cinco* foi criado por analogia à terminação de *quatro*: lat *quattuor* "quatro" > *quatro* ⇨ *cinco* < port ant *cinque* † < lat *quinque* "cinco";
- o *f–* inicial de "quatro" e "cinco" nas línguas germânicas se deve à analogia do último numeral sobre o primeiro: ide *k^w*etuōr* > germ **fiθuor–* ⇦ germ **fenfe* < **penpe* < ide **penk*^{w}*e* (a forma **penpe* é uma assimilação total regressiva, § 2.4.2.5, cf. ingl *four* ~ *five*, alem *vier* ~ *fünf*, din *fire* ~ *fem*);
- a semelhança entre os números "nove" e "dez" nas línguas eslavas se deve a uma série de analogias ocorridas em sincronias pretéritas: ide **neun* "nove" > esl **nevęt'* "nove" (⇦ esl **desęt'* "dez") > esl **devęt'* "nove" ⇦ esl **desęt'* "dez" < ide **dek'mt* "dez" (cf. rus *devjat'* ~ *desjat'*, búlg *devet* ~ *deset*, tch *devět* ~ *deset*,

pol *dziewięć* ~ *dziesięć*; a mesma analogia também ocorre nas línguas bálticas: letão *deviņi* ~ *desmit*; lit *devyni* ~*dešimt*, mas antigo prussiano *newīnts* "nove").

A metafonia (doravante MET), na flexão nominal, ocorreu simultaneamente com a analogia, na história do português, como vimos no capítulo das transformações vocálicas (§ 2.4.1). Palavras femininas referentes a seres humanos, já em latim, costumavam terminar em *–a* (doravante FEM) e as exceções tendiam a sofrer analogia:

- lat *nurum* > **nuram* (AP 169 *nura* ⇦ FEM) > **nora* [o] (⇦ MET) > *nora* [ɔ];
- lat *socrum* → **socram* (AP 170 *socra* ⇦ FEM) > **sogra* [o] (⇦ MET) > *sogra* [ɔ].

O esp *nuera* atesta a antiguidade da pronúncia [ɔ], uma vez que, em espanhol, os *[ɔ] do latim vulgar se transformam em *–ue–*, mas não os *[o], que continuam como *o*. O mesmo se passou com esp *suegra*. Palavras masculinas terminadas em *–a* tornam-se, às vezes, femininas (FEM) ou, raramente, alteram a terminação para *–o*, mais comum nas palavras masculinas (MASC). Em ambos os casos, também é o mecanismo da atuação analógica o principal fator da mudança:

- *duzentos gramas* > *duzentas gramas* ⇦ FEM;
- *duzentos gramas* > esp *doscientos gramos* ⇦ MASC.

Algumas formas analógicas no feminino ou no masculino são criadas da mesma forma: *careco*, *pateto*, *nó-cega*. Mudanças de gênero propositais se encontram na letra da música "Macha fêmeo", de Arnaldo Antunes (*fígada*, *barrigo*, *umbiga*, *perno*, *braça*, *unho*, *corpa*, *orgasma*) e na gíria *gay*: expressões como *que meda!* já se divulgavam em nível nacional pelo programa humorístico "Os trapalhões" (Rede Globo) na década de 80 do século XX.

3.2.2.2. Analogia formal nos verbos

No português, a classe morfológica que possui mais flexões é o verbo e, portanto, nela também a analogia atua com maior força, regularizando os paradigmas. O verbo lat *posse* "poder" era um derivado do lat *esse* "ser", donde:

- lat *esse* "ser, estar" → lat **pot+esse* > *posse* "poder";
- lat *fui* "fui, estive" → lat **pot+fui* > *potui* "pude";
- lat *sumus* "somos, estamos" → lat **pot+sumus* > *possumus* "podemos" etc.

As formas com radical *pot–* (doravante POT) acabaram prevalecendo em analogias, com finalidade de regularizar o verbo:

- lat *posse* ⇒ lat vulg **potere* ⇦ POT;
- lat *possumus* ⇒ lat vulg **potemus* ⇦ POT.

Dessas formas do latim vulgar provêm as das línguas românicas:

- lat *possumus* ⇒ lat vulg **potemus* (⇦ POT) > port *podemos* ≅ esp *podemos* ≅ rom *putem*.

Também o verbo lat *esse* "ser, estar" passou por regularizações. As formas da primeira e terceira pessoas do plural do presente do indicativo (doravante PRES) modificaram na Península Ibérica também a segunda do plural:

- *sois* < *sodes* < **sutis* (⇦ PRES) < *estis*.

Dentre as línguas provenientes do latim vulgar, o romeno foi comparativamente a que sofreu maior atuação da analogia nas conjugações verbais, ao diminuir drasticamente o número de verbos irregulares. Em dialetos romenos, a segunda e a terceira do singular do presente do indicativo (doravante PRES) do verbo "ser", a saber, rom *eşti* "tu és" e *este* "ele é", afetaram (por analogia de outros verbos da quarta conjugação) a primeira do singular:

- PRES ⇨ rom dial *esc* "sou" ⇐ rom *sunt* "sou".

A forma padrão (rom *sunt* "sou"), por sua vez, já é uma analogia, pois o verbo rom *a fi* "ser, estar", sendo também um verbo da quarta conjugação, tem coincidências formais entre a primeira do singular e a terceira do plural:

- lat *dormio* "durmo"> rom *dorm* "durmo" ≡ *dorm* "dormem" < lat *dormiunt* "dormem";
- lat *sum* "sou" > rom *sunt* "sou" ⇦ *sunt* "são" < lat *sunt* "são".

Em alguns verbos irregulares do português, a distinção entre a primeira e a terceira pessoas do pretérito perfeito do indicativo se deve exclusivamente a uma oposição de abertura, no primeiro caso, mais fechada do que no segundo. Alguns elementos desse conjunto metafônico (MET, cf. § 2.4.1 e § 3.2.2.1) seriam:

- *fiz* ~ *fez*;
- *estive* ~ *esteve*;
- *fui* ~ *foi*;

- *vim* ~ *veio*;
- *pus* ~ *pôs*;
- *pude* ~ *pôde*.

Mas a analogia não atua em *quis* ~ ★['kes], nem em *disse* ~ ★['desi]. Esse grupo atua analogicamente também sobre novas formas em que há um [o] resultado de monotongação (§ 2.2). Assim, em oposição às monotongações da terceira pessoa do singular *trouxe* ['trosi], *coube* ['kobi], *soube* ['sobi], é comum ouvir os pares:

- *trouxe* > ['trusi] (⇦ MET) ~ *trouxe* ['trosi];
- *coube* > ['kubi] (⇦ MET) ~ *coube* ['kobi];
- *soube* > ['subi] (⇦ MET) ~ *soube* ['sobi].

Da mesma forma, os verbos da primeira conjugação que têm a vogal [o] no radical, como resultado de monotongação, tendem a abri-la em [ɔ] na primeira e terceira pessoas do singular e na terceira do plural do presente do indicativo, como ocorre com outros verbos (por exemplo, *morar*, *ancorar*, *explorar*, *adorar*, entre outros):

- *rouba* > ['xɔba] ⇦ MET;
- *estoura* > [is'tɔɾa] ⇦ MET;
- *pousa* > ['pɔza] ⇦ MET;
- *afrouxa* > [a'fɾɔʃa] ⇦ MET.

O mesmo vale para [e] resultado de monotongação: *enteira* > [ĩ'tɛɾa] ⇦ MET (que ocorre com verbos como: *espera*, *tempera*, *seca* etc.).

A alta frequência de um verbo catapulta a atuação analógica sobre os outros (por vezes, também bastante frequentes). Alguns desses verbos têm em comum o fato de serem auxiliares e formadores de tempos verbais:

- lat *sedeo* "estou sentado" > port ant *sejo* † ≈ *sou* (⇦ *estou*) ⇐ port ant *som* † < lat *sum* "sou, estou";
- lat *stem* "esteja de pé" > port ant *estê* † ⇒ *esteja* ⇦ *seja* < lat *sedeam* "esteja sentado" ⇦ lat *sim* "ser, esteja" (como gal *estea*, mas esp *esté*),
- lat *steti* "fiquei de pé" > port ant *estide* † ⇒ *estive* ⇦ *tive* < lat *tenui* "tive".

Por meio da analogia, formaram-se também novos paradigmas. Inicialmente lat *vado* > **vao* > *vou,* ensejando que, analogicamente, se criassem outros verbos com *–*ao*, os quais, por sua vez tornaram produtiva a terminação –*ou*, como:

- lat *do* > **dao* > *dou* ≅ rom *dau*;

- lat *sto* > **stao* > *estou* ≅ rom *stau*, e posteriormente:
- lat *sum* > port ant *som* † ⇒ *sou* ⇦ PRES.

A coincidência entre essas formas e as do espanhol, que se vale do ditongo *–oy* nos mesmo verbos (*voy*, *doy*, *estoy*, *soy*) mostra a grande distribuição areal dos ditongos *oi* ≈ *ou* na Península Ibérica (cf. port europeu *toiro* ~ *touro*, *ouça* ~ *oiça*, § 2.4.1).

O poder dessas analogias provém, como vimos, de formas excepcionais com alta frequência de uso. Em catalão, por exemplo, uma velar *–c* para indicar a primeira pessoa do singular do presente do indicativo generalizou-se a partir de poucos verbos muito usuais que velarizaram a semivogal original (§ 2.4.2.2), como lat *tenĕo* > cat *tinc* ≅ esp *tengo*:

- lat *sum* > cat *soc* "sou" ⇦ PRES;
- lat *sto* > cat *estic* "estou" ⇦ PRES;
- lat *possum* > cat *puc* "posso" ⇦ PRES.

Em galego um *–n* indica a primeira pessoa do pretérito perfeito do indicativo (doravante PRET) provavelmente com origem em formas como gal *vin* "vim" < lat *veni*:

- lat *fui* > gal *fun* "fui" ⇦ PRET;
- lat *partivi* > gal *partín* "parti" ⇦ PRET.

Por vezes, a atuação analógica é polêmica. Para explicar a pronúncia [ˈvĩ] do infinitivo *vir* no português brasileiro é comum recorrer-se a duas hipóteses cuja aceitação conjunta é mais difícil do que nos casos já mencionados de poligênese (cf. § 2.4.2.2, § 2.5 e § 3.1):

- *Hipótese da conservação*, segundo a qual a forma anasalada seria um arcaísmo. De fato, como *vir* < *viir* < *vĩir* < *vẽir* < lat *venire*, a forma [ˈvĩ] seria uma variante que teria mantido a nasalidade original, testemunhada em *vĩir*.
- *Hipótese da analogia.* Nos verbos de terceira conjugação, a primeira pessoa do pretérito perfeito pode ser foneticamente idêntica ao infinitivo (por meio da apócope do *–r*, § 2.2.3), gerando-se uma regra analógica (INF):
  - *dormi* [duɾˈmi]^{1} ≡ *dormir* [duɾˈmi]^{2};
  - *caí* [kaˈi]^{1} ≡ *cair* [kaˈi]^{2};
  - *abri* [aˈbɾi]^{1} ≡ *abrir* [aˈbɾi]^{2} etc.

  A forma da primeira pessoa do pretérito perfeito de *vir* seria uma exceção, pois tem a forma nasalizada *vim* < *vĩi* < *vẽi* < lat *veni*. Por isso, o infinitivo teria sido afetado analogicamente, nasalizando-se também, *vim* [ˈvĩ]^{1} ≡ *vir* [ˈvĩ]^{2} (⇦ INF) < *[ˈvi]. Desse modo, INF se tornaria uma regra sem exceções.

A segunda hipótese, portanto, apresenta uma *direção* na analogia: a forma do pretérito prevalece sobre a do infinitivo (ou, dito de uma outra forma, a regra vai do pretérito ao infinitivo e não o contrário). De fato, a favor da segunda hipótese está o fato de serem muito comuns os casos de analogia nas flexões verbais. Por exemplo, todos os verbos (exceto os irregulares) têm o infinitivo idêntico ao futuro do subjuntivo (regra de equivalência novamente chamada de INF). Assim, *cantar*, *beber*, *dormir* referem-se a ambos os tempos, que são diferentes em *fazer* ~ *fizer*, *ser* ~ *for*, *trazer* ~ *trouxer*, *ver* ~ *vir*:

- lat *bibĕre* "beber" > *beber*^{1} ≡ *beber*^{2} < lat *biberim* "tenha bebido";
- lat *facĕre* "fazer"> *fazer* ~ *fizer* < *fecerim* "tenha feito".

Desse modo, a equivalência de formas nos verbos regulares gera uma tendência à uniformização analógica, por meio da substituição da forma do futuro do subjuntivo pela do infinitivo. Exemplos:

- *se eu fizer* > *se eu fazer* ⇦ INF;
- *quando eu trouxer* > *quando eu trazer* ⇦ INF;
- *quando eu vir* > *quando eu ver* ⇦ INF.

Exceções há, contudo, nos verbos com maior frequência de uso, que costumam manter a diferença. Isso mostra que, às vezes, a analogia não tem atuação total em alguns casos. Muitas das formas a seguir são corrigidas durante a aquisição de linguagem, preservando-se o futuro do subjuntivo. Cumpre observar que o mecanismo normativo da correção nem sempre dependeu, ao longo da História, da existência de uma Gramática Normativa, como se pode imaginar (tal fato se poderia confirmar por estudos da aquisição da linguagem em línguas ágrafas):

- *quando eu for*, não ★*quando eu ser*;
- *quanto eu tiver*, não ★*quando eu ter*;
- *quando eu estiver*, não ★*quando eu estar*.

Para completar, é preciso lembrar que, em latim, o próprio futuro do subjuntivo não existia e foi formado por uma fusão das formas do futuro perfeito do indicativo *amavĕro* "terei amado" com as do pretérito perfeito do subjuntivo *amavĕrim* "tenha amado" (que diferiam apenas na primeira pessoa do singular, mas eram idênticas nas demais: *amavĕris*, *amavĕrit*, *amaverĭmus*, *amaverĭtis*, *amavĕrint*). Em Petrônio já se vê um uso muito próximo do português na frase: *mero meridie*, *si dixerit illi tenebras esse*, *credet* (*Satyricon* 37) "se disser ao tolo, ao meio-dia, que está escuro, ele crerá" (cf. lat *dixerit* > *disser*). Tempos verbais novos, inexistentes em outras línguas românicas, também foram criados no sobresselvano, falado na Suíça.

A terminação *–e* do presente do subjuntivo de verbos da primeira conjugação estende-se a verbos como *esteja* > *(es)teje* (e, daí, para *seja* > *seje* ou até *veja* > *veje*). Da mesma forma, a analogia age de modo que muitas irregularidades sejam desfeitas pelos mais diversos paradigmas. Um dos mais conhecidos é o dos verbos regulares (REG):

- *pôr* > *ponhar* ⇦ REG;
- *fiz* > *fazi* ⇦ REG;
- *fez* > *fazeu* ⇦ REG;
- *coube* > *cabi* ⇦ REG;
- *coube* > *cabeu* ⇦ REG;
- *visse* > *vesse* ⇦ REG;
- *indo* > *fondo* ⇦ *foi.*

Tais fenômenos surgem nos falantes, por vezes, de forma independente. Neles a aquisição da linguagem pode ser decisiva, perpetuando-se durante a vida. Nesses casos, a Etimologia parece ter um papel secundário, uma vez que atua o mecanismo da produtividade, que é essencialmente sincrônico. Todavia, esse mecanismo adquire valor para os estudos etimológicos no momento em que pode caracterizar um grupo ou uma época e não apenas indivíduos isolados.

3.2.2.3. Analogia nos advérbios e elementos de formação

Nos advérbios há constante atuação de algumas formas já existentes sobre outras, sobretudo sobre os chamados advérbios com *–s* paragógico (regra que chamaremos ADV, cf. § 2.1.3). Esse [s] final, em alguns casos herdado, foi sendo gerado paulatinamente por analogia, a partir de outros do português antigo:

- *algures* "em alguma parte";
- *alhures* "em outra parte";
- *antes*;
- *anvidos* † "contra a vontade";
- *assaz*;
- *atrás*;
- *certas* † "certamente";
- *chus* † "mais";
- *crás* † "amanhã";
- *dementres* † "enquanto isso";
- *depois*;
- *deveras*;
- *entonces* "então";
- *entrementes* † "entretanto";
- *foras* † "fora";

- *mais*;
- *menos*;
- *nenhures* "em nenhum lugar";
- *pois* "depois";
- *quiçais* "quiçá";
- *talvez*.

O mesmo [s] paragógico também ocorre em expressões do tipo *às escuras*, *à tontas*, *às avessas*. Uma datação mais apurada nos ajudaria a entender exatamente como foi a atuação analógica de uns advérbios sobre os outros em sincronias pretéritas.

Chamam-se *prefixoides* certos truncamentos que podem participar como novos elementos de composição. O elemento de formação *auto*[1]– < fr *auto*– < gr *autós* "(ele) mesmo" está presente em muitas composições como *autorretrato*, *autoafirmação*, *automóvel*, entre outros. Todavia, há um *auto*[2]– que provém do truncamento de *automóvel* (cf. § 2.2.1 e § 2.2.3), que é usado independentemente, para formar palavras compostas especiais conhecidas como *recomposições* (*autopeças* ← *auto*[2]+*peça*, *autoestrada* ← *auto*[2]+*estrada*). Também de *helicóptero*, segmenta-se o elemento *heli*–, que participa da construção da palavra *heliporto*. Outros exemplos de segmentações especiais que integram recomposições:

- *bêbado* → *bê-bado* ⇨ *trêbado*;
- *biquíni* → *bi-quíni* ⇨ *monoquíni*;
- *dominó* → *do-minó* ⇨ *pentaminó*;
- *latifúndio* → *lati-fúndio* ⇨ *minifúndio*;
- *prefácio* → *pre-fácio* ⇨ *posfácio*;
- *prelúdio* → *pré-lúdio* ⇨ *poslúdio*.

As palavras tupis em *–rana* "falso" são típicas de nomes de plantas (por exemplo, tupi *akaiarána* "cajá falso"> *cajarana*, tupi **ingarána* "ingá falso" > *ingarana*). Sua produtividade foi tal no português brasileiro de determinadas regiões, que seu uso se estendeu analogicamente também para palavras de origem muito distinta, criando hibridismos lexicalizados, como: *abacaterana*, *algodãorana*, *caferana*, *quiaborana*. De modo geral, todos os sufixos, quando produtivos, atuam dessa forma, pois a origem da base independe da origem do sufixo. Pela falsa segmentação (§ 2.2.1 e § 3.2.10) seguida da analogia, formam-se ainda variantes de sufixo, como em:

- *leite+eira* > *leiteira* → *lei-teira* ⇨ *cafeteira* < *café+eira*.

A segmentação, utilizada pelo Estruturalismo, por valer-se apenas da sincronia atual, encontra alguns obstáculos: em *cafeteira* haveria um alomorfe *cafet*–, um alomorfe *–teira* ou, ainda, um interfixo assemântico *–t–*? Cada uma dessas posturas é defensável, por vezes, de maneira *ad hoc*. No entanto, a derivação, por ser um fenômeno estritamente diacrônico, não prescinde de sincronias pretéritas para sua compreensão (e, de fato, a palavra já existia em fr *cafetière* desde o século XVII). Outros exemplos:

- *cana+al* → *can-avi-al* ⇦ *cânave* "cânhamo" < lat *cannabum*;
- *pau+ada* > *pau-l-ada* ⇦ esp *palo* "pau"< lat. *palum*;
- fr *norme+if* → *norm-at-if* (⇦ fr *affirmatif* "afirmativo") > port *normativo*.

Em alguns casos, esses interfixos têm uma origem não analógica, mas podem ser explicados diacronicamente, como em *pedr-eg-ulho*, *pedr-eg-oso*, onde *–eg–* se refere possivelmente ao sufixo lat *–ic–*, formador de diminutivos. Igualmente, *prateleira* vem de *pratel* e não de *prato*, como a intuição nos diria. Como todas essas palavras foram formadas em diferentes sincronias, não é possível fazer a segmentação, valendo-se apenas da sincronia atual e pautando-se na intuição de uma única variante linguística. Da mesma forma que existem muitos sufixos obscuros (*mar-ujo*, *moç-oila*, *ment-ira*, *sertan-ejo*, *bich-ano*, *cant-ilena*), também não faltam exemplos de palavras com interfixos:

- *beb-err-ão*;
- *cha-l-eira*;
- *com-il-ão*;
- *mata-g-al*;
- *med-r-oso*;
- *mexe-l-ão*;
- *milh-ar-al*;
- *ping-ot-ear*;
- *recauchu-t-ar*;
- *sab-ich-ão*;
- *travesti-l-idade*.

Contrariamente ao que pode dizer-nos a intuição de falante, algumas vogais temáticas já existem desde o latim (*grac-i-oso* < lat *gratiosus*, *afet-u-oso* < lat *affectuosus*), donde nascem variantes de sufixos como *–ioso* ~ *–uoso* ~ *–oso* e *–ial* ~ *–ual* ~ *–al*:

- esp *grand-i-oso* > *grandioso*;
- fr *lux-u-eux* > *luxuoso*;
- fr *gest-u-el* > *gestual*;
- lat *conflictus* → port *conflituoso*.

Algumas terminações, contudo, são formadas por meio do simbolismo fonético (cf. § 7), como *decor(ar)+eba* → *decoreba*. A partir de um exemplo, é possível gerar outros por meio da analogia: *natur-eba*, *mistur-eba*. Como *–eba*, que não tem qualquer etimologia justificável, outras terminações dificilmente explicáveis parecem juntar-se a truncamentos:

- *padaria* → *pad-aria* ⇨ *pad-oca*;
- *duplex* → *dupl-ex* ⇨ *prafrent-ex*.

Também, numa determinada sincronia, é possível criar uma palavra sufixada por analogia, substituindo o sufixo original, menos comum, por outro de maior frequência ou interpretando terminações originais não sufixadas como segmentáveis:

- gr *asterískos* "estrelinha"> lat *asteriscus* > *asterisco* → *aster-isco* > *asterístico* ⇦ *–ístico*;
- *quindim* → *quind-im* ⇨ *quind-ão*.

Por meio do mecanismo da falsa segmentação (§ 2.2.1 e § 3.2.10), extraiu-se um sufixo *–érrimo*, que é sentido como variante expressiva de *–íssimo*. Na verdade, o sufixo é *–rĭmus*, variante fonética de *–sĭmus* para palavras terminadas em *–er*, como lat **celeber+sĭmus* → *celeberrĭmus*. Desse modo, são analógicos tanto o prosaico *pobríssimo* (em vez do *paupérrimo*, recomendado pela Gramática Normativa), quanto o expressivo *riquérrimo* (em vez de *riquíssimo*). Formas ainda mais expressivas são, por vezes, flagradas em alguns textos, como na frase "*os modernerrérrimos e montaderrérrimos As Four*" (*Folha de S.Paulo*, Ilustrada E7, 10/1/2003).

Nos numerais, a analogia é constante nos valores grandes, nos ordinais e nos multiplicativos:

- lat *vic-esimus* "vigésimo" ⇒ ital *vent-esimo* "vigésimo" (← ital *venti* "vinte") ⇨ ital *quarant-esimo* "quadragésimo" ← ital *quaranta* "quarenta" < lat *quadraginta* "quarenta";
- lat *vic-esimus* "vigésimo" ⇒ fr *vingt-ième* "vigésimo" (← ital *vingt* "vinte") ⇨ fr *quatr-ième* "quarto" ← *quatre* "quatro";
- fr *mille* "mil"→ fr *mill-ion* > fr *mi-llion* "milhão" ⇨ fr *bi-llion* "trilhão" ~ fr *tri-llion* "quatrilhão" etc.;
- lat *duplus* "duplo"> *du-plo* ⇨ *nongêntu-plo* ← lat *nongenti* "novecentos";
- *milhão* ⇨ *porrilhão* ⇦ *porra*;
- *trigésimo* ⇨ *zerésimo* ⇦ *zero* (cf. § 3.2.8).

3.2.3. Analogia no plano sintático

A regularização analógica atua também no nível sintático (cf. § 3.2.10). No latim, menos do que nas demais línguas indo-europeias do ramo itálico (osco, umbro etc.), havia alguns resquícios de posposições (cf. Primeira Parte, item "Gyarmathi"). Desse modo, no latim clássico, encontramos as formas fossilizadas:

- lat *quoad?* "até que ponto?";
- lat *hactenus* "até agora";
- lat *quousque?* "até quando?".

O mesmo valia para as construções seguintes, formadas com o pronome no caso ablativo e a posposição *–cum* "com". Essas formas foram conservadas apenas no ibero-românico:

- lat *mecum* "comigo";
- lat *tecum* "contigo";
- lat *secum* "consigo";
- lat *nobiscum* "conosco" → *noscum* (AP 220 ⇦ PRON);
- lat *vobiscum* "convosco"→ *voscum* (AP 221 ⇦ PRON).

Observe que o ablativo lat *nobis* e lat *vobis* (exigido pela posposição) se tornaram *nos* e *vos* no acusativo, também por analogia, uma vez que não havia distinção entre o ablativo e o acusativo nos demais pronomes pessoais latinos (PRON). Há, portanto, uma direção do acusativo para o ablativo nessa analogia (cf. § 3.2.2.2):

- (ablativo lat *me*^{1} ≡ acusativo lat *me*^{2}) > lat vulg *me*;
- (ablativo lat *te*^{1} ≡ acusativo lat *te*^{2}) > lat vulg *te*;
- (ablativo lat *se*^{1} ≡ acusativo lat *se*^{2}) > lat vulg *se*;
- (ablativo lat *nobis* ~ acusativo lat *nos*) > lat vulg *nos*;
- (ablativo lat *vobis* ~ acusativo lat *vos*) > lat vulg *vos*.

Daí decorrem as seguintes formas no português antigo, cuja variação reflete provavelmente a existência de diferenças regionais:

- lat *mecum* > port ant *mego* ≈ *migo*;
- lat *tecum* > port ant *tego* ≈ *tigo*;
- lat *secum* > port ant *sego* ≈ *sigo*;
- lat **noscum* > port ant *nosco* ≈ *nusco*;
- lat **voscum* > port ant *vosco* ≈ *vusco*.

Por fim, as formas antigas *migo*, *tigo*, *sigo*, *nosco*, *vosco* sobreviveram, mas eram uma exceção à regra do português (e no espanhol antigo) de expressar sintaticamente a função comitativa por meio da preposição *com* (PREP). Em alguma sincronia pretérita, essa excepcionalidade tornou irreconhecíveis as terminações *–co*, *–go,* o que fez necessária a reintrodução pleonástica da preposição *com*. Por fim, hoje sobrevive no português brasileiro praticamente só a forma *comigo* e, às vezes, *contigo* e *consigo* (em muitos lugares substituídos respectivamente por *com você* e por *com ele mesmo* etc.), pois *convosco* se restringe à linguagem religiosa e *conosco* também se tem tornado tão obsoleto na linguagem coloquial (que o substituiu por *com a gente*), que um jogo de rimas (também analógico) bastante conhecido é usado para ironizá-lo: "conosco ninguém podosco". Todas as formas, contudo, são usadas no português europeu, que usa *consigo* no sentido de "com o senhor" e grafa *connosco* com a consoante dobrada, para enfatizar a nasalidade da primeira vogal.

3.2.4. Analogia na acentuação

As formas verbais paroxítonas lat *eramus* "éramos" e *eratis* "éreis" sofreram sístole no português e no castelhano (§ 2.3.2.1), provocada por analogia com as demais pessoas (lat *eram* "eu era", *eras* "tu eras", *erat* "ele era", *erant* "eles eram") em que o acento tônico se encontra na primeira sílaba (doravante PRIM):

- lat *erāmus* > *eramos* > *éramos* ⇦ PRIM;
- lat *erātis* > *erades* >* *eraes* > *éreis* ⇦ PRIM.

Tal deslocamento ocorreu também em outros verbos:

- lat *cantabāmus* > *cantávamos* ≅ esp *cantábamos*, mas gal *cantabamos*;
- lat *cantabātis* > **cantavades* > **cantavaes* > *cantáveis*, mas esp *cantabais* ≅ gal *cantabades* ≈ *cantábades*.

Uma diástole (§ 2.3.2.2) motivada por analogia se encontra em formas não aceitas pela norma culta, como *outrém* < *outrem*, criada por analogia a *alguém*, *ninguém* e *quem*.

Como a posição do acento tônico tende a conservar-se, na passagem do latim ao português, é possível afirmar que grande parte dos casos de hiperbibasmo são gerados pela analogia (cf. § 2.3.2).

3.2.5. Analogia e expressividade

No plano da *parole* saussuriana, é muito comum a atuação da analogia. Tais formas criadas podem, acidentalmente, integrar-se ao léxico, em dada sincronia, dada a sua expressividade. Palavras híbridas geradas por analogia ou são criadas deliberadamente (com intenção humorística, técnica, literária) ou são frutos de lapso. Esses dados são analisáveis em vários campos de estudo, entre eles, a Estilística, a Psicolinguística e a Linguística

Cognitiva. É corriqueiro (porém errôneo) considerar neológicas formações que não são recentes, assim como imaginar expressivo o que é de conhecimento comum (e, portanto, tem certa frequência de uso). Avaliações pautadas na experiência subjetiva dos falantes nativos conduzem a esse tipo de erro, mas apenas a datação, no caso dos neologismos, e o mapeamento dos usos, no caso da expressividade, podem dar cientificidade a tais considerações. Ouvem-se, com frequência, analogias com finalidade humorística. Por exemplo:

- *pastelaria* > *panstelaria* ⇦ PAN (sigla) ← *jogos panamericanos* (neologismo apresentado no programa humorístico "A Grande Família", da Rede Globo, 12/07/2007);
- *psicopata* →*psico-pata* → *psicogansa* ⇦ *gansa* (episódio do programa humorístico "Os Normais", da Rede Globo, de 30/11/2001).

Temos exemplos semelhantes com finalidade expressiva na literatura: *embriagar-se* > *embriagatinhar* ⇦ *engatinhar*, termo criado por Guimarães Rosa, entre muitíssimos outros exemplos (Martins, 2001):

- *amormeuzinho*;
- *beija-florar*;
- *bonitinhamente*;
- *cabisbaixar*;
- *comigar*;
- *coraçãomente*;
- *desexistir*;
- *desflor*;
- *desmim*;
- *desmergulhar*;
- *ensimesmudo*;
- *entreabrirfechar*;
- *entrequequantos*;
- *enxadachim*;
- *geringonciável*;
- *hitlerocidade*;
- *homenzarrinho*;
- *horizonteante*;
- *infinilhão*;
- *infinitesimalzinho*;
- *milflorir*;
- *milmaravilhoso*;
- *mil-vezes-mente*;
- *noite-vagar*;
- *oceanoso*;
- *perguntatividade*;
- *prostitutriz*;
- *quilometroso*;
- *rearruinado*;
- *sempremente*;
- *sentimentiroso*;
- *sobrelégio*;
- *subvalentão*;
- *ufanático*;
- *transtornoso*;
- *transviver*.

Com finalidade cômica, a personagem Odorico Paraguaçu (representado por Paulo Gracindo), na novela "O bem-amado" (Rede Globo, 1973, de Dias Gomes) usava muitas palavras formadas por analogia:

- *cachachista*;
- *cocainista*;
- *coloquiamento*;
- *defuntício*;
- *democratura*;
- *maconhista*;
- *merecedência*;
- *muambista*;
- *providenciamento*;
- *talqualmente*.

Com base nesse princípio e na produtividade dos sufixos, formam-se muitas vezes palavras não dicionarizadas no ato de fala que, coletadas em *corpora*, podem representar o idioleto do informante (como em *fervição*, *depresseza*). É difícil descobrir nesses casos se foram adquiridas (isto é, se têm uma história) ou criadas por analogia, no ato de fala, por meio de regras gerativas (isto é, se devem sua existência ao sistema, sincronicamente falando). Quando investigadas no sítio de buscas http://www.google.com, tais palavras trazem tão poucas ocorrências, que é possível imaginar que cada falante as tenha criado independentemente sem nunca tê-las ouvido, no entanto, isso pode ser falso (podem ter herdado de seus familiares ou de pessoas com quem convivem, os quais nunca as grafaram). De fato, a geratividade é uma realidade que não se pode desconsiderar. Na análise dos fenômenos linguísticos neológicos, deve-se dosar adequadamente a produtividade dos elementos de formação e a herança diacrônica.

3.2.6. Hipercorreção

Chama-se *hipercorreção* ou *ultracorreção* um tipo específico da analogia em que o falante, diante de duas variantes conhecidas, infere uma regra, a qual aplica em casos nos quais não costuma haver variação. Normalmente, a causa principal é o medo de estar "falando errado" (quer sob o ponto de vista da Gramática Normativa quer da adequação à variante local). A hipercorreção pode ocorrer na fala ou na escrita. Por exemplo, devido à apócope do *–r* (§ 2.2.3), a pronúncia [aˈbɾi], do infinitivo *abrir*, se tornou a mais comum no português brasileiro. O mesmo se passa com *existir* [izisˈti], *cantar* [kɐ̃ˈta] etc. O falante, supondo que as formas sem apócope sejam as mais adequadas (isto é, [aˈbɾiɾ], [izisˈtiɾ], [kɐ̃ˈtaɾ], respectivamente), pode grafar (ou falar) por hipercorreção:

- [aˈki] > *aquir*;
- [xisiˈbi] > *recebir*;
- [soˈfa] > *sofar*;
- [paleˈtɔ] > *paletor*.

Quem assim escreve, julga a letra *r* tão muda quanto a *h* e, de fato, abundam grafias como *hervilha*, *omenagem*, *hontem*. O mesmo vale para falsas monotongações, como *exageiro*, *carangueijo*, *taixa*, *agaichar*, pois o *i* é tido por letra muda em casos semelhantes (*carteiro*, *beijo*, *caixa*, cf. § 2.2). Por vezes, algumas dessas grafias se tornam oficiais e importantes para as datações etimológicas, como em *macaxeira* (1608) < tupi *makaxéra*. A hipercorreção ocorre principalmente quando os sons são grafáveis de várias formas, causando confusão no seu uso: *extender*, *excessão*, *sizo*, *puzer*, *quizer* etc. Quando havia a escrita etimológica da língua portuguesa, encontravam-se mais interferências ainda: *theor*, *thesoura*, *sachristão*, *christal*, *systhema*, *chamar-mos*, *lyrio*, todas formas inexplicáveis etimologicamente, pois nelas atuou o mecanismo da hipercorreção (Nogueira, 1937).

Na tentativa de corrigir-se, o falante, muitas vezes, acrescenta sons inexistentes. Alguém que sabe que o normativamente correto é pronunciar o *–r–* ao dizer *murcho* [ˈmurʃu] e não dizer [ˈmuʃu], poderá inversamente corrigir palavras como *garrucha* [gaˈxuʃa] > [gaˈxurʃa] (cf. § 2.1.2). Na história do sobresselvano, falado na Suíça, vários étimos se devem a hipercorreções desse tipo na fala (Viaro, 2001). No mesmo grupo das hipercorreções estão as imitações malsucedidas de sotaques. Por desconhecimento, o imitador supõe estar usando formas existentes, embora, na verdade, pronuncie palavras de modo não condizente com a realidade (cf. § 5.3). A existência de uma forma deveria ser comprovável com bancos de dados acessíveis a todos os pesquisadores de Linguística (cf. § 2.4.1). Exemplos de pseudocaipira:

- *casa* [ˈkaɽza];
- *ouvido* [oɽˈvidu];
- *caipira* [kaɽˈpiɽa];
- *comeu* [koɽˈmew] etc.

3.2.7. Analogia no ato de fala

Listemos a seguir algumas formações coletadas. Criadas por analogia e exclusivas da *parole* poderiam ser objeto de estudo da Psicolinguística ou da Linguística Cognitiva. O lapso e o *idioleto* do falante são difíceis de distinguir nesses casos. O idioleto vincula-se frequentemente à origem do falante ou a elementos não corrigidos na Aquisição da Linguagem. Por exemplo, um descendente de italiano, mesmo monolíngue em português, pode dizer *vou da Lúcia* (em vez do mais usual *vou na Lúcia*), como em ital *vado da Lucia*, pois assim aprendeu dos pais bilíngues. Por outro lado, se uma pessoa diz *move* em vez de *nove* desde a infância, tal forma faz parte de seu idioleto e independe da pronúncia dos pais. Certos bordões, adquiridos ou inventados, quando não fazem parte de modismos recentes, também podem configurar como parte dos idioletos. O lapso, contudo, é algo exclusivo de um único ato de fala. Alerte-se que o elemento conjecturado que desencadeia a analogia nos exemplos a seguir, é, muitas vezes, apenas um representante de todo um paradigma e não exatamente a palavra que motivou a transformação:

- *agrônomo* > *agrônimo* ⇦ *anônimo*;
- *Araçatuba* > *Araçapuca* ⇦ *arapuca*;
- *arigatô* > *obrigatô* ⇦ *obrigado*;
- *A Senhorita* > *Vossa Senhorita* ⇦ *Vossa Senhoria*;
- *Babilônia* > *Bibelônia* ⇦ *bibelô*;
- *baby-sitter* > *baby-sister* ⇦ ingl *sister*;
- *camburão* > *cangurão* ⇦ *canguru*;
- *catatônico* > *catatônito* ⇦ *atônito*;
- *concordância* > *corcondância* ⇦ *corcunda*;
- *coquetel* > *croquetel* ⇦ *croquete*;
- *coxão mole* > *colchão mole* ⇦ *colchão*;
- *Dinamarca* > *Dinamarga* ⇦ *amarga*;
- *discussão* > *discursão* ⇦ *excursão*;
- *elucidar* > *ilucidar* ⇦ *iluminar*;
- *enxame* > *enxume* ⇦ *cardume*;
- *esclerosado* > *asquerosado* ⇦ *asqueroso*;
- *escorregadio* > *escorregadinho* ⇦ *salgadinho*;
- *esmeril* > *esmerilho* ⇦ *estribilho*;
- *espiral* > *aspiral* ⇦ *aspirar*;
- *estilete* > *esquilete* ⇦ *esqueleto*;
- *febre amarela* > *gripe amarela* ⇦ *gripe suína*;
- *gigolô* > *gingolô* ⇦ *ginga*;
- *imperialismo* > *imperismo* ⇦ *empirismo*;
- *libras esterlinas* > *libras estrelinas* ⇦ *estrela*;
- *macela* > *marcela* ⇦ *Marcela*;
- *masturbação* > *masturbanização* ⇦ *urbanização*;
- *no entanto* > *no entretanto* ⇦ *entretanto*;
- *no momento certo* > *no momento H* ⇦ *na hora H*;
- *observar* > *urubusservar* ⇦ *urubu*;
- *otorrinolaringologista* > *ornitorrinolaringologista* ⇦ *ornitologista*;
- *pastel* > *pastéu* ⇦ *troféu*;
- *pirueta* > *piruleta* ⇦ *pirulito*;
- *plebiscito* > *presbiscito* ⇦ *presbiteriano*;
- *poção mágica* > *porção mágica* ⇦ *porção*;
- *ponte levadiça* > *ponte levantiça* ⇦ *levantar*;
- *promiscuidade* > *prosmiscuidade* ⇦ *pros–*;
- *rejuvenece* > *rejuvelhece* ⇦ *velho*;
- *repercussão* > *repercursão* ⇦ *excursão*;
- *repeteco* > *repeteleco* ⇦ *peteleco*;

- *resquício > restício ⇦ resto;*
- *Sancho Pança > São Xupança ⇦ São Joaquim;*
- *Santos Dummont > Santos Drummond ⇦ Carlos Drummond;*
- *sem mim > semigo ⇦ comigo;*
- *simpósio > sinfósio ⇦ sinfonia;*
- *sucesso > sucexo ⇦ sexo;*
- *sudeste > suldeste ⇦ sul;*
- *sugestivo > subgestivo ⇦ sugestivo;*
- *surucucu > sururucuçu ⇦ jararacuçu* (também: *jururucuçu, jurucuçu*);
- *urtiga > hortiga ⇦ horta;*
- *Xerox > Xerops ⇦ xarope;*
- *yakisoba > yakisopa ⇦ sopa.*

É fácil perceber que, quando se realiza, por lapso, alguma formação parecida com essas anteriores, na verdade, há uma vaga lembrança da sonoridade da palavra que deseja expressar. Alguém tentando lembrar-se da palavra de baixa frequência de uso *hipocampo* ("cavalo-marinho"), depois de pensar um pouco, pode concluir (e insistir) que o termo é, suponhamos, *helicantropo*, criado por analogia. Nele se recuperaram pequenas parcelas da sonoridade original (*can, po*), ao mesmo tempo em que se mesclou o elemento de formação *helico–* com *licantropo* "lobisomem" (palavra que provavelmente conheceu em sua experiência de vida como falante do português). Aparentemente, em casos como esse, a "massa amorfa" dos pensamentos (termo utilizado por Hjelmslev, 1943) contribui para escolher-se a forma da *parole* por meio da analogia.

Também as expressões e os provérbios são afetados por analogias:

- *arregaçar as mangas > arreganhar as mangas ⇦ arreganhar os dentes;*
- *caiu no conto do vigário > caiu no bonde do vigário ⇦ caiu do bonde;*
- *delegar a alguém o cargo > denegar alguém ao cargo ⇦ denegar alguém;*
- *encher linguiça > encher a sardinha ⇦ puxar a brasa para sua sardinha;*
- *ficar de papo pro ar > jogar papo pro ar ⇦ jogar conversa fora;*
- *Hare Krishna > Hare Christmas ⇦ Merry Christmas;*
- *não entender patavina > não entender patafina ⇦ parafina;*
- *não ter o mínimo de consideração > não ter o mínimo pingo de consideração ⇦ não ter um pingo de consideração;*
- *tirar do sério > deixar fora do sério ⇦ deixar fora de si* (cf. música de Arnaldo Antunes *Fora de si* em que diz: *eu fico fora de si, eu fica fora de mim*).

A probabilidade de uma construção híbrida surgir também aumenta quando há desconhecimento do significado das palavras envolvidas, assim, se alguém conhece a expressão "ter ouvidos moucos", mas apenas a entende globalmente, sem saber o significado de "mouco", pode muito bem, num ato de fala, produzir uma expressão híbrida "ter olhos moucos" com o sentido de "não querer ver". Outros fatores, como cansaço e nervosismo, também contribuem (para não falar das hipóteses sobre os *atos falhos* da Psicanálise). O estudo sério de fatos como esses poderia ter muitas implicações práticas na Educação.

3.2.8. Palavras-valise

As chamadas palavras-valise (ingl *blending*) são formações em que ocorre dupla atuação analógica simultânea. Algumas são lapsos; outras, já consagradas e dicionarizadas (cf. 3.2.2.3):

- *bacharel* ⇨ *bestarel* ⇦ *besta*;
- *brasileiro* ⇨ *brasiguaio* ⇦ *uruguaio*;
- *beber* ⇨ *bebemorar* ⇦ *comemorar*;
- *chocolate* ⇨ *choconhaque* ⇦ *conhaque*;
- *estágio* ⇨ *escrágio* ⇦ *escravo*;
- *eu* ⇨ *euquipe* ⇦ *equipe*;
- *hotel* ⇨ *boitel* ⇦ *boi*;
- *jaburu* ⇨ *jabucreia* ⇦ *mocreia*;
- *namorado* ⇨ *namorido* ⇦ *marido*;
- *pescoço* ⇨ *pescotapa* ⇦ *tapa*;
- *piauiense* ⇨ *piúcho* ⇦ *gaúcho*;
- *pitbull* ⇨ *pitboy* ⇦ *boy*;
- *português* ⇨ *portunhol* ⇦ *espanhol*;
- *rádio* ⇨ *radiola* ⇦ *vitrola*;
- *show* ⇨ *showmício* ⇦ *comício*;
- *siriri* ⇨ *sililuia* ⇦ *aleluia*;
- *tigre* ⇨ *tião* ⇦ *leão*.

Tais palavras também se prestam a fins humorísticos. Exemplos do programa televisivo "Casseta & Planeta", da Rede Globo, de 27/5/2008:

- *seminovo* ⇨ *seminoivo* ⇦ *noivo*;
- *sogra* ⇨ *sogra-coral* ⇦ *cobra-coral*.

Do ponto de vista etimológico, rigorosamente falando, alguns casos, na verdade, são empréstimos (§ 5.1):

- ingl *hotel* ⇨ ingl *motel* (⇦ ingl *motor*) > port *motel*;
- alem *Orgasmus* ⇨ alem *Orgon* (⇦ alem *Hormon*) > port *orgônio*;
- ital *papa* ⇨ ital *papamobile* (⇦ ital *automobile*) > *papamóvel.*

Em estudos lexicográficos, esses empréstimos são raramente diferenciados das palavras-valise criadas em português, dando falsa impressão de serem neologismos no português.

3.2.9. Etimologia popular

O raciocínio analógico é o germe da explicação etimológica. Como vimos (cf. Primeira Parte), os étimos de Platão, Isidoro de Sevilha e Leibniz nem sempre conduziam ao que hoje entendemos por uma etimologia científica, nos moldes de Nebrija, Nunes de Leão, Rask e Neogramáticos. A impossibilidade de provar um étimo por leis fonéticas ou por analogias razoáveis conduz à prática da *etimologia fantasiosa* (§ 6.3). Sem os cuidados necessários e justificadas apenas pelo domínio da língua materna, tais propostas etimológicas se pautam apenas em semelhanças fonéticas e no reconhecimento de supostos componentes das palavras. Soma-se, por vezes, algum conhecimento linguístico, alguma erudição e vale-se de regras de transformação assistemáticas. A etimologia fantasiosa tem origem culta, necessita de argumentação, mas raramente afeta o percurso histórico das palavras, embora haja exceções (sobretudo quando produzidas por pessoas com muito prestígio após o advento dos meios de comunicação e da *internet* cf. § 6.3).

A etimologia fantasiosa não deve confundir-se com a *etimologia popular*, que é uma espécie de analogia. Trata-se da associação de supostas partes da palavra com outros vocábulos, geralmente de maior frequência de uso, presentes na mente do falante, com os quais está mais familiarizado. Dessa forma, evidenciam-se elementos de formação que não se justificam do ponto de vista diacrônico (cf. § 3.2.7). A etimologia popular pode ser definida como a busca inconsciente de um nexo causal entre palavras não cognatas.

O vocábulo *moscatel* vem do cat *moscatell*, cuja raiz se liga ao lat *muscus* "almíscar", a qual, por sua vez, teria migrado para o ár *misk*. Com o artigo definido (ár *al-misk*) teria dado origem à forma portuguesa *almíscar* (com uma terminação *–ar* pouco clara). Portanto, a semelhança entre *mosca* e *moscatel* é fortuita (uma vez que *mosca* vem do lat *muscam*, que nada tem a ver com lat *muscus*). Essa semelhança, porém, é o suficiente para dar azo a etimologias fantasiosas. Acrescente-se ao grupo a palavra fr *mosque* "mesquita", que não tem absolutamente nada a ver com moscas (pois vem do ár *masjid*). Também o homônimo lat *muscus* "musgo" não faz parte do grupo: dele, porém, nasceu o fr *mousse*, por metáfora. A palavra *mousse*, que representa uma iguaria, também possui homônimos (fr *mousse* "aprendiz de marinheiro, grumete"< ital *mozzo*; fr *mousse* "sem corte, não afiado, cego"< lat *mutĭlum*).

Separar etimologias fantasiosas de etimologias razoáveis nem sempre é fácil, aliás, não é possível fazê-lo sem dados. Assim, se *mosca* e *moscatel* não tem relações entre si, já *mosquito* e *mosqueteiro* têm uma origem comum. O vocábulo *mosquito* vem do espanhol e se internacionalizou (fr *moustique* ≅ ingl *mosquito* ≅ alem *Moskito* ≅ rus *moskit*), já *mosqueteiro* vem do ingl *musketeer*, cuja palavra base é uma arma de nome "mosquete" (ingl *musket* ≅ francês *mousquet* ≅ ital *moschetto*), a qual, de fato, tem a ver com a mosca, por meio de uma metonímia (a saber, a picada do inseto).

As etimologias populares e as fantasiosas de ampla difusão muitas vezes contribuem para alterar o comportamento das pessoas, o que seria, portanto, um fenômeno muito interessante de ser estudado pela Sociologia. Circulou na Idade Média o étimo lat *malum ex malo* "o mal vem da maçã", pois se acreditava que o fruto proibido anônimo do Éden era uma maçã (*malum*), devido à sua homofonia com a palavra *malum* "mal". Homofonia parcial, diga-se de passagem, dada a impossibilidade de os medievais perceberem a diferença fonológica da quantidade vocálica, que ocorria no latim clássico entre *mălum* "mal" e *mālum* "maçã". Não faltam, desde então, representações pictóricas, textos literários e filosóficos que reflitam sobre a tal fictícia maçã, advinda de uma etimologia fantasiosa.

As palavras ingl *reindeer* "rena" (literalmente "veado de freio") e ingl *crayfish* "lagostim" (literalmente "peixe *cray*") provêm, respectivamente, do nórd ant *hreindýri* e do fr ant *crevice*, étimos nos quais os compontentes "freio" (*rein*) e "peixe" (*fish*) inicialmente não existiam. Alguns exemplos de etimologia popular (cf. outros em Nunes 1945[3]: 167-169):

- *abóbada* > *abóboda* ⇦ *abóbora*;
- *mortadela* > *mortandela* ⇦ *mortandade*;
- *motocicleta* > *motorcicleta* ⇦ *motor* (cf. inglês *motorcycle*);
- port ant *balancia* † > *belancia* † > *melancia* ⇦ *melão*;
- *remoinho* > *rodomoinho* ⇦ *roda* (cf. *rodomoinho* > *redomoinho* > *redemoinho* ⇦ *rede*);
- tupi *kururú* "sapo" → *sapo cururu* > *sapo jururu* ⇦ *jururu*;
- tupi *manduwí* "nome genérico para algumas leguminosas" > *mandubi* ≈ *mindubi* ≈ *amendoim* ⇦ *amêndoa*;
- tupi *mbae-tatá* "coisa de fogo"> *boitatá* ⇦ *boi* (também há *mbae-tatá* > *batatão* ⇦ *batata*).

3.2.10. Metanálise

Por fim, a analogia motivada por etimologia popular (§ 3.2.9) envolve, em larga escala, a sintaxe (cf. § 3.2.3): o fenômeno de segmentação de elementos etimologicamente inexistentes é conhecido como *metanálise* (MTN). No processo de decodificação da mensagem o ouvinte tenta buscar sentido à expressão (cf. § 2.2.1, para casos de aférese motivada por metanálise) e, não raro, deriva sentidos até então inexistentes ou cria palavras neológicas (cf. o caso de *ledino* em § 1.1). Tal segmentação pode ter efeitos duradouros também:

- tupi **piasóka* > *piaçoca* > *piaçó* > *pia-sol* ⇦ MTN (nome de ave);
- quimb *rimiria ngombe* > *maria-gomes* ⇦ MTN (nome de planta);
- *legacão* > *alegre-cão* ⇦ MTN (nome de planta);
- *sacristão* > *sancristão* ⇦ MTN;
- *Satanás* > *São Tanás* ⇦ MTN;
- lat *Sanctus Iacobus* > *Sant'Iago* > *São Tiago* ⇦ MTN;
- *dar marcha-a-ré* > *dar uma charré* ⇦ MTN;
- *Ouviram do Ipiranga* > *o virundum Piranga* ⇦ MTN;
- *estar com bicho-carpinteiro* > *estar com bicho no corpo inteiro* ⇦ MTN;
- *tocando BBKing sem parar* (Música "Noite de Prazer" de Claudio Zoli, 1983) > *trocando de biquíni sem parar* ⇦ MTN;
- *o que não mata, engorda* > *o que cai no mato, engorda* ⇦ MTN.

Por meio da metanálise é possível fazer trocadilhos e cacófatos: o humorista José Simão (Uol Notícias, *Monkey News*, 13/8/2009) explica que o contrário de *otorrino* é *otochorano.* Outros exemplos do mesmo humorista:

- *Sabe por que tributo se chama tributo? Porque vem de três em três* (*Folha de S.Paulo,* llustrada E16, 15/2/2008);
- *E quem disse que o Brasil não está no Oscar? Eu mesmo já recebi três: Oscarnê do IPTU, Oscarnê do IPVA e Oscarnê das Casas Bahia* (*Folha de S.Paulo,* llustrada E16, 23/10/2008).

Também, por causa de seu caráter lúdico, a metanálise é um dos processos preferidos pelas etimologias fantasiosas. Na verdade, uma metanálise não se confunde nunca com o étimo, antes é um produto do elemento analisado (portanto, é *a posteriori*). É, porém, um método amplamente utilizado desde Platão. Explicar a construção *cuspido e escarrado* como proveniente de *esculpido em Carrara* é um erro bastante divulgado (cf. § 6.3). É indício muito evidente de que esse étimo esteja incorreto o fato de existirem muitas expressões nas línguas europeias nas quais a ideia da semelhança se vincula ao verbo "cuspir": cf. ingl *spitting image* "imagem que cospe", fr *tout craché* "todo cuspido" (ambas significando "cuspido e escarrado"). Na verdade, a relação entre "cuspir" e "semelhar-se" na Europa requereria uma investigação mais detalhada do que o *insight* do pseudoetimólogo. Também se diz que a expressão *falar francês como uma vaca espanhola*, na verdade, seria *falar francês como um vasco espanhol* ou que *mal e porcamente* seria uma transformação analógica de *mal e parcamente*, mas realmente pouco se sabe sobre a origem de expressões populares, cujo étimo é invariavelmente muito difícil (§ 6.3).

3.3. Idiossincrasias da mudança semântica

Sabemos que *milho verde* não é verde e que a *novela das oito* começa às nove. Exemplos como esses poderiam ser multiplicados e são uma prova de que as denominações das coisas nem sempre são bons indicadores do que elas são. Desse modo, é fácil perceber por que a mudança semântica é algo imprevisível. As tipologias da mudança semântica são ainda muito incipientes, pois sabemos que há um imenso número de fatores que a desencadeia. Mesmo que se diga que foram descobertas algumas linhas gerais, que nos forneçam alguma previsibilidade, o estudo etimológico não consegue comprová-las sempre, por causa dos acidentes históricos imprevisíveis pelos quais uma palavra pode passar. Por exemplo, o lat *testa* "tijolo, telha" passou para o ital *testa* e fr *tête*, com o significado de "cabeça". Essa mudança pode ser impressionante, mas também existe uma expressão popular em português que remete aparentemente ao mesmo núcleo semântico interseccional: *fazer o que dá na telha* ("telha" >> *"objeto que está na parte de cima da casa" >> *"a parte de cima" >> *"parte de cima do corpo" >> "cabeça"). A semelhança de transformações semânticas em línguas independentes permite que afirmemos que, em várias culturas e tempos, o corpo humano pode ser visto como uma casa e isso gera várias metáforas conceptuais (Lakoff & Johnson, 1980). De fato, metáforas parecidas se repetem misteriosamente em línguas muito diferentes ou em etapas distanciadas temporalmente, na transformação de uma mesma língua. É difícil saber se poderíamos falar de *derivas* nesses casos (cf. § 2.2.2.4 e § 3). Por vezes, mudanças que ocorrem independentemente em muitas línguas têm servido para justificar teorias acerca dos mecanismos da linguagem de modo geral. Certas mudanças semânticas específicas de elementos inicialmente espaciais ocorrem independentemente em muitas línguas, por exemplo, a ideia de algo "bom" nasce com frequência da noção espacial de "em cima" nas mais diferentes línguas do mundo (Svorou, 1993):

- ingl *up* "em cima" >> *up* "alegre";
- ingl *down* "para baixo" >> *down* "tristeza" (cf. ingl *she's a downer* "ela é *baixo-astral*");
- port *Tudo em cima?*.

Outra observação importante seria a de que a mudança semântica nem sempre é um fenômeno popular. Algumas mudanças de significado provêm de cultismos. São comuns exemplos que se pautam na literatura popularizada de episódios bíblicos: fr *maudlin* "chorão" < lat *Magdalena*, cf. expressão *cara de Madalena arrependida*.

Na Linguística Histórica, frequentemente procuram-se palavras estáveis ou permeáveis a mudanças (como na lista de Swadesh, cf. Primeira Parte, item "Trombetti"). As partes do corpo constituem um léxico considerado "estável" para o trabalho de reconstrução de protolínguas, no entanto, por ser o componente mais íntimo dos falantes, é também muito corriqueiro haver, em contrapartida, substituições drásticas de denominações. O lat *bucca* significava "bochecha", mas acabou por designar a *boca*, uma vez que, por causa de um acidente histórico que afetou a Fonologia (a saber, a perda da distinção entre longas e breves § 2.4.1), o lat *ōs* "boca" passou a confundir-se incomodamente com lat *ŏs* "osso" (o qual passou a ser referido como *ossum*). Esse fato já é testemunhado por Santo Agostinho de Hipona (354-430) em *De doctrina christiana* (4:10: 24):

> *Cur pietatis doctorem pigeat imperitis loquentem, ossum potius quam os dicere, ne ista syllaba non ab eo quod sunt ossa, sed ab eo quod sunt ora intelligatur, ubi Afrae aures de correptione vocalium vel productione non iudicant?*

> Por que um professor da piedade lamentaria dizer *ossum* em vez de *os* para os incultos, de modo que se entenda, assim, que são ossos e não bocas, já que os ouvidos africanos não refletem sobre a corrupção ou produção? (i.é, sobre as sílabas longas e breves das vogais latinas).

Todavia esse testemunho é tardio, pois a perda da distinção aparentemente já havia começado no século III (Väänänen, 1985³, § 44).

A palavra portuguesa *colo* é cognata do fr *cou* "pescoço", que conservou o significado original do lat *collum* (cf. esp *cuello*). O sentido de "pescoço", no português, está presente no substantivo derivado *colar* "enfeite para o pescoço" < lat *collare*, originalmente um adjetivo neutro (lat *collaris* "referente ao pescoço"). Como a delimitação da área fronteiriça das partes do corpo é bastante imprecisa, o port *colo* cedo passou a significar uma região próxima ao peito (*a mãe carrega a criança no colo*) ou, ainda mais abaixo, a região próxima ao umbigo (*João pôs a cabeça no colo da namorada*).

O lat *crus* "perna" só se reflete em português num adjetivo derivado, empregado no jargão médico: *osso crural*. O substantivo, contudo, foi totalmente substituído pelo lat *perna* "pernil". Essa expressão, que teve origem na ironia, é do mesmo tipo que nos faz hoje utilizar partes do corpo de animais para partes do corpo humano, como: *fuça*, *lombo*, *patas*, *rabo* etc.

Citem-se alguns exemplos de mudança semântica que ilustram o trajeto a ser perseguido pelos etimólogos em suas investigações. No português, *pedir* e *perguntar* são verbos com conteúdo semântico aparentemente muito distintos. Embora isso também seja verdade para algumas línguas, como alem *bitten* ~ *fragen*, em outras, porém, confundem-se os dois conceitos: ingl *to ask*, fr *demander*. Outras ainda mostram a afinidade de ambos por meio de afixos: rus *prosit'* ~ *doprosit'*, húng *megkér* ~ *megkérhez*. O latim, por vezes, também compartilhava da última visão: o lat *requirĕre* (étimo de "requerer", portanto, "pedir") tem a mesma raiz do lat *inquirĕre* (étimo de "inquirir", ou seja, "perguntar"). O elemento que os une é o lat *quærĕre* "procurar" com uma apofonia (*æ* > *i*, cf. § 2.4.2.5). Se algo é procurado, é porque é desejado, daí lat *quærĕre* > *querer*. Se algo é desejado, há vários modos de obtê-lo (pedindo, suplicando, exigindo etc.) Se aquilo que desejo é uma informação, obtenho-a perguntando. De fato, o ital *chiedere* < *chierere* < lat *quærĕre* tem o sentido de "pedir" e "perguntar" (a mudança *–d–* > *–r–* é uma dissimilação § 2.4.2.6). Dessa forma, o ato de "pedir" e o de "perguntar" são, em um grande número de línguas, na verdade, vinculadas ao ato de "procurar". Difere, no entanto, desses casos, o étimo da palavra portuguesa, que provém de uma metáfora:

- *perguntar* < lat *percontari* "sondar" ← lat *contus* "vara" (como alguém que procura algo remexendo com uma vara).

Esse também é o étimo do esp *preguntar* ≅ cat *preguntar* ≅ gal *preguntar* ≅ log *preguntare.* Já no étimo de *pedir* < **petire* < lat *petĕre* "dirigir-se a", o que está em jogo é o movimento daquele que se aproxima de alguém para obter a informação. O mesmo verbo aparece em esp *pedir* ≅ gal *pedir.* Semelhanças entre línguas permitem a reconstrução de sincronias pretéritas, por vezes, de maneira bastante precisa (Teyssier, 1982).

A primeira sensação do falante nativo de que *pedir*, *perguntar* e *procurar* são coisas muito distintas dissipa-se ao se introduzirem argumentos, de cunho comparativo, diacrônico e dialetológico, dando maior densidade à investigação semântica do étimo. O verbo *procurar* provém do lat *procurare* "cuidar de", sentido existente no derivado *procuração*. Em outras línguas românicas significa "esforçar-se" ou "conseguir" (esp *procurar* ≅ fr *procurer* ≅ ital *procurare*), caso clássico de falsos cognatos. O deslocamento semântico do português é muito específico (apesar de tratar-se de um cultismo, cf. § 1.4). O desejo da manutenção da integridade de um objeto, próprio de quem cuida, parece ser o ponto de partida das mudanças semânticas:

- português: "cuidar de" >> * "querer manter" >> "querer" >> "procurar";
- demais línguas românicas: "cuidar de" >> * "querer manter" >> * "esforçar-se para manter" >> "esforçar-se para" >> "conseguir".

Muitas vezes, porém, a mudança é bastante idiossincrática pois tem a ver com características físicas do objeto. Do fr *râpé* "raspado" proveio a palavra portuguesa *rapé*, da mesma forma que o significado de *caldo*, já estudado (§ 3.1). Nesse caso, subentende-se um hiperônimo, o qual dá concretude à palavra. Somente o conhecimento do objeto, da situação de contato, do contexto social (no caso de influências não promovidas por contato) e do processo de transmissão pode dar sentido à etimologia quando ocorrem deslocamentos semânticos (essa era, aliás, a postura do movimento *Wörter und Sachen*, cf. Primeira Parte, item" Meyer-Lübke").

O vocábulo lat *cultura* (← *cultus* ← *colĕre*) significava inicialmente "plantação, criação, cultivo", donde nasce, metaforicamente, o sentido de "cultivo (de conhecimento)", daí a polissemia em expressões tão distintas como em: *Ministro da Cultura*, *cultura de bicho-da-seda, cultura de feijão.* O verbo lat *interesse* significava apenas "estar entre" (*Tiberis inter eos intererat* Cic. Cat. 3,5 "o rio Tibre estava entre eles"), donde nasceu o sentido derivado de "estar separado, estar distante" >> "ser diferente" (*inter hominem et beluam hoc maxime interest quod...* Cic De Off. 1,11 "o que mais distingue o homem da fera é..."). Do sentido original "estar entre (muitas pessoas)" nasceu o de "estar presente, participar, ajudar" (*interesse consiliis* "ajudar em projetos"; *interesse crudelitati* "participar de um ato cruel"), o qual se tornou, por fim, "ser do interesse, importar-se com" (*interest omnium recte facere* Cic. Fin. 2,72 "todo mundo tem interesse de fazer o bem"). O infinitivo passa a ter uso substantivado, o qual, por sua vez, se tornou concreto: fr *intérêt* (século XIII) "prejuízo, crime" >> "taxa de ressarcimento" (cf. ingl *interest* "lucro, proveito, vantagem"). Da mesma forma, a palavra *importância* tem sentidos concretos e abstratos: "este assunto é de grande importância" ~ "recebi uma grande importância em dinheiro".

A transformação semântica, como se vê nesses exemplos, só pode ser conhecida *a posteriori* pela Etimologia. Como acontece com a História, é impossível fazer previsões. Também não é fácil fazer apostas sobre o que teria ocorrido no passado sem paralelos ou provas documentais em outras línguas. Normalmente, para estabelecer famílias de línguas, os pronomes retos são de grande valia. Desse modo, o lat *tu* conserva a forma do indo-europeu **tū*. Esse conservadorismo do pronome, porém, não foi suficiente para mantê-lo para sempre, de modo que acabou por entrar em concorrência com outras construções, com mesma função, no século XVI (*Vossa Mercê > você, Vossa Senhoria, Vossa Majestade, Vossa Excelência* etc.). Por fim, *tu* desapareceu quase completamente da língua falada em grandes áreas do Brasil, em detrimento de *você.* Dito de outro modo, para o português brasileiro de várias regiões:

- lat *tu* > port *tu* † = *você* < *vosmecê* † < *Vossa Mercê.*

Prova-se, assim, que uma palavra de altíssima frequência pode desaparecer se sua expressividade se perde e não temos garantia em afirmações como "os pronomes pessoais são conservadores" (cf. § 4.1). Apesar de útil para a reconstrução de protolínguas e sincronias pretéritas, tais verdades *a priori* não têm validade universal e, sob essa ótica, o comportamento diacrônico dos pronomes é tão imprevisível quanto o de qualquer outra classe morfológica. O mesmo ocorreu com o número *seis* que passou a *meia* no português brasileiro, como visto (§ 3.1). Por outro lado, mudanças formais, motivadas pela expressividade, ocorrem maciçamente com os pronomes indefinidos, advérbios e conjunções, na passagem do latim ao português, pois pouquíssimas palavras dessas classes têm étimo em latim clássico. Por fim, a expressividade pode tornar uma palavra rara em corriqueira (como ocorreu com o vocábulo *cambalacho* após a telenovela homônima de 1986, escrita por Sílvio de Abreu, cf. § 1.4) e destituir uma frequente, alavancando até mesmo seu desaparecimento, em sincronias pretéritas.

A sinonímia também é imprevisível. Termos inicialmente distintos podem tornar-se sinônimos. Na sua concorrência, é possível que uma das formas adquira maior prolificidade, enquanto as outras sobrevivam de forma marginal ou desapareçam completamente (cf. § 3.2). Na distinção das preposições latinas lat *ab* "de perto de"~ *ex* "de dentro de"~ *de* "de cima de" sobreviveu apenas o lat *de* > port *de*, ao passo que as outras se preservaram como prefixos (lat *ab–* > port *a–*, lat *ex–* > port *es–*) ou em locuções prepositivas (como lat **de-ex* > *des* † → *des+de* > *desde*). Às vezes, a equivalência é parcial, garantindo a sobrevivência de formas concorrentes. Referindo-se à denominação de profissões (mas não em outros casos), temos sufixo gr *–istēs* > *–ista* = *–eiro* < lat *–arĭum*, contudo, nos últimos séculos, as novas denominações para profissões são expressas preferentemente por *–ista*. Quando são formadas com *–eiro*, adquirem certo valor pejorativo (Areán-García, 2007). A concorrência também se dá nas flexões. Por exemplo, a terceira pessoa do pretérito perfeito pode ser expressa por meio de *–ou* = *–eu* = *–iu* = *–e* = *–o* = *–ø*. Algumas delas são extremamente raras, como *–o* < lat *–uit*. Em algumas variantes do latim vulgar, essa terminação estendeu-se analogicamente para vários verbos. No português moderno, sobreviveu apenas em *vei-o* < lat **ven-uit* ⇐ lat *ven-i* (como esp *vino* ≅ gal *veu*), mas já foi mais produtiva (cf. § 5.3):

- lat *cepit* ⇒ lat **capuit* > *coube* ≈ **coubo* † ≅ esp *cupo* ≅ gal *coupo*;
- lat *dixit* ≈ lat **dixuit* > *disse* ≈ *dixe* ≈ *dixo* † ≅ esp *dijo* ≅ gal *dixo*;
- lat *fecit* ⇒ lat **fecuit* > *fezo* † ≅ esp *hizo* ≅ gal *fixo*;
- lat *habuit* > *houve* ≈ *houvo* † ≅ esp *hubo* ≅ gal *houbo*;
- lat *posuit* ≈ lat **posit* > *pôs* ≈ *poso* † ≅ esp *puso* ≅ gal *puxo*;
- lat *potuit* > *pôde* ≈ *podo* † ≅ esp *pudo* ≅ gal *puido*;
- lat *quæsivit* > lat **quæsuit* > *quis* ≈ *quiso* † ≅ esp *quiso* ≅ gal *quixo*;
- lat *sapiit* ≈ lat *sapivit* > lat **sapuit* > *soube* ≈ **soubo* † ≅ esp *supo* ≅ gal *soupo*;
- lat *tenuit* > *teve* ≈ *tevo* † ≅ esp *tuvo* ≅ gal *tivo*;
- lat *traxit* ⇒ lat **traxuit* > *trouxe* ≈ **trouxo* † ≅ esp *trajo* ≅ gal *trouxo*.

A pesquisa etimológica é particularmente útil na questão dos "falsos amigos", nos quais se revelam mudanças semânticas importantes para o ensino de línguas. O esp *exquisito* significa "bom, delicioso, refinado", e equivale ao fr *exquis* ≅ ital *squisito* ≅ ingl *exquisite* ≅ alem *exquisit*. A origem dessas palavras é o particípio lat *exquisitus* "algo extraído dentre um todo, escolhido", do verbo lat *exquirĕre* ← lat *ex+quærĕre* "procurar, buscar". Se buscarmos o vocábulo no dicionário de 1813 de Antônio de Morais Silva (1755-1824), a julgar pela definição e exemplos, *esquisito*, em português, ainda era algo positivo (*suavidade tão exquisita da música, manjares exquisitos, viandas exquisitas*). Portanto, como as demais línguas românicas, o português entendia a palavra como sinônima de "ótimo, excelente, invulgar, incomum". A mudança semântica reflete uma visão popular sobre as coisas requintadas: tudo que é incomum pode parecer estranho, excessivo ou excêntrico para alguém apenas acostumado com o trivial. O novo sentido de "estranho" era usado na segunda metade do século XIX, como se pode ver na passagem de *O crime do Padre Amaro* (1875), de José Maria de Eça de Queirós (1845-1900), que diz: "Sabe você, padre-mestre? disse ele de repente. Ia acrescentar: – Aconteceu-me um caso! – Mas reteve-se, murmurou: – Estou hoje esquisito; tenho andado ultimamente fora dos eixos... (Cap. 8)".

Mas é possível que o vocábulo circulasse, já no século XVIII, com o sentido de "incomum". De fato, verifica-se o embrião da mudança semântica num trecho (com sentido irônico?) da correspondência da Marquesa d'Alorna (1750-1839), já em 1809:

> Não foi mais possível ver Dom Rodrigo nem falar-lhe, nem respondeu a cartas, nem deu passaportes, nem concluiu nada. Método esquisito de tratar negócios de tanta importância, pois entre gente tão distinta, tão importante, uma decisão, uma resposta favorável ou negativa, poupa tempo, danos e ruínas de fazenda, honra e vida.

Somente a partir dessa mudança semântica é que poderíamos documentar palavras derivadas como *esquisitice*, *esquisitão*, *esquisitório*, as quais dependem do significado depreciativo para que suas bases sejam adequadamente preparadas para a sufixação. De fato, não poderiam ter sido criadas antes que essa mudança semântica fosse efetuada. Comparando o inglês com o português, encontramos vários cognatos que divergem no significado, como ingl *pretend* "fingir" e ingl *push* "empurrar", que podem ser explicadas por investigações etimológicas desse tipo.

Também na mesma língua, duas palavras, apesar de terem mesmo étimo, podem ter significados muito distintos, como *terno* e *tenro*, ambos provenientes do lat *tenĕrum* "macio, delicado". A especialização do uso parece ser a razão principal para essas diferenças. A flutuação dos sentidos é particularmente visível na mudança diacrônica e diatópica. Assim, levando-se em conta a origem, *parafernália* inicialmente referia-se ao enxoval da noiva, *imbecil* nada mais era que uma pessoa fraca, *cretino* é originalmente uma pessoa cristã, *vilão* era o habitante da vila, *modesto* era simplesmente uma pessoa comedida, *exótico* era algo estrangeiro, *ordinário* era algo que segue a ordem normal das coisas. Parece ser válida, nesses casos, a afirmação de Ullmann (1964) de que há uma tendência nas línguas à pejoração das palavras (cf. § 1.5). De fato, isso se nota em ingl *egregious* "extremamente mau", ingl *notorious* "famigerado". Em português, as formas cognatas *egrégio* e *notório* têm significado positivo, herdado do latim (respectivamente lat *egregius* "escolhido, superior, distinto", lat *notorius* "que serve para notificar" >> port "conhecido, sabido"). O significado ambíguo do vocábulo *famigerado* "famoso" >> "com má fama" foi explorado num conto homônimo (1962), de João Guimarães Rosa (1908-1967). A pejoração atinge também elementos de formação: o sufixo *–eiro*, a partir de palavras que inicialmente indicavam doenças ou deficiências (*cegueira*, *leseira*, *canseira*) passou a designar "más formações da alma" e descrições comportamentais, como *ladroeira*, *bobeira* e *asneira* (Viaro, 2007). Mesmo um sufixo como *–ista*, cuja produtividade é muito mais recente na língua portuguesa (século XIX em diante), também tem hoje ocorrências igualmente depreciativas: *arrivista, piadista* (Areán-García, 2007).

Observa-se, em vários exemplos, que, para a Etimologia, a capacidade de o falante nativo avaliar o seu próprio código linguístico com que se expressa não tem muita utilidade. De fato, sem conhecer ou investigar a história das palavras, o conhecimento semântico restringe-se aos significados conhecidos pelo falante, ou seja, aos vinculados à sincronia atual, os quais se limitam às variantes sociolinguísticas conhecidas pelo falante. Na posição de usuário da língua, importa apenas a comunicação. Também a posição do erudito é frágil, pois depende exclusivamente da sua memória. Para o conhecimento de processos de formação e origem, a Etimologia precisa também conhecer os dados do passado e integrá-los a etapas sincrônicas no presente. Daí a necessidade de *corpora* extensos e grandes bancos de dados ainda restritos a dicionários, embora as ferramentas da *internet* se mostrem hoje mais apropriadas (§ 1.1).

É preciso lembrar que nem tudo que está disponível ao falante se vincula exclusivamente à sincronia atual e à sua experiência de vida. Uma prova é a existência de verdadeiros fósseis vivos nas línguas atuais. Também os houve em todas as sincronias pretéritas. Um falante com certa formação escolar poderia dizer, no máximo, que a palavra *toa* é um substantivo feminino. Embora não saiba dizer o que *toa* signifique, saberá usar essa palavra corretamente na expressão fossilizada *à toa.* Para que entendesse o significado de *toa*, porém, seria preciso conhecer a história da sua própria língua ou ter conhecimentos náuticos. A palavra *toa* é cognata do inglês *tow* "corda, conduzir a reboque" e do fr ant *toer* (atual *touer*) "conduzir a reboque", ou seja, é o mesmo que "maroma" ou "sirga": uma corda grossa, que serve para rebocar navios. A expressão *à toa* originalmente significava "à mercê do navio que o reboca" >> "ao acaso". O mesmo problema se encontra em palavras e expressões como *bola de capotão, pão-de-ló, sem eira nem beira, tirar sarro, dar trela, vara de condão, a esmo,* as quais são um convite à fantasia dos pseudoetimólogos sem metodologia de pesquisa (§ 6.3). Por esse exemplo e outros, prova-se que a opacidade de vocábulos nunca é absoluta se se revelam seus sentidos pelo estudo diacrônico. Esses sentidos também variam regionalmente. Nenhum falante, portanto, tem capacidade de conhecer todas as facetas de sua própria língua. Com efeito, a sua experiência pessoal (subjetiva e incompleta) não basta para uma ciência como a Linguística. Se o linguista atual leva em conta variantes sociolinguísticas que não domina, também deve considerar variantes diacrônicas. Isso é essencial, se quisermos apreender o fenômeno *língua* em sua integridade (cf. Introdução). Em questões históricas, nada, nem mesmo a erudição pessoal, substitui a pesquisa e a organização de dados. E, em nenhuma área da Linguística, isso é mais verdadeiro do que em Etimologia, em que toda prova, por definição, deve ter sua proveniência em dados, os quais possibilitarão as reconstruções das sincronias pretéritas.

4. A pesquisa intralinguística

Numa pesquisa etimológica, é preciso enfocar o todo que circunda a palavra pesquisada. Dessa forma, devem ser compreendidos tanto o sistema em que a palavra se insere quanto os sistemas em que a palavra se inseriu desde sua criação. Retirada a situação anômala da coincidência, fenômenos idênticos em duas línguas quaisquer não ocorrem de maneira independente. Isso se deve ao contato cultural ou, como última instância, à universalidade do mecanismo cognitivo humano (cf. § 1 e § 3).

Convém lembrar que, a despeito da frequente impossibilidade de comunicação interlinguística, fato que motiva a ideia corrente de que as línguas são (ou deveriam ser) sistemas impermeáveis, o bilinguismo *lato sensu* foi e é, no mundo, uma realidade muito mais frequente do que o monolinguismo (§ 5.1 e § 5.2). O falante, mesmo adulto, quando transferido para outra realidade, esquece-se parcialmente de sua língua materna (ou variante linguística), de modo que é correto dizer que sistemas costumam permear-se com mais facilidade do que se pensa.

Para a Etimologia, desconsideram-se os abismos interlinguísticos provocados pela dificuldade de comunicação. Qualquer estudo intralinguístico que envolva aspectos históricos, sem levar em conta as outras línguas em que perpassaram os mesmos fatos investigados, deve ser, na verdade, entendido como pura abstração. Servirá, portanto, exclusivamente para o entendimento do fenômeno pragmático da comunicação *naquela* língua estudada. Isso, porém, é pouco para entender de forma adequada o problema da Linguagem como um todo. A excepcionalidade de cada caso não prescinde de tratamento histórico, tal como se verá a seguir.

4.1. As classes de palavras

As classes de palavras são agrupamentos artificiais, por um lado, e reais, por outro. Artificiais porque são artibrárias ou seguem tradições gramaticais que engessam nossa visão sobre os fatos reais. No caso do Ocidente, são decorrência da tradição gramatical desde Dionísio Trácio e, por meio da Historiografia, se entende por que têm o formato conhecido. Há, contudo, classes reais, pois as línguas formam espontaneamente muitos paradigmas, uns mais produtivos que outros, os quais são em número indeterminado e atuam no fenômeno da analogia (§ 3.2). A taxonomia artificial simplifica o problema, reduzindo o número real das classes. Além disso, seu número é notavelmente diferente entre as línguas: no japonês, a classe que chamamos de "adjetivos" não existe morfologicamente, mas pertence quer à mesma categoria dos nomes (jap *keiyōdōshi* e jap *rentaishi*), quer à dos verbos (jap *keiyōshi*), ao passo que as chamadas palavras-mímicas, inexistentes nas línguas ocidentais e de difícil tradução, formam duas classes distintas (respectivamente jap *giseigo* ou jap *giongo*, "fonômimos" ou "onomatopeias", e jap *gitaigo* ou jap *gijōgo* "fenômimos" ou "psicômimos"; cf. § 7). A Linguística Ocidental vem tentando recategorizar as classes herdadas da Gramática. A terminologia antiga, no entanto, tem sido utilizada de maneira duradoura, quando não serve como metalinguagem para comunicação entre linhas teóricas distintas.

Observa-se, no entanto, que se cada sistema, por um lado, tem um número de classes de palavras, por outro, muitos paralelismos se encontram nas mudanças de uma classe para outra: por exemplo, em muitas línguas, os artigos definidos provêm de pronomes demonstrativos. Preposições costumam vir de advérbios, sobretudo de lugar. Há os que veem nisso uma atuação da cognição, que fundamentaria a mudança funcional. A universalidade da separação entre classes abertas e fechadas também é questionável quando se estudam línguas não europeias ou pouco conhecidas. O número de advérbios de lugar do romanche, por exemplo, é espetacularmente grande (Viaro, 2001). Os pronomes pessoais japoneses aparentemente estão mais próximos de uma classe aberta do que nas línguas europeias, pois envolvem situações pragmáticas, polidez, sexo do falante e do ouvinte, *status* e reverência. Desse modo, para falar "nós", o japonês tem um grande número de expressões:

- *bokura*;
- *bokutachi*;
- *orera*;
- *oretachi*;
- *temaedomo*;
- *warera*;
- *wareware*;
- *watakushidomo*;
- *watakushitachi*;
- *watashidomo*;
- *watashitachi*.

Do ponto de vista histórico, há classes mais conservadoras que outras. Como vimos (§ 3.3), essa constatação não deve ser entendida de forma universal, mas são elas que fundamentam a classificação tipológica das línguas em famílias e protofamílias. Entre as mais conservadoras se encontram os numerais ordinais (lat *unum* > *um*, lat *duos* > *dois*, lat *tres* > *três* etc.), os pronomes pessoais (lat *ego* > *eu*, lat *mihi* > *mi* > *mim*, lat *me* > *me*, lat *ille* > *ele*, lat *illi* > *lhe*, lat *illum* > *lo* > *o* etc.), os relativos (lat *quem* > *que*, lat *quid* > *que*) e os interrogativos. A conservação dos numerais cardinais e multiplicativos é artificial, pois são cultismos óbvios (§ 3.2.2). Não são conservadoras, porém, as conjunções (exceto lat *et* > *e*, lat *aut* > *ou*, lat *si* > *se*, lat *quando* > *quando*), cujas formas antigas e atuais provieram principalmente de advérbios ou de particípios. Ainda hoje, testemunha-se a formação de novas conjunções, como *caso* condicional ou *só que* adversativo. As razões da pouca conservação formal das conjunções se deve a questões estilísticas. Já as preposições tendem a conservar-se formalmente, mas têm grande modificação semântica, pois, para além da polissemia, agregam funções atribuídas aos casos latinos (Viaro, 1994):

- lat *ad* ("para perto de") > port *a* ⇐ dativo latino;
- lat *de* ("de cima de" >> "de perto de")> port *de* ⇐ genitivo latino;
- lat *cum* ("juntamente com") > port *com* ⇐ ablativo latino ⇐ locativo + instrumental indo-europeu.

É comum a convergência de étimos: lat *quid* > *que*^{1} ≡ *que*^{2} < lat *quod*, lat *per* > *por*^{1} ≡ *por*^{2} < lat *pro*. Nesses casos de convergência formal, a separação dos homônimos sem uma investigação diacrônica cuidadosa se torna, por vezes, muito difícil.

A conservação das classes abertas (substantivos, adjetivos, verbos) é mais aleatória e restrita a alguns grupos semânticos. Por vezes, é possível encontrar conservações nos extremos da România, com significado mantido, como em:

- lat *formosum* > port *fermoso* † ≅ esp *hermoso* ≅ rom *frumos* (o port *formoso* é um cultismo).

Por vezes a forma se conservou, mas o significado, não:

- lat *plicare* "dobrar" > port *chegar* ≅ esp *llegar* ≠ rom *pleca* "partir".

Alguns tipos de pronomes e de advérbios são classes pouco conservadoras, ainda que fechadas (e há também os advérbios de modo, que formam uma classe aberta). De fato, os pronomes indefinidos do latim são muito distintos dos das línguas românicas, embora a expressividade seja mais estável do que a forma. Por exemplo, a ideia de "querer" se encontra no lat *quivis* "qualquer um" (cf. lat *vis* "tu queres"), no port *qualquer*, no ital *qualsivoglia* "qualquer" (cf. ital *voglia* "queira") e no rom *careva* ← *care* "que, qual" + *va* < *vrea* "quer". Esse interessante fenômeno relaciona a indeterminação com os volitivos. É raramente estudado, por serem entendidos como independentes, porém não são coincidências. Como não são frutos de contato nem são universais, não são objeto de estudo nem da Linguística Areal (Sandfeld, 1930), nem da Linguística Cognitiva.

As interjeições, por vários motivos, não formam uma verdadeira classe de palavras (se é que são signos linguísticos de fato, uma vez que sequer respeitam os sistemas fonológicos das línguas a que pertencem).

Os sistemas morfológicos, como vimos, costumam ser totalmente refeitos (o que possibilitou a criação do conceito saussuriano da *sincronia*). Perdidos os casos, os substantivos e adjetivos provenientes do latim vulgar foram transmitidos por uma única forma (a do caso acusativo). Os outros casos latinos só se conservaram em pronomes pessoais ou, casualmente, deixaram resquícios em construções cultas do tipo *terræ motus* "movimento da terra" > *terremoto*, em que *terræ* é genitivo.

O sistema dos pronomes demonstrativos, que encontrava paralelos nos advérbios de lugar, se alterou significativamente:

		Pronomes demonstrativos	Advérbios de lugar			
			Estático	Movimento para	Movimento de	Movimento por
Interrogativo		*quis?* "qual?"	*ubi?* "onde?"	*quo?* "aonde?"	*unde?* "de onde?"	*qua?* "por onde?"
Primeira pessoa		*hic* "este"	*hic* "aqui"	*hinc* "daqui"	*huc* "para cá"	*hac* "por aqui"
Segunda pessoa		*iste* "esse"	*istic* "aí"	*istinc* "daí"	*istuc* "para aí"	*istac* "por aí"
Terceira pessoa	Dêitica	*ille* "aquele"	*illic* "lá"	*illinc* "de lá"	*illuc* "para lá"	*illac* "por lá"
	Anafórica	*is* "aquele"	*ibi* "ali, lá"	*inde* "dali, de lá"	*eo* "para lá"	*ea* "por lá"

No tocante aos interrogativos, ocorreram inicialmente as seguintes mudanças para o português:

- lat *ubi?* > port ant *u?* † "onde?" (cf. fr *où?* "onde?");
- lat *unde?* > port ant *onde?* "de onde? †" >> "onde?".

O uso cada vez maior de preposições desonerou a Morfologia, ao mesmo tempo que aumentou a importância da Sintaxe. Assim:

- *ubi?* > *u?* † "onde?" ⇒ *onde?* < lat *unde?* "de onde?";
- *quo?* ⇒ *u?* † "aonde?" ⇒ *onde?* (< lat *unde?* "de onde?") → *a+onde?* > *aonde?*;
- *unde?* ⇒ *onde?* "de onde? †" ⇒ *de+onde?* > *donde?*

A distinção *onde* ~ *aonde* é normativa, uma vez que os seus usos, mesmo nos textos antigos não respeitam de forma nítida a divisão binária "estático" ~ "com movimento". De fato há muitas línguas que não fazem qualquer distinção: ingl *here* "aqui, para cá" ~ *hither* † "para cá", *there* "aí, ali, lá, para lá"~ *thither* † "para lá":

- *onde?* "onde?, para onde?" (cf. *onde você mora? onde você vai?*);
- *aonde?* "para onde?, onde?" (cf. *aonde você mora? aonde você vai?*).

Em espanhol, algo diferente ocorreu: _¿dónde?_ "onde?" adquiriu valor estático e daí se formaram _¿adonde?_ "aonde?", _¿de dónde?_ "de onde?". A partir do uso estático de _onde?_ formou-se _donde?_. Analogicamente, pelo uso estático de _aonde?_ criou-se _daonde?_ na língua falada em várias regiões do português brasileiro, que a Gramática Normativa apregoa "não existir".

O sistema dos pronomes demonstrativos foi totalmente refeito no latim vulgar, de modo que se introduziu um elemento *_accu_ (normalmente ligado a _ecce_ "eis") como de reforço, ao mesmo tempo em que se promoveram transferências de significado. O uso do pronome lat _ipse_ "o mesmo" passou a ser mais claramente dêitico:

- lat _hic_ "este" ⇒ lat vulg _iste_ "esse" > port _este_;
- lat _per hoc_ "por isso" > _pero_ † "por isso" >> _pero_ † "mas";
- lat *_accu+hic_ "aqui"> port _aqui_;
- lat *_accu+hac_ "por aqui"> port ant _acá_ † > port mod _cá_;

- lat lat *_accu+iste_ "este"> port ant _aqueste_ † ≅ rom _acest_ ≅ cat _aquest_ ≅ ital _questo_ ≅ fr ant _cist_ † > _cet_;
- lat _iste_ "esse" ⇒ lat vulg _ipse_ ("o mesmo" >> "esse") > port _esse_;
- lat *_accu+ipse_ "o mesmo" > port ant _aquesse_ † ≅ cf. cat _aqueix_;

- lat _ille_ "aquele" > port _ele_;
- lat *_accu+ille_ > port _aquele_;
- lat _ibi_ > port ant _i_ † > port _aí_;
- lat _illic_ > *_eli_ > port _ali_;
- lat _illac_ > *_elá_ > port ant _alá_ † > port _lá_;
- lat _inde_ > port ant _ende_ † > port ant _em_ † (cf. port ant _por em_ "por isso" > port mod _porém_).

O jogo fônico _aqui ~ acá_, _ali ~ alá_ gerou outras formas raras, como port ant _acó_ † e _aló_ † (ainda usado no jargão da marinha: _por aló_, i. e., "por barlavento"). De _acó+lá_ > _acolá_ (que se assemelha do rom _acolo_ < *_accu-illoc_, cf. Plauto, lat _illoc_ = _illuc_ "para lá").

Outra categoria morfológica importante, o _gênero gramatical_ foi, em certa medida, conservado na passagem do latim para o português, com exceção do neutro, que se confundiu com o masculino no singular. Não deixa de ser intrigante como uma noção tão pouco referencial, como o gênero, seja tão conservadora nas línguas indo-europeias. As palavras neutras costumam equivaler-se em alemão e nos idiomas nórdicos, embora milênios de separação sem homogenizações equivalentes às do latim medieval tivessem de fato ocorrido. Formas neutras no plural, influenciadas pela terminação _–a_, converteram-se em femininas no português:

- lat _mortualia_ "(vestes) mortuárias" (neutro plural) > _mortalha_ (feminino singular);
- lat _pira_ "peras" (neutro plural) > _pera_ (feminino singular);

- lat *fructum* "fruto" (masculino singular acusativo >> *neutro singular acusativo) → lat **fructa* "frutas" (neutro plural) > *fruta* (feminino singular).

A mudança de gênero afetou, sobretudo, a terceira declinação latina. Ocorre a mudança de gênero, do masculino para o feminino em:

- lat *dentem* (masculino) > fr *dent* "dente" (feminino);
- lat *florem* (masculino) > *flor* (feminino);
- lat *marginem* (masculino) > *margem* (feminino);
- lat *ordinem* (masculino) > *ordem* (feminino);
- lat *panem* (masculino) > rom *pâine* "pão" (feminino);
- lat *parietem* (masculino) > *parede* (feminino);
- lat *pontem* (masculino) > *ponte* (feminino);
- lat *pulicem* (masculino) → **pulicam* > *pulga* (feminino).

Os neutros latinos se tornaram masculinos, mas alguns também se converteram em femininos em outras línguas românicas:

- lat *lac* (neutro) → **lactem* > esp *leche* "leite" (feminino);
- lat *mare* (neutro) > fr *mer* "mar" (feminino, como, às vezes, no português antigo);
- lat *mel* (neutro) > esp *miel* "mel" (feminino);
- lat *sal* (neutro) > esp *sal* "sal" (feminino).

Também a palavra feminina lat *arbŏrem* se transformou em *árvore*, sem qualquer mudança de gênero, em português, mas tornou-se masculina em outras línguas (esp *árbol* ≅ fr *arbre* ≅ ital *albero* ≅ rom *arbore*).

Algumas vezes, as mudanças de gênero com redundância na terminação provocaram mudanças semânticas, como se depreende dos seguintes pares (cf. § 3.2.2.1):

- *o cabeça ~ a cabeça*;
- *o caneco ~ a caneca*;
- *o capital ~ a capital*;
- *o cerco ~ a cerca*;
- *o cesto ~ a cesta*;
- *o chinelo ~ a chinela*;
- *o cólera ~ a cólera*;
- *o espinho ~ a espinha*;
- *o horto ~ a horta*;
- *o jarro ~ a jarra*;
- *o mato ~ a mata*;
- *o morango ~ a moranga*;
- *o rádio ~ a rádio.*

Nem sempre é fácil saber o que norteia a diferença dos pares do português, mas algumas transformações do gênero sem mudança semântica podem ser flagradas, como *a alface* → *o alface*, comum em São Paulo, onde paradoxalmente convive com o gênero feminino na concordância de algumas expressões já fixas (*alface americana*).

Outros casos parecem conviver entre os falantes sem grandes problemas em situação de variantes (nesses casos, a Gramática Normativa e os dicionários, seguindo o princípio vaugelaisiano, costumam posicionar-se a favor de apenas uma das variantes):

- *o avestruz ≈ a avestruz*;
- *o beliche ≈ a beliche*;
- *o cal ≈ a cal*;
- *o champanhe ≈ a champanhe*;
- *o dó ≈ a dó*;
- *o guaraná ≈ a guaraná*;
- *o personagem ≈ a personagem.*

O gênero se torna titubeante por vezes nas concordâncias ou nos diminutivos:

- *a foto → a fotinho ≈ a fotinha*;
- *a sargenta Maria ≈ o sargento Maria ≈ a sargento Maria.*

Algumas palavras inicialmente tinham apenas uma única forma e, mais tarde, desenvolveram uma distinção de gêneros:

- lat *seniorem > senhor* ("senhor" ou "senhora †") → *senhora*;
- lat *portucalensis > português* (masculino ou feminino †) → *portuguesa.*

Outras trocaram de gênero (com ou sem sucesso) em algum momento da língua (Said Ali, 1923):

- *a ametista → o ametisto †*;
- *a tribo → o tribo †*;
- *o cometa → a cometa †*;
- *o fantasma → a fantasma †*;
- *o linguagem † → a linguagem*;
- *o mapa → a mapa †.*

Por vezes uma dessas palavras some, mas deixa pistas de sua existência em derivados:

- *o machado → a machada † → a machadinha.*

O mesmo acontece com *o ovo ≈ a ova †*, usada hoje apenas no plural (*as ovas*) ou em expressões como *vou lá uma ova!*. Datações precisas desses fenômenos seriam de bastante utilidade não só para a Etimologia, mas para a Morfologia de modo geral.

A Etimologia, além disso, pode facilitar o entendimento das exceções. Por exemplo: palavras portuguesas masculinas em *–ma* equivalem, em grande parte, a neutras de origem grega, como:

- *o tema* < gr *thêma*;
- *o poema < gr poiēma* etc.

No entanto, a palavra feminina *trama* não é uma exceção a essa regra, pois tem origem latina. A língua pode, por vezes, valer-se da regra mais geral dos femininos em *–a* e mudar o gênero de algumas dessas palavras (ainda que isso não seja aceito pela Gramática Normativa):

- gr *trêma* > *o trema* ~ *a trema.*

Nem sempre é fácil, porém, descobrir as causas de mudanças irregulares de gênero nas palavras sufixadas herdadas. Por exemplo, as palavras de origem grega em *–sis* normalmente são femininas e, de fato, isso se preservou em cultismos como:

- gr *análysis* (feminino) > *análise* (feminino);
- gr *égklisis* (feminino) > *ênclise* (feminino) etc.

Há, porém, exceções como gr *ékstasis* (feminino) > *êxtase* (masculino). É importante perceber – para efeitos de datação e do entendimento da exceção – que o esp *éxtasis* também é masculino, embora o fr *extase* e o ital *estasi* sejam femininos. Tal divisão circunscreve o fenômeno da mudança de gênero, neste caso, à Península Ibérica. Restam então duas hipóteses: teria sido origem comum? Teria sido empréstimo de uma língua sobre outra? Teria sido coincidência? Só a datação dos fatos pode auxiliar na argumentação a favor de qualquer posição tomada.

Algumas palavras femininas em derivação aumentativa se tornam masculinas e, consequentemente, desenvolvem mudança semântica:

- *a caixa → o caixão*;
- *a casa → o casarão*;
- *a garrafa → o garrafão*;
- *a mulher → o mulherão*;
- *a orelha → o orelhão*;
- *a parede → o paredão*;
- *a porta → o portão*;
- *a pulga → o pulgão*;
- *a sala → o salão.*

É sabido que a maioria dos sufixos determinam o gênero de seus derivados: *o sapato → a sapataria, a cana → o canavial*, mas isso não é válido para todos. Na língua atual, por exemplo, o sufixo *-eiro*, apenas quando forma nomes de árvores, faz equivalência de gêneros entre a palavra original e a derivada:

- *a laranja → a laranjeira*;
- *o limão → o limoeiro*;
- *o abacate → o abacateiro.*

O mesmo ocorre com os diminutivos em *–inho* (*o sapato → o sapatinho, a mesa → a mesinha*, cf. § 1.5). Não há nada de "lógico" na manutenção do gênero em diminutivos (no alemão, por exemplo, todas as palavras diminutivas são neutras, a despeito de suas bases serem masculinas, femininas ou neutras) e, de fato, isso não ocorre em alguns outros sufixos formadores de diminutivo, como quando dizemos *o beijo* no masculino, mas *a beijoca* no feminino. Atente-se para o fato de que muitas construções diminutivas estão ligadas a uma base composta (como em *pica-pau → pica-pauzinho, São Silvestre → São Silvestrinha*) enquanto outras se unem ao substantivo nuclear (como em *cabeça-de-bagre → cabecinha-de-bagre*). Tais peculiaridades de formação podem ter sido mais comuns numa época do que em outras, mas apenas uma investigação pormenorizada da sua diacronia poderá dar-nos respostas.

Com relação à flexão de número também há oscilação em substantivos da língua falada. Por exemplo,

- *os óculos → o óculos*;
- *os patins → o patins*;
- *as costas → a costa.*

Tais formas são recusadas pela Gramática Normativa, mas a existência do fenômeno não deve ser negada. Mais que isso: outras palavras em sincronias pretéritas participaram do mesmo fenômeno. Ocorreu, por exemplo, com *os narizes → o nariz*, como se pode ver nesta passagem: "*e foi dar com o punho com elle a Ruy Vaasquez hũa tam grande feryda enno rostro que todo o açor foy quebrãtado daquelle golpe, de tal guysa que logo lhe fez quebrar o sãgue pellos narizes* (século XIV – Crônica Geral da Espanha)".

Em estudos históricos e etimológicos, não seguem alguns dogmas presentes nas gramáticas. Um deles é que a forma masculina vem sempre antes da feminina. É comum, do ponto de vista histórico, palavras femininas surgirem antes das masculinas. Se isso, de fato, é óbvio em alguns casos, do ponto de vista referencial (como: *menstruada → menstruado, grávida → grávido, fêmea → fêmeo*), na maior parte das vezes, não é possível saber qual é a original e qual a modificada senão pela pesquisa histórica. Para tal, a datação dos étimos é imprescindível. Também o fato de haver, já no latim, as palavras *spinus* e *spina* nos autoriza a dizer que em português, que herdou ambas, nem *espinho →*

espinha, nem *espinha* → *espinho.* Também as palavras chamadas "simples" nem sempre surgem antes das ditas "derivadas". A seguirmos a intuição, diríamos que *oco* → *ocar*, quando a pesquisa etimológica nos mostra que ocorreu exatamente o contrário: lat *occare* > *ocar* → *oco* (para outros exemplos, ver os casos já citados de *prostrado*, § 1.1, e *colação*, § 1.5). Portanto, num estudo etimológico, não tem qualquer utilidade a regra segundo a qual bastaria atentarmos para o fato de o substantivo ser concreto ou abstrato para sabermos qual é a palavra primitiva e qual a derivada. Assim, dizer que *pescar* → *pesca*, porque *pesca* é abstrato, mas *pedal* → *pedalar* porque *pedal* é concreto conduz invariavelmente a erros históricos. Além de a distinção concreto *versus* abstrato ser uma simplificação filosófica, é uma ingerência em questões históricas, que não se pautam por dados apriorísticos. Portanto, tal postura deve ser totalmente abandonada pela Linguística de cunho sincrônico e ignorada pela de cunho diacrônico. Princípios apriorísticos não existem na História, que não pode ser dedutiva (Popper, 1963), nem auxiliam nas decisões etimológicas ou em questões de Linguística Histórica.

Algumas correções normativas de cunho logicizante, conforme o modelo vaugelaisiano, podem entrar nessa mesma categoria. Não devem ser levadas a sério as regras que, em nome de uma "lógica" qualquer, prescrevam que se deve dizer:

- *perigo de morte* e não *perigo de vida*;
- *pernas, para que vos quero?* e não *pernas, pra que te quero?* etc. (cf. § 6.3).

Mais recentemente, algumas correções sugeridas por gramáticos envolvem a pluralização de casos como:

- *a morte de fulano e sicrano* → *as mortes de fulano e sicrano*;
- *o nariz dos japoneses* → *os narizes dos japoneses*;
- *a visita de fulano, beltrano e sicrano* → *as visitas de fulano, beltrano e sicrano* etc.

Tais regras de concordância parecem pautar-se na referência, o que é sabidamente contrário à atuação natural da língua, pois o signo linguístico se compõe sabidamente de um significado que não se confunde com o referente (cf. § 3.3). A Gramática Normativa, porém, tolera alguns aparentes "ilogismos" da língua falada apenas nas chamadas *silepses.* Por exemplo, na falta de concordância em topônimos como *Pedrinhas Paulista* (SP) ou *Nova Russas* (CE), diz-se que há uma silepse de número.

A verdadeira razão, porém, deve ser estudada à luz da Semântica ou da Linguística Cognitiva. Também plurais não apontam sempre para a pluralidade referencial, como se pode pensar. Se a língua funcionasse dessa forma, não seria possível sequer falarmos de *águas*, *termas*, *Ovídios.* Remendando a língua, em nome do bom-senso, perdem-se, por vezes, informações valiosas. Além disso, questões como essas acerca da referência foram sobejamente discutidas pela Ontologia e pela Lógica, mas o debate entre a Linguística e essas áreas só é promovido raramente pelos semanticistas.

A visão das classes de palavras como disjuntas e excludentes, tal como se postula subentendidamente no conceito de "derivação imprópria" (ou, no jargão da Linguística, "conversão"), dificulta o entendimento de alguns étimos. Para tal, postula-se dedutivamente que a palavra no seu sentido original (ou conotativo) pertence a uma única classe e, só depois, muda para outra. Na prática, há palavras que participam de duas ou mais classes, como os adjetivos substantivados (ou substantivos adjetivados) do tipo *brasileiro* e é impossível dizer qual a direção da conversão. Nas línguas isolantes, como o chinês e mesmo em algumas bem pouco flexivas, como o inglês, o trânsito entre as classes tradicionais é muito comum. Na expressão *I can't stomach that idea* "eu não consido aceitar essa ideia", diz-se que o substantivo original adquire função verbal, mas tais classes morfológicas são discutíveis para o inglês, uma vez que é a Sintaxe que lhe garante, nesses casos, alguma tipologia: *the stomach* "o estômago" >> *to stomach* "aceitar, engolir". Da mesma forma, há outras palavras que, no "sentido conotativo", seriam inequivocamente classificadas numa única classe e, no entanto, são frequentemente empregadas em outra:

- *fulano é muito figura*;
- *fiquei muito pé-atrás com ele*;
- *ela é uma mãe coruja*;
- *macarrão alho e óleo*;
- *que livro porcaria*;
- *ele é muito besta*;
- *ele é meio galinha*;
- *comprou um carro bicombustível.*

Já se observou que algumas formas substantivas prefixadas têm a mesma função de adjetivos. Alguns exemplos de Alves (1994^{2}: 23-25):

- *candidato anti-Jânio*;
- *acontecimento extrapauta*;
- *transporte interbairros*;
- *solução pós-carnaval*;
- *comícios pré-plebiscito*;
- *manifestação pró-hidrelétrica*;
- *famílias sem-terra.*

Apesar de a conversão ser sentida pelo falante nativo (sobretudo nas formas mais expressivas e mais recentes), por vezes, é antiga e rastreável em *corpora* (§ 1.1). Essencialmente a conversão não difere em nada de outros mecanismos já vistos, como a polissemia (§ 3.1), mas como envolvem classes (tradicionais, não reais), aparentemente é um fenômeno bem definido. Bastam, porém, investigações mais aprofundadas para que outros aspectos da sua complexidade historiográfica se revelem e que sua real necessidade nos modelos se apresente.

Numa pesquisa diacrônica é sempre necessário valer-se da suspensão das classes de palavras, uma vez que frequentemente ocorre o fenômeno da *translação* (Tesnière, 1959). Nada impede que sincronias pretéritas refaçam suas classes de palavras e que algumas desapareçam ou surjam. Com efeito, tal fato ocorreu com o nascimento dos artigos definidos a partir dos pronomes pessoais, no latim vulgar: lat *illum* "ele"> *lo* > *o* (pronome e artigo). Assim, se em português, é fácil agregar o sufixo *–ão* a verbos, é porque a diferença entre verbo e nome parece ter sido estruturalmente anulada, em algum momento da História:

- *entrar+ão* → *entrão*;
- *mergulhar+ão* → *mergulhão*;
- *resmungar+ão* → *resmungão* etc.

Alguns advérbios e locuções adverbiais têm uma função metaforizadora, tal como tinham os prefixos latinos. Dessa forma, determinadas classes herdariam funções de outras mais antigas. Tal fenômeno é bastante comum nas línguas germânicas e nas românicas da região alpina (Viaro, 2001, 2003), mas não faltam exemplos no português:

- *ir por água abaixo*;
- *dar um fora*;
- *dar pra trás*;
- *estar por dentro*;
- *ir pra frente*;
- *sair por cima*;
- *passar pra trás*;
- *tirar o corpo fora*;
- *cortar por dentro*;
- *deixar pra lá* etc.

Em expressões como *ganhar por baixo*, *fazer por baixo do pano*, há um curioso paralelo entre a ideia espacial de "embaixo" e a modal de "secretamente" (Romanelli, 1964). Tal fato já se via no prefixo latino *sub–*, por exemplo:

- lat *subornare* "equipar em segredo, armar secretamente";
- lat *subire* "ir sorrateiramente";
- lat *sub+ripĕre* → *surripĕre* "tirar furtivamente";
- lat *subvenire* "vir sub-repticiamente" etc.

Por fim, tal conjunto sobreviveu em português com alguma produtividade: ao lado dos herdados cultos como *subornar* há os provenientes da linguagem popular *surrupiar*

← lat *surripĕre* e os criados no próprio português *à socapa* < *so+capa* "debaixo da capa". Talvez o esquema conceptual presente nessa ideia seja a figura de algo que rasteja e que vem por baixo, de modo traiçoeiro, qual uma serpente, pois é possível encontrar a mesma metáfora em línguas não aparentadas, como em russo, que usa a preposição e prefixo *pod* "embaixo de":

- rus *podložit' svin'jú komú-libo* "pregar uma peça" (literalmente, "pôr um porco embaixo");
- rus *pod surdínku* "na surdina" (literalmente, "sob a surdina");
- rus *podkupít'* "subornar" (literalmente, "comprar por baixo").

A independência do fenômeno revela uma anulação do espaço e do tempo em problemas como esse, estimulando, assim, a investigação. Essa aura de mistério instaura dúvidas: se não são herdadas nem decalques, serão metáforas cuja história não pode ser rastreada? Refletirão pontos em que o raciocínio humano converge (Svorou, 1993)? Tais hipóteses só podem surgir depois de descartada a possibilidade de terem uma origem comum (por exemplo, sob a forma de decalques § 5.2).

4.2. Os particípios e a formação de palavras

Um capítulo especial deve ser dedicado aos particípios, os quais, na gramática de Dionísio Trácio, formavam uma classe independente (*metokhē*), já que eram sentidos como um híbrido de verbos e nomes, não se confundindo com nenhuma das duas classes. De fato, se, por um lado, recebem os tempos e os aspectos verbais, por outro, têm as flexões nominais (gênero, número e caso). Por causa dessa maleabilidade, os particípios são os principais elementos responsáveis pela criação de novas palavras por meio da derivação. Para os estudos do Léxico em português, os particípios latinos são, portanto, importantíssimos (cf. Viaro, 2004).

O latim dispunha de alguns particípios que também se flexionavam em tempo e voz:

	Voz ativa	Voz passiva
Presente	*amans* "que ama"	—
Passado	—	*amatus* "que é amado", "que foi amado"
Futuro	*amaturus* "que amará"	*amandus* "que será amado", "que deve ser amado"

O único particípio que gozou de produtividade é o particípio passado passivo, o qual é ainda entendido quer como um substantivo, quer como um adjetivo em muitas palavras. Sua forma, desse modo, provém do acusativo, pois foi transmitido pelo latim vulgar (lat *amatum* "que é amado" > *amado*). Cada uma dessas formas declinava-se em gênero, número e caso. O sistema se desintegrou, mas várias sobreviveram como palavras herdadas, cultismos ou empréstimos:

- lat *amantem* "que ama" > *amante*;
- lat *adhærens* "que adere" > *aderente*;
- lat *agens* "que age" > *agente*;
- lat *attrahens* "que atrai" > *atraente*;
- lat *dirigens* "que dirige" > *dirigente*;
- lat *serviens* "que serve" > *servente*.

Por analogia formaram-se:

- *brilhar+nte* → *brilhante*;
- *seguir+nte* → *seguinte*;
- *contribuir+nte* → *contribuinte*;
- *pedir+nte* → *pedinte*.

Outros resquícios se veem em:

- lat *veniturum* "que virá" > *vindouro*;
- lat *futurus* "que será" > *futuro*;
- lat *propaganda* "(as coisas) que devem ser propagadas" > *propaganda*;
- lat *lavanda* "(as coisas) que devem ser lavadas" > *lavanda*;
- lat *agenda* "(as coisas) que devem ser feitas" > *agenda*.

O sufixo *–ia* se agregou ao particípio presente, gerando os sufixos latinos *–antia*, *–entia*, que se transformaram em *–ança*, *–ença* no português: lat *praesentĭa* > *presença* (Lacotiz, 2007).

Muitos particípios irregulares da língua antiga foram abandonados. Ocorrem subconjuntos no português, criados por analogias, como as formas em *–eito*, de diversas origens que sobrevivem, por vezes, como adjetivos ou substantivos:

- *eleito* < lat *ellectum* ← lat *elligĕre* "escolher" > port *eleger*;
- *estreito* < lat *strictum* ← lat *stringĕre* "apertar" > port *estringir*;
- *colheita* ← *colheito* < lat *collectum* ← *colligĕre* "juntar, recolher" > *colher*;
- EITO ⇨ port med *maltreito* † "maltratado" ← *treito* † "trazido" < lat *tractum* ← lat *trahĕre* "arrastar" > port *trazer*;

- EITO ⇨ *cozeito* † ≈ *coito* † < lat *coctum* ← lat *coquěre* "cozinhar" > *cozer* → *cozido*;
- EITO ⇨ *coseito* † ← lat *cosutus* ← lat *consuěre* "coser" > *coser* → *cosido*.

Há adjetivos ou substantivos provenientes de antigos particípios, cujas relações etimológicas são apresentadas a seguir:

- *aceite* ≈ *aceito* < lat *acceptum* ← lat *accipěre* "aceitar";
- *bento* < *bẽeito* < lat *benedictum* ← *benedicěre* > *benzer*;
- *cinto* < lat *cinctum* ← lat *cingěre* > *cingir*;
- *despesa* < lat *dispensam* ← lat *dispensus* ← lat *dispenděre* > *despender*;
- *duito* † "levado" < lat *ductum* ← lat *ducěre* > ★*duzir* (em *conduzir* ~ *reduzir* ~ *traduzir*);
- *enxuto* < **exsuctum* ← *exsuccatum* (⇦ *strictum*) ← lat *exsuccare* > *enxugar*;
- *farto* < lat *fartum* ← lat *farcěre* "engordar";
- *frito* < lat *frictum* ← lat *frigěre* > *frigir*;
- *jeito* < lat *jactum* ← lat *jacěre* > *jazer*;
- *raso* < lat *rasum* ←lat *raděre* "raspar";
- *roto* < lat *ruptum* ← lat *rumpěre* > *romper*;
- *tenso* < lat *tensum* ← lat *tenděre* > *tender*;
- *tinto* < lat *tinctum* ← lat *tingěre* > *tingir*.

Como se vê nos exemplos anteriores, muitos verbos acabaram gerando particípios regulares por meio da analogia dos verbos regulares (REG). Em outros, convivem-se, até hoje, o particípio analógico regular junto com o irregular herdado (trata-se dos chamados particípios abundantes):

- lat *mactare* > *matar* → *matado* (⇦ REG) ≈ *morto* < lat *mortuum*;
- lat *eligěre* > *eleger* → *elegido* (⇦ REG) ≈ *eleito* < lat *electum*;
- lat *prehenděre* > *prender* → *prendido* (⇦ REG) ≈ *preso* < lat *prehensum*;
- lat *expriměre* > *exprimir* → *exprimido* (⇦ REG) ≈ *expresso* < lat *expressum*;
- lat *impriměre* > *imprimir* → *imprimido* (⇦ REG) ≈ *impresso* < lat *impressum*.

Analogicamente, outros particípios se formaram dentro do próprio português, criando pares como *gasto* ≈ *gastado*, *ganho* ≈ *ganhado*, *pego* ≈ *pegado*. Alguns desses também se tornaram adjetivos por meio de vários caminhos, que envolvem a analogia:

- *curto* < *corto* ≈ *cortado* < lat *curtatum* ← lat *curtatus* ← lat *curtare* > *cortar*;
- *empregue* ≈ *empregado* < lat *implicatum* ← lat *implicatus* ← lat *implicare* > *empregar*;
- *limpo* ≈ *limpado* ← *limpar* ← *limpo* < *limpio* < lat *limpĭdus*;
- *soltado* ← *soltar* ← *solto* < lat **solŭtum* ← lat *solutus* ← lat *solvěre*.

Noutros, somente o irregular se conservou e as formas analógicas regularizadoras não são aceitas pela norma culta:

- *aberto* < lat *apertum* ← lat *aperire* > *abrir* → *abrido* ⇦ REG;
- *coberto* < lat *coopertum* ← lat *cooperire* > *cobrir* → *cobrido* ⇦ REG;
- *dito* < lat *dictum* ← lat *dicĕre* > *dizer* → ★*dizido* ⇦ REG;
- *escrito* < lat *scriptum* ← lat *scribĕre* > *escrever* → *escrevido* ⇦ REG;
- *posto* < lat *posĭtum* ← lat *ponĕre* > *pôr* → *ponhar* → *ponhado* ⇦ REG.

Observe-se que algumas formas analógicas antigas sobrevivem, como em:

- *vindo* < *vĩido* < (REG ⇨) lat **venitum* < lat *ventum* ← lat *venire* > *vẽir* > *vĩir* > *viir* > *vir*;
- *visto* < (REG ⇨) lat **visĭtum* < lat *visum* ← lat *vidĕre* > *veer* > *ver*.

A maior função lexical dos particípios foi a formação de novas palavras por meio de derivação. Muitos sufixos derivacionais latinos, como *–io*, *–ibilis*, *–ura*, *–ivus*, *–or* e seus correspondentes em português *–(ç/s)ão*, *–(á/í)vel*, *–(d/t/s)ura*, *–(d/t/s)ivo*, *–(d/t/s)or* dependem não exatamente de um radical verbal, mas de um participial e, mais especificamente, do particípio passado passivo latino. Uma palavra como *comestível* não provém diretamente de *comer*, mas do port ant *comesto* †, antigo particípio do verbo *comer*. Um outro exemplo é a palavra *refeição* < *refeiçom* < lat *refectionem*. O vocábulo latino *refectio* é formado sobre o particípio *refectus* "refeito" ← *re+factus*, daí também lat *refectio* significar "descanso", pois, da mesma forma que o sono refaz o cansado, a refeição refaz o faminto. A etimologia completa é a seguinte:

- *comestível* < lat *comestibilis* (Isidoro de Sevilha) ← lat *comestus* ← lat *comedĕre* > *comeer* > *comer*;
- *refeição* < port arc *refeiçom* † < lat *refectionem* ← lat *refectio* ← lat *refectus* ← lat *refacĕre* > *refazer*.

Muitos particípios só deixam algum índice de sua existência nas palavras derivadas. O latinismo *clausura*, além de seu sentido especializado pelo jargão religioso, simplesmente significava "fechadura" e provinha do lat *clausus*, particípio do lat *claudĕre* "fechar, trancar". Igualmente, outros vocábulos formados no português, pelo sufixo *–ura*, como *fechadura*, têm uma base participial (não se diz **fechura*, pois não provém diretamente de *fechar*, mas do particípio *fechado*). Outro exemplo é: *ferradura* ← *ferrado* ← *ferrar*. O mesmo se vê com radicais irregulares *leitura* < lat *lectura*, do particípio lat *lectus*, do verbo *legĕre* "ler". Tal fenômeno mostra que a regra de formação de palavras com o sufixo *–ura* sobre bases participiais não é só latina, nem é só portuguesa, mas é algo que perpassa os sistemas diacronicamente, dito de outro modo, é uma regra pancrônica (Coseriu, 1973).

Muitas vezes, busca-se o étimo no próprio português, por meio de uma regra gramatical, mas somente a investigação etimológica nos mostra que a palavra derivada já se encontra em latim. Desse modo, historicamente estaria errado dizer que *escritura* ← *escrito* ← *escrever*, pois, de fato, o étimo é outro:

- *escritura* < lat *scriptura* ← lat *scriptus* ← lat *scribĕre* > *escrever.*

O mesmo ocorreria, com relação a *cobertura* ← *coberto* < lat *coopertum*, explicação imprecisa, pois, na verdade, o étimo é mais complexo:

- *cobertura* < lat *coopertura* (Rufino, século v) ← lat *coopertus* ← lat *cooperire.*

O sufixo *–or* segue os mesmos parâmetros, uma vez que também forma palavras por meio de bases participiais:

- *escritor* < lat *scriptor* ← lat *scriptus* ← lat *scribĕre* > *escrever.*

É verdade, no entanto, que, para verbos da segunda conjugação portuguesa, esse sufixo tem um comportamento distinto. Em alguma sincronia pretérita (que também inclui o espanhol), houve analogia com formas vogais temáticas (como o infinitivo). Nesses casos, simplesmente se agrega um *–d–* ao radical em questão: *torce-d-or* ← *torcer* e não ★*torcid-or* ← *torcido* ← *torcer.* A flutuação nas regras de formação de derivados deverbais é bastante comum e, na maioria das vezes, é justamente essa inconsistência que promove a mudança formal dos sistemas numa diacronia. Daí, a dificuldade de se criarem regras dedutivas consistentes em Morfologia.

Por fim, é importante observar que os infinitivos dos verbos do inglês de origem latina geralmente provêm do particípio e não de infinitivos:

- ingl *communicate* "comunicar" < lat *communicatus* ← lat *communicare* "partilhar";
- ingl *conduct* "conduzir" < lat *conductus* ← *conducĕre*;
- ingl *digest* "digerir" < lat *digestus* ← lat *digerĕre* "dissolver";
- ingl *direct* "dirigir" < lat *directus* ← *dirigĕre*;
- ingl *promote* "promover" < lat *promotus* ← lat *promovĕre*;
- ingl *translate* "traduzir" < lat *translatus* ← lat *transferre* "transportar de um lugar para o outro".

Isso também não é regra geral, como se pode ver em ingl *explode* "explodir" < lat *explodĕre* "impelir para fora". Dos infinitivos ingleses de origem participial também surgem novos infinitivos em português:

- *deletar* ← ingl *delete* < lat *deletus* ← lat *delĕo* "destruir";
- *formatar* ← ingl *format* < fr *format* < ital *formato* < lat *formatus* ← lat *formare* "formar";
- *interditar* ← ingl *interdict* ← fr *entredit* < lat *interdictum* ← lat *interdicĕre* "proibir".

4.3. Raiz e radical

Para o estudo específico de étimos e para o julgamento de seu acerto, é muito importante a distinção entre *raiz* e *radical*. É possível falarmos de "radical" do ponto de vista sincrônico, bem como do diacrônico, mas "raiz" é um conceito puramente diacrônico e depende da definição de *étimo* (cf. § 1) e da determinação do *terminus a quo* (§ 1.2). Assim, o verbo *comer* sincronicamente tem o radical *com–*, mas se pensamos diacronicamente, o radical é *comed–* e a raiz é *–ed–*, formas que não são depreensíveis, se apenas o funcionamento e a comunicação atuais são levadas em consideração.

- lat *edĕre* "comer" → *com+edĕre* → *comĕdere* "comer tudo" > *comeer* > *comer*.

Dizemos que *com–* é radical na sincronia atual, mas, na verdade, ja o é há séculos porque assim sente o falante atual quando faz suas derivações e também sentiram outros falantes em sincronias pretéritas, quando se criaram, por exemplo, palavras como *com-il-ão* (século XVII), *com-il-ança* (século XX). Importa observar que, nesses dois últimos exemplos, o elemento *–il–* é chamado de *interfixo* (que é segmentável, segundo alguns estruturalistas, a despeito de ser vazio de significado na sincronia atual). Outros exemplos: *beb-err-ão* (século XV), *dorm-inh-oco* (século XIII). A origem desses interfixos é complexa e alguns casos são, de fato, empréstimos e, de fato, terão sua explicação em sincronias pretéritas de outros sistemas, cf. esp *comilón* (*vide* § 3.2).

Muitos elementos radicais também são obscuros para os falantes do português na sincronia atual. O pássaro chamado *toutinegra*, por exemplo, reflete uma antiga palavra *touta* † "cabeça", donde temos *toutiço* "nuca, cabeça". Arcaísmos desse tipo tendem a se conservar intactos em cultismos e em variantes sociolinguísticas da língua estudada. Normalmente são reanalisados pelos falantes, que, inconscientemente, buscam os elementos que o compõem, por meio do mecanismo cognitivo das etimologias populares (§ 3.2.9 e § 3.2.10). No africânder, língua germânica falada na África do Sul, a palavra para "girafa" é *kameelperd*, literalmente "cavalo-camelo". Sua origem está numa etimologia popular realizada sobre o étimo lat *camelopardalis* (empréstimo do gr *kamēlopárdalis*). Na verdade, se levarmos em conta apenas o étimo, era uma palavra que, na verdade, associava "camelo" (lat *camelus*) com "pantera" (lat *pardalis*), por causa das suas abundantes pintas. A correspondência do lat *pardalis* com o afr *perd* “cavalo” é, portanto, fortuita (sobre coincidência, cf. § 1).

Mas nem sempre as pesquisas diacrônicas conseguem dar clareza aos étimos. O resultado é que muitos radicais restam sem solução:

- A palavra *carpinteiro* vem do lat *carpentarĭum* “construtor de carruagens” e o radical *carpint–*, embora também presente em *carpintaria*, não encontra transparência no próprio português, mas no lat *carpentum* “carruagem”.
- Já *marceneiro* tem um radical totalmente opaco. A proposta de um étimo como lat *mercenarĭum* “mercenário” não convence devido à obscuridade na mudança semântica da palavra.
- Por fim, *chiqueiro* encontra seu paralelo no esp *chiquero* “curral” e, a despeito das dificuldades do étimo, pode ser que derive de uma forma dialetal **chico* “porco” em alguma sincronia pretérita. A associação com esp *chico* “pequeno” parece incapaz de resolver o problema.

Por vezes, recupera-se a rede de relações de uma etapa mais antiga por meio dos indícios que sobraram. O verbo latino *cernĕre* “peneirar, separar” não gerou nada em português, mas, por meio de prefixos, surgem algumas luzes para os seus resquícios:

- *com+cernĕre* → lat *concernĕre*: “separar (coando junto)”;
- *dis+cernĕre* → lat *discernĕre*: “separar (espalhando com cuidado)”;
- *ex+cernĕre* → lat *excernĕre*: “separar (para fora)”;
- *se+cernĕre* → lat *secernĕre*: “separar (e pôr de lado)” >> “rejeitar”.

No português, esses verbos gerar(iam):

- *concernir* (“ter relação com” << “estar junto” << “misturar junto” << “separar coando junto”) < lat *concernĕre*;
- *discernir* (“distinguir, compreender” << “separar, por exemplo, o joio do trigo”) < lat *discernĕre*;
- ★*excernir* < lat *excernĕre*;
- ★*secernir* < lat *secernĕre*.

Se o particípio do lat *cernĕre* é *cretus*, também os particípios de seus derivados serão:

- lat **concretus* ~ *concretus* “compacto, espesso” (← *concrescĕre* → *com+crescĕre* “crescer junto”) > *concreto*;
- lat *discretus* (“separado” >> “reservado”) > *discreto*;
- lat *excretus* (“separado” >> “expelido”) > *excreto*;
- lat *secretus* (“separado” >> “afastado” >> “escondido”) > *secreto*.

Desses particípios nascem, como cultismos, os seguintes substantivos:

- lat *concretus* → lat *concretio* > *concreção*;
- lat *discretus* → lat *discretio* > *discrição*;
- lat *excretus* → lat *excretio* > *excreção*;
- lat *secretus* → lat *secretio* > *secreção*.

Também indiretamente temos:

- lat *concretus* > ingl *concrete* → *concretar*;
- lat *discretus* → esp *discretear* > port *discretear*;
- lat *excretus* → fr *excréter* > *excretar*;
- lat *secretus* → fr *sécréter* > *secretar*.

Desse modo, nessa constelação de formas, os radicais (opacos sincronicamente) são: *cern–*, *cret-*, *–cre–* e *–cri–*, todos ligados à mesma raiz (que se deve buscar no indo-europeu). Reconhecê-los, ao separar os sufixos e prefixos que os compõem, bem como ao remontar o trajeto de sua transmissão e de suas mudanças semânticas, é um longo trabalho que deve ser feito pelo etimólogo. Como visto, *excreção* e *secreção* não vêm de *excretar* e *secretar*, respectivamente, como se poderia pensar, por intuição. Tanto o substantivo quanto o verbo provêm dos mesmos particípios (a saber, lat *excretus* e lat *secretus*). A relação temporal obtida por intuição é facilmente equivocada, como nos casos das derivações (cf. § 1.1, § 1.5 e § 4.1).

Listemos agora algumas palavras associadas a seus radicais. Observe-se que algumas são latinismos no português, mas muitas são criações de outras línguas europeias e, portanto, empréstimos, rigorosamente falando (§ 5.1). Algumas são cultismos e seus étimos estão no nominativo (cf. § 1), não sofrendo mudanças fonéticas para além das adaptações de terminação. Outras são formas populares oriundas do latim vulgar e, portanto, seus étimos estão no acusativo, sobre o qual ocorrem as mudanças fonéticas (§ 2). Sobretudo para o entendimento das formas verbais compostas com prefixos é importante o entendimento da apofonia (§ 2.4.2.5):

- AGER "campo":
  - *agrário* < lat *agrarĭus* "do campo" ← lat *ager*;
  - *agreste* < lat *agrestis* "do campo" ← lat *ager*;
  - *agrícola* < lat *agricŏla* "que cultiva o campo" ← lat *ager*;
  - *peregrino* < lat *peregrinus* "que viaja" ← *peregre* ("além do campo" >> "no estrangeiro") ← *ager*;
- AQUILA "águia":
  - *águia* < lat *aquĭlam*;
  - *aquilino* < lat *aquilinus* "de águia" ← lat *aquĭla*;

- AUDIRE "ouvir":
  - *audição* < lat *auditĭo* "ação de ouvir" ← lat *auditus* "ouvido" ← lat *audire*;
  - *audiência* < lat *audientĭa* "atenção para ouvir" ← lat *audĭens* "que ouve" ← lat *audire*;
  - *auditivo* < fr *auditif* "do ouvido" ← lat *auditus* "ouvido" ← lat *audire*;
  - *auditório* < lat *auditorĭum* "local para ouvir" ← lat *auditus* "ouvido" ← lat *audire*;
  - *inaudito* < lat *inauditus* "que não foi ouvido (nunca)" ← lat *auditus* "ouvido" ← lat *audire*;
  - *ouvir* <**ouir* < lat *audire*.
- CADĔRE "cair":
  - *acidente* < lat *accĭdens* ("que cai em direção a" >> "que acontece") ← lat *accidĕre* "cair em direção a" ← lat *cadĕre*;
  - *cadente* < lat *cadens* "que cai" ← lat *cadĕre*;
  - *caduco* < lat *caducus* "que cai" ← lat *cadĕre*;
  - *cair* < lat *cadĕre*;
  - *caso* < lat *casus* ("caído" >> "acontecido") ← lat *cadĕre*;
  - *decadente* < lat *decadens* ("que cai" >> "que perece") ← lat *cadens* "que cai" ← lat *cadĕre*;
  - *incidente* < lat *incĭdens* ("que cai sobre" >> "que acontece") ← lat *incidĕre* ("cair dentro" >> "cair sobre") ← lat *cadĕre*;
  - *ocidente* < lat *occĭdens* ("que cai" >> "que morre" >> "onde morre, isto é, o sol") ← lat *occidĕre* "cair em frente" ← lat *cadĕre*.
- CANĔRE "cantar":
  - *acento* < lat *accentus* ("cantado junto" >> "acento") ← lat **accinĕre* "cantar junto" ← lat *canĕre*;
  - *canção* < lat *cantionem* "ação de cantar" ← lat *cantus* "cantado" ← lat *canĕre,*
  - *canoro* < lat *canorus* "que canta (bem)" ← lat *canĕre*;
  - *cantar* < lat *cantare* "cantar" ← lat *cantus* "cantado" ← lat *canĕre*;
  - *encantar* < lat *incantare* "enfeitiçar" ← lat **incantum* ("o que é cantado contra" >> "feitiço") ← lat *incinĕre* ("cantar contra" >> "enfeitiçar") ← lat *canĕre*.
- CAPĔRE "pegar":
  - *aceitar* < lat *acceptare* "receber habitualmente" ← lat *acceptus* ("aquilo que é pegado e trazido para perto" >> "aceite") ← lat *captus* "pegado" ← lat *capĕre*;
  - *capacidade* < lat *capacĭtas* "volume (que um recipiente pode conter)" ← lat *capax* "que pode conter" ← lat *capĕre*;
  - *captar* < lat *captare* "tentar apreender" ← lat *captus* "pegado" ← lat *capĕre*;
  - *catar* < lat *captare* "tentar apreender" ← lat *captus* "pegado" ← lat *capĕre*;
  - *cativeiro* < *cativo* < lat *captivus* "que foi capturado" ← lat *captus* "pegado" ← lat *capĕre*;

- *conceber* < lat *concipĕre* "conter, recolher" ← lat *capĕre*;
- *Conceição* < lat *conceptĭo* "ação de reunir os pensamentos" ← lat *conceptus* "o que é reunido, por exemplo, o pensamento" ← lat *concipĕre* "reunir" ← lat *capĕre*;
- *conceito* < lat *conceptum* "o que é reunido, por exemplo, no pensamento" ← lat *concepĕre* "juntar" ← lat *capĕre*;
- *exceção* < lat *exceptionem* ("ação de retirar" >> "restrição") ← lat *exceptus* "retirado" ← lat *excipĕre* "retirar de dentro" ← lat *capĕre*;
- *exceto* < lat *exceptus* "posto de lado" ← lat *excipĕre* ← lat *capĕre*;
- *perceber* < lat *percipĕre* ("apanhar" >> "compreender") ← lat *capĕre*.

➢ CAVERE "acautelar-se":

- *cautela* < lat *cautela* "desconfiança, precaução" ← lat *cautus* "precavido" ← lat *cavere*;
- *cauteloso* ← *cautela* < lat *cautela* "desconfiança, precaução" ← lat *cautus* "precavido" ← lat *cavere*;
- *incauto* < lat *incautus* "imprudente" ← lat *cautus* "precavido" ← lat *cavere*;
- *precaução* < lat *præcautĭo* "ação de se acautelar" ← lat *præcautus* "precavido" ← lat *præcavere* "acautelar-se antes" ← lat *cavere*;
- *precaver* < lat *præcavere* "acautelar-se antes" ← lat *cavere*.

➢ CEDĔRE[1] "andar, vir":

- *antecedência* < fr *antécédence* ← lat *antecedens* "que vem antes" ← lat *cedens* "que vem" ← lat *cedĕre*[1];
- *excedente* < lat *excedens* ← lat *excedĕre* "sair de, ultrapassar" ← lat *cedĕre*[1];
- *excesso* < lat *excessus* "o que sai de" ← lat *cessus* "vindo" ← lat *cedĕre*[1];
- *preceder* < lat *præcedĕre* "ir na frente" ← lat *cedĕre*[1];
- *proceder* < lat *procedĕre* "ir para a frente" ← lat *cedĕre*[1];
- *processo*< lat *processus* "o que foi para a frente" ← lat *procedĕre* "ir para a frente" ← lat *cedĕre*[1];
- *retroceder* < lat *retrocedĕre* "ir para trás" ← lat *cedĕre*[1];
- *suceder* < lat *succedĕre* ("vir para baixo, aproximar-se" >> "acontecer") ← lat *cedĕre*[1];
- *sucessão* ← lat *successĭo* "ação de suceder" ← lat *successus* "vindo em seguida" ← lat *succedĕre* "vir em seguida" ← lat *cedĕre*[1];
- *sucesso* < lat *successus* "vindo em seguida" ← lat *succedĕre* "vir em seguida" ← lat *cedĕre*[1].

➢ CEDĔRE[2] "ceder, dar":

- *ceder* < lat *cedĕre*[3];
- *cessão* < lat *cessio* "ação de ceder" ← lat *cessus* "cedido" ← lat *cedĕre*[2];
- *conceder* < lat *concedĕre* "ceder" ← lat *cedĕre*[2];
- *concessão* < lat *concessĭo* "ação de ceder" ← lat *concessus* "cedido" ← lat *concedĕre* "ceder" ← lat *cedĕre*[2];

- COLĔRE "cultivar":
  - *agrícola* < lat *agricŏla* "quem cultiva o campo" ← lat *colĕre*;
  - *agricultor* ← lat *cultor* "que cultiva" ← lat *cultus* "cultivado" ← lat *colĕre*;
  - *cultura* < lat *cultura* "cultivo" ← lat *cultus* "cultivado" ← lat *colĕre*;
  - *silvícola* < lat *silvicŏla* "quem vive na mata" ← lat *colĕre*.
- CURRĔRE "correr":
  - *concorrer* < lat *concurrĕre* "correr junto" ← lat *currĕre*;
  - *concurso* < lat *concursus* "o que foi percorrido" ← lat *concurrĕre* "correr juntamente" ← lat *currĕre*;
  - *corrente* < lat *currens* "que corre" ← lat *currĕre*;
  - *correr* < lat *currĕre*;
  - *currículo* < lat *curricŭlum* "corrida" ← lat *currĕre*;
  - *cursor* < lat *cursor* "corredor" ← lat *cursus* "corrido" ← lat *currĕre*;
  - *discurso* < lat *discursus* "ação de correr para todos os lados" ← lat *discurrĕre*;
  - *percorrer* < lat *percurrĕre* "correr todo o trajeto" ← lat *currĕre*;
  - *percurso* < lat *percursus* "o que foi percorrido" ← lat *percurrĕre* "percorrer" ← lat *currĕre*;
  - *recorrer* < lat *recurrĕre* "correr de volta" ← lat *currĕre*;
  - *recurso* < lat *recursus* "volta" ← lat *recurrĕre* "correr de volta" ← lat *currĕre*;
  - *socorrer* < lat *succurrĕre* "correr para debaixo" ← *currĕre*;
  - *transcorrer* < lat *transcurrĕre* "correr para o outro lado" ← lat *currĕre*.
- DISCĔRE "aprender":
  - *discente* < lat *discens* "aquele que aprende" ← lat *discĕre*;
  - *discípulo* < lat *discipŭlus* "aprendiz" ← lat *discĕre*.
- DOCERE "ensinar":
  - *docente* < lat *docens* "aquele que ensina" ← lat *docere*;
  - *douto* < lat *doctus* "que foi ensinado" ← lat *docere*;
  - *doutor* < lat *doctor* "aquele que ensina" ← lat *doctus* "que foi ensinado" ← lat *docere*.
- DOMĬNUS "senhor":
  - *condomínio* < ingl *condominium* ← lat *dominĭum* "direito de propriedade" ← lat *domĭnus*;
  - *dominação* < lat *dominatĭo* "ação de dominar" ← lat *dominatus* "dominado" ← lat *dominari* "ser senhor" ← lat *domĭnus*;
  - *dominar* < lat *dominari* "ser senhor" ← lat *domĭnus*;
  - *domingo* < lat *dominĭcum* "(dia) do Senhor" ← lat *domĭnus*;
  - *domínio* < lat *dominĭum* "direito da propriedade" ← lat *domĭnus*;
  - *dono* < lat *domĭnum* "senhor".
- DUCĔRE "levar":
  - *condutor* < ingl *conductor* ← lat *conductus* "levado junto" ← lat *conducĕre* "levar junto" ← lat *ducĕre*;

- *conduzir* < lat *conducĕre* "levar junto" ← lat *ducĕre*;
- *dedução* < fr *déduction* < lat *deductĭo* "ação de levar para longe" ← lat *deductus* "levado para longe" ← lat *deducĕre* "levar para longe" ← lat *ducĕre*;
- *dedutível* < fr *déductible* ← lat *deductus* "levado para longe" ← lat *deducĕre* "levar para longe" ← lat *ducĕre*;
- *deduzir* < lat *deducĕre* "levar para longe" ← lat *ducĕre*;
- *induzir* < lat *inducĕre* "levar para dentro" ← lat *ducĕre*;
- *produzir* < lat *producĕre* "levar adiante" ← lat *ducĕre*;
- *redução* < lat *reductĭo* "ação de levar para trás" ← lat *reductus* "levado para trás" ← lat *reducĕre* "levar para trás" ← lat *ducĕre*;
- *reduzir* < lat *reducĕre* "levar para trás" ← lat *ducĕre*;
- *reprodução* < fr *reproduction* ← lat *productĭo* "ação de levar adiante" ← lat *productus* "levado adiante" ← lat *producĕre* "levar adiante" ← lat *ducĕre*;
- *seduzir* < lat *seducĕre* ("levar para longe" >> "desviar") ← lat *ducĕre*;
- *tradutor* < lat *traductor* "o que leva para o outro lado" ← lat *traductus* "levado para o outro lado" ← lat *traducĕre* "levar para o outro lado" ← lat *ducĕre*;
- *traduzir* < lat *traducĕre* "levar para o outro lado" ← lat *ducĕre*.

➢ FALLĔRE "esconder, enganar":

- *falácia* < lat *fallacĭa* "engano, manha" ← lat *fallax* "que engana" ← lat *fallĕre*;
- *falso* < lat *falsus* "enganador" ← lat *fallĕre*.

➢ FERRE "levar, trazer" (particípio *latus*):

- *conferir* < fr *conférer* ← lat *conferre* "trazer juntamente" ← lat *ferre*;
- *diferente* < lat *differens* "que dispersa" ← lat *differre* ("levar para vários lados" >> "dispersar") ← lat *ferre*;
- *dilatar* < lat *dilatus* "que foi espalhado" ← lat *differre* ("levar para vários lados" >> "dispersar") ← lat *ferre*;
- *interferir* < ingl *interfere* ← lat *ferre*;
- *Lúcifer* < lat *lucĭfer* ("que leva a luz" >> "planeta Vênus") ← lat *ferre*;
- *oferecer* ← port ant *oferer* † < lat *offerre* "levar à frente" ← lat *ferre*;
- *preferir* < fr *préférer* ← lat *præferre* "levar na frente" ← lat *ferre*;
- *referir* < fr *référer* ← lat *referre* ("levar de novo" >> "reproduzir") ← lat *ferre*;
- *relação* < lat *relatĭo* "ação de reproduzir" ← lat *relatus* "reproduzido" ← lat *referre* ("levar de novo" >> "reproduzir") ← lat *ferre*;
- *relatar* < fr *relater* ← lat *relatus* "o que foi reproduzido" ← lat *referre* ("levar de novo" >> "reproduzir") ← lat *ferre*;
- *transferir* < fr *transférer* ← lat *transferre* "levar para o outro lado" ← lat *ferre*.

➢ FRANGĔRE "quebrar":

- *fração* < lat *fractionem* "ação de quebrar" ← lat *fractus* "quebrado" ← lat *frangĕre*;
- *frágil* < lat *fragĭlis* "que se quebra" ← lat *frangĕre*;
- *fragmento* < lat *fragmentum* "algo quebrado" ← lat *frangĕre*;

- *frangalhos* ← lat *frangĕre*;
- *fratura* < lat *fractura* “algo quebrado” ← lat *fractus* “quebrado” ← lat *frangĕre*;
- *infringir* < lat *infringĕre* “quebrar contra” ← lat *frangĕre*.

➢ GRADĬOR “caminhar”:
- *agredir* < lat *aggredĭor* “caminhar em direção a” ← lat *gradĭor*;
- *agressivo* < fr *agressif* ← lat *aggressus* “que caminhou em direção a” ← lat *aggredĭor* “caminhar em direção a” ← lat *gradĭor*;
- *congresso* < lat *congressus* (“que caminharam para o mesmo lugar” >> “reunião”) ← lat *congredĭor* “caminhar para o mesmo lugar” ← lat *gradior*;
- *ingrediente* < lat *ingredĭens* “que vai dentro” ← lat *ingredĭor* ← lat *gradĭor*;
- *progresso* < lat *progressus* (“o que foi na frente” >> “avanço”) ← lat *progredĭor* “caminhar na frente” ← lat *gradĭor*;
- *regredir* < lat *regredĭor* “caminhar para trás” ← lat *gradĭor*;
- *retrógrado* < lat *retrogrădus* “caminhado para trás” ← lat *gradĭor*.

➢ LABOR “trabalho”:
- *colaborar* < lat *collaborare* “trabalhar junto” ← lat *laborare* “trabalhar” ← lat *labor*;
- *elaborar* < lat *elaborare* “trabalhar com esforço” ← lat *laborare* “trabalhar” ← lat *labor*;
- *laboratório* < fr *laboratoire* “local onde se trabalha” ← lat *laboratus* “trabalhado” ← lat *laborare* “trabalhar” ← lat *labor*;
- *laborioso* < lat *laboriosus* “que trabalha muito” ← lat *labor*;
- *lavrador* ← *lavrado* ← *lavrar* < lat *laborare* “trabalhar” ← lat *labor*;
- *lavrar* < lat *laborare* “trabalhar” ← lat *labor*.

➢ MAGISTER “mestre”:
- *magistral* < lat *magistralis* “de mestre” ← lat *magister*;
- *mestre* < fr ant *maistre* < lat *magister*.

➢ MANERE “ficar”:
- *manso* < lat *mansus* “que fica” ← lat *manere*;
- *permanecer* < **permanescere* ← lat *permanere* “ficar até o fim” ← lat *manere*.

➢ MITTĔRE “enviar”:
- *intrometer* < lat *intromittĕre* “mandar para dentro” ← lat *mittĕre*;
- *intromissão* < fr *intromission* ← lat *intromissus* “que foi mandado para dentro” ← lat *intromittĕre* “mandar para dentro” ← lat *mittĕre*;
- *permissão* < lat *permissio* “ação de permitir” ← lat *permissus* “permitido” ← lat *permittĕre* (“enviar através” >> “deixar ir”) ← lat *mittĕre*;
- *permitir* < lat *permittĕre* (“enviar através” >> “deixar ir”) ← lat *mittĕre*.

➢ NARE “nadar”:
- *astronauta* < fr *astronaute* “navegador dos astros” ← lat *nauta* “navegador”< gr *naútēs* “navegador” ← ide **naw–* → *nare*;

- *nadar* < lat *natare* "ir nadando" ← lat *natus* "nadado" ← lat *nare*;
- *natação* < lat *natatio* "ação de nadar" ← lat *natatus* "nadado" ← lat *natare* "ir nadando" ← lat *natus* "nadado" ← lat *nare*;
- *nave* < lat *navem* "navio" ← ide **naw–* → *nare*.

➢ PONĔRE "pôr":
- *compor* < lat *componĕre* "pôr junto" ← lat *ponĕre*;
- *composição* < lat *compositĭo* "ação de pôr junto" ← lat *composĭtus* "posto junto" ← lat *componĕre* "pôr junto" ← lat *ponĕre*;
- *decomposição* < fr *décomposition* ← fr *composition* < lat *compositĭo* "ação de pôr junto" ← lat *composĭtus* "posto junto" ← lat *componĕre* "pôr junto" ← lat *ponĕre*;
- *dispor* < lat *disponĕre* "pôr em vários lugares" ← lat *ponĕre*;
- *disposição* < lat *dispositĭo* ("ação de colocar em ordem") ← lat *disposĭtus* "colocado em ordem" ← lat *disponĕre* ("colocar em vários lugares" >> "colocar em ordem") ← lat *ponĕre*;
- *expor* < lat *exponĕre* "pôr para fora" ← lat *ponĕre*;
- *exposição* < lat *expositĭo* "ação de pôr para fora" ← lat *exposĭtus* "posto para fora" ← lat *exponĕre* "pôr para fora" ← lat *ponĕre*;
- *opor* < lat *opponĕre* "pôr diante" ← lat *ponĕre*;
- *preposição* < lat *præpositĭo* "ação de pôr adiante" (≤ gr *próthēsis*) ← lat *præposĭtus* "colocado adiante" ← lat *præponĕre* "colocar adiante" ← lat *ponĕre*;
- *propósito* < lat *proposĭtum* "plano" ← lat *proposĭtus* "posto adiante" ← lat *proponĕre* "pôr diante" ← lat *ponĕre*;
- *proposta* ← *proposto* < lat *proposĭtum* "plano" ← lat *proponĕre* "pôr diante" ← lat *ponĕre*;
- *suposição* < lat *suppositĭo* "ação de pôr debaixo" ← lat *supposĭtus* "posto debaixo" ← lat *supponĕre* "pôr de baixo" ← lat *ponĕre*.

➢ RAPĔRE "roubar":
- *rapto* < lat *raptus* "roubado" ← lat *rapĕre*;
- *surrupiar* < lat *surripĕre* "roubar escondido" ← lat *rapĕre*.

➢ RIDERE "rir":
- *ridículo* < lat *ridicŭlus* "que faz rir" ← lat *ridere*;
- *rir* < *riir* < **reir* < lat *ridere* "rir";
- *risível* < lat *risibĭlis* "que faz rir" ← lat *risus* "rido" ← lat *ridere*.

➢ RUMPĔRE "quebrar":
- *corromper* < lat *corrumpĕre* ("romper por todos os lados" >> "arrebentado") ← lat *rumpĕre*;
- *corrupto* < lat *corruptus* ("arrebentado" >> "estragado") ← lat *corrumpĕre* "romper por todos os lados" ← lat *rumpĕre*;
- *erupção* < lat *eruptĭo* "ação de sair rompendo" ← lat *eruptus* "que saiu rompendo" ← lat *erumpĕre* "sair rompendo" ← lat *rumpĕre*;

- *interromper* < lat *interrumpĕre* "meter-se no meio, quebrando" ← lat *rumpĕre*;
- *romper* ← lat *rumpĕre*;
- *ruptura* < lat *ruptus* "quebrado" ← lat *rumpĕre*.

➢ SECARE "cortar":

- *dissecar* < lat *dissecare* "cortar para todos os lados" ← lat *secare*;
- *secante* < lat *secans* "que corta" ← lat *secare*;
- *seção* < lat *sectĭo* ("corte" >> "parte do todo") ← lat *sectus* "cortado" ← lat *secare*.

➢ SEDERE "estar sentado":

- *presidente* < lat *præsidens* "que está sentado adiante" ← lat *sedens* "que está sentado" ← lat *sedere*;
- *sede* < lat *sedes* "onde se assenta" ← lat *sedere*;
- *sedentário* < lat *sedentarĭus* "que trabalha assentado" ← lat *sedens* "que está sentado" ← lat *sedere*;
- *sessão* < lat *sessio* "ação de sentar-se" ← lat *sessus* "que se sentou" ← lat *sedere*.

➢ STELLA "estrela":

- *estrela* (⇦ lat *astrum*) < **estela* < lat *stellam* (cf. § 3.2.1);
- *constelação* < lat *constellatĭo* "ajuntamento de estrelas" ← lat *stella*;
- *estelar* < lat *stellaris* "de estrela" ← lat *stella*;
- *interestelar* < fr *interstellaire* ← lat *stella*;
- *Maristela* < *maris stella* "estrela-do-mar" ← lat *stella*.

➢ TANGĔRE "tocar":

- *contato* < lat *contactus* "ato de tocar junto" ← lat *contingĕre* "tocar junto" ← lat *tangĕre*;
- *intacto* < lat *intactus* "intocado" ← lat *tactus* "tocado" ← lat *tangĕre*;
- *intangível* < fr *intangible* ← fr *tangible* < lat *tangibĭlis* "que se pode tocar" ← lat *tangĕre*;
- *tangente* < lat *tangens* "que toca" ← lat *tangĕre*;
- *tatear* ← lat *tato* < lat *tactum* "ação de tocar" ← lat *tactus* "tocado" ← lat *tangĕre*;
- *tato* < lat *tactum* "ação de tocar" ← lat *tactus* "tocado" ← lat *tangĕre*.

➢ TRAHĔRE "puxar":

- *abstrair* < lat *abstrahĕre* "puxar para longe" ← lat *trahĕre*;
- *atrair* < lat *attrahĕre* "puxar para perto" ← lat *trahĕre*;
- *contrair* < lat *contrahĕre* ("puxar junto" >> "repuxar") ← lat *trahĕre*;
- *contrato* < lat *contractus* "reunido" ← lat *contrahĕre* "puxar, reunindo" ← lat *trahĕre*;
- *distração* < lat *distractĭo* "ação de se dispersar" ← lat *distractus* "que foi disperso" ← lat *distrahĕre* "puxar, dispersando" ← lat *trahĕre*;
- *distrair* < lat *distrahĕre* ("puxar para todos os lados" >> "dispersar") ← lat *trahĕre*,
- *extrair* < lat *extrahĕre* "puxar para fora" ← lat *trahĕre*;

- *extrato* < lat *extractus* "ação de extrair" ← lat *extrahĕre* "puxar para fora" ← lat *trahĕre*;
- *subtrair* < lat *subtrahĕre* "puxar para baixo" ← lat *trahĕre*.

➢ VERTĔRE "virar":
- *adversidade* < lat *adversĭtas* "ação de virar-se para" ← lat *adversus* "virado para" ← lat *advertĕre* "virar-se para" ← lat *vertĕre*;
- *aversão* < lat *aversio* "ação de virar-se para longe" ← lat *aversus* "virado para longe" ← lat *avertĕre* "virar-se para longe" ← lat *vertĕre*;
- *converter* < lat *convertĕre* "virar-se juntos" ← lat *vertĕre*;
- *diversão* < lat *diversĭo* "ação de se dispersar" ← lat *diversus* "disperso" ← lat *divertĕre* ("virar-se para todos os lados" >> "dispersar") ← lat *vertĕre*;
- *extrovertido* < fr *extroverti* "voltado para fora" ← lat *vertĕre*;
- *inversão* < lat *inversĭo* "ação de voltar para dentro" ← lat *inversus* "voltado para dentro" ← lat *invertĕre* "voltar para dentro" ← lat *vertĕre*;
- *perversão* < lat *perversĭo* "ato de voltar-se para o lado errado" ← lat *perversus* "voltado para o lado errado" ← lat *pervertĕre* ("voltar-se para o outro lado" >> "voltar-se para o lado errado") ← lat *vertĕre*;
- *reversão* < lat *reversĭo* "ato de voltar-se para trás" ← lat *reversus* "voltado para trás" ← lat *revertĕre* "voltar-se para trás" ← lat *vertĕre*;
- *subverter* < lat *subvertĕre* "voltar-se para baixo" ← lat *vertĕre*;
- *vértebra* < lat *vertĕbra* "aquilo com que se volta" ← lat *vertĕre*;
- *vertical* < lat *verticalis* ← lat *vertex* ("que se volta" >> "redemoinho" >> "ponto mais alto") ← lat *vertĕre*.

➢ VIDERE "ver":
- *evidente* < lat *evĭdens* "que se pode ver (claramente)" ← lat *evidere* "ver para fora" ← lat *videre*;
- *inveja* < lat *invidĭam* "ação de lançar um olhar dentro" ← lat *invidere* "ver para dentro" ← *videre*;
- *invisível* < lat *invisibĭlis* "que não se pode ver" ← lat *visibĭlis* "que se pode ver" ← lat *visus* "visto" ← lat *videre*;
- *previdência* < lat *prævidentĭa* "aquilo que se vê antes" ← lat *prævĭdens* "que vê antes" ← lat *prævidere* "ver antes" ← lat *videre*;
- *previsível* < fr *prévisible* ← fr *visible* < lat *visibĭlis* "que se pode ver" ← lat *visus* "visto" ← lat *videre*;
- *ver* < *veer* < lat *videre*;
- *visitar* < lat *visitare* "ver com frequência" ← lat *visus* "visto" ← lat *videre*.

➢ VOX "voz":
- *advogar* < lat *advocare* "chamar a si" ← lat *vocare* "chamar" ← lat *vox*;
- *convocar* < lat *convocare* "chamar todos juntos" ← lat *vocare* "chamar" ← lat *vox*;
- *evocar* < lat *evocare* "chamar para fora" ← lat *vocare* "chamar" ← lat *vox*;

- *invocar* < lat *invocare* “chamar para dentro” ← lat *vocare* “chamar” ← lat *vox*;
- *provocar* < lat *provocare* “chamar para a frente” ← lat *vocare* “chamar” ← lat *vox*;
- *revogar* < lat *revocare* “chamar para trás” ← lat *vocare* “chamar” ← lat *vox*;
- *vocabulário* < lat *vocabularĭum* “conjunto de vocábulos” ← lat *vocabŭlum* “como se chama algo” ← lat *vox*;
- *vocativo* < lat *vocativus* “caso com que se chama” ← lat *vocatus* “chamado” ← lat *vocare* “chamado” ← lat *vox*;
- *vogal* < lat *vocalis* “da voz” ← lat *vox*.

➢ VOLARE “voar”:

- *voar* < lat *volare*;
- *volátil* < lat *volatĭlis* “que voa” ← lat *volatus* “voado” ← lat *volare*.

➢ VORARE “devorar”:

- *devorar* < lat *devorare* “devorar tudo” ← lat *vorare*;
- *voraz* < lat *vorax* “que come muito” ← lat *vorare*.

Na lista só estão casos em que as regras fonéticas ocorrem de forma regular. Não se citaram, por exemplo, palavras semanticamente mais complexas, como:

- *chance* < fr *chance* (“sorte ou azar” >> “acaso”) < fr ant *chaance* “maneira pela qual os dados caem” < lat *cadentĭa* “os que caem” ← lat *cadens* “que cai” ← lat *cadĕre* “cair”;
- *esquecer* < lat **excadescĕre* “estar caindo para fora” ← lat *excadĕre* “cair para fora” ← lat *cadĕre* “cair” (cf. ital *di-ment-ic-are* “esquecer”<< “sair da mente”);
- *revista* ≤ fr *revue* < ingl *review* < fr *revu* (“que foi visto novamente” >> “revisão”) ← fr *revoir* “rever”< lat *revidere* “ver novamente” ← lat *videre* “ver”;
- *entrevista* ≤ ingl *interview* < fr *entrevue* “encontro em que se veem mutuamente” ← fr *entrevoir* “ver-se mutuamente” ← fr *voir* “ver” < lat *videre* “ver”.

Para listas de cognatos mais completas em português, veja Houaiss & Villar (2001) e Viaro (2004). Para mais cognatos da língua latina, veja Faria (1943) e Romanelli (1964).

5. A pesquisa interlinguística

Segundo a visão saussuriana, cada língua é um sistema distinto. Essa afirmação é válida e encontra sua confirmação imediata na eventual impossibilidade de comunicação entre falantes de línguas muito distintas. No entanto, do ponto de vista das partes que formam uma língua, nem sempre é totalmente correta (cf. Introdução). Imaginar que as línguas sejam impermeáveis requer certo apelo emocional, pois reforça ideais novecentistas acerca das singularidades de cada povo. Não é preciso argumentar por que esses ideais hoje já deviam ser considerados anacrônicos, no atual paradigma epistemológico. Esse modelo, contudo, tem aceitação tácita nas mais distintas correntes do estudo da linguagem. O fenômeno da comunicação, embora não possa ser ignorado nos julgamentos do étimo, tem importância secundária para a Etimologia. É sabido, além disso, que existe a semicomunicação, o bilinguismo e o poliglotismo. A semelhança lexical (e, às vezes, também a estrutural) entre as línguas não pode ser descartada nem pela Linguística Comparativa nem pela Etimologia. Portanto, os sistemas nem sempre se compõem de elementos estanques, como se imagina, e as palavras raramente pertencem a um único sistema, pois sua propagação é, na realidade, transistêmica. Além disso, como já vimos, todas as línguas conservam, ao mesmo tempo que inovam, elementos de uma sincronia pretérita qualquer. É um erro imaginar que línguas isoladas sejam puras, pois se não há isolamento linguístico perfeito hoje tampouco houve no passado, pois nunca os isolamentos culturais prolongados são incomuns, na História da Humanidade. Concluir-se, portanto, que não é possível falar nem de línguas puras, nem de deterioradas, pois, como já observara Leibniz, todas se mostram alteradas, devido a contatos mútuos que vêm ocorrendo desde a Pré-história (cf. Primeira Parte, item "Leibniz").

Se é fato inquestionável que português, galego, mirandês e espanhol sejam quatro línguas distintas, também não é falso que a comunicação entre falantes dessas línguas se dá com mais facilidade do que entre falantes de francês, italiano e romeno. Portanto, a compreensibilidade de uma língua não tem nada a ver com o estudo separado de cada elemento de seu vocabulário. Algumas palavras transpuseram as fronteiras políticas e aparecem em muitos idiomas ao mesmo tempo (obviamente com pequenas ou profundas mudanças semânticas e muitas adaptações fônicas). Isso se dá por meio de dois mecanismos universais: o empréstimo (§ 5.1) e o decalque (§ 5.2), que são resultado do bilinguismo ou da influência de umas línguas sobre outras. Para a Etimologia, é importante saber se o trânsito de uma palavra deixou marcas onde quer que tenha passado. Palavras portuguesas no japonês, no malaio e no concani servem para recuperar sincronias pretéritas específicas do próprio português. Portanto, nenhum dado linguístico é inútil para a Etimologia: tudo deve ser ponderado e julgado na avaliação dos étimos. Da mesma forma, imaginar o sistema como algo monolítico é errôneo, pois sua essência é múltipla, como vemos nas variantes diacrônicas, diatópicas, diastráticas e diafásicas (§ 5.3). Cada variante poderia ser entendida como um sistema distinto, de modo que é possível falarmos que uma *mesma* língua tenha vários sistemas (§ 1.1). Por outro lado, aceitar que o holandês e o flamengo sejam línguas distintas, mas que o português brasileiro e o europeu não sejam, nem sempre requer apenas o critério da possibilidade de comunicação (que é variável entre os interlocutores), mas as convenções pautadas em fatores políticos e emocionais. Fato é que, uma vez assumido que duas formas de expressão parecidas sejam línguas distintas, o isolamento político promoverá a fragmentação de forma mais acentuada, sobretudo nos cultismos (como se vê hoje entre o sérvio e o croata, já separados há tempos por alfabetos distintos). Dada a total impossibilidade de se fazer uma distinção científica entre 'língua' e 'dialeto', o estudo etimológico desconsiderará esse problema. Além disso, como vimos, a palavra investigada, a despeito da sincronia ou do sistema a que pertença no momento de sua criação, deve ser entendida como a *mesma* do étimo (§ 1). Esse é o pressuposto mais básico da Etimologia e a condição *sine qua non* para sua aceitação como ciência.

5.1. O empréstimo

Há poucos estudos sobre o vocabulário português nas línguas do mundo. Verbetes como *piranha* < tupi *pirãia* são encontrados em inglês, francês, alemão, italiano, holandês, espanhol e islandês. Outras palavras portuguesas de ampla divulgação entre as línguas são:

- *auto de fé*;
- *bossa-nova*;
- *caju*;
- *capoeira*;
- *caipirinha*;
- *favela*;
- *jaboticaba*;
- *macumba*;
- *maracujá*;
- *samba*;
- *tamanduá*;
- *tapioca* etc.

Alguns poucos casos revelam mudança semântica, como no vocábulo *palavra*, que normalmente significa "tagarelice, mentira":

- port *palavra* > ingl *palaver* ≅ alem *Palaver* ≅ turco *palavra* ≅ rom *palavră* ≅ albanês *palavi*.

Também ocorrem palavras com sentido alterado como:

- port *boneca* > mal *boneka* "boneca, marionete";
- port *limonada* > búlg *limonada* "suco";
- port *marmelada* > fr *marmelade* "geleia" ≅ alem *Marmelade* ≅ gr mod *marmeláda*;
- port *veado* > ital *viado* "travesti que se prostitui".

Palavras portuguesas podem encontrar-se em topônimos internacionais como ingl *Cape Verde* "Cabo Verde". Nesse ponto, o português contribuiu para o léxico de línguas da mesma forma que outras línguas asiáticas, africanas e americanas o fizeram, com palavras como *orangotango*, *lhama*, *panda*, *zebra* etc. (muitas das quais têm étimo desconhecido).

Se o português exportou muitas palavras, importou muitíssimo mais. Nas gramáticas e dicionários, isso é perceptível na formação de palavras, sem que a origem seja, de fato, detalhada (cf. § 4.2 e § 4.3). Sem grandes investigações, aposta-se com frequência que teriam sido formadas no interior do próprio sistema do português. No entanto, a situação é distinta e cultismos exclusivos do português são raros (mas os há, como em *preencher*, *relatório* etc.). Normalmente, as palavras cultas do português provêm de outras línguas europeias modernas, sobretudo do francês e, mais recentemente, do inglês (cf. § 1.4).

Por vezes, o vocabulário não pode ser avaliado da mesma forma que os elementos gramaticais, pois somente os últimos podem, de fato, caracterizar a afiliação de uma língua a um determinado grupo linguístico. O romeno, por ter ficado isolado, durante séculos, das demais línguas românicas, tem um vocabulário exíguo herdado do latim vulgar. Muitas de suas palavras provêm do eslavo, do grego, do húngaro, do turco ou de um substrato comum ao albanês. A introdução artificial de cultismos modernos de origem italiana e, posteriormente, francesa, contudo, diminuíram a distância entre o romeno e as demais línguas românicas. No entanto, sob o ponto de vista gramatical, o romeno pertence, sem dúvida, ao mesmo grupo linguístico do português, do francês, do espanhol e do italiano (cf. § 4.1). Se não fosse por esse critério, o inglês também poderia ser considerado como língua românica, pois tem tantos cultismos quanto o francês (de onde a maioria deles proveio). De fato, se artigos, preposições e numerais ingleses se assemelham (diacronicamente falando) aos do alemão, holandês, sueco, norueguês, dinamarquês e islandês, já o vocabulário culto do inglês se aproxima mais do francês do que dessas línguas germânicas:

- fr *éducation* ≅ ingl *education* "educação", mas: alem *Bildung* = hol *onderwijs* = sueco *utbildning* = nor *utdanning* ≈ *utdannelse* ≅ din *uddannelse* = isl *menntun*;
- fr *incontestable* ≅ ingl *incontestable* "incontestável", mas: alem *unbestreitbar*;
- fr *laryngite* ≅ ingl *laryngitis* "laringite", mas: alem *Kehlkopfentzündung*;
- fr *sous-marin* ≅ ingl *submarine* "submarino", mas: alem *Unterseeboot*.

O mesmo ocorre com o persa, que, apesar de indo-europeu, tem grande parte do vocabulário proveniente do árabe, que é uma língua camito-semítica. Algo semelhante também ocorre com o japonês, que, apesar de não ser uma língua sino-tibetana, tem muitíssimas palavras vindas do chinês. O elemento culto, portanto, entrou nessas línguas sob a forma de empréstimos e não são importantes para a sua tipologia, como as classes fechadas (§ 4.1), a despeito de ter ocorrido de forma maciça.

O fenômeno do empréstimo, apesar de ser um dos mais frequentes e importantes para a formação dos léxicos, é considerado, pelo discurso normativo, quase como um elemento espúrio que macularia uma pretensa pureza de uma língua. Na verdade, essa visão preconceituosa acaba por diminuir a importância do fenômeno. Como os seres humanos, porém, estão em contínuo trânsito, com eles vão as palavras que, amiúde, chegam a pontos muito distantes de sua fonte original, como ocorreu com outras conquistas humanas (a domesticação dos animais, o uso do fogo, a difusão da técnica do bronze, a invenção do dinheiro etc.). O expurgamento de empréstimos é uma violência que, em vários momentos da História da Humanidade, assumiu ares dramáticos, como durante o governo de Kemal Atatürk (1881-1938), na Turquia, em que não só o alfabeto árabe foi proibido da noite para o dia, mas também uma lista enorme de criações artificiais foi imposta para substituir supostos estrangeirismos (Pinto, 2006). Essa *tabula rasa* almejada, não raro aplaudida ou incentivada, normalmente assume ares mais pontuais e menos iconoclastas na Gramática Normativa, que, às vezes, num ímpeto neovaugelaisiano, tenta "consertar" as línguas (§ 1.2). Algumas tentativas virulentas também se viram no Brasil, como na quixotesca obra de Antônio de Castro Lopes (1889). Esse texto, porém, tem alguma utilidade para a Etimologia, uma vez que nele se vê, pela primeira vez, a palavra *cardápio*, proposta para substituir o fr *menu* e formada artificialmente com o truncamento da primeira sílaba do lat *charta* e do gr *dáps* "banquete oferecido aos deuses". Outros termos criados por Castro Lopes que tiveram (ou não) algum sucesso:

- *ancenúbio* † "nuance";
- *convescote* "piquenique";
- *coribel* † "carnê";
- *entrosagem* † "engrenagem";
- *festímana* † "matinê";
- *hauricanulação* † "drenagem";
- *lucivéu* † ≈ *lucivelo* † "abajur";
- *ludâmbulo* † "turista";
- *preconício* † "reclame";
- *premagem* † "massagem";
- *runimol* † "avalanche".

No entanto, apesar de a obsessão antiempréstimo não ter desaparecido, fato é que as línguas tomam emprestado seu vocabulário umas das outras com muita naturalidade. Não há, portanto, línguas puras, nunca as houve e jamais as haverá. O máximo que pode ocorrer é um período de isolamento de uma população (que pode durar séculos) e a consequente conservação de alguns aspectos de sua gramática ou vocabulário, como houve com o islandês. No entanto, isso logo foi confundido com pureza e o resultado é que o islandês é uma das línguas mais avessas ao empréstimo hoje em dia. Defender a pureza linguística e atacar os estrangeirismos é uma tolice com a qual os etimólogos não deveriam pactuar, pois as bases da Etimologia são as mesmas de outras áreas da Linguística. Algumas línguas, como o japonês, fazem empréstimos com muita facilidade (cf. ingl *rice* "arroz" > jap *raisu* "arroz temperado"), já outras, como o chinês, fazem-no mais raramente por causa de uma certa dificuldade estrutural causada pelo monossilabismo. A maioria das línguas do mundo está entre esses dois extremos. Além disso, a escrita chinesa, baseada em princípios não fonológicos (como parcialmente ocorre no japonês) necessitaria de novos ideogramas e isso não ocorre, pois costuma valer-se dos já existentes (e, portanto, já com significado). Desse modo, ao reinterpretarem-se os empréstimos pela escrita, acaba dando-lhes sentidos que não existiam no original, por vezes, formando composições absurdas. Exemplo: ingl *microphone* "microfone" > mand *màikèfēng*, que, pela escrita ideográfica 麦克风 significaria "trigo-conter-vento". Como estrutura da escrita não colabora com o empréstimo, por fim, cedo algumas palavras desse tipo são abandonadas por outras mais transparentes. No caso anterior, também é comum valer-se de outros vocábulos, como mand *huàtǒng* ("cano de voz"), mand *chuánshēngqì* ("instrumento para transmitir a voz"), mand *wēiyīnqì* ("instrumento para pequenos sons"), mand *kuòyīnqì* ("instrumento para expandir som").

As palavras herdadas do latim vulgar, somadas às do substrato (isto é, o conjunto das que conviviam na Península Ibérica: celtas, lusitanos, iberos, fenícios, gregos) e aos posteriores superstratos germânico e árabe formaram o léxico do português medieval, o qual, após tomar emprestado muitos vocábulos do francês antigo e do provençal, foi acrescido no Renascimento de outros, provenientes das línguas americanas, africanas e asiáticas. A esses se somariam novos vocábulos de origem italiana, espanhola, francesa e inglesa. Essa grande mistura de vocábulos está longe de ser exclusiva do português, uma vez que situações parecidas se encontram em todas as línguas. Portanto, não é possível falar de pureza linguística e Nunes de Leão já sabia disso, quando atacou os que acreditavam em línguas puras, opinião comum em sua época: "*todos estes exemplos trouxemos, pera mostrar claramente que naõ ha lingoa algũa pura, nem a houue sem ter mistura de outras lingoas*" (*Orig* 5). A cruzada contra os empréstimos só tem fundamentos emocionais e não científicos (cf. Primeira Parte, item "Nunes de Leão").

Muitas vezes afirma-se nas gramáticas que tal palavra do português é formada de "radicais greco-latinos". No entanto, há nessa afirmação uma imprecisão, do ponto de vista etimológico. Uma palavra como *televisão* não foi simplesmente formada no português a partir de um radical gr *tēle* "longe" e de *visão*, mas é, na verdade, um empréstimo. No caso de aparelhos e outras invenções, é preciso alguma pesquisa para saber qual foi o idioma em que o português se baseou para adaptá-lo à sua fonética. Segundo Houaiss & Villar (2001 *s.v.*), o fr *télévision* em 1900 significava "sistema de transmissão de imagens a distância". Sete anos mais tarde, atesta-se que o ingl *television* tinha a acepção "aparelho receptor de imagens". Em francês, a forma *téléviseur* para o aparelho é datada apenas em 1929. Em português, as obras não informam a data exata de entrada na língua, embora isso nem seja tão difícil de se conhecer. Períodos tão pequenos de tempo dificultam o estudo do étimo e isso é característico nos vocábulos criados nos séculos XIX-XXI. Paradoxalmente, nessa mesma época, há grande número de fontes escritas disponíveis para se decidirem os étimos corretos. Corominas (1954: 412, v. 4) é pouco elucidativo sobre o mesmo assunto, mas afirma que o esp *televisión*, apesar de já ocorrer em 1925, é raro até 1945. De qualquer modo, o termo é internacional:

- ital *televisione* ≅ rus *televízor* ≅ lit *televizija* ≅ turco *televizyon* ≅ jap *terebi.*

O grego moderno optou pelo purismo e evitou a palavra híbrida internacional com um curioso decalque *tēleórasē*, em que a palavra latina para "visão", isto é, lat *visio*, foi substituída pelo sinônimo gr *órasē* "visão" (cf. § 5.2). Igualmente, o alem *Fernsehen* ou *Fernseher* são decalques (cf. alem *fern* "longe" e alem *sehen* "ver"). Mais neológicos são, de fato, o isl *sjónstæki* e o chin *diànshìjī*, que não são decalques (§ 5.2). Dessa forma, é pura ilusão nacionalista imaginar que cada língua, independentemente, tenha criado seus cultismos. Normalmente é uma língua quem os cria e as outras os importam ou os modificam por meio do decalque. Raramente ocorre a atitude purista de inventar palavras novas quando se trata de termos técnicos. O normal é, e sempre foi, a adoção do empréstimo ou do decalque.

O número de exemplos poderia ser grandemente ampliado. Por causa da escrita, os usuários de uma língua às vezes têm consciência do empréstimo (cf. § 1.3). Por exemplo, *hot dog* e *pizza* sempre serão lembrados como empréstimos pelos falantes de português, mas *abajur* e *futebol* nem sempre são sentidos como estrangeirismos (no começo do século XX, porém, ainda se usavam as mesmas grafias do fr *abat-jour* e do ingl *football,* respectivamente). Os empréstimos imediatamente se integram fonologicamente:

- fr *abat-jour* [abaˈʒuːʀ] > port *abajur* [abaˈʒuɾ];
- ingl *football* [ˈfʊtbɔːɫ] > port *futebol* [futʃiˈbɔw];
- ital *pizza* [ˈpittsa] > port *pizza* [ˈpitʃisa].

Por vezes, ocorrem algumas modificações adaptativas: entre os sinônimos de *abajur*, cita-se *abajúrdio* nos dicionários e a formação de derivados atesta sua integração, como em *futebol* → *futebolista.* Apesar de, em Portugal, ser comum ital *pizza* → port *piza*, no Brasil, a naturalização dos empréstimos efetua-se independentemente da escrita. A hipótese de que *pizza* será inexoravelmente escrito ★*píteça* no futuro, como pretendem alguns gramáticos, é absurda, pois não é possível prever questões de futuro em assuntos linguísticos (cf. § 1.3). Também se poderia pensar o mesmo com formas como:

- ingl *bacon* > port ★*bêicom*;
- ingl *catchup* > port ★*quetechupe*;
- ingl *e-mail* > port ★*imêil*;

- ingl *hot dog* > port ★*rotedogue*;
- ingl *spam* > port ★*espã*;
- ingl *strip tease* > port ★*estripetise*.

Na verdade, a manutenção das grafias se deve, certamente, à sua maior visualização em placas e anúncios. Algumas palavras, porém, por serem apenas faladas e raramente escritas, sofrem mudanças ainda mais profundas. Assim aconteceu com ingl *sleeper*, que se tornou *chulipa* "dormente" na linguagem dos funcionários das estradas de ferro do século xx. No dialeto caipira, fr *forfait* "crime grave" se torna não só *forfé* "tumulto", mas, por hipercorreção, *forfel* (pois, segundo a analogia, normativamente não se deveria dizer *mané*, *coroné*, mas *Manuel*, *coronel*, cf. § 3.2.6).

Há gramáticas com extensas listas de galicismos e anglicismos, que a posição normativa recomenda evitar. Diz-se, por exemplo, que a palavra *constatar* deveria ser substituída por "certificar-se, mostrar, demonstrar, provar, comprovar, perceber", pois se trataria de um galicismo (fr *constater*). Alguns desses julgamentos têm tido grande repercussão, de modo que podemos falar hoje de mudança linguística motivada pela postura normativa (cf. § 6.3). Tal fenômeno é interessante para problemas de datação, independentemente da posição política que se possa adotar sobre o assunto. A despeito da opinião da Gramática Normativa, algumas palavras são espontaneamente evitadas na língua escrita, apesar do advento dos *blogs* e *sites* de relacionamento (cf. § 1.3). É o que ocorre com o verbo *tacar* "jogar", cujo testemunho escrito era praticamente inexistente até a década de 90 do século xx, apesar de ter uma frequência de uso relativamente alta na língua falada (cf. § 1.1). Essa dinâmica é muito complexa e pouco estudada pela Linguística, mas seu efeito na sobrevivência e no uso (assim como na Etimologia) das palavras não é nulo, de modo que o normativismo é um fenômeno importante para entendermos a diacronia.

Os puristas pareciam desconhecer o fato de que é impossível fugir do empréstimo. Ironicamente, o próprio título do já mencionado Castro Lopes (1889) possui a palavra *neológico*, termo que aparece em português em 1858 (Houaiss & Villar, 2001 *s.v.*), mas já ocorre no francês em 1726 (fr *néologique*), o que nos faz concluir que seja também um galicismo. Galicismos são frequentíssimos em termos cultos do português, que, no século xix preferiu adaptar palavras francesas a criar neologismos. A palavra *prestidigitador*, por exemplo, tem uma origem culta (uma vez que não se veem nela as mudanças fonéticas esperadas, como a sonorização do *-t-* intervocálico cf. § 2) e, com certeza, é um empréstimo e não uma criação original, feita por composição, no português, como aparece nos dicionários. As datas ajudam a percorrer sua origem: o fr *prestidigitateur* tem abonações em 1829, já a palavra portuguesa é de 1881. É, portanto, um estrangeirismo. Observe-se que, em latim, o vocábulo era *præstigiator* e a associação com lat *digitus* "dedo" é analógica no francês (§ 3.2). Fazendo um paralelo terminológico com a Ecdótica, diríamos que o testemunho da mutação da palavra em francês é um *locus criticus* que autoriza sua genealogia: de fato, a associação não poderia ter sido feita de maneira independente no francês e no português. Desse modo, não podemos dizer que a palavra provenha diretamente do latim, mas que, apesar de originalmente latina, a palavra tem étimo francês (cf. §1). A analogia com "dedo" é a mutação necessária, não simplesmente para provar o parentesco entre o vocábulo português e o francês, mas também para provar a dependência daquela língua em relação a esta, no tocante à formação de palavras do século XIX. Essa mutação também ocorre em ital *prestidigitatore* e em inglês *prestidigitator* e, sob a forma de um decalque, no alem *Fingerfertigkeit* (← alem *Finger* "dedo" + alem *Fertigkeit* "habilidade"). Esquemas semelhantes aos da Cladística seriam úteis para representar visivelmente problemas desse tipo e, de fato, já eram usados pelos linguistas no começo do século XX (Vasconcelos, 1928).

Como já vimos, algumas classes são mais facilmente importadas do que outras (cf. § 4.1). Há mais empréstimos de substantivos, adjetivos e verbos do que de preposições, artigos, pronomes pessoais e morfemas flexionais. No meio do caminho estão os numerais, os morfemas derivacionais, advérbios, conjunções e pronomes indefinidos. Há vários esquemas para explicar a mudança das línguas, mas, ao contrário do que se afirma em algumas obras, o esquema de árvores genealógicas de Schleicher não foi ultrapassado pelo de ondas, de Schuchardt-Schmidt (cf. Primeira Parte, itens "Schleicher" e "Schuchardt"). Se o esquema de círculos excêntricos é o ideal para classes abertas, as árvores são válidas para os elementos de difícil importação das classes fechadas. Os paleolinguistas (cf. Primeira Parte, item "Trombetti"), que propõem superfamílias para línguas ágrafas, costumam afirmar que a genealogia se pautasse em estruturas sintáticas. Contudo, a argumentação a favor dessa postura é bastante frágil, pois a Linguística Areal demostrou que estruturas sintáticas podem migrar de uma língua para outra com extrema facilidade (Sandfeld, 1930). Nos Bálcãs, "escreverei" se diz:

- rom *o să scriu*;
- alb *do* (*të*) *shkruaj*;
- gr mod *tha gráphō* < gr med *the na gráphō*;
- búlg *šte piša* < búlg ant *štă da piša*.

Nessas línguas, tão distintas do ponto de vista genealógico, o bilinguismo primitivo e a atuação de alguma *koiné* num passado recente fez com que estruturalmente surgissem semelhanças sintáticas: nelas, o futuro se forma por meio de uma partícula invariável proveniente da uma flexão do verbo "querer" (rom *o* < *voiu*, alb *do* < *dua*, gr med *the* < *thélō*, búlg ant *štă* < *hoštą*), de uma outra partícula invariável (rom *să*, alb *të*, gr *na*, búlg *da*) e de um verbo flexionado, dada a aversão pelo infinitivo, que todas têm em comum. Em casos como esse, a coincidência não é um argumento convincente devido à situação de adstrato (cf. § 1). Tal exemplo mostra que, embora os sistemas difiram em línguas geneticamente distintas, suas estuturas podem assemelhar-se. Se novos estudos de Linguística Areal fossem aplicados aos idiomas da Europa Ocidental, o modelo que entende os sistemas como estanques rapidamente se tornaria ultrapassado.

No português brasileiro é comum ouvir *ni mim*. Imaginar que esse *ni* seja um empréstimo de línguas africanas é uma hipótese bastante frágil e ousada. O único fato objetivo que a alicerça é, por exemplo, o de essa forma ser também usada no crioulo de São Tomé. Em Guiné-Bissau, porém, diz-se *na*:

- guin *e ta fikanda tijela di bianda na tchon* "eles põem as tigelas de comida no chão".

No entanto, com facilidade se encontrariam outras línguas no mundo em que essa palavra ocorra com esse mesmo sentido (de fato, por exemplo, até o japonês tem uma partícula de locativo *ni*). Como se desconhece a área em que *ni* seja efetivamente usado no Brasil – pois, aparentemente, acontece em toda parte – e a região de onde teria supostamente irradiado (se não veio de Portugal) também o é, torna-se difícil provar qualquer hipótese. Por outro lado, o mesmo dado pode ser obtido por meio da analogia (§ 3.2) *em* > [ni] ⇦ *no* ≈ *na*, ou dito de outra forma:

- se *do* ≈ *da* ← x, então também *no* ≈ *na* ← x' e, se x = [di], então x' = [ni].

Com efeito, o emprego de *ni* parece recorrente na aquisição da linguagem em crianças, mesmo que não haja estímulo das pessoas circunstantes. Além disso, *ni* aparece, independentemente, nas línguas crioulas das mais diferentes bases (mesmo de base não portuguesa). Desse modo, à hipótese do empréstimo africano se oporia outra, de motivação cognitiva. Depõe contra a primeira o fato de as línguas africanas que vieram ao Brasil serem muitas e terem as mais distintas estruturas sintáticas. Para provar a interferência seria necessário imaginar uma língua crioula (tal como ocorre em Guiné-Bissau) e que, posteriormente, após a extinção dessa língua, sobrevivessem alguns elementos de substrato, entre eles, *ni*. Se há, por um lado, fortes indícios da influência africana no vocabulário do português brasileiro, por outro, nas palavras gramaticais, é preciso deixá-la sob suspeição, até que surjam mais dados (Lucchesi, Baxter & Ribeiro, 2009).

Outra faceta do empréstimo é a dificuldade de definir o que vem a ser um estrangeirismo. Se a palavra *catchup* é inegavelmente um empréstimo, também é verdade que sua pronúncia foi parcialmente aclimatada no português, além disso, houve nela interferência da escrita (§ 1.3). De fato, algumas transformações são previsíveis (ingl [æ] > port [ɛ], *–p* > [pi] etc.), mas o som ingl [ʌ], normalmente interpretado como [a], [ɐ] ou [ɔ] em português, nesse caso, se diz [u], o que revela inspiração na ortografia do português (e não simplesmente transmissão oral):

- ingl *catchup* [ˈk^{h}ætʃʌp] > port *catchup* [kɛtiˈʃupi].

A palavra *randômico* é alvo de puristas, que aconselham substituí-la por "aleatório", "contingente", "fortuito". No entanto, somente sua base provém do ingl *random*, a qual também é usada como adjetivo. Se o vocábulo *randômico* não provém de um ingl ★*randomic*, não é, portanto, um anglicismo *stricto sensu*, pois é uma derivação espontânea motivada por questões estruturais do português, que não aceita uma palavra do tipo *random* como um adjetivo. Da mesma forma, diz-se que *abacate* é uma palavra de origem náuatle, mas tal afirmação não é razoável para o derivado *abacateiro* que, na maior parte das vezes, não é considerado um empréstimo ou um estrangeirismo. É igualmente difícil estabelecer distinções entre o que é empréstimo e o que não é em vocábulos usados em idioletos de nipo-brasileiros, como *panela gohanzeira* (ou seja, para fazer jap *gohan* "arroz"). Também na pronúncia jocosa *rapeizes* < *rapazes*, simulando inglês poderíamos falar de estrangeirismo? Tal problema é muito claro nos verbos, que necessitam adaptar suas terminações para serem aceitos no português:

- ingl *knock out* → *nocautear*;
- ingl *print* → *printar* † ⇒ *imprimir* (substituição purista ocorrida na década de 90 do século XX).

A grafia se altera, muitas vezes, também devido a analogias feitas em outras línguas: em português brasileiro usa-se a grafia *pepperoni*, embora no italiano não haja geminação da consoante. Essa palavra, de fato, entrou no português por meio do inglês e não do italiano. A mesma analogia existente no inglês (§ 3.2.1) estendeu-se ao português:

- ital *peperoni* "pimentões" > ingl *pepperoni* (⇦ ingl *pepper* "pimenta") > port *pepperoni*.

Associada ao estrangeirismo há a questão dos *hibridismos* (cf. § 3.2.2.3). Os dicionários estão repletos de termos híbridos cultos, como:

- *paranacitense* (gentílico) ← top *Paranacity* (PR) < tupi *paranã* "rio" + ingl *city* "cidade" + sufixo *–ense* < lat *–ensis*;
- *periquitamboia* "espécie de cobra" < port *periquito* + tupi *mboi* "cobra";
- *quinarana* "nome de planta" < esp *quina* "nome de planta" (< quíchua *kinakina*) + tupi *–rána* "falso" (cf. § 3.2.2.3).

Muitos estrangeirismos sequer são reconhecidos hoje em dia. Outros foram restaurados com base na forma original ou por meio de decalques:

- ingl *mahogany* > port *mogno*;
- fr *puceron* ≥ port *pulgão*;
- jap *kimono* > port ant *queimão* † ≈ port mod *quimono* < jap *kimono*.

É sabido, além disso, que muitos empréstimos já não são usados nas línguas de que provieram. Por exemplo, o port *tênis* vem do ingl *tennis shoes*, mas atualmente, nem sempre essa palavra se usa, neste sentido, pois se ouve mais frequentemente ingl brit *trainers* ≈ ingl amer *sneakers*. Na maioria das vezes, tais fatos revelam sincronias pretéritas das línguas das quais os empréstimos provieram e não são, como se imagina, erros promovidos por pessoas com má proficiência na língua estrangeira. O mesmo se passa com:

- port *abajur* < fr *abat-jour* "quebra-luz" (= fr atual *lampe*);
- port *blush* < ingl *blush* "rubor" (= ingl atual *rouge*);
- port *cooper* < ingl *Cooper*, nome próprio (= ingl *jogging*);
- port *outdoor* < ingl *outdoor* "ar livre" (= ingl atual *billboard*);
- port *rouge* < fr *rouge* "vermelho" (= fr atual *fard*);
- port *shopping* < ingl brit *shopping centre* "centro de compras" (ingl amer *mall*);
- port *smoking* < ingl *smoking* † (ingl brit *dinner jacket* ≈ ingl amer *tuxedo*).

Outro tipo de empréstimo é a *retroversão*, que ocorre hoje entre o inglês e o português, tal como ocorreu entre o latim medieval e o francês antigo. Por exemplo, o termo *mercadologia* foi inventado em português para substituir o ingl *marketing*, mas é, muitas vezes, traduzido por *mercadology*. O mesmo parece estar acontecendo com a palavra *farmoquímico*, traduzida como *pharmochemical* por falantes de português do Brasil, termo que, aos poucos, se generalizou e se tornou quase concorrente do ingl *pharmaceutical chemical*. Já a grafia port *disk* < *disque* ← *discar* (cf. *disk-pizza*) nada tem a ver com uma suposta origem inglesa da palavra.

Sintaticamente, estrangeirismos de difícil comprovação são denunciados em regências verbais. Nas justaposições, por vezes estruturas raras no português surgem, o que faz pensar em decalques parciais (§ 5.2). Por exemplo, em inglês, a composição de dois substantivos em que o núcleo se encontra no segundo elemento é mais comum do que no português, embora não faltem exemplos nessa língua também:

- *centroavante*;
- *espaçonave*;
- *Futebol Clube*;
- *piano-bar*;
- *rainha-mãe*;
- *samba-enredo*;
- *uva-passa*.

Comprovar que tais formações são estrangeirismos é algo que não prescinde do estudo etimológico. Alguns estrangeirismos entram por modismos (sobretudo filmes ou letras de música) e se encontram até mesmo em expressões coloquiais como a interjeição port *cut-cut!* “fofo”, equivalente ao ingl *cute* “bonitinho”. O fenômeno conhecido como *gerundismo* (em construções do tipo *vou estar fazendo*) talvez tenha, de fato, aumentado sua frequência de uso por causa de traduções literais, do inglês, que dispõe de estruturas equivalentes (ingl *I will be doing*), mas isso, até agora, não foi devidamente comprovado, por meio de um estudo diacrônico.

Desse modo, a característica do empréstimo nem sempre é fácil: a palavra *cachorro*, por exemplo, proviria, segundo alguns, de uma metátese da forma basca *txakur* e, portanto, seria um empréstimo que só poderia ter chegado ao português por meio do esp *cachorro* “filhote de cão”. Outros imaginam que a palavra se formou por meio de uma sufixação de **cacho* < **catlu* < lat *catŭlum* “filhote de animal”. Se levarmos em conta outros casos em que haveria um *–*tl*– intervocálico, como: lat *vetŭlum* > **vetlum* > **veclum* > *velho,* a formação do –*ch*– fica mal explicada, pois o esperado seria ★*calho* e não **cacho* (§ 2.4.2.3), a menos que se partisse de um excepcional *–*ttl*–, provindo de **cattŭlum* ⇦ lat *cattus* “gato”. A favor do étimo sem geminação consonantal, contudo, temos o feminino lat *catellam* > *cadela.* Também são de difícil etimologia as palavras sinônimas equivalentes do cat *gos*, do esp *perro*, do ingl *dog* “cão” e a raiz esl **pes* (rus *pës*, tcheco *pes* “cão” e talvez no rom *pisică* “gato”).

No tocante aos étimos de animais selvagens é possível verificar que, enquanto as espécies europeias têm grande diversidade de denominação (cf. para a raposa, esp *zorro* = ital *volpe* = fr *renard* = rus *lisá* = ingl *fox*), as de outros continentes difundiram-se internacionalmente:

- gal *xirafa* ≅ esp *jirafa* ≅ fr *girafe* ≅ ital *giraffa* ≅ ingl *giraffe* ≅ alem *Giraffe* ≅ hol *giraf* ≅ sueco *giraff* ≅ bretão *jirafenn* ≅ rus *žiraf* ≅ húng *zsiráf* ≅ turco *zürafa* ≅ finl *kirahvi.*

Encontra-se a origem dessa denominação na divulgação do nome científico *Giraffa camelopardalis* Linnæus 1758, o qual, por sua vez veio do ár *zarāfah*, donde também o indon *jerapah.* O termo *camelopardalis* gerou afr *kameelperd* (§ 4.3) e vem do gr *kamēlopárdalis* > gr mod *kamēlopárdalē.* Os nomes usados pelas línguas da África, onde o animal é autóctone, são completamente diferentes: xhosa *indlulamthi*, setswana *thutlwa*, shona *twiza.* O termo jap *kirin* “girafa”< mand *qílín* se refere inicialmente a um ser mitológico. Por purismo ou dificuldade estrutural de empréstimo, outras línguas criaram compostos para esta palavra, como eston *kaelkirjak*, isl *gnæfingi* e mand *chángjǐnglù.*

Outro exemplo de ampla difusão do étimo é o da zebra. Também há neologismos, para a denominação desse equino (mand *bānmă*, jap *shimauma*), mas a denominação é internacional, pautada no nome científico *Equus zebra* Linnæus, 1758:

- esp *cebra* ≅ fr *zèbre* ≅ ital *zebra* ≅ ingl *zebra* ≅ alem *Zebra* ≅ sueco *sebra* ≅ isl *zebrahestur* ≅ rus *zebra* ≅ jap *zebura*;

No caso do elefante, as línguas europeias se valeram do termo gr *eléphas, –ntos*, usado para caracterizar o gênero do nome científico do animal (*Elephas* Linnæus, 1758 < lat *elephas, -ntis*), donde:

- esp *elefante* ≅ fr *éléphant* ≅ ital *elefante* ≅ ingl *elephant* ≅ alem *Elefant* ≅ hol *olifant* ≅ gr mod *eléphantas.*

Tais nomes, porém, se referem às espécies *Loxodonta africana* (Blumenbach, 1797) e *Loxodonta cyclotis* Matschie, 1900. Exceções são encontradas em rus *slon* e no lit *dramblis*, testemunhadas em textos antigos, os quais se referem provavelmente a espécies extintas. Trata-se, portanto, de antigos empréstimos. Referindo-se à espécie asiática (*Elephas maximus* Linnæus, 1758), prevalecem os vocábulos locais: mal *gahah*, jap *zō*, mand *xiàng*.

5.2. O decalque

O contato entre as culturas promove o empréstimo e, em alguns casos, neologismos, motivados por purismo ou por dificuldades estruturais e gráficas (§ 5.1). No entanto, há uma terceira solução, o *decalque*, que é a denominação neológica inspirada na tradução das partes da palavra ou da expressão original. Os decalques ora são recriminados, ora incentivados pelos puristas. Exemplos:

- fr *avoir lieu* ≥ *ter lugar*;
- ingl *hot dog* ≥ *cachorro-quente*;
- ingl *key word* ≥ *palavra-chave*;
- ingl *skyscraper* ≥ *arranha-céus*;
- alem *Kindergarten* ≥ *jardim de infância*;
- alem *Übermensch* ≥ ingl *superman* ≥ port *super-homem.*

Observe-se, pelos exemplos, que, nos decalques, a sintaxe pode ser mantida ou adaptada (cf. a inversão do adjetivo na palavra *cachorro-quente*). O decalque já era um expediente usado pelos romanos para evitar empréstimos do grego e sua prática foi continuada por algumas línguas, como o inglês e o alemão. Do alemão, os vocábulos migraram, sob a forma de novos decalques, para o tcheco e para o russo:

- gr *pantokrátōr* "todo poderoso" ≥ lat *omnipotens* ≥ ingl *allmighty* = alem *allmächtig* ≥ rus *vsemogúščij* ≈ *vsesíl'nij* = tch *všemohoucí*;
- lat *inimpugnabilis* "inimpugnável" ≥ alem *unbestreitbar*;
- lat *ducĕre* "conduzir" → lat *dux* "general" → lat *ducem* > fr ant *duc* "duque" ≥ alem *Herzog* "duque";

- ingl *submarine* "submarino" ≥ alem *Unterseeboot*;
- lat *misericordia* "compaixão, piedade" ≥ alem *Barmherzigkeit* ≥ rus *miloserdce*;
- alem *Aussprache* "pronúncia" ≥ tch *výslovnost*;
- alem *Zeitschrift* "revista" ≥ tch *časopis*.

No primeiro exemplo, gr *pan–* = lat *omni–* = ingl *all–* = alem *all–* = rus *vse–* = tch *vše–* "todo" e gr *krat–* = *lat pot–* = ingl *might–* = alem *macht–* = rus *mog–* = tch *moh–* "poder". A própria expressão *todo-poderoso* em português também é um decalque. No exemplo fr ant *duc* "duque" < lat *ducem* trazia em si o radical *duc–* do verbo latino *ducĕre* "conduzir", donde, por decalque, se formou o alem *Herzog* "duque" ← *her–* "para cá" + *–zog* ← *ziehen* "levar, conduzir, puxar". Do mesmo radical, formou-se o alem *Zug* "trem", por decalque do fr *train* ← fr *traîner* "arrastar, puxar", assim como búlg *vlak* "trem" ← *vleká* "puxar" e húng *vonat* "trem" ← *von* "trazer". Na palavra *misericordia* vê-se o verbo lat *miserēre* "ter piedade" + *cor, cordis* "coração" + *–ia* (sufixo), como alem *Barmherzigkeit* ← *Barm–* (← *erbarmen* "ter piedade") + *Herz* "coração" + *–ig-keit* (sufixos) e em rus *miloserdce* ← *milyj* "gentil" + rus *serdce* "coração".

O decalque é, na maioria das vezes, uma construção culta artificial, mas também não faltam exemplos de decalques populares, onde há, por vezes, função lúdica, como nos casos de fingidas más traduções:

- *entre!* ≥ *between!*;
- *queimar o filme* ≥ *to burn the movie*;
- *é nós na fita* ≥ *is we on the tape*;
- *(dei)xa comigo que eu livro a sua cara* ≥ *tea with me that I book your face.*

Há, porém, casos de decalques involuntários, causado pela má proficiência de uma língua, como os que vemos em Fonseca & Carolino (1883):

- *que horas são?* ≥ *what o'clock it is?*;
- *fim da primeira parte* ≥ *end first part's.*

Alguns termos cultos provenientes da Filosofia também se generalizaram em outros discursos e, dada sua expressividade, tiveram divulgação entre diversas línguas. Assim, gr *ekkleíō* "excluir" é um composto do gr *ek* "para fora" + *kleís* "ferrolho, chave" (ou seja, "trancar, deixando para fora", donde, por metáfora, "excluir", cf. § 3) e essa composição foi decalcada nas línguas em etapas consecutivas:

- lat *excludere* "excluir" ← lat *ex* "para fora" + *claudere*, de *clauis* "chave";
- alem *ausschließen* "excluir" ← alem *aus* "para fora" + *schließen* "trancar";
- nor *utelukke* "excluir" ← nor *ute* "para fora" + *lukke* "fechar", (como din *udelukke* ≅ isl *loka úti*);

- rus *isključit'* "excluir" ← rus *iz* "para fora" + *ključ* "chave" + *it'* desinência verbal;
- húng *kizár* "excluir" ← húng *ki* "para fora" + *zár* "fechar".

O mesmo processo ocorre com denominações de animais exóticos, quando o empréstimo não é universalmente aceito. Com relação ao rinoceronte, as espécies asiáticas – *Rhinoceros unicornis* Linnæus, 1758; *Rhinoceros sondaicus* Desmarest, 1822; *Dicerorhinus sumatrensis* (Fischer, 1814) – recebem nomes autóctones (jap *sai*, mand *xīniú*, mal *badang*), já as espécies africanas – *Diceros bicornis* (Linnæus, 1758) e *Ceratotherium simum* (Burchell, 1817) – tiveram seu nome divulgado por meio do lat cient *Rhinoceros* < lat *rhinoceros* < gr *rhinókerōs* ← gr *rhís, –inós* "nariz" + gr *kéras* "chifre" (§ 5.1):

- esp *rinoceronte* ≅ franc *rhinocéros* ≅ ital *rinoceronte* ≅ rom *rinocer* ≅ ingl *rhinoceros* ≅ húng *rinocérosz* (todavia, em Angola, onde o animal é nativo, diz-se *xucurro*).

No entanto, outras línguas preferiram fazer decalques dos elementos "nariz" e "chifre", à imitação da palavra original grega em:

- alem *Nashorn* ← alem *Nase* "nariz" + *Horn* "chifre" (≅ din *næsehorn* ≅ sueco *noshörning* ≅ hol *neushoorn* ≅ isl *nashyrning*);
- rus *nosorog* ← rus *nos* "nariz" + *rog* "chifre" (≅ esloveno *nosorozec* ≅ búlg *nosorozec* ≅ srv-crt *nosorozec* ≅ tch *nosorozec* ≅ eslovaco *nosorozec* ≅ pol *nosorozec*);
- letão *degunradzis* ← letão *deguns* "nariz" + *rags* "chifre";
- lit *raganosis* ← lit *ragas* "chifre" + *nosis* "nariz";
- húng *orrszarvú* ← húng *orr* "nariz" + *szarv* "chifre";
- finl *sarvikuono* ← finl *sarvi* "chifre" + *kuono* "focinho".

O mesmo ocorre com o termo para o hipopótamo, o qual provém do latim *hippopotamus*, divulgado pelo lat cient *Hippopotamus* Linnæus, 1758 < gr *hippopótamos* ← gr *híppos* "cavalo" + gr *potamós* "rio". O nome passou para muitas línguas como empréstimo (ingl *hippopotamus* ≅ fr *hippopotame* ≅ esp *hipopótamo* ≅ rom *hipopotam* ≅ ital *ippopotamo*), mas, para outras, como decalque:

- sueco *flodhäst* ← sueco *flod* "rio" + *häst* "cavalo" (≅ isl *flóðhestur* ≅ din *flodhest* ≅ nor *flodhest*);
- húng *víziló* ← húng *víz* "água" + *ló* "cavalo";
- mand *hémǎ* ← mand *hé* "rio" + *mǎ* "cavalo".

Outras variações, como "cavalo do Nilo" se encontram em alem *Nilpferd* (← *Nil* "rio Nilo" + *Pferd* "cavalo") ≅ hol *nijlpaard*, que são semidecalques. Em russo, o vocábulo utilizado é *begemot*, que faz referência a um ser mitológico e é um empréstimo: rus *begemot* < hebr *bəhēmôth* (Jó 40: 15-24) ≅ ár *bahamūt*.

Às vezes, torna-se difícil decidir se a palavra é decalque ou não. Por exemplo, o pássaro chamado em ital *pettirrosso* (literalmente "peito vermelho"), por decalque, passou ao ingl *redbreast* e ao fr *rouge-gorge* (idem no hol *roodborstje* = alem *Rotkehlchen* = sueco *rödhake* = din *rødkælk* = isl *rauðbrystingur* = húng *vörösbegy*). Na Península Ibérica, porém, há várias soluções: também ocorre o decalque no cat *pit-roig* (pois ital *petto* ≥ cat *pit* "peito" e ital *rosso* ≥ cat *roig* "vermelho"). Já em esp *petirrojo*, não se pode falar o mesmo: se é verdade que ital *rosso* ≥ esp *rojo*, o primeiro elemento da formação, porém, é uma transformação puramente fonética, mais característica do empréstimo: ital *petti–* > *peti–* (um decalque completo se encontra no esp ant *pechirrojo* †). Mais complexo é o port *pintarroxo*, em que o primeiro elemento se transformou por analogia: *petti–* > **peti* > *pinta–* ⇦ *pintassilgo*. O *roxo* do vocábulo português é um arcaísmo hoje, pois denotava tons de vermelho na sincronia pretérita em que a palavra foi introduzida (como esp *rojo* < lat *russeum* "vermelho escuro" § 3). O étimo, como dito, não impede que o falante, devido à analogia, associe o primeiro elemento de *pintarroxo* ao verbo *pintar* e crie, a partir dessa convicção, etimologias fantasiosas com alguma repercussão (por exemplo, histórias infantis, em que o pássaro seja um pintor que só use roxo nas suas telas etc., § 3.2.9)

A popularização do decalque e sua introdução na linguagem comum se efetiva pelos discursos de cunho religioso, científico, escolar, jornalístico ou, mais atualmente, pela *internet*. Raros são os casos em que um decalque se popularizou por meio da gíria. Mas exatamente essa é dessa forma que Tenório de Albuquerque (1940) explica a palavra *veado* "homossexual", uma vez que o remonta a uma tradução do alem *Hirsch* "veado", parte do nome do famoso sexólogo Magnus Hirschfeld (1868-1935). Para além da explicação, que pode suscitar dúvidas (por parecer fantasiosa), há a interessante datação de 1940 como *terminus a quo* dessa acepção, ou seja, a própria obra de Albuquerque, dado importante para outras explicações mais convincentes e ponto de partida para que os *corpora* nos revelem datas mais recuadas (§ 1.1).

Alguns decalques se popularizaram tanto que, por vezes, destituíram o sentido original da palavra. O significado básico de "chuva intensa" para o vocábulo *chuveiro* hoje é tido como um regionalismo, já o sentido secundário, baseado na metáfora e afetado pelo decalque, a saber, port *chuveiro* ≤ ingl *shower* ("ducha" << "chuva intensa"), tem frequência de uso tão alta que, do ponto de vista de muitos falantes (que só conhecem sua variante e desconhecem a história da palavra) passou a ser o principal. Paráfrases do componente semântico do termo, à procura do significado do sufixo *–eiro*, como o de "objeto que se parece com uma chuva" acabam tornando-se soluções *ad hoc*, uma vez não teriam paralelos comparáveis, pois não há outras palavras do tipo x-*eiro* – nem houve – em que se possa aplicar a paráfrase "objeto que se parece com x". Dito de outra forma, seria um *hápax semântico* indesejável para a descrição, devido ao seu casuísmo. Contudo, pautado no significado básico original "chuva intensa" (ainda que desusado por alguns falantes), é possível refutar tal paráfrase e comprovar a participação da palavra em um conjunto maior. De fato, interpretar x-eiro como "x intenso" encontra paralelos em *nevoeiro* "névoa intensa", *chuvisqueiro* "chuvisco intenso", e outros. A partir desse sentido básico, testemunhado já no século XVI, vemos a palavra, em fins do século XIX, passar a referir-se, por metáfora, ao crivo do bocal dos regadores e no século XX, para o das duchas (Viaro, 2007).

É possível falar de decalques também em siglas: ingl *unidentified flying object* → ingl UFO ≥ *óvni* < OVNI ← *objeto voador não identificado*. Por fim, é observável que há semelhança entre algumas expressões inglesas e portuguesas nas quais a possibilidade de decalque não seria totalmente excluída. A investigação etimológica, como dissemos, envolve pesquisa de datação, estudo comparativo de outras línguas, explicação de transmissão, estudo da mudança semântica, mas, no caso das expressões, tudo está ainda por fazer (§ 6.3), embora seja possível que haja mais do que coincidência em:

- ingl *you are on your own* = *você está na sua*;
- ingl *night is young* = *a noite é uma criança*;
- ingl *dressed to kill* = *vestida para matar*;
- ingl *dog days* = *dia de cão.*

5.3. A diversidade sociolinguística

Como vimos, o estudo etimológico não deve equivaler, entre seus pressupostos, a língua a um sistema estanque, mas deve assumir as concepções schuchardtianas sobre a diversidade e a difusão das palavras. Nesse ponto, a Sociolinguística Moderna forma uma grande intersecção com a Etimologia ao imaginar que há vários sistemas participando de uma mesma língua (§ 5). Para a obtenção de um panorama realista, a partir do qual se pode extrair um bom étimo, é de extrema importância não só a diversidade, mapeável por isoglossas (as quais definem as áreas dialetais nos atlas linguísticos), mas também a caracterização da expressão linguística de grupos sociais dentro da mesma sociedade. Pela observação, é possível questionarmos se as regras linguísticas são fiéis a um sistema, como se pretende. Um mesmo falante, diante das palavras *quilômetro* e *cronômetro*, pode pronunciar sempre o *ô* da primeira como [ɔ] e o da segunda como [o], sem atentar ao fato de que estão no mesmo contexto fônico e, muito menos, de que têm étimos semelhantes. O que explica essa inconsistência não é somente a aquisição das palavras, que nos faria entender esse caso como algo individual (já que vários falantes em seu entorno podem fazer o mesmo), mas também a *datação da entrada* do item lexical naquela variante que utiliza (§ 1.2). Haverá, também, os falantes que pronunciam ambas as palavras com [ɔ] ou ambas com [o]. Essa variedade de pronúncias deve ser objeto de estudo não só da Sociolinguística, mas da própria Etimologia. No entanto, o etimólogo esbarra no problema da dificuldade de poder datar tais fenômenos, normalmente mascarados pela escrita padronizada. Se não pode valer-se dos *corpora* para colher datações de dados dialetais para as variantes brasileiras, torna-se preciso consultar estudos lexicográficos antigos, como o de Amaral (1920, 1955²) sobre o falar caipira, o de Nascentes (1922, 1953²) sobre a fala carioca, o de Marroquim (1934) sobre a fala de Alagoas e Pernambuco, e o de Ortêncio (1983) sobre o Brasil Central, que aliam o trabalho dialetológico ao filológico. Muitos outros antigos textos, atlas e teses inéditas se somariam a essas obras nessa investigação (cf. § 1.1). Além disso, interpretações de dados diretamente extraídos de documentos, como cartas pessoais antigas e outras fontes em que transpareçam a fala coloquial, sobretudo de falantes com pouca instrução, são úteis (porém raras). Também a bibliografia que contenha dados analisados não é abundante (Teyssier, 1980; Noll, 2008²).

A busca do dado é um problema para a Linguística. Devido à falta de preocupação na sistematização, centralização e catalogação dos dados coletados, torna-se difícil encontrá-los e isso é uma realidade tanto para o trabalho dialetológico quanto para o estudo da aquisição da linguagem. As descrições da Zoologia e Botânica, por exemplo, pautam-se nos chamdos *tipos*, conservados em museus, aos quais normalmente se pode recorrer em caso de dúvida ou de incúria nas descrições, que formam a base da Taxonomia. Para prejuízo da Etimologia, não há museus ou sítios da *internet*, onde as gravações se concentrem e, para provar a existência de dados científicos, valemo-nos apenas da palavra dos autores. Para piorar, dados fornecidos por autores de linhas distintas não costumam ser aproveitados entre si e um imenso material de coleta jaz inexplorada nas revistas do século XIX e início do século XX.

Em muitas etimologias já apresentadas nesta obra, a diversidade linguística se subentende. Por exemplo:

- lat *februarium* > **febrarium* > *febreiro* > **fevreiro* > *fevereiro.*

Para além da etimologia, há outros fatos que precisam ser esclarecidos: no século X já existem textos que falam das *feuerarias*, mostrando a transformação *–b–* > *–v–* (grafada *–u–*), bem como a epêntese o *–e–* (cf. § 2.1.2 e § 2.4.2.1). Circunscrita a alguns discursos ou regiões, essa forma certamente convivia com outras sem epêntese. De fato, até o século XIII grafa-se *febreiro.* Entender o português antigo não como um bloco monolítico, mas como algo repleto de diversidade é o primeiro passo para traçar o trajeto quase fortuito do étimo. É comum imaginar a língua antiga como ideal e, portanto, sem variação, mas tal visão logo se desfaz no momento em que nos debruçamos sobre textos antigos. No século XIV o mesmo étimo lat *macŭlam* já havia gerado três palavras distintas: *mágoa*, *mancha* e *malha* (fato que já fora observado por Nunes de Leão, cf. Primeira Parte, item "Nunes de Leão"). A variação na flexão verbal *perço* † ≈ *perco* ≈ *perdo* também é antiga (§ 2.4.2.3) e reflete diferenças sociolinguísticas ou dialetais nem sempre bem esclarecidas (Maia, 1986). Com referência aos textos medievais, encontra-se a seguinte variação nos tempos verbais:

➢ No presente do indicativo e do subjuntivo há a presença ou a ausência do iode latino (grafado como *i* ou *h*), em vários verbos (com ou sem metafonia, metátese ou síncope do iode):
- *lat ardo* (> port *ardo*) → **ardĭo* > *arço* †;
- lat *capĭam* > *cabha* † ≈ *caiba*;
- lat *comedo* > **cômeo* > *comho* † ≈ *como*;
- lat *dormĭo* > *dormho* † ≈ *durmo*;
- lat *mentĭor* → **mentĭo* → *menço* † ≈ *minto*;
- lat *sapĭam* > *sabha* † ≈ *saiba*;
- lat *sentĭo* > *senço* † ≈ *sinto*;
- lat *servĭo* > *servho* † ≈ *sirvo*.

➢ Nas pessoas do singular do pretérito perfeito do indicativo há também diversas variantes motivadas pela metafonia (cf. § 3.3):
- lat *credĭdi* > *crii* > *cri* ≈ *crive* † < lat vulg **credui*;
- lat *credĭdit* ≈ **creduit* > *creu* ≈ *creve* †;
- lat *feci* > *fezi* † ≈ *fizi* † ≈ *fize* † ≈ *figi* † ≈ *fige* † ≈ *fixi* † ≈ *fix* † ≈ *fiz* ≈ *fiç* †;
- lat *fecit* > *feze* † ≈ *fezo* † ≈ *fez* ≈ *fex* †;
- lat *dedit* > *dei* † ≈ *deu* < lat vulg **deduit*.

➢ Nas terceiras pessoas do singular do mesmo tempo, era comum, em algumas variantes do português antigo, a terminação *–o* < *–*uit* (cf. esp *vino* "veio", *trajo* "(ele) trouxe", *quiso* "(ele) quis", *pudo* "pôde", *supo* "(ele) soube", *cupo* "coube", *dijo* "(ele) disse", *tuvo* "teve", *estuvo* "esteve", *hizo* "fez", *puso* "pôs", cf. port ant *fezo* no item anterior) em formas como (cf. § 3.2.2):
- lat *venit* → **venuit* > *veio*;
- lat *quæsivit* > *quiso* † ≈ *quis* ⇦ PRET;
- lat *prehensit* ≈ **prensuit* > *preso* † ≈ *prendeu* ⇦ REG;
- lat *potuĭt* > *pudo* † ≈ *pôde* ⇦ MET;
- lat *sapuit* > *soubo* † ≈ *soube* ⇦ PRET.

➢ Variações no futuro do presente e do pretérito revelam a sobrevivência regional – e até mesmo uma certa produtividade – de antigos verbos da terceira conjugação latina (cf. § 2.3.2.2):
- lat *quærĕre* → lat vulg **quærĕre habĕo* > *querrei* † ≈ *quererei* ⇦ REG (≅ esp *querré*);
- lat *tenĕre* → lat vulg **tenĕre habebam* > *terria* † ≈ *teria* ⇦ REG (≅ esp *tendría*);
- lat *ponĕre* → lat vulg **ponĕre habebam* > *porria* † ≈ *poria* ⇦ REG (≅ esp *pondría*);
- lat *venire* → lat vulg **venĕre habebam* > *verria* † ≈ *viria* ⇦ REG (≅ esp *vendría*);
- lat *salire* → lat vulg **salĕre habĕo* > *salrei* † ≈ *sairei* ⇦ REG (≅ esp *saldré*);
- lat *valēre* → lat vulg **valĕre habĕo* > *valrei* † ≈ *valerei* ⇦ REG.

Muitos étimos são de difícil localização, pois o mapeamento da variação não está esclarecido quando se trata de sincronias pretéritas. Por exemplo, em *pinto+inho* → *pintinho* ≈ *pintainho*, a segunda variante possui um *–a–* que, originalmente, deve ter surgido por analogia a formas ainda não reconhecidas. Formas dialetais, quando aceitas pela norma culta sofrem adaptações para "mascarar" sua origem rural. Por hipercorreção há uma consonantização do *–i–* original no tupi *uwáia* > *uvaia* ≈ *uvalha*, pois se interpretou que o *–i–* era uma vocalização de *–lh–* (cf. § 3.2.6). O mesmo pode ter acontecido com outras palavras que se mascaram por meio da norma culta, embora inicialmente tenham origem em outra variante. Supõe-se que isso tenha ocorrido com *cigarro de paia* > *cigarro de palha*, *anarfa* > *analfa*, *pingaiada* > *pingalhada*, todas formas dicionarizadas. A confirmação disso, porém, é extremamente difícil.

Vasconcelos (1928) enumera dados dialetológicos de muitas variantes do português europeu do começo do século XX. Muitos deles são, por vezes, erroneamente considerados como típicos do Brasil. Entre eles, vemos não só *tá* em vez de *está*, *pra* em vez de *para*, mas também palavras como:

- *abobra*;
- *adequerido*;
- *agardecido*;
- *agoneia*;
- *arve* "árvore";
- *barboleta*;
- *batucar*;
- *beim nharto* (= bem alto);
- *bença* (= bênção);
- *carma*;
- *cheguemos*;
- *coiso*;
- *Cremente*;
- *crendeuspadre*;
- *dia de São Nunca*;
- *drumir*;
- *estrudia* (= outro dia);
- *eu le dei*;
- *fruita*;
- *gumitar*;
- *home*;
- *hominho*;
- *inselência*;
- *inté*;
- *invaporar*;
- *jinela* (= janela);
- *lũa* (= lua);
- *macetar* (= esmagar);
- *maginar*;
- *marelo* (= amarelo);
- *marfeito*;
- *memo*;
- *mericano* (= americano);
- *mermo*;
- *muléstia*;
- *muntar*;
- *munto* (= muito);
- *nós semos*;
- *num quero*;
- *onte*;
- *parteleira*;
- *pinguela*;
- *pipino*;
- *piqueninho*;
- *pinchar* (= jogar fora);
- *piqueno*;
- *praino* (= plano);
- *prantar*;
- *púbrico*;
- *quarquer*;
- *qué* (= quer);
- *queto* (= quieto);
- *rúim*;
- *sastifeito*;
- *tamém*;
- *úrtimo*;
- *vinhemos*;
- *vosmecê*.

Afirmar que tais palavras são brasileirismos é, na verdade, falta de rigor científico, pois, como já vimos, o falante nativo desconhece sua própria língua para além da sua experiência individual e do senso comum. Muitas dessas formas são antigas e encontradas na Idade Média ou no Renascimento (cf. *estâmego* ocorre tanto no falar caipira quanto em Pero Vaz de Caminha: *eos vazios com abarriga e estamego era da sua propia cor e a timtura era asy vermelha*, fol 5v).

A palavra *lũa* retém a nasalidade como sobrevivência da consoante nasal encontrada nas demais línguas românicas (esp *luna* ≅ ital *luna* ≅ fr *lune* ≅ rom *lună* § 2.4.2.4). Outras, como *pinchar*, são encontráveis não só em algumas áreas do Brasil, mas também sua existência é testemunhada na Malásia, Sri Lanka e em Macau (Rego, 1942; Amaral, 1955²). Em São Tomé, há *zinela* e em Damão (Índia), *jinel*. A preposição *inté* é documentada no mirandês e em São Tomé. A forma *sumana* "semana" se encontra também em Sri Lanka e Cochim (Índia). O verbo *bostear*, registrado por Amaral (1955²), atesta-se também em Goa; *embigo*, em Damão; *beudo* "bêbado", no Sri Lanka; *função* "alvoroço" em Diu, *pamode* (conjunção final) em Cabo Verde. Também o uso de *cachorro* como sinônimo de "cão", e não na acepção portuguesa de "filhote de cão", ocorre no Brasil, na Malásia e em Macau. No português europeu interamnense se ouve *pessuir* "possuir", como em algumas regiões do Brasil. O mapeamento das ocorrências de uma palavra é muito útil para excluir soluções absurdas em Etimologia. Por exemplo, nenhum vocábulo que apareça em textos do século XIV pode ter étimo tupi (como se aventou para a palavra *minhoca*). Da mesma forma, nenhuma palavra que apareça em duas regiões A e B pode ter étimo atribuído a uma língua X, uma vez que X apenas influenciou a região A e não a região B. É possível, por exemplo, que X afete A e de A migre para B e só a História nos dirá como e por quê. A ignorância da existência de B, contudo, faz-nos supor étimos estranhos, da mesma forma que a ignorância de um manuscrito importante faz o editor tirar más conclusões para sua edição crítica. É sobre esse desconhecimento que se fundamentam muitas afirmações da Gramática Normativa, mas um estudo linguístico não deve ter essa visão parcial dos problemas abordados (§ 6.3). Com o atual acúmulo de informações e maior acesso a elas, combinados a uma triagem e classificação sistemática dos dados, ainda por fazer, tais lacunas poderão ser sanadas (§ 1.1). Durante muito tempo, tais problemas eram resolvidos apenas por meio da erudição, mas não convém que tal atitude se eternize.

A diversidade sociolinguística é vista, sob a ótica da Gramática Normativa, como apenas um conjunto de erros. No entanto, sob um viés científico, na diversidade escondem-se dados e sistemas que, cada vez mais, desde a Revolução Industrial, se sobrepõem. Formas de prestígio têm, porém, maior oportunidade de sobrevivência. Esse nivelamento e a extinção de formas, na verdade, independem da existência de uma Gramática Normativa. Por serem fadadas ao desaparecimento, as variantes de menor prestígio sempre foram confundidas como corrupções da norma culta, mas tal raciocínio parte da premissa equivocada (e preconceituosa) de que a norma de prestígio vem sempre antes das formas pouco prestigiadas e, para tal postura equivocada, o etnocentrismo sempre foi fundamental. Sob o ângulo diacrônico, contudo, tal postura não tem fundamentação científica. Tanto as formas usadas pelas classes dominantes quanto as de menos prestígio podem vir de uma mesma fonte, mais antiga. Por exemplo, o sentido atual de *reduzir* "diminuir" é uma especialização semântica do lat *reducěre* "conduzir para trás" >> "conduzir para um número inferior" >> "diminuir" (significados desenvolvidos pela linguagem da Aritmética medieval). Entretanto, o verbo *riduzi* do terceiro verso da canção "Arrumação", do compositor brasileiro Elomar Figueira Melo, está mais ligado ao significado original "conduzir para trás (isto é, de volta)" do que ao das variantes mais usuais:

Josefina, sai cá fora e vem vê!
Olha os forro ramiado, vai chuvê!
Vai, trimina *riduzi* toda criação
Das bandas de lá do ri Gavião!
Chiquera pra cá, já ronca o trovão!

Não raro, formas de pouco prestígio se convertem na norma mais usada pela língua falada e, às vezes, atingem a norma escrita. É o caso da misteriosa forma *eu perco*, que substituiu as medievais *eu perdo* ou *eu perço*, derivadas respectivamente do lat cláss *perdo* e de uma variante lat vulg **perdio*. Também é o caso de *joelho*, que abruptamente substituiu suas concorrentes medievais *gẽolho* e *geolho*, formas derivadas do lat vulg **genucŭlum* (diminutivo do lat *genu* "joelho" cf. § 2.3.1). Na verdade, o mistério desses aparecimentos revela uso frequente na língua falada antes da sua aceitação pela escrita. Formas como essas só passaram à língua escrita com as mudanças estilísticas do final do século XIV, uma das consequências da revolução de Avis (1383-1385). Desse modo, abandonaram-se variantes que eram usadas desde os primeiros textos galego-portugueses, as quais refletiam dialetos mais setentrionais (vinculados à origem da dinastia anterior). Decisões estilísticas ou normativas, porém, desempenham um pequeno papel na história das palavras da língua falada (cf. § 6.3). Além disso, o catastrofismo das mudanças escritas refletem, por vezes, mudanças sociais bruscas, as quais também se refletem nas línguas faladas. O melhor exemplo disso são as violentas transformações do anglo-saxão para o inglês medieval, promovidas pela invasão normanda no século XI.

Um caso comum de arcaísmo no Brasil é a construção do tipo *eu chamei ele*, correspondente às formas *eu o chamei* ou *eu chamei-o*, ouvidas em Portugal. Normalmente se aventam várias hipóteses, entre elas, a de que teria havido influências africanas ou indígenas na consolidação dessa variante sintática brasileira. Mais confiável, porém, é a hipótese da conservação de uma forma do português antigo, provavelmente originária de uma construção elíptica (*eu o chamei a ele* > *eu chamei a ele* > *eu chamei ele*). No Livro de Esopo, do século XIV, essa construção aparece esporadicamente (Vasconcelos, 1903-1905: 99-151):

- *e o senhor disse ao alcayde que sse lh'o furtassem per ssua maa guarda, que emforcariam elle* (Livro de Esopo, 34).

Outros pronomes parecem partilhar da mesma peculiaridade sintática, como em *ca eu nom temo ty* (Livro de Esopo, 22), o que mostra que o uso de *ele* como objeto direto foi, em algumas variantes dessa época, uma expansão das formas usadas com as preposições (a saber, *mi*, *ti*, *si*, *ele*, *ela*, *nós*, *vós*, *eles*, *elas*), promovendo ênclises no lugar de próclises. Uma construção parecida ocorre no sobresselvano, falado na Suíça, a qual é atribuída a uma influência do alemão (da mesma forma que o alemão usa *sie* tanto para o pronome feminino nominativo, quanto para o acusativo, também o sobresselvano usa *ella*). A tese superstratista em ambos os casos enfrenta problemas: o alemão não generaliza o fenômeno para os pronomes masculinos, nem tem distinção de gênero no plural, como faz o sobresselvano. Da mesma forma, sobre o uso de *ele* como objeto direto no português, a associação com línguas africanas não é evidente, uma vez que a indicação de clíticos nessas línguas é muito variada. Portanto, não se justificaria desse modo, com facilidade, a construção brasileira. O pronome *ele*, por exemplo, não predomina nem mesmo no crioulo de Guiné-Bissau, onde o adstrato de línguas africanas é uma realidade permanente. De fato, só existe semelhança entre o guineense e o português brasileiro na terceira pessoa do plural *elis*:

- guin *anos no da-l si libru* "nós lhe demos seu livro";
- guin *amin n-kume-l-ba* "eu já o tinha comido";
- guin *i torna na nsina elis* "voltou a ensiná-los".

Outra língua que contribui para o entendimento da história do português é o papiamento, que, aparentemente, reflete alguns estágios do português brasileiro pernambucano do século XVII. Uma construção como *que é que?* se entrevê no guin *ke ku?* e no pap *kiko?*. Esse é apenas um dos locais por onde palavras portuguesas teriam sobrevivido. Para fazer um bom étimo, no entanto, é preciso rastrear todos os rincões por onde uma palavra teria passado. Por exemplo, há a palavra jap *zubon* "calças", que reflete o étimo port *gibom* † < ital *giubbone*, atestado em português no século XV. Se a palavra japonesa veio diretamente do português, fê-lo por uma variante **jubom*. Dessa forma, prova-se que a ditongação *–om* † > *–ão*, ocorrida no português quinhentista, ainda não estava presente na fala dos navegadores que tiveram contato com os japoneses, aliás, um bom índice para reconstrução de uma sincronia pretérita. Contra uma hipótese que argumente que port *–ão* tenha gerado jap *–on*, de maneira sistemática, é possível ilustrar, por meio de outros exemplos, a presença também do jap *–an* < port ant *–an* †, como:

- lat *panem* > port *pan* † > jap *pan* "pão" e não port *pan* † > jap ★*pon.*

Desse modo, dados do japonês são importantes para reconstruir o sistema fonológico e o léxico do português quinhentista. A datação precisa dos fenômenos e a argumentação a favor de certos étimos, contudo, necessitam de mais pesquisas.

Igualmente, para entender fenômenos linguísticos marginais como *–v–* > [h] ou *–j–* > [h] no português falado no Nordeste do Brasil, é preciso o uso do método etimológico. Se alguns exemplos específicos desse fenômeno são circunscritos a pequenas áreas, praticamente desconhecidas pela Dialetologia, dada a atual situação de desconhecimento das isoglossas (antigas e modernas) do português brasileiro, outros, como *eu tava* > [ewˈtaha] ou *já* > [ha] se usam em amplas áreas do Nordeste (espraiado mais recentemente para muitos outros estados a oeste, desde o Acre até o Mato Grosso do Sul). Marroquım (1934) já atestava indiretamente a existência do fenômeno quando dizia que *cavalo* > *caalo* no Nordeste. Desde então, sua visibilidade aumentou, contudo o estigma que envolve tal pronúncia, por vezes, diminui o interesse para a sua investigação, em estudos científicos. Algumas palavras em que essa aspiração foi atuante se difundiram rapidamente por sua expressividade. É supostamente o caso de *arretado* < *ajeitado* e seus múltiplos significados. Tal étimo se comprova no sistema do falar rural cearense, no qual se verifica a monotongação de *ei* antes de *t* também em outras palavras como: *direitinho* > [direˈtĩ] (Jeroslow, 1974: 43, cf. § 2.2). Outra hipótese etimológica é apresentada por Houaıss & Vıllar (2001), para quem *arretado* ← *arretar*, o qual seria, por sua vez, uma monotongação de *arreitar* < lat **adrectare*. Se esse étimo for verdadeiro, é preciso que seja atestado também em outros dialetos da Península Ibérica e que se encontrem provas documentais. Mesmo se confirmado, não é possível desconsiderar a existência de homonímias, pois os sentidos da palavra são vários e modificam-se regionalmente no português brasileiro. Uma suposta transformação [ʒ] > *[x] > [h], como insinua o primeiro étimo, porém, parece ter seguido a mesma deriva do espanhol, mas a ele não se liga diretamente (cf. § 2.2.1 e § 2.4.2.1). São datáveis pela obra de Jeroslow (1974) palavras que participam do mesmo fenômeno como:

- *já* > [ha];
- *sujeito* > [suˈhetu];
- *gente* > [ˈhẽti].

Algumas vezes pelo estudo etimológico consegue-se correlacionar algumas palavras arcaicas ou dialetais com outras mais correntes e com maior frequência de uso. Isso ocorre com frequência em derivações e composições da norma culta (§ 4.3). Por exemplo, o lat *pĭlam* → **pilellam* > **peela* > *pela* [ɛ] "bola" é uma palavra que não se usa no Brasil (embora, em Portugal, porém, se ouçam expressões como "jogar à pela"), no entanto, a ausência da forma primitiva no uso atual do português brasileiro não impediu a existência de derivação bastante comum da mesmo vocábulo, a saber, *pelada* "partida de futebol" ← *pela* †.

O maior problema para o estudo etimológico de variantes sociolinguísticas, como dissemos, é sua documentação (§ 1.1). É verdade que há poucos testemunhos da língua falada que revele diversidade sociolinguística, mas não são inexistentes (sobretudo os indiretos). O estigma social que lhes é atribuído faz com que as variantes apareçam em textos especiais, como os de caráter humorístico (paródias, letras de música, teatro, determinados diálogos em romances). Desse modo, o texto que se segue, publicado no *Correio Paulistano* em 1865 é o primeiro testemunho extenso do falar caipira e tem, por enquanto, importância tão grande quanto os Juramentos de Estrasburgo (842) para a língua francesa (Oliveira & Kewitz, 2002: 147-150):

> A PEDIDO (Correio Paulistano 20/09/1865)
> *Illmo. snr. Compadre Pimenta.*
> *Sitio da Agua Quente, 22 de Agosto de 1865.*
> *Diga-me uma cousa, vmc. esqueceu se de mim de| uma vez por morar na praça; não sei o que tem a gen|te da praça que esquece se dos amigos da roça; pois eu| não me esqueci de mecê; ora compadre Pimenta, tenho| andado pensando de mandar o seu afilhado lá com me|cê para aprendê a lê, e se mecê quisé eu mando; mas| tenho maginado que a escola rege é uma enleaga, para| minino nunca sabê; en escola particulá ia seis mais um| minino está lendo corrente, e nas tais escola rege nunca| aprende; contudo decho na sua mão, se mecê achá bão| que vá eu mando, se não não; ora compadre Pimenta,| tenho andado bem mofino con minhas dores rreomática| tenho estado por veses aponto de descorssoár, ora eu| tão pecadô, e sem podê ir na praça para conprir con o| dever de bão cristão é uma massada: por falá em cris|tão, compadre Pimenta, anda o mundo n'ua erezia que| eu nunca vi; mas como não ade andá asin, nesta era|não ce pode cê bão cristão sen ter bastante dinhero, e| dinhero poco á; isto é, pra nós os povre, ora eu que| ando senpre na viola, como eide podê comprá ropa| pra min, pra famia, pagá oferta de batisado etc. etc.| nada se pode fazê sen o tar dinheiro e pelo preço que| anda estas coisa hoje; nen é bão falá; portanto é que eu| digo que pra nós os povre é custoso cer bão cristão.| mas quem pode corrigir os defeito dos homes ou do| mundo só Deus.|*
> *De tres anteonte pra cá tenho estado bem contente,| compadre, vendi o sitio das tres Barras por tresentos| mil réis e um bão chumbero que leva pelo menos duas| livra de chumbo grosso. acho que fis bão negocio; hoje| mandei pegar o meu Ponbinho, e mandei incilhá pra| mim hi na villa, e o pangaré pra sua comadre, pra ella| asiná no papé de venda, aprontemo tudo e saimo, nós| que saia na estrada hia passando o subrinho Ponte,| filho do compadre Chicú, que mecê bem conhece; dice-| me elle ó meu tiu, pra onde vai voçuncê, respondi que| ia pra villa passá papé do sitio das tres Barra, que ti| nha vendido; respondeu-me o subrinho Ponte; como| voçuncê ade passá papê ce o escrivão mora duas leguas| longe da villa lá na casa d'un tá José Cintra; ora eu| que não podia posá fóra de casa vortei pra casa, abor| rido como o dêmo, e com medo que o compradó ce ar| rependa, por tê muita percisão do dinheiro; emfim que| pra o povre tudo fica torto, ora o que mas não ce verá| só ce a nova legilação oturisou aos escrivão pra morá| duas légua distante da povoação em que ezerce seu| emprego, só na Serra Negra ce vê semelhante coisa. E| ce o compradô cê arrepende, não decho derreceber os meu| bão tresentos mil réis que tanto preciso; ora ponta;| emfim, compadre, mecê me diga o que devo fazê neste| caso. Conçua resposta me conformo tanto neste cen| tido, como em tudo conteudo da carta.|*
> *Sua comadre muito centio vortá do caminho por| perder a ocasião de vir a vmcs e muito ce rrecommenda a vcms.: e está praguejando no tar escrivão; só por| que ia receber;| ção coisas de mulher. Adeus compadre| atté nos encontrá.|*
> *Não precisa dizer mas, mecê sabe de mim que to| pronto pra tudo.*
> *Seu compadre e amigo*
> *Pattacho de Ponte.*

Nesse texto, cujo autor simula ser um falante do dialeto caipira, entreveem-se muitos fenômentos para além dos exageros ortográficos, promovidos pela expressão caricatural (tal como ocorre na representação da fala da personagem Chico Bento, de Maurício de Souza). O texto, dessa forma, é rico em informação lexical e sintática e dá indícios para sua interpretação fonética. A partir dele podemos também reconstruir parte da sincronia pretérita e estabelecer o *terminus a quo* de muitos fenômenos fonéticos (como em Teyssier, 1982; Väänänen, 1985[2]; Noll 2008[2]). Testemunhos anteriores lavrados na linguagem caipira devem existir e talvez estejam até publicados. A falta de sistematicidade e de organização, entretanto, impede o acesso da informação em Linguística e, consequentemente, dificulta a tomada de decisões, requerida pelo trabalho etimológico. Na atual situação, o conhecimento de dados úteis para Etimologia requer apenas a consulta a textos conhecidos pelo pesquisador e, portanto, sua erudição, que é um fator muito subjetivo. Informações importantes não conseguem ser localizadas nem mesmo com pesquisa bibliográfica. Para facilitar sua localização seria preciso que os dados bibliográficos fossem reunidos, como faz a Zoologia em publicações como o *Zoological Record*. Um dicionário com *todas* as variantes gráficas das palavras portuguesas, o qual dispusesse de verbetes facilmente localizáveis, é algo a ser feito. Dependeria não só de *corpora* extensos, devidamente digitalizados e devidamente datados, mas também de programas computacionais que separem palavras (como AntConc®, Shoebox® ou similares), bem como da organização de pesquisadores em projetos de pesquisa integrados e voltados a essa tarefa. Como os *corpora* tendem a aumentar de maneira infinita, nenhum meio seria melhor para a divulgação dessas variantes e verbetes do que a sua disponibilização em sítios da *internet*.

6. Problemas especiais de Etimologia

Da mesma forma que, para o estabelecimento de uma edição crítica, é necessário o auxílio de várias ciências (Paleografia, Bibliologia, História, Linguística etc.), também para o estudo etimológico, toda e qualquer pista advinda de outras áreas do conhecimento é muito útil. Uma vez levantada uma hipótese, é preciso buscar indícios para a confirmação do étimo. Quanto mais comprováveis as hipóteses, melhores serão os étimos. Uma hipótese não comprovável nem pelos dados, nem pela consistência da comparação, nem pelos dados da História não é um étimo, mas uma opinião infundada e sequer deve ser levada em consideração. Desse modo, não se deve falar de étimo correto, mas de étimo provável ou improvável. Como não há normatividade em ciência, a Etimologia também não deveria pautar-se em opiniões infundadas, embora isso não seja, infelizmente, a principal regra para tudo que se publica sobre a origem das palavras (há, de fato, muitos títulos que beiram o charlatanismo). Além disso, também é preciso alertar que mesmo os bons dicionários etimológicos do português necessitam de uma extensa revisão: nenhum deles tem a ponderação e o rigor de Ernout & Meillet (1932), nem é tão completo em informações como o de Corominas (1954). Se houve notável avanço no estudo da Etimologia, desde a publicação de Houaiss & Villar (2001), também é verdade que não é palavra final, mas o primeiro passo: há muito que fazer e, antes de tudo, seria preciso formar adequadamente os profissionais em Etimologia. De modo geral, a julgar por tudo que existe publicado, muitos étimos têm sido obtidos exclusivamente pela intuição ou pela erudição. Embora a Etimologia tenha iniciado assim (como vimos na Primeira Parte), a necessidade da análise histórico-comparativa, presente desde o Renascimento, e a preocupação com o rigor, já testemunhada no século XVIII, passaram a ser preocupações da ciência etimológica, que, como dissemos, se afastou, com êxito, da Etimologia fantasiosa. Além disso, de acordo com as conquistas teóricas do final do século XIX e início do século XX, para essa ciência é imprescindível a negação de uma língua uniforme e homogênea em qualquer época da Humanidade (§ 5.3). Resumindo, o fenômeno da nomeação perpassa séculos e atravessa sistemas linguísticos, superando obstáculos imprevisíveis, tornando, por fim, a sua sobrevivência quase obra do acaso.

Mesmo a regularidade das leis fonéticas não tem validade absoluta, dada a trajetória idiossincrática dos étimos. Por exemplo, o sufixo lat –*(t)ĭo* forma palavras cultas como:

- *instrução* < lat *instructĭo*;
- *destruição* < lat *destructĭo*;
- *construção* < lat *constructĭo*.

Por que dizemos assim e não "*instruição*", "*destrução*", "*construição*" – formas igualmente previsíveis pelas mudanças fonéticas – é difícil de saber (cf. § 1.4 e § 2.4.2.2). De fato, a variação gráfica do passado nos mostra que a escolha dessas formas pela norma culta foi arbitrária, pois, no século XV, havia *destroiçon* e, no XVI, *construição* e *instruição*.

Como vimos, o étimo pode sobreviver com a mesma forma até a sincronia atual ou tornar-se uma palavra arcaica; pode transformar os sons que o compõem (§ 2), bem como seu significado (§ 3), o qual pode ser multiplicado, pelo uso, em infinitas circunstâncias. Todos os trajetos do étimo são objetos de pesquisa para o etimólogo. Para a sobrevivência do étimo, a frequência de uso é importante (§ 1.1), pois possibilita que atue a analogia ativa- ou passivamente com outros vocábulos (§ 3.2). A palavra, em todas suas etapas (sempre admitida numa classe), participará de uma constelação de derivações e composições (§ 4.3). Ao final, poderá ficar aprisionada na variante original (§ 5.3) ou ainda migrar para outras variantes ou outros sistemas (dentro da mesma língua ou não). Também em cada etapa, a palavra sempre se confronta com a sociedade que, em vez de torná-la livre, como comum e usual, a confina nos limites dos tabuísmos (§ 6.1), dos nomes próprios (§ 6.2) ou das expressões fossilizadas (§ 6.3), como será visto a seguir. Nesse caso, a atuação de outras ciências, para além da Linguística, costuma auxiliar o estudo etimológico.

6.1. O tabu linguístico

O fenômeno do *tabu linguístico* é pouco estudado, mas chamou a atenção de linguistas de meados do século XX. Dos poucos livros que há sobre o assunto, em português, o mais conhecido é o de Guérios (1956). Depois dele, vários autores se dedicaram ao assunto, muitas vezes fazendo incursões na Psicanálise, na Dialetologia ou na Sociolinguística, dentre eles: Maior (1980[2]), Almeida (1981[2]), Preti (1984) e Arango (1989). O tabu dificulta muito o trabalho do etimólogo, uma vez que, por causa dele, é possível que a palavra investigada simplesmente desapareça dos textos sem deixar traços ou reapareça tão descaracterizada por analogias inusitadas e imprevisíveis, que torne impossível a reconstrução ou mesmo o conhecimento do étimo. Nem mesmo o normativismo tem poder tão grande quanto o tabu quando se trata de ocultar ou destruir um étimo (sobre a atuação da postura normativa na alteração das expressões idiomáticas, cf. § 6.3). Por ser característico de uma dada sociedade, é muito provável que sequer reconheçamos o tabu, se não tivermos dados sobre os hábitos culturais em sincronias pretéritas. Por isso, informações advindas da antiga Etnologia, da Antropologia e da História podem ser grandes auxiliares para a pesquisa etimológica.

O tabu é o responsável pela invenção ou pela ressurreição de muitas palavras. Segundo Bluteau (1720 *s.v.*), o termo *pirilampo* (< gr *pyrilampēs* "que brilha como fogo") foi sugerido artificialmente numa conferência:

> PIRILAMPO. *Nas Conferencias Academicas, que se fizeraõ no anno de 1696, na livraria do Conde de Ericeira, foy proposto, se ao insecto luzente, vulgarmente chamado* Cagalume, *se daria em papeis, ou discursos serios, outro nome mais decoroso, como* v.g. *Pirilampo à imitação de Plinio Histor. que chama a este insecto* Lampyris, *nome composto de* Lampas, *que em Grego val o mesmo que* Tocha, & Pyr, *que quer dizer fogo. A alguns pareceo este nome* Pirilampo *affectado, outros foraõ de parecer, que se admittisse em obras Epicas; por ser* Cagalume *incompativel com o nobre, & magestoso estylo. Sebastiaõ Pacheco Varella no seu livro intitulado Num. Vocal, pag. 373. fallando neste bichinho, diz,* (*Quem depois de ver o dia claro, fará estimaçaõ do desprezado* Insecto luzente, *só porque de noite pareceo Astro brlhante?* Vid. *Cagalume.*

Outras denominações chulas dicionarizadas, referentes ao inseto são: *luzecu*, *abre-cu*, *caga-fogo* e *cu-de-lume*. O vocábulo *caga-lume*, citado por Bluteau, contudo, sobreviveu, mas, por eufemismo, tornou-se *vagalume*. A transformação *c–* > *v–* não é prevista entre as mudanças fonéticas (cf. § 2.4.2), tampouco se deve simplesmente à analogia espontânea (§ 3.2), antes teve a intenção proposital de alterar a palavra por causa de associações com algo inadequado, obsceno ou indecoroso, como em *alho-porro* > *alho-poró*. A popularização de termos cultos como em *pirilampo* para animais muito conhecidos também tem outros exemplos, como em *libélula* < lat *libellŭla* "pequena balança", que substituiu seus sinônimos, ainda existentes nas denominações populares: *lava-bunda*, *lava-cu*, *cavalinho-do-diabo*, *cavalo-do-demo*, *pito-do-demo*, nas quais ha tabuísmos.

Como se pode ver no último exemplo, é comum, nas culturas ocidentais, eufemizar-se o nome de Deus e do Diabo. Em vez de *diabo*, várias palavras foram criadas: *diacho*, *dianho*, *dialho*, *diangos*, *diangros*, *Diogo* (Nunes 1945[3]: 169). O vocábulo *demo*, porém, é antigo (século XIII) e não se trata do mesmo caso: não é truncamento de *demônio*, mas vem diretamente do lat *dæmon* < gr *daímōn*. Também sofrem modificação radical por tabuísmos as denominações de excreções fisiológicas ou o ato sexual, bem como as partes do corpo envolvidas nessas ações. Uma multidão de metonímias, metáforas e outras figuras de linguagem são utilizadas nesse caso, bem como deformações das terminações (cf. § 2.2.3) e até a invenção de nomes por eufonia (cf. exemplos em § 7). Por vezes, siglas também se usam (§ 1.3): FDP <*filho da puta*, CDF < *cu de ferro*. Nomes de doenças graves são normalmente evitados ou transformados: *câncer* > CA ≈ *doença-ruim* e, por fim, também surge polissinonímia, pela mesma razão, em alguns vocábulos como *azar* ≈ *desdita* ≈ *urucubaca* e *desgraça* ≈ *desgrama*. Algumas interjeições e palavras expressivas baseadas em tabuísmos foram criadas por meio de truncamentos ou alterações eufêmicas:

- esp *¡carajo!* > esp *¡caramba!* > port *caramba!* ≈ *carambola!* ≈ *carácoles!* ≈ *caraca!*;
- esp *¡puta!* > esp *¡pucha!* > *puxa!*;

- *porra!* > *poxa!* ≈ *pombas!* ≈ *pô!*;
- *pra caralho* > *paca(s)*;
- *puta!* > *putz!*.

Palavras-tabu são resolvidas, normalmente, por meio de uma profusão de sinônimos, o que reflete alguma obsessão cultural pelo assunto. De fato, há culturas que tabuízam palavras bem distintas das vetadas pelas culturas ocidentais, como o próprio nome do falante, o nome do marido, da esposa, dos filhos, do líder. Guérios (1956: 32) conta que entre os ilas, da Rodésia, não só o nome é vetado, mas também outras palavras cuja sonoridade o lembrem: "se, por exemplo (...) um homem for chamado Shamatanga 'feijão' (...) sua mulher não deve falar de melões com seu nome usual matanga (por causa da semelhança), mas dirá, p. ex., malúmi angu, i. é, 'meus maridos'".

Em outra passagem do mesmo livro, informa que em Madagáscar, quando: "a princesa Rabodo veio a reinar (1863), adotou o nome de Rasoeherina. Por este motivo, soherina 'bicho da seda' passou a zany-dandy 'filho da seda'".

Tais exemplos mostram que o tabu pode causar uma ruptura drástica na história de uma palavra, dificultando sobremaneira a pesquisa etimológica. Essas mudanças dependem apenas de um acordo interno, raramente documentado, no seio da comunidade de falantes. Uma vez esquecido o nome original ao longo de algumas gerações, é possível imaginar a dificuldade com que o etimólogo se depara quando surpreendido pelos resultados desse fenômeno.

As transformações, por vezes, são extremamente irregulares (§ 2.4) e seu sucesso depende da mal estudada *eufonia* (§ 7), fenômeno que sempre foi tratado pela Estilística de forma subjetiva (a despeito dos trabalhos de Spitzer e outros integrantes do movimento *Wörter und Sachen,* cf. Primeira Parte, item "Meyer-Lübke"). Por ser considerada não científica, a tese da eufonia foi abandonada pelo Estruturalismo do século XX, mas é fato que a distribuição dos fonemas não é de modo algum aleatória. Existem preferências nos agrupamentos de fonemas, as quais, associadas à frequência de uso, nos fornecem indícios de que há, de fato, numa dada sincronia, um princípio que podemos chamar eufônico (para mais detalhes, cf. Viaro & Guimarães-Filho, 2007). Na maior parte da vezes, para as palavras cultas, afora a forma dicionarizada e corrente (e, frequentemente conservadora), há outras que refletem o dinamismo da língua, o qual é, muitas vezes, pautado nesse princípio eufônico. Por exemplo, o vocábulo gr *melagkholía*, com o intermédio do ital *melancolia*, gerou em português as seguintes variantes dicionarizadas:

- *melancolia*;
- *melanconia*;
- *malinconia*;
- *malanconia*;
- *malencolia*;
- *malenconia*;
- *maninconia.*

Pode ser uma hipótese a ser verificada (ou, ao menos, considerada) se provavelmente algumas delas foram modificadas analogicamente (§ 3.2), não só por causa da frequência de uso, mas também para evitar-se – por tabuísmo – a associação silábica com a palavra *mal*. De fato, dizer que na mudança *melanconia* > *malanconia* haja assimilação da vogal (§ 2.4.2.5) revela-nos algo sobre o *resultado* e não sobre o *motivo* da mudança.

O falante que age sobre a palavra, movido pelo tabuísmo, crê – e seus escrúpulos o denunciam – que exista algum elemento mágico pretensamente performativo que ligaria diretamente o significante da palavra ao referente temido ou evitado (sobre o conceito de *língua-ferramenta*, cf. Introdução). Muitos nomes de animais, como o do urso, o da raposa e o do coelho, por causa do tabu, em sincronias pretéritas, não conseguem ser reconstruídos em grupos do indo-europeu. O nome do urso é em lat *ursus* ≅ gr *árktos* ≅ irl *art* ≅ sânscr *ṛkṣaḥ*, os quais remontam a uma forma comum indo-europeia **ṛk'sos*, mas o nome do animal provavelmente foi tabuizado em sincronias pretéritas. A razão mais provável é o medo da encarnação do animal, evocada pelo ato de fala (ou seja, aquilo que se sintetiza no ditado "falou no diabo, apareceu o rabo"). Em germânico, por exemplo, o vocábulo indo-europeu provavelmente foi substituído por tabuísmo pela palavra que se refere à cor dos ursos, a saber, o "marrom":

- ingl *bear* "urso" ≅ alem *Bär* ≅ din *baere* ≅ isl *björn* ≅ nor *bjørn* ≅ sueco *bära*, mas: hol *dragen* ≅ afr *dra*;
- ingl *brown* "marrom" ≅ alem *braun* ≅ din *brun* ≅ isl *brúnn* ≅ nor *brun* ≅ sueco *brun* ≅ hol *bruin* ≅ afr *bruin*.

Nas línguas eslavas, o vocábulo indo-europeu foi geralmente substituído pela expressão "comedor de mel", a qual o húng *medve* tomou emprestada:

- rus *medved'* ≅ croata *medvjed* ≅ sérvio *medved* ≅ eslovaco *medved'* ≅ tch *medvěd* ≅ ucr *vedmïd'* (metátese silábica § 2.3.1).

A palavra latina para "esquerdo", a saber *lævus*, não sobreviveu, por tabu, em nenhuma língua românica, provavelmente por razões supersticiosas. A ligação do esquerdo com algo desfavorável também modificou o sentido do lat *sinister*, que se preserva no port *sinistro* e só sobreviveu, com sentido original, no ital *sinistra* "esquerda". Escrúpulos com essa palavra, porém, ocorreram com outras línguas românicas, nas quais foi evitada e substituída:

- port *esquerdo* ≅ esp *izquierdo* provém de uma língua pré-romana (cf. basco *ezker*);
- fr *gauche* ← *gauchir* "deformar" < fr *guenchir* † < franco **wenkjan* "vacilar";
- rom *stânga* < lat **stanca* "cansada".

Como o tabu mostra, os meandros da sobrevivência de alguns vocábulos são praticamente imprevisíveis, de modo que é absurdo lançar perspectivas de como seriam as línguas no futuro. No entanto, não só o tabu é o responsável pela imprevisibilidade da alteração das palavras, mas também o humor e outras manifestações de expressividade, estudadas pela Estilística, nos dão muitos exemplos de transmissão irregular, sobretudo na gíria. É possível criar palavras por meio de um único ato de fala, o qual será momentâneo e transitório ou repetido e perpetuado por outros, devido a inúmeros fatores (expressividade da associação, apelo eufônico, carisma do criador etc.) e, em última instância, todas as palavras, de fato, têm gênese parecida. O vocábulo *marreco*, aplicado à ave doméstica, tem étimo obscuro, contudo, uma pessoa poderia usar a mesma palavra *marreco* para denominar um recruta de Tiro de Guerra. O raciocínio de tal mudança espetacular de significado poderia ser o seguinte: parte-se de outra, já existente *reco*, de ampla circulação e já conhecida (e portanto, menos expressiva), a qual, por sua vez é truncamento de *recruta* (cf. § 2.2.3) e associa-a ironicamente ao animal, cujo nome, analogicamente, é parecido do ponto de vista sonoro (§ 3.2.2.1), gerando, assim, um homônimo (§ 3.1). A etimologia *marreco* ← *reco* ← *recruta* seria fácil de se comprovar, embora excepcional do ponto de vista das leis fonéticas. Não se pode negar a existência desse tipo de étimo, mas é difícil de comprovar em palavras formadas em sincronias muito antigas. A despeito disso, sua existência é o suficiente para atiçar a imaginação dos pseudoetimólogos, que partem do pressuposto de que esse tipo de irregularidade de transmissão seja uma regra que se pode estender a todas as palavras do léxico de uma língua, sem se levar em conta, de forma rigorosa, os problemas até aqui apresentados (regularidades das mudanças fonéticas, caracterização de sincronias pretéritas, afiliação do vocábulo a sistemas claramente definidos, contato verossímil de sistemas, entre outros, cf. § 6.3 e § 7).

6.2. A Onomástica

Muito parecida com a Etimologia é a *Onomástica*, ou seja, o estudo histórico dos nomes próprios, de modo que ambas as ciências são agrupadas por muitos como uma só (Nascentes, 1952). No entanto, os nomes próprios têm peculiaridades linguísticas para as quais o método etimológico não consegue ser usado com rigor. Os nomes próprios das pessoas e lugares são, muitas vezes, dados pelos pais ou pela sociedade num ato de *nomeação*, com grande grau de arbitrariedade e assistematicidade, tal como ocorre com os tabuísmos (cf. a nomeação da cidade de Saramandaia, na novela homônima de Dias Gomes, de 1976). Os nomes comuns, diferentemente, são herdados e aceitos sem grandes questionamentos na aquisição da linguagem e são passados de uma geração para outra, sem que seja claro como foi o seu surgimento em épocas anteriores à documentação histórica. Os nomes comuns neológicos raramente são formações a partir do nada (ou seja, formações *ex nihilo*), mas antes têm grande semelhança fonética e/ou estrutural com outras palavras já existentes, de modo que se integram numa constelação de vocábulos, por meio de associações. Também os étimos de nomes próprios, com certa tradição, são investigados de maneira semelhante à dos nomes comuns, contudo, são muito frequentes não só os provenientes de línguas pouco documentadas, mas também os que são simplesmente inventados (*Adalgamir*, *Clarisbadeu*, *Dezêncio*, *Dosolina*, *Lenielço*, *Liédson*, *Soraiadite*, *Wanslívia*). Por certo, nem sempre os nomes próprios que têm essa característica são totalmente inventados, antes são truncamentos e rearranjos que também costumam ocorrer em nomes comuns (Monteiro, 1982, 1983, 2002[4]). A Onomástica lida com esse tipo de conjunto heterogêneo de palavras.

Alguns nomes comuns se tornam nomes próprios (*Sol*, *Brisa*, *Socorro*, *Dores*), sobretudo sobrenomes (*Pinheiro*, *Coelho*, *Ribeiro*, *Ferreira*). Para eles, o método etimológico é exatamente o mesmo até agora apresentado, uma vez que se trata apenas de um caso especial de polissemia (§ 3.1). Também o inverso ocorre: nomes próprios se tornam, com frequência, palavras comuns, como em *guilhotina* < fr *guillotine* < *Guillotin*. Da mesma peça de Plauto (c230-c180 a.C.) temos dois nomes próprios como étimos de nomes comuns:

- lat *Amphytruo* > *anfitrião*;
- lat *Sosĭa* > *sósia*.

Em certas sincronias, objetos são nomeados juntamente com seus nomes técnicos, metonimicamente, também por marcas comerciais bem-sucedidas ou que mantiveram monopólio do produto em épocas passadas. É quase proverbial a frase atribuída a Vicente Matheus (1908-1997) "gostaria de agradecer à Antarctica® pelas bramas que nos mandaram". Outros exemplos, muitos deles dicionarizados:

- *água sanitária* = *quiboa* < *Q'Boa®*;
- *cerveja* = *brama* < *Brahma®*;
- *curativo adesivo* = *band-aid* < *Band-aid®*;
- *fita adesiva* = *durex* < *Durex®*;
- *haste flexível* = *cotonete* < *Cotonete®*;
- *iogurte* = *danone* < *Danone®*;
- *lã de aço* = *bombril* < *Bombril®*;
- *lâmina de barbear* = *gilete* < *Gillette®*, entre outros.

O trânsito entre nomes próprios e nomes comuns sempre ocorreu. A tia de Afonso I, primeiro rei de Portugal, se chamava *Urraca*, nome que proveio da denominação de um pássaro, a saber, a pega, o qual, em basco, se diz *urraka* (segundo Meyer-Lübke REW § 9088, no entanto, López-Mendizábal, no seu dicionário de 1958, informa que os vocábulos mais usuais no dialeto basco por ele dicionarizado são *mika*, *sugetxori* e *antzaratxori*). Inversamente, a pega também é denominada em outras línguas por outros nomes de mulher: esp *marica* (que é um diminutivo do esp *María*) e fr *margot*. O nome ingl *magpie* é híbrido, uma vez que o nome, de origem latina, ingl *pie*[1] se tornou ambíguo em inglês, devido à homonímia com o ingl *pie*[2], que também significa "torta" (cf. § 3.1):

- lat *picam* > ingl *pie* → *mag+pie> magpie.*

Observe-se que *mag–* uma abreviatura de *Margareth*. Corominas atribui a associação dessa ave a nomes de mulher ao fato de esse animal "*parlotear volublemente como si fuese una mujer*". Essa afirmação discutível, contudo, não explica por que nomes próprios específicos são usados nas denominações e, de fato, é muito difícil sabê-lo.

Há outros exemplos de nomes de animais provenientes de nomes próprios: o nome latino da raposa (lat *vulpes* "raposa"→ lat *vulpecula* "raposinha" > fr ant *goupil*) foi substituído no francês moderno por *renard* (nome masculino cognato de *Reginaldo* no português), por causa da personagem do *Roman de Renart*, no século XII. Outro caso de transformação de nome próprio em comum é o seguinte: lat *Gaius* > *gaio* ≈ ingl *jay* ≈ fr *geai*. O inseto coleóptero de nome *joaninha* também tem ligações difíceis de determinar com o nome próprio *Joana*. Não raro, associada à denominação há uma lenda. Determinar se foi a partir da lenda que se criou o étimo ou vice-versa não é tarefa fácil. Como ambos se retroalimentam, estudos que envolvem Antropologia podem talvez ajudar a resolver algumas questões (mas não todas, que são insolúveis § 7). A joaninha tem outras denominações, ligadas a figuras bíblicas, sobretudo a Nossa Senhora (cf. § 5.2):

- esp *mariquita* ≅ sueco *jungfru Marie nyckelpiga* (i.é, "joaninha de Virgem Maria") ≅ alem *Marienkäfer* (i.é, "besouro de Maria") ≅ din *mariehøne* (i.é, "galinha de Maria");
- esp *vaca de san Antón* (i.é, "vaca de Santo Antão");
- fr *bête à bon Dieu* (i.é, "besta do bom Deus");
- rom *bou Domnului* (i.é, "boi do Senhor");
- hol *lieveheersbeestje* (i.é, "bichinho do querido Deus");
- ingl *ladybug* ≈ *ladybird* (i.é, respectivamente, "animal da senhora" e "pássaro da senhora") ← *Our Lady* "Nossa Senhora".

Além do caso anteriormente citado da rainha Urraca, nos étimos de muitos nomes próprios se entreveem nomes de animais:

- *Arnaldo* (cf. alem *Aar* "águia");
- *Bernardo* (cf. alem *Bär* "urso");
- *Egídio* < gr *aigídion* "cabrito";

- *Jonas* < hebr *yōnāh* “pomba”;
- *Leonardo* (cf. lat *leo, –onis* “leão”);
- *Penélope* < gr *pēnélops* “tipo de pato selvagem”;
- *Rodolfo* (cf. alem *Wolf* “lobo”) e muitos outros (cf. Nascentes, 1952).

A palavra *periquito* do português e do espanhol seria, segundo Houaiss & Villar (2001 *s.v.*), uma derivação de *Perico*, diminutivo do nome próprio *Pero*. Já o *Petit Robert* indica que fr *perroquet* “periquito” seria uma derivação de *Pierrot*, diminutivo de *Pierre* (donde também talvez o inglês *parrot* “papagaio”). Ora, Pero e Pedro são cognatos de Pierre, o que pode ser uma coincidência ou um decalque (§ 5.2). O sinônimo ingl *parakeet* seria um empréstimo do francês, assim como o é o ital *parrochetto* ⇦ ital *parroco* “pároco”. O caminho é tortuoso, mas todos os étimos apontam para o mesmo incógnito Pedro, mostrando que há alguma intersecção entre todos eles, embora a direção dos empréstimos, nesse caso, seja bastante difícil de determinar (cf. § 5.1). Para esta palavra, faz-se necessária a investigação de *corpora* em diversas línguas e a datação dos empréstimos entre elas.

Com relação aos topônimos, os étimos são ainda mais intrincados e trazem consigo, às vezes, informação histórica sobre populações antigas (fato já observado por Leibniz). No entanto, isso também deve ser investigado com cautela: por exemplo, a existência de topônimos de origem tupi em algumas regiões do interior de São Paulo, onde há muitas cidades fundadas no final do século XIX e início do século XX pode, na verdade, não apontar para um substrato, mas apenas para um movimento nacionalista brasileiro pós-independência, de caráter romântico e indigenista, do século XIX, o mesmo que criou sobrenomes como *Oiticica*. Nos topônimos mais antigos, podem ser termos levados por bandeirantes (que se valiam, por vezes, da língua-geral) para áreas onde havia línguas de outros troncos (sobretudo o macro-jê). A língua do substrato (se a havia) nem sempre é conhecida. Portanto, não se deduz a antiga existência da língua tupi numa área simplesmente pelo fato de um topônimo, nessa mesma área, ser tupi. O conhecimento mais detalhado da História do Brasil e novos dados linguísticos extraídos de documentos inéditos poderão esclarecer melhor lacunas desse tipo.

6.3. As expressões idiomáticas

Tão complexas quanto os nomes próprios são as expressões idiomáticas, cujas etimologias são as mais exploradas pelo charlatanismo (cf. § 3.2.9). As expressões idiomáticas têm grande vivacidade, alguma obscuridade e, não raro, são imagéticas, de modo que são fáceis de se transformar em “historinhas” (cf. § 5.2 e § 6.2). Abundam etimologias fantasiosas para explicar expressões hoje obscuras como *estar na pindaíba*, *onde Judas perdeu as botas*, *o diabo a quatro*, *fazer nas coxas*, entre outras. Apossados pelo "espírito de Êutifron" (como diz Sócrates no *Crátilo* de Platão), alguns pseudoetimólogos arriscam explicações sem pesquisa documental, crendo que, de fato, estão certos ao defendê-las (cf. Primeira Parte, item "Platão"). Trata-se de um exemplo claro da *mauvaise fois* sartriana. Outros encaram essas explicações como mera diversão.

Uma outra faceta do mesmo fenômeno é a tendência de viés claramente vaugelaisiano no discurso de alguns gramáticos (§ 1.2, § 3, § 4.1, § 5.1), os quais assumem poder de juízes, corrigindo expressões que, segundo eles, estariam deformadas e tidas como corrupções de outras, supostamente mais coerentes. Tais soluções, comumente inventadas, são recomendadas (a despeito da ausência de tradição na história da língua) e, frequentemente, acatadas em manuais de redação de jornais e revistas, bem como em telejornais e programas de documentários. A forma mais comum desse comportamento logicizante são as *expressões remendadas*:

- "quem tem boca vai a Roma" (1768) ≈ (proposta logicizante): "quem tem boca, vaia Roma";
- "cor-de-burro-quando-foge" (1860) ≈ (proposta logicizante): "corra de burro quando ele foge";
- "quem não tem cão, caça com gato" (1902) ≈ (proposta logicizante): "quem não tem cão, caça como gato";
- "enfiar o pé na jaca" (1992) ≈ (proposta logicizante): "enfiar o pé no jacá".

As expressões remendadas são totalmente artificiais e falsas, embora sua divulgação promovida por meio de argumentos retóricos lhes possibilite uma existência nada efêmera. Algumas propostas de correção nem mesmo têm sentido claro. Com pesquisas mais extensas, porém, é possível encontrar datações ainda mais antigas que as anteriormente apresentadas, obtidas pelo *site* http://books.google.com. Por exemplo, no último caso, embora a abonação tenha surgido bem depois da divulgação oral da expressão, já se construíam outras expressões com o elemento *jaca* em sincronias pretéritas, as quais, apesar de hoje desusadas, explicam melhor certos aspectos etimológicos, prescindindo-se, assim, da explicação *ad hoc* do elemento masculino *jacá*, a saber: *fogo na jaca* (1956), *vai tomar na jaca* (1971), *entrar na jaca* (1980).

Numa entrevista à revista *Veja*, de 10 de setembro de 1997, o gramático Pasquale Cipro Neto (1955-) disse: "Os locutores vivem inventando umas expressões bobas, como 'correr atrás do prejuízo', usado para o time que precisa virar uma partida. Quem é o maluco que 'corre atrás do prejuízo'? As pessoas correm atrás é do lucro".

Tal opinião, reiterada outras vezes, tornou-se extremamente popular e tomou ares dogmáticos em dezenas de manuais. Reflete, porém, um erro típico cometido pela Gramática, pois se pauta na impressão de um falante nativo acerca da sua língua materna (cf. considerações em § 1.1 e § 1.5). Tais impressões são normalmente falsas, sobretudo quando se discorre sobre a história da língua. De fato, a expressão *correr atrás do prejuízo* é comprovada em textos mais de uma década antes da entrevista anterior, que a aponta como recente, pois já se encontra nos romances *Almoço de ganso* (1985), de Marcello Cerqueira e *Boi fantasiado*, de Cabral de Oliveira (1987). Na língua falada é ainda mais antiga. Tudo indica que já na década de 1970 essa expressão era utilizada (cf. Mensário do Arquivo Nacional v. 10, 1979: 41). A posição de Pasquale, associada ao carisma da sua figura, marca o início da tabuização da expressão (§ 6.1), o que mostra claramente a influência que uma única pessoa pode ter sobre a transmissão de um étimo. O mesmo parece ter ocorrido com a expressão *risco de vida*, recomendada para substituir a expressão sinônima *risco de morte*. No entanto, ambas já existiam como concorrentes no princípio do século XVII. Também se costuma corrigir a expressão *estar em papos de aranha* para *estar em palpos de aranha*, como se para o povo, que a criou, fosse óbvio que as aranhas não têm papo, mas palpos. Isso só teria sentido se a expressão tivesse sido criada por um zoólogo e popularizada de algum modo mal explicado. De qualquer forma, a expressão com *papos* aparece no início do século XIX (1802) e a com *palpos* já surge no final do mesmo século (1890). É mais provável que o vocábulo *palpos*, nessa expressão, seja uma hipercorreção (§ 3.2.6). O mecanismo de busca citado do Google Books está disponível a qualquer pessoa que queira investigar questões como essa, no entanto, o intuicionismo é a regra e uma das razões do injusto descrédito da Etimologia.

A correção das expressões é incondizente com a ciência etimológica e não pode sequer ser chamada de Etimologia, da mesma forma que a Astrologia não é Astronomia. De fato, ouvindo-as para justificar étimos, chegamos até a concordar com Fernão de Oliveira, quando ceticamente diz, já em 1536, que as etimologias são mentiras desnecessárias. Apesar do poder hipnótico dessas explicações, nenhum desses étimos propostos (que se confundem com a expressão remendada) tem um bom *terminus a quo* (§ 1.2). Algumas expressões são muito antigas e já se podem ver no século XVIII, em Bluteau (1712-1728) e Rolland (1780). Observe-se, contudo, que quando não são totalmente inventadas, essas correções são, no mínimo, imprecisas. Por exemplo, se não podemos rechaçar completamente a proposta que afirma ser melhor dizer "batatinha quando nasce, espalha a rama pelo chão" do que "esparrama pelo chão (1949)", tampouco pode ser considerada verdadeira, pois apenas reflete ecos de formas que realmente existiram ("deita a rama pelo chão", 1883). As soluções etimológicas logicizantes, quando não são fantasiosas, na melhor hipótese, são frutos de incúria.

Obviamente, a origem de algumas expressões idiomáticas é mais fácil de conhecer do que outras, sobretudo quando se referem a textos literários, filosóficos, científicos ou religiosos que se popularizaram. Esses casos também estão presentes em outras línguas e não são exclusivas do português. Citem-se algumas:

- *calcanhar de Aquiles*;
- *esforço hercúleo*;
- *lavar as mãos*;
- *paciência de Jó*;
- *pomo da discórdia*;
- *presente de grego*;
- *sabedoria salomônica*;
- *voto de Minerva.*

A partir de passagens bíblicas, por exemplo, obtêm-se metáforas e expressões que podem ser encontradas em línguas do mundo todo e que não ficam circunscritas ao português. Contudo, não é o caso da maior parte das expressões. Muitas explicações fantasiosas se tornam "oficiais" e invocam, de forma paremiológica e pseudoerudita, diversos nomes de pessoas, lugares ou fenômenos, os quais cumpre ao trabalho científico da Etimologia serem investigados:

- *a vaca foi pro brejo*;
- *canto do cisne*;
- *casa da Mãe Joana*;
- *casa da sogra*;
- *chorar lágrimas de crocodilo*;
- *conto do vigário*;
- *conversa para boi dormir*;
- *ficar a ver navios*;
- *jogar verde para colher maduro*;
- *levar uma vida de cão*;
- *mãe coruja*;
- *nas coxas*;
- *pagar o pato*;
- *pé de moleque*;
- *terminar em pizza.*

Sequer ousamos reproduzir o que se diz sobre o assunto, para não aumentar ainda mais o equívoco. Não raro, para a mente do pseudoetimólogo, cada expressão tem uma origem mítica e grandiosa. As expressões idiomáticas têm seus étimos ligados a um substrato expressivo muito difícil de perscrutar, a saber, a linguagem coloquial de sincronias pretéritas. São, na verdade, um dos maiores desafios da Etimologia científica, o que se contrapõe à facilidade com que os pseudoetimólogos chegam a soluções. Comparando com a Medicina, é tão difícil um pesquisador descobrir seus étimos quanto o é para um médico descobrir a cura para o câncer. Justamente nelas seria preciso haver cuidado redobrado, pois mesmo um testemunho antigo acerca de seu étimo pode estar imbuído de uma certeza também pouco confiável.

Para ilustrar a dificuldade de se encontrar o étimo de uma expressão idiomática, valer-nos-emos de um único exemplo. É comum ouvirem-se expressões como *mandar para os quintos do inferno*, *morar nos quintos do inferno* ou *ir para os quintos dos infernos*. Aventam-nos três hipóteses para se explicar o porquê de formação tão singular:

- *Hipótese 1*: à primeira vista, para alguns, a expressão faz menção aos círculos infernais da Divina Comédia. No entanto, o quinto *cerchio* (cantos VII-VIII) é o reservado aos pecadores punidos pela sua incontinência (irascíveis e preguiçosos).

Há muitos problemas que surgem para essa hipótese: se a expressão tem origem culta, como se divulgou? Por que só se encontra em português? Por que exatamente o quinto círculo infernal e não outro? Como explicar a preposição *de*? Por que a expressão *quintos* estaria no plural? A hipótese, perante tantos questionamentos, acaba por ficar bastante fraca.

- *Hipótese 2*: outros supõem que *quintos* estaria ligado ao imposto chamado *quinto*, criado pela Coroa Portuguesa sobre o ouro encontrado em suas colônias. Tal imposto, por ser indesejável, teria sido associado a algo ruim e, daí, os infernos. Novamente, contrapondo-se a essa hipótese há os seguintes questionamentos: por que *quintos* no plural? Como se deu a transformação de uma ideia de "imposto" para a de um "lugar"? A hipótese parece duvidosa.

- *Hipótese 3*: Houaiss & Villar (*s.v. quinto*) informam, como outros anteriores a eles, que *ir na nau dos quintos* significava "ir degredado para o Brasil". Diz a etimologia do verbete:

  a nau dos quintos era a que levava à metrópole o imposto de 20% sobre os metais preciosos que davam entrada nos portos espanhóis e portugueses; por isso, ir para os quintos significava ser banido para esse lugar desconhecido, remoto, que era o Brasil, a América do Sul, nas eras coloniais, anota Antenor Nascentes.

De fato, na revista *Universal Lisbonense* (à disposição no http://books.google.com), tomo VI, de 1846-1847, à p. 508b, há uma explicação parecida, mas antes dessa data não se encontra a expressão *ir na nau dos quintos*. A última explicação é convincente e, das três, é, aparentemente, a mais forte. A associação com os infernos seria uma aposição preposicionada (como em construções *o burro do meu primo*), o que fragiliza o étimo, pois, como se verá, não é o que encontramos em textos ainda mais antigos. No entanto, consultando ainda o Google Books, vê-se que em 1739 a expressão se usava sem preposição, no livro *Labirinto de Creta*, de Antônio José da Silva: "olha, permitta Deos, que se eu cazar com Ariadna, que berrando va a minha alma parar aos *quintos infernos* a fazer filhozes com Plutão".

Consultando o http://www.corpusdoportugues.org, vê-se algo semelhante em 1759 no livro *Enfermidades da língua portuguesa*, junto com outras expressões: "outra gaitada, orelha baixa, orelha cahida, o homem he os meus peccados, o homem he mole como papas, oh Maria Pinheira he mouca, o diabo lho disse ao ouvido, os quintos infernos, orcey as contas".

A mesma expressão é encontrada no *New Portuguese Grammar* de Antonio Vieira (1811) e em *A Portuguese and English Grammar*, de P. Babad (1820). Tal construção sem preposição parece invalidar a hipótese 3, uma vez que *quinto* aqui é adjetivo e não um substantivo. Por outro lado, a expressão *quintos dos infernos*, com preposição, só apareceria em 1829 (*O Chaveco Liberal*, n. 7, v. 1, p. 164), sendo mais comum no final do século XIX. Mais tarde ainda, surge a forma no singular *quinto dos infernos* (segunda metade do século XX).

Desse modo, todas as hipóteses se tornam frágeis perante os dados, que apontam para uma ausência original da preposição:

- *quintos infernos* > *quintos dos infernos* > *quinto dos infernos*.

Na verdade, este é o estado da análise, até que surjam mais dados e, pareceria prematuro e pouco honesto apontar um étimo seguro nestas circunstâncias. Muitos veriam, nessa conclusão, algo decepcionante, quando não uma incompetência do etimólogo. Alguns consulentes de obras voltadas à Etimologia costumam cobrar do etimólogo que lhes forneça um étimo inequívoco, como se faz numa consulta a um vidente ou à Gramática Normativa. Um médico sério não saberá diagnosticar um paciente sem exames e, nem sempre, saberá como curá-lo. Ignorar essa pressão é a melhor atitude do etimólogo perante a cobrança ávida de seus consulentes, se quiser agir como um cientista. Os resultados, obtidos por meio da exclusão das hipóteses e do levantamento de dados, em vez de serem considerados decepcionantes, deveriam ser entendidos como o primeiro passo a ser tomado num estudo etimológico. Em vez de se buscarem soluções fáceis por meio de uma intuição que revele a genialidade ou a erudição do etimólogo ou em vez de se procurar "lógica" e coerência nas estruturas linguísticas, a maior preocupação deveria ser a descrição e a investigação cuidadosa das ocorrências mais antigas. A partir dessa catalogação dos dados, devidamente datados e entendidos à luz dos fenômenos de cada sincronia pretérita reconstruída, o étimo se torna mais vigoroso e as propostas etimológicas, mais sólidas. Só então podemos partir para a discussão em nível elevado. No entanto, baseados exclusivamente na intuição, pouco conhecimento se aduz e a Etimologia se torna, de fato, exercício de subjetivismo anacrônico pouco racional, como afirmam seus oponentes.

Conclusão: os limites da Etimologia

O que se passa com as expressões idiomáticas ocorre, em grande medida, com todas as palavras que não têm uma origem facilmente detectável, ou seja, todas que, por terem estado muito tempo restritas à linguagem falada, não têm uma origem facilmente localizável na língua escrita. A existência de palavras sem étimo ou com etimologia confusa tem servido de argumento contra a existência de uma ciência etimológica. De fato, parte dessa crítica tem fundamento e atitude mais madura dos etimólogos seria não negá-la: realmente existem vocábulos com essas características. Perante isso, a Etimologia deve distinguir três tipos de situações concernentes aos dados necessários para o estabelecimento do étimo:

- existem e estão para ser descobertos;
- existiram, mas se perderam;
- nunca existiram.

O primeiro caso é aquele em que se pautou toda esta obra: havendo dados, há também esperança de encontrar o étimo e de estabelecer o *terminus a quo* (§ 1.1 e § 1.2). O segundo caso é menos esperançoso e, normalmente, se avalia dessa forma a situação que envolve falta de documentação escrita, mas, mesmo assim, indícios com base na Linguística Comparativa possibilitam reconstruções (§ 1.5 e § 5). O terceiro caso é, na verdade, uma hipótese que se contrapõe ao segundo caso e que se justifica perante a impossibilidade de reconstruções convincentes em sincronias pretéritas.

A inexistência de um étimo manifesto, contudo, não se confunde com a impossibilidade de explicação etimológica, que pode servir-se do fenômeno conhecido como *simbolismo* (cf. § 6.1). Segundo esse princípio, algumas palavras não são criadas do nada (*ex nihilo*), mas tomaram por base algum conjunto formado a partir de outras palavras semelhantes, às quais se associam, numa espécie de misto de analogia semântica e formal (§ 3.2.1 e § 3.2.2), ou seja, captam aquilo que a Estilística chamaria, de forma imprecisa, ora de *expressividade*, ora de *eufonia*. Recuperar expressividades e eufonias em sincronias pretéritas é fazer uma reconstrução muito difícil de ser feita. Algumas palavras, por exemplo, são criadas por meras repetições de sílabas ou aliterações e adquirem grande expressividade devido ao simbolismo. O elemento simbólico presente na sonoridade das palavras e utilizado por Platão, Leibniz, Gébelin, Grimm e Rimbaud não era negado por Schuchardt, Spitzer e Jespersen até que o princípio da arbitrariedade do signo se tornou inquestionável, banindo o simbolismo de uma vez por todas dos estudos linguísticos (cf. Primeira Parte). A despeito das fantasias que lhe foram atribuídas pelos poetas, esse fenômeno, tão caro à Estilística, está no cerne de muitas criações obscuras, embora seja, na prática, muito difícil separar palavras herdadas e criadas por simbolismo. Também por causa disso, nesse setor da Etimologia, abundam também as etimologias fantasiosas (§ 6.3).

Vejamos um caso de etimologia complexa: a palavra *babaca* em Houaiss & Villar (2001) tem o seguinte étimo:

> lat. hispânico *baburrus,a,um* 'tolo, basbaque, simplório'; as noções de 'nesciedade' e 'infantilismo' fazem supor ligação com cog. de *baba–*; acp. tabu de *babaca* 'vulva' pode ser relacionada à cog. de *baba–* pela forma e pelo semanticismo; há quem assinale nexo com o port. *basbaque*, outros admitem possível infl. de *bobo*; ver *bab–* e *bob–*; o voc. tb. tem sido associado ao tupi *babaquara*, formado de *mbae'be* 'nada' + *kwa'a* 'saber' + suf. de agente *–ara* lit. 'o que nada sabe, mas manda'; 1939 é a data para a acp. 'vulva' e 1969 é a data para a acp. 'bobo'.

Esse tipo de etimologia reflete quão grande é nossa ignorância do étimo de certas palavras e quão caótica é a metodologia empregada, que prescinde de pressupostos e de uma técnica adequada. O abuso da poligenia de étimos é muito comum nas palavras com etimologia difícil (embora, como vimos, explicações poligenéticas possam existir, cf. § 2.4.2.2, § 2.5, § 3.1, § 3.2.2.2). No entanto, haver muitas explicações não é o mesmo que dizer que todas sejam válidas: há explicações que são passíveis de averiguação e outras que são absurdas por sugerirem anacronismos, desconhecimento da estrutura da língua do étimo proposto, contatos nunca existentes entre línguas e dados históricos impossíveis de ser obtidos. Desse modo, listar muitas propostas não deveria ser equivalente a aceitar todas. Nessa situação, dizer que o étimo é desconhecido parece mais honesto e, sem dúvida, a melhor solução (sobre a frustração dos consulentes, cf. § 6.3).

Uma outra solução seria o estudo do simbolismo. É fácil verificar que *babaca* tem forma assemelhada a palavras como *bobo*, *babão*, *basbaque*, *boboca*, *bocó* etc. Cada uma dessas, com seus étimos distintos, teria auxiliado, de certa forma, na criação de novas palavras, aparentadas do ponto de vista do significante *e* do significado: tanto a sequência [b]...[b], quanto a sequência [b]...[k] parecem *querer* significar algo, embora não sejam símbolos, mas índices (portanto signos, segundo a Semiótica) construídos por meio da analogia (§ 3.2.2). No entanto, para a Etimologia convém a seguinte pergunta: quais palavras deste grupo existiam quando *babaca* foi criado? Verificar que todas essas palavras vêm formando, com o tempo, um grupo expressivo unido pela sonoridade (ou seja, um *molde fônico*) seria o primeiro passo para responder. O mesmo se pode pensar sobre grupos marginais do léxico, como os ideofones e os tautossilabismos, os quais não se confundem com as onomatopeias (as traduções a seguir são aproximadas):

- jap *dokidoki* "com o coração palpitando";
- jap *guzuguzu* "procrastinar (reclamando)";
- jap *jirojiro* "olhar atentamente";
- jap *kirakira* "brilhar de maneira esparsa";
- jap *nikoniko* "sorrir prazerosamente";
- jap *yoboyobo* "ter as pernas cambaleantes devido à idade";
- port *cocô*;
- port *xixi* ≈ *pipi*;
- port *lelé*;
- port *vovô* ← *avô*;
- port *mimir* ← *dormir*;
- port *chororô* ← *choro*.

Algumas transformações do tipo *rubrica* > [ˈxubrika] parecem contradizer tendências da língua portuguesa, como a de evitar os proparoxítonos (Viaro & Guimarães-Filho, 2007; cf. § 2.2.2.1 e § 2.3.2). Sua transformação, portanto, é irregular e requer uma explicação. Talvez possamos encontrá-la nos moldes fônicos e no simbolismo:

- estatisticamente, palavras trissílabas com a sequência sonora *u...ica* formam, na sua grande maioria, proparoxítonas (*pública*, *música*, *única*), que atuariam analogicamente;
- por outro lado, as equivalentes paroxítonas terminadas em *–ica* são coloquiais (*cuíca*, *marica*, *pinica*, *ximbica*), assim como as com outra vogal tônica (*nhaca*, *cueca*, *maloca*, *maluca*, *babaca*), o que facilitaria a mudança.

Portanto, o falante inconscientemente percebe que latinismo *rubrica* não se encaixa bem no segundo grupo por causa de seu componente semântico (isto é, não é uma palavra coloquial) e sabe que ficaria mais adequado no primeiro (por ser um cultismo). O mesmo ocorre com *pudica* > [ˈpudʒika]. Podemos dizer que ocorreu uma sístole analógica, motivada por esse molde fônico duplo, formando *rúbrica* e *púdica* e, de fato, como proparoxítonas, soam mais cultas (§ 2.3.2.1). Por outro lado, em espanhol, as únicas formas usadas são *rúbrica* e *púdica*. Essa última informação torna difícil saber se não houve influência entre essas duas línguas ou se ambas seguiram a mesma trajetória por meio da analogia. No entanto, as duas soluções não se excluem, como parece à primeira vista.

Outros casos de semelhança simbólica ocorrem com palavras como *pilantra*, *pelintra*, *pulha* ou como *pequenino*, *pequenininho*, *pequetitinho*, *pequerrucho* (cf. fr *petit*), de onde se podem extrair moldes fônicos como /p...L...(Nt)/ e /pik/. A segmentação, no sentido estruturalista, parece exercer pouco papel nos neologismos formados por moldes desse tipo. Talvez esse também seja o caso de palavras como *patife*, *malacafento*, *mutreta*, *muvuca*, *necas de pitibiriba*. Para o estudo etimológico, impõe-se sempre a dúvida em palavras como essas: *piripaque* seria mesmo um vocábulo expressivo ou provém da redução de *peripaquimeningite*? Antes de responder, é preciso investigar.

Nas brincadeiras infantis há vários casos em que, havendo ou não deformações de uma língua estrangeira original, surgem palavras expressivas com significado vago. Na expressão *uni, duni, tê, salamê minguê, um sorvete colorê, o escolhido foi você!*, é impossível não observar elementos parecidos com os do francês e do italiano. Já se viu na frase final da cantiga *eu sou pobre, pobre, pobre, de marré, marré, marré, eu sou pobre, pobre, pobre, de marré deci*, uma corruptela do fr. *je mourais ici* "eu morria aqui" ou do fr *dans ce jeu d'ici* "neste jogo aqui". Também a palavra *marré* foi associada ao nome próprio *Mariette*. Que pensar de *pimponeta petá petá perruge, petá petá perruge rereplim*? Ou de *adoletá le peti peti polá, le café com chocolá, adoletá*? Alguns dizem *pomponeta*, outros *pe trim*, outros *netá netá*. É preciso uma verdadeira *recensio*, no sentido usado pela Filologia, para entendermos toda a variação, antes de se partir para étimos. A brincadeira conhecida por *jankempô* ≈ *joquempô* (ou, mais modernamente, por analogia, *jockey-pô* ≈ *jokeipô* ≅ esp *chinchampú* ≈ *cachipún* ≅ fr *rochambeau*) remonta ao jap *jankenpon*. A atualidade da divulgação do jogo permite que rastreemos esse étimo apesar de sua transmissão ser popular. Passado algum tempo, porém, a dificuldade aumenta muito numa investigação semelhante.

Nas palavras populares, que incluem termos chulos e outros tabuísmos, é muito comum a ocorrência de sons como [ʃ], [ɲ], [ʒ]. São normalmente palavras dissílabas ou trissílabas, oxítonas ou paroxítonas, com uma oclusiva (normalmente surda) ou com encontros *mb*, *nd*, *ng* após a tônica (cf. § 6.1):

- *baita*;
- *banguela*;
- *bocomoco*;
- *borocoxô*;
- *bulhufas*;
- *cafona*;
- *cafuné*;
- *chulé*;
- *fiofó*;
- *gororoba*;
- *jururu*;
- *mondrongo*;
- *muxiba*;
- *piroca*;
- *reba*;
- *tatibitate*;
- *tchã(s)*;
- *xandanga*;
- *xavasca*;
- *xeba*;
- *xenhenhém*;
- *xereca*;
- *xexelento*;
- *xexéu*;
- *xibiu*;
- *xibungo*;
- *ximbica*;
- *xiranha*;
- *xiri*;
- *xiximeco*;
- *xodó*;
- *xongas*;
- *xoroca*;
- *xota*;
- *xunga*;
- *zureta* etc.

A despeito dos mais distintos étimos que tais palavras possam ter ou da sua introdução em sincronias pretéritas diferentes, todo o conjunto forma hoje um molde fônico analógico, característico dos vocábulos populares. Normalmente, são associados a étimos africanos ou indígenas, mas isso nem sempre convence, pois é muito provável que tenham outros étimos ou que algumas não tenham, de fato, étimo algum (cf. § 1.5, § 2.1.2, § 5.1 e § 5.3). Numa tira de Fernando Gonsales (*Folha de S.Paulo*, ilustrada E7, 10/1/2003), uma personagem diz: *pega logo essa tchenga e não me enche o saco*. A palavra *tchenga* é apenas uma criação expressiva, um sinônimo de "coisa" com valor depreciativo (Viaro, Ferreira & Guimarães Filho, 2013). Aparentemente não tem história, pois foi criada pela *parole*, a partir do molde fônico anteriormente descrito (§ 2.2.3, § 3.2.5, § 3.2.7).

Dito de outra forma, seu étimo está na "matéria bruta" de que são formadas as palavras coloquiais do português brasileiro (cf. "massa amorfa" de Hjelmslev, 1943). Imaginar, sem provas, que *tchenga*, pela sonoridade, seja ela mesmo um africanismo ou um indigenismo (ou mais restritamente, um tupinismo) é realmente gratuito, quando não preconceituoso. De qualquer forma, jamais deve ser a atitude de um etimólogo. Uma lembrança desnecessária é a seguinte: a África é um continente (e não um país) com milhares de línguas distintas, as quais têm estruturas também distintas. Está, contudo, arraigada a prática do malabarismo semântico para justificar o étimo africano por meio de palavras com determinados moldes fônicos. Lopes (2003), por exemplo, explica o port *cafofo* "buraco de alicerce da casa, cova, sepultura", por meio do quimb *kifofo* "cego". A justificativa dada é a seguinte: a palavra designaria um "lugar ou compartimento sem janela, i.e. 'cego'", ou então "por se tratar de orifício para se olhar 'com um olho só'". O próprio autor refere-se a esse étimo como uma "aposta", mas hipóteses devem ser comprovadas e não aceitas como verdades. Também é temerário vincular o étimo a um grande grupo linguístico africano (por exemplo, o bantu, que possui, no mínimo, quinhentas línguas). Às vezes, apela-se para étimos em protobantu, o que é absurdo, pois essa língua teria sido falada milhares de anos antes da descoberta do Brasil.

Ao lado disso, abundam muitas dúvidas: qual é a origem exata do vocábulo *candomblé*? A palavra *careca* vem do hebraico ou do quimbundo? *Banana* tem origem africana, indígena ou árabe? *Cachaça* é, de fato, proveniente de alguma língua bantu? Em suma, há muito o que fazer nessa área. Os exemplos podem ser multiplicados de modo tal que, a julgar por eles, a Etimologia se torna quase uma arte de adivinhação, muito diferente do que apresentamos nos capítulos anteriores. Além disso, é sabido que as palavras quase nunca conservam a sonoridade de seu étimo (daí a revolução causada pela descoberta das leis fonéticas, como vimos, cf. Primeira Parte, item "Schleicher"). Étimos pouco convincentes de palavras africanas e ameríndias revelam-se, contudo, estranhamente conservadores (sem que se explique o porquê). Ora, étimos conservadores existem em cultismos e situações excepcionais de isolamento linguístico: não é o caso das línguas africanas e indígenas.

Tampouco é possível explicar as estruturas de uma língua por ela mesma, como se vivesse em eterna sincronia. Explicações assim não compreendem a essência diacrônica do fenômeno *língua* e étimos criados com esses pressupostos estão errados. Justamente este é o problema que se vê na Etimologia anterior ao século XIX, como vimos. Se desconhecemos as transformações sonoras pelas quais uma língua passou e se não sabemos nada das sincronias pretéritas de uma língua, quaisquer etimologias propostas nada mais são que expedientes desprovidos de cientificidade. Alguma informação etimológica sempre é possível de obter, na maioria das vezes, por meio da Linguística Comparativa e somente no caso de línguas isoladas (como o basco, o burushaski, o sumério ou o etrusco) essa busca é infrutífera. Dito de outra forma, perante argumentos válidos para a Etimologia, não podemos ter certeza se um étimo proposto está ou não correto, mas quando condições mínimas não são seguidas, é possível dizer que está totalmente errado. A refutação de étimos fantasiosos não se confunde, portanto, com os graus de certeza das reconstruções (§ 1.5).

Se não é possível detectar o *terminus a quo*, não há motivos para o famoso "chute" etimológico. A aceitação de que o étimo é, de fato, desconhecido pode, contudo, motivar pesquisas sérias. Dizer que *dingo* é uma palavra provinda de uma língua australiana é pouco elucidativo, pois hoje há cerca de 150 línguas nativas na Austrália (e no passado, esse número chegou a mais de 700). Seria estranho se disséssemos que uma determinada palavra tem étimo europeu, sem esclarecer sequer a qual grupo linguístico se vincularia, no entanto, com maior facilidade afirma-se que o étimo é indígena ou africano e são milhares de línguas pouco estudadas que estão em jogo. Na verdade, essa imprecisão reflete o descaso para com o estudo dessas línguas e o total desconhecimento de sua história, que é parcialmente resolvido pelo estudo comparativo, do qual pouco se valem os etimólogos que se aventuram nessas áreas.

Mas a dificuldade de localizar o étimo não ocorre somente nas palavras indígenas ou africanas. Em meio a muitas etimologias razoáveis, os dicionários trazem soluções destoantes para verbetes de outras origens. A palavra *bodoque*, por exemplo, parece ser um vocábulo expressivo (como os anteriormente listados), mas – dizem os dicionários – provém do espanhol e sua origem remonta ao ár *bunduq* "nozes", por sua vez, empréstimo do gr *pontikón*, abreviação do gr *káryon pontikón* "noz do Ponto". Por mais complexa que seja essa etimologia, é possível rastreá-la e provar sua veracidade. É, contudo, sempre necessário desconfiar quando há grandes saltos, sem contatos datados ou evidenciados entre povos. Dessa forma, combatem-se os disparates e os excessos de imaginação. O próprio estudo etimológico deve observar, numa autocrítica incessante, a quantidade de fatores que depõem contra um étimo proposto. No entanto, ainda hoje se faz Etimologia na mesma linha de que se valeria Isidoro de Sevilha (cf. Primeira Parte, item "Isidoro de Sevilha"). Há, por exemplo, quem diga que a palavra chula *crica* viria do grego *kríkos* "anel" ou que o top *Curaçao* teria vindo da expressão esp *cura asado* [ˈkuɾa aˈsao] "padre assado", pois nativos dessa ilha (quais?) teriam comido (quando?) um padre (quem?). Não é claro, nessa última etimologia, sequer o motivo desse evento se ter tornado um topônimo. Nem sempre é fácil convencer do seu erro aquele que imagina que o étimo "com peixe" seja o melhor para explicar o nome da praia de *Campeche* (SC). De fato, esse nome provém do espanhol (como se pode observar no topônimo mexicano *Campeche*), língua em que "peixe" se diz *pez* ou *pescado*. Da mesma forma, a palavra *Copacabana* vem do topônimo boliviano *Copacabana*, via espanhol. O antigo nome da região (*Sacopenapã*) foi substituído oficialmente por Copacabana em 1892, mas desde o século XVII havia, na região, uma capela dedicada a Nossa Senhora de Copacabana, supostamente fundada por hispano-americanos. A exclusão do absurdo é meio-caminho andado na investigação etimológica.

Além disso, há problemas nos dicionários etimológicos, os quais costumam valer-se de várias fontes, de diferente qualidade, confundindo os consulentes interessados, que nem sempre conhecem o método etimológico ou não costumam refletir sobre ele. Por serem exaustivos, problemas técnicos também surgem. Mesmo no excelente dicionário de Houaiss & Villar (2001) veem-se alguns problemas: o macaco de nome *paraguaçu* está relacionado a um étimo tupi *para-wasú* "rio grande" >> "oceano". Como? O termo *miodinia*, na verdade, vem do fr *myodynie* ← gr *mŷs*, *myós* "músculo" + gr *odýnē* "dor" + gr *ía*, mas o texto remete o radical *–din–* ao gr *dýnamis* "força". Outra remissão errada se encontra em *taquaruçu*, que aponta indevidamente para *traíra.* A palavra *mavioso* é forma aferética de *amavioso* e não, como se diz nesse dicionário, da própria palavra *mavioso.* O nome da planta *batalou* teria vindo do lat cient *bullatus*, mas é inverossímil que um nome tão culto sofresse tantas transformações sonoras. Diz que *populaça* viria do radical do lat *popŭlus+aça*, mas há o fr *populace*, o que é mais provável. O estranho hibridismo *pinoguaçu* "mamoeiro" tem seu primeiro elemento associado ao lat *pinus* sem grandes explicações etc.

Da mesma forma que a Medicina não conhece a cura de todas as doenças, a Astronomia não sabe o número exato de todos os astros e a Física ainda tem dúvidas com relação ao que ocorre no interior do núcleo atômico, também não é preciso que a Etimologia tenha uma solução inequívoca para todos os problemas que investiga. Aliás, um etimólogo que tenha respostas para tudo não deve ser levado a sério. A ignorância dos fatos, da parte dos cientistas, nunca foi demérito de nenhuma ciência. A Biologia estuda a Vida, sem que os biólogos saibam defini-la com exatidão. Para se fazer uma boa etimologia há uma metodologia rigorosa, como vimos, mas é fácil perceber que há também uma série de limites. Mesmo assim, não é necessário o ímpeto iconoclasta, que a expulsou das universidades e a confinou às publicações voltadas ao entretenimento e à curiosidade. Se qualquer falante parece ser capaz de fazer uma etimologia fantasiosa, pautada exclusivamente no sistema de que se vale para a comunicação, o mesmo ocorre com a Medicina, em que muitos dão palpite sobre como agir para melhorar ou prolongar a vida alheia, sem que qualquer rigor ou conhecimento real esteja em questão nessas opiniões e sem que a Medicina caia em descrédito por causa dessa atitude.

A Etimologia tem limites, como se viu: os étimos de nomes próprios são difíceis de determinar, os das expressões ainda mais, a existência do tabu os esconde ou os apaga. Além disso, somem-se as deficiências da conservação e da divulgação de testemunhos escritos, o desconhecimento ou o desinteresse geral por questões linguísticas para além dos vereditos da Gramática Normativa. Tudo isso são empecilhos e, por vezes, obstáculos intransponíveis, mas a seara etimológica se faz nesse terreno árido e inóspito.

Nas propostas etimológicas ingênuas, é muito comum flagrar a palavra apenas em seu uso corriqueiro (isto é, desvinculado das línguas que conviveram na sua história); associá-la intuitivamente, sem qualquer pesquisa documental, a algo que sonoramente evoque lembranças – ainda que distantes – do seu significado, e, por fim, inventar uma explicação (forçada e, não raro, divertida) quando toda essa investigação se torna muito complicada. Contudo, para se estabelecer um étimo científico, os passos básicos da Etimologia podem ser resumidos da seguinte forma:

(a) É preciso estar consciente, antes de tudo, de que o étimo está distante temporalmente da língua estudada. Integrará, portanto, outro sistema e outra sincronia. Assim, não se deve procurar o étimo de palavras do português atual no próprio português atual, mas no latim, no grego, no árabe medieval etc. Cumpre lembrar que as palavras não foram todas criadas no mesmo dia. Ou o étimo provém de outra língua ou de uma fase mais antiga do português.

(b) No caso de provir de outra língua, é necessário conhecer seus fonemas, sua estrutura morfológica e o significado atribuído ao étimo na época do empréstimo, de modo que não se falseie facilmente a afirmação etimológica. De fato, o momento exato nem sempre é conhecido, daí a necessidade de localizarmos o *terminus a quo* por meio da mais antiga abonação da palavra (§ 1.2) e lidar com reconstruções. Esse é o maior problema dos étimos de origem africana e indígena: além de se desconhecer como era a língua no momento em que transferiu o étimo para o português, não existem documentos que permitam conhecê-la minimamente. Nesse caso, somente é possível lidar com reconstruções obtidas pela Linguística Comparativa.

(c) Encontrada a origem, é importante distingui-la do étimo. Sabendo o momento ou a época em que houve a introdução de uma palavra no português, esvai-se a impressão de que a língua portuguesa tomou de empréstimo palavras de todas as línguas do mundo. O finl *sauna* não veio diretamente dessa língua para o português, mas por meio do inglês. Portanto, não há contradição em afirmarmos que, apesar de *sauna* ser uma palavra de origem finlandesa, tem étimo inglês na língua portuguesa. Da mesma forma, *sofá* tem o étimo imediato fr *sofa*, o qual, por sua vez, vem do ár *suffah*, mas dizer que *sofá* é um arabismo é muito pouco científico (de fato, a palavra é internacional e existe até mesmo em chinês: mand *shāfā*). A datação permite a exclusão de étimos pouco convincentes e o distingue da origem mais remotamente detectável da palavra investigada (§ 1.1 e § 1.2).

(d) É preciso que se sinta a necessidade de haver no futuro um dicionário, de preferência *online*, resultante de uma contínua pesquisa para a datação dos étimos. Sem dados organizados, a Etimologia não conseguirá integrar-se totalmente às Ciência da Linguagem, a qual, cada vez mais, vem necessitando dela. No caso do português, inexistem obras com datas tão bem definidas como alguns dicionários do inglês, francês e italiano. O trabalho de Cunha, presente em Houaiss & Villar (2001), é o primeiro passo nesse sentido, em língua portuguesa, mas as datações de Machado (1952-1977) e as de Corominas (1954) têm sido, também, provisoriamente úteis.

(e) Nessa sistematização (idealizada no tópico anterior), urge conhecer, para além da norma culta, em quais outras variantes do português e em quais outras línguas palavras procedentes do mesmo étimo se encontram documentadas (§ 1.3, § 1.4, § 5). Isso é de importância ímpar para se descreverem acuradamente tanto as mudanças fonéticas e semânticas, quanto as conservações que possam ter ocorrido. Também auxilia a descartar hipóteses falsas, causadas pela noção de língua como um sistema único, isolado e impermeável.

(f) É necessário organizar quais são as transformações regulares na passagem do étimo para a palavra investigada (§ 2), de modo que se saiba reconhecer acertadamente o efeito analógico e os casos de ausência de étimo (§ 7). Somente desse modo se saberá quais vocábulos necessitam de explicação suplementar e, assim, atribuir graus de certeza perante alguns étimos e reconstruções (§ 1.5).

(g) Também seria desejável saber a frequência de uso do étimo na sincronia pretérita em que se formou e compará-la diacronicamente até o estágio estudado. Tal estudo, extremamente complexo, auxiliaria o entendimento do tipo de transmissão e parece mais factível hoje, com o surgimento da *internet*. Essa frequência de uso deve associar-se com o tipo de discurso em que o étimo se encontra, a fim de avaliarmos possíveis impactos e valorações sociais de seu significado, em cada sincronia estudada. Para tal, a Estilística, a Tipologia Textual e mesmo a Análise do Discurso de discursos em sincronias pretéritas, auxiliadas pela História, também podem contribuir muito.

Pode-se observar, por essas etapas, que a Etimologia científica se aproxima do método indutivo. Apesar de tratar de fenômenos precipuamente históricos, porém, não se confunde com a História, que lhe é auxiliar, assim como, em questões de Ecdótica, o é a Filologia. Partilha, contudo, com a História, a complexidade que lhe confere a Epistemologia (Hegenberg, 1969). Na sua crítica ao empirismo, Popper (1967) concede somente à História a possibilidade de recuar até as fontes. Esse filósofo observa que, entre os problemas da História, estão questões como autenticidade, tendenciosidade e reconstituição das fontes, em suma, sua fidedignidade. Desse modo, entendemos a natureza do étimo sobre o qual se fundamenta a Etimologia. Com Popper, concordamos que não é razoável, ao rejeitarmos leis e teorias com base em novas provas, que abandonemos também as provas antigas que nos fizeram originalmente aceitá-las. Uma releitura de antigos pesquisadores que se debruçaram intensamente sobre o fenômeno *língua* no intuito de compreendê-lo deve ser urgentemente feita de forma sistemática, o que não implica na aceitação ou na rejeição integral de seu pensamento.

Para finalizar, é preciso lembrar que não há nenhuma língua natural que seja lógica, nem há lógica *stricto sensu* nas línguas, o que nos faz pensar que o linguista lida, de fato, com a recursividade e a regularidade de alguns padrões, abalados pela história e pelo capricho dos falantes, na sua expressão. A divulgação de uma forma criada é imprevisível e irregular. Por isso mesmo, a Etimologia não deve conter um discurso de convicção para pretender-se científica, se quer diferenciar-se da Religião. Quanto mais sabemos, mais enxergamos o que não sabíamos e mais ainda temos a dimensão do que não sabemos. Saber é, paradoxalmente, estar consciente de sua ignorância. Mas há perigosos momentos em que dizemos "é o suficiente" e, contentes com o que sabemos, tornamo-nos convictos. Desse perigo, contudo, deve precaver-se o etimólogo, para que seus resultados sejam apresentados como frutos de pesquisa e não como verdades acabadas.

Bibliografia

As numerações superscritas referem-se às edições. Citou-se, na medida do possível, a primeira edição ou a última versão reformulada pelo autor. Entre colchetes há informações acerca de versões mais acessíveis e traduções para o português. Muitos dos livros a seguir, anteriores ao século XIX, se encontram atualmente disponíveis no *site* http://books.google.com.

ADRADOS, Francisco Rodriguez. *Lingüística indoeuropea.* Madrid: Gredos, 1975.

AGOSTINHO. Disponível em http://www.augustinus.it/latino/dottrina_cristiana/dottrina_cristiana_4.htm.

ALBUQUERQUE, Arcy Tenório de. *A evolução das palavras.* Rio de Janeiro: Getulio Costa, 1940.

ALDRETE, Bernardo José. *Del origen de la lengua castellana ò romance que oi se usa en España.* Roma: Carlo Vulliet, 1606 [ed. facsimilar 2v. Madrid: Consejo Superior de Investigaciones Científicas, 1972].

ALMEIDA, Horácio de. *Dicionário de termos eróticos e afins.* Rio de Janeiro: Civilização Brasileira, 1981[2].

ALMEIDA, Manoel M. Mato Grosso. In: MEGALE, Heitor (org.). *Filologia bandeirante.* São Paulo: Humanitas, 1: 113-34, 2000.

ALVES, Ieda Maria. *Neologismo: criação lexical.* São Paulo: Ática, 1990. [1994[2]].

AMARAL, Amadeu. *O dialeto caipira.* São Paulo: O Livro, 1920 [São Paulo: Anhembi, 1955[2]].

AMARAL, Eduardo T. R. Transcrição de fitas: abordagem preliminar. In: MEGALE, Heitor (org.). *Filologia bandeirante.* São Paulo: Humanitas, 1: 195-208, 2000.

AMSLER, Mark. *Etymology and grammatical discourse in late Antiquity and the Early Middle Ages.* Amsterdam/Philadelphia: John Benjamins, 1989.

ANDOLZ, Rafael Canela. *Diccionario aragonés-castellano castellano-aragonés.* Zaragoza: Dalia, 2004[5].

ANTÔNIO, Davilson. Coleta de dados na região de Taubaté: mapeamento das trilhas percorridas pelos bandeirantes. In: MEGALE, Heitor (org.). *Filologia bandeirante.* São Paulo: Humanitas, 1: 77-91, 2000.

ARANGO, Ariel C. *Dirty words: psychoanalytic insights.* Northvale & London: Jason Aronson, 1989 [trad. portuguesa: *Os palavrões.* São Paulo: Brasiliense, 1991].

ARAUJO, Gabriel Antunes de; GUIMARAES-FILHO, Zwinglio O.; OLIVEIRA, Leonardo; VIARO, Mário E. As proparoxítonas e o sistema acentual do português. In: ARAUJO, Gabriel Antunes de (org.). *O acento em português:* abordagens fonológicas. São Paulo: Parábola, 2007, pp. 37-60.

AREÁN-GARCÍA, Nilsa. *Estudo comparativo de aspectos semânticos do sufixo -ista no português e no galego.* 2v. Dissertação de mestrado. São Paulo: FFLCH/USP, 2007 [disponível em http://www.usp.br/gmhp/Publ.html].

BACON, Roger. *Opera quaedam hactenus inedita (=Opus tertium, Opus minus, Compendium studii philosophiæ, Epistola de secretis operibus Artis et Naturae, et de nullitate Magiae)*. London: Brewer, 1859 [Nendeln – Lichtenstein: Kraus, 1965, cf. FREDBORG, K. M.; NIELSEN, Lauge; PINBORG, Jan. "An Unedited Part of Roger Bacon's 'Opus maius': 'De signis'". *Traditio* 34: 75-136, 1978].

BADER, Françoise (ed.). *Langues indo-européennes*. Paris: CNRS, 1994.

BAHLOW, Hans. *Deutsches Namenlexikon.* Hamburg: Ursula Bahlow, 1982.

BAILLY, Anatole. *Dictionnaire grec-français.* Paris: Hachette, 1901.

[BAKHTIN, Mikhail] ВОЛОШИНОВ, Валентин Николаевич. *Марксизм и философия языка: основные проблемы социологического метода в науке и языке.* Ленингад: Прибой, 1929 [reimpr. em *Janua linguarum.* Series Anastatica, 5. The Hague/Paris:Mouton, 1972. Trad.: *Marxismo e filosofia da linguagem: problemas fundamentais do método sociológico na ciência da linguagem.* São Paulo: Hucitec, 1979].

BARTENS, Angela. O período hipotético nos crioulos atlânticos de base lexical ibero-românica. *Papia.* Brasília: UnB, 10: 40-49, 2000.

BASTOS, José Timóteo Silva. *Diccionario etymologico, prosodico e ortographico.* Lisboa: Pereira, 1928.

BATALHA, Graciete N. Estado actual do dialecto macaense. *Revista Portuguesa de Filologia.* Coimbra: 9, 1958.

_____. *Glossário do dialeto macaense*: notas lingüísticas, etnográficas e folclóricas. Macau: Instituto Cultural de Macau, 1988.

BAXTER, Alan N.; LUCCHESI, Dante. Processos de descrioulização no sistema verbal de um dialeto rural brasileiro. *Papia.* Brasília: UnB, 2(2): 59-71, 1993.

BEEKES, Robert S. P. *Comparative Indo-European Linguistics*: an introduction. Amsterdam/Philadelphia: John Benjamins, 1995.

BENVENISTE, Émile. *Le vocabulaire des institutions indo-européennes.* 2v. Paris: Minuit, 1969 [trad. *O vocabulário das instituições indo-européias.* Campinas: Unicamp, 1995].

BIBLIANDER, Theodorus. *De ratione communi omnium linguarum et litterarum commentarius.* Zürich: Cristoph. Frosch, 1548.

BIN YUSOP, Haji A. R. *Bahasa Malaysia-English English Bahasa Malaysia Dictionary.* Glasgow: Harper Collins, 1992.

BIZZOCCHI, Aldo L. *Léxico e ideologia na Europa Ocidental.* São Paulo: Annablume/Unip/Fapesp, 1997.

_____. A ideologia das raízes. *Língua Portuguesa.* São Paulo: Segmento, 40(3): 60-63, 2009 [disponível em http://www.aldobizzocchi.com.br/artigo76.asp].

BJØRNSKAU, Kjell. *Langenscheidts Universal-Wörterbuch Norwegisch (bokmål).* Berlin/München/Wien/Zürich: Langenscheidt, 1978.

BLOCH, Oscar; WARTBURG, Walther von. *Dictionnaire étymologique de la langue française.* Paris: PUF, 1932.

BLOOMFIELD, Leonard. A set of postulates for the science of language. *Language* 2: 153-164, 1926.

BLUTEAU, Raphael. *Vocabulario portuguez, & latino, aulico, anatomico, architectonico, bellico, botanico, brasilico, comico, critico, chimico, dogmatico, dialectico, dendrologico, ecclesiastico, etymologico, economico, florifero, forense, fructifero, geographico, geometrico, gnomonico, hydrographico, homonymico, hierologico, ichtyologico, indico, isagogico, laconico, liturgico, lithologico, medico, musico, meteorologico, nautico, numerico, neoterico, ortographico, optico, ornithologico, poetico, philologico, pharmaceutico, quidditativo, qualitativo, quantitativo, rhetorico, rustico, romano, symbolico, synonymico, syllabico, theologico, terapeutico, technologico, uranologico, xenophonico, zoologico, authorizado com exemplos dos melhores escritores portuguezes & latinos, e offerecido a Elrey de Portugal Dom Joam V.* Lisboa: Pascoal da Sylva, v. 1-2, 1712; v. 3-4, 1713; v. 5, 1716; v. 6-7, 1720; v. 8, 1721; primeiro suplemento, 1727; segundo suplemento, 1728 [disponível em http://www.ieb.usp.br/online/].

BOPP, Franz. *Über das Conjugationssystem der Sanskritsprache in Vergleichung mit jenem der griechischen, lateinischen, persischen und germanischen Sprache.* Frankfurt am Main: Andräische Buchhandlung, 1816 [reimpr. por HARRIS, Roy (org.). *Foundations of indo-european comparative philology.* v. 1. London/New York: Routledge, 1999].

_____. Analytical comparison of the Sanskrit, Greek, Latin and Teutonic languages, shewing the original identity of their grammatical structure. *Annals of Oriental Literature.* London, 1820 [reimpr. em KOERNER, Konrad (org.). *Amsterdam studies in the theory and history of Linguistic science.* v. 3. Amsterdam/Philadelphia: John Benjamins, 1989^4].

_____. *Vocalismus oder Sprachvergleichende Kritiken: über J. Grimm's Deutsche Grammatik und Graff's althochdeutschen Sprachschatz mit Begründung einer neuen Theorie des Ablauts.* Berlin: Nikolaische Buchhandlung, 1827a [1836^2].

_____. [Recensão a] Grimm 1822-26a. *Jahrbücher für wissenschafliche Kritik.* Berlin: 251-256, Febr 725-759, Mai 1827b.

_____. *Vergleichende Grammatik des Sanskrit, Zend, Griechischen, Lateinischen, Litauischen, Gotischen und Deutschen* 6v. Berlin: Ferdinand Dümmler, v. 1, 1833 (1857^2, 1868^3); v. 2, 1835; v. 3, 1837 (1861^2); v. 4, 1842; v. 5, 1849; v. 6, 1852 [trad. francesa por BRÉAL, Michel. *Grammaire comparée des langues indo-européennes.* Paris: Imprimerie Impériale/Imprimerie Nationale, 1866-1874].

BOS, Adolphe. Note sur le créole que l'on parle a l'île Maurice. *Romania* 9: 570-578, 1880.

BRÉAL, Michel. *Essai de sémantique: science des significations.* Paris: Hachette, 1897 [trad. portuguesa: *Ensaio de semântica: ciência das significações.* São Paulo: Pontes/Educ, 1992].

BROSSES, Charles de. *Traité de la formation mécanique des langues et des principes physiques de l'étymologie.* Paris: Saillant, Vincent & Dessaint, v. 1, 1765 [disponível em http://gallica2.bnf.fr/ark:/12148/bpt6k50476b].

BRUGMANN, Karl. *Zum heutigen Stand der Sprachwissenschaft.* Straßburg: K. J. Trübner, 1885 [republ. em WILBUR, Terence H. *The Lautgesetz-controversy: a documentation.* Amsterdam: John Benjamins, 1977].

_____; DELBRÜCK, Berthold. *Grundriss der vergleichenden Grammatik der indogermanischen Sprachen.* Straßburg: Karl J. Trübner, v. 1, 1886; 1897^2; v. 2, 1888-1893, 1906-1916^2; v. 3, 1893; v. 4, 1897; v. 5, 1900 [trad. resumida para o francês: *Abrégé de grammaire comparée des langues indo-européennes.* Paris: Klincksieck, 1905].

_____; OSTHOFF, Hermann. *Morphologische Untersuchungen auf dem Gebiete der indogermanischen Sprachen.* Leipzig: Hirzel, 1878.

BRUNOT, Ferdinand. *Précis de grammaire historique de la langue française avec une introduction sur les origines et le développement de cette langue.* Paris: Masson, 1899^2.

BUCHHOLZ, Oda; FIEDLER, Wilfried; UHLISCH, Gerda. *Wörterbuch Albanisch-Deutsch.* Leipzig/Berlin/München/Wien/ Zürich/New York: Langenscheidt, 1993.

BUENO, Franciso da Silveira. *Grande dicionário etimológico-prosódico da língua portuguesa.* São Paulo: Saraiva, 1963.

BUESCU, Victor. *Dicionário de romeno-português.* Porto/Coimbra/Lisboa: Porto Ed./Arnada/Fluminense, 1977.

CAFEZEIRO, Edwaldo M. *A metafonia portuguesa: aspectos sincrônicos e diacrônicos.* Tese de Doutorado. Rio de Janeiro: UFRJ, 1981.

CÂMARA Jr., Joaquim Mattoso. *Estrutura da língua portuguesa.* Petrópolis: Vozes, 1970.

CARVALHO, José G. Herculano de. *Estudos linguísticos.* 2v. Coimbra: Atlântida, 1969 [1973²].

CARVALHO, Maria J. A. de. Timor Lorosa'e e direcções desviantes do português conservado/incompletamente adquirido na zona – Contributos para a aprendizagem da língua oficial. *Palavras.* Lisboa: Associação de Professores de Português, 23: 49-69, 2003.

CASTRO, Yeda P. de. *Falares africanos na Bahia: um vocabulário afro-brasileiro.* Rio de Janeiro: Academia Brasileira de Letras/Topbooks, 2001.

CAVACAS, Augusto d'Almeida, *A língua portuguesa e sua metafonia.* Coimbra: Imprensa Nacional, 1920 [Rio de Janeiro: Lucerna, 1992].

CAVALLI-SFORZA, Luigi L. *Geni, popoli e lingue.* Milano: Adelphi, 1996 [trad. inglesa *Genes, peoples and languages.* New York: Penguin, 2000; trad. portuguesa: *Genes, povos e línguas.* São Paulo: Companhia das Letras, 2003].

CHAMBERS DICTIONARY OF ETYMOLOGY. Edinburgh: Chambers, 2006.

CHARPENTIER, Jean-Michel. O processo de descrioulização no caso do crioulo macaísta de macau: a passagem dum basilecto para um acrolecto. *Papia.* Brasília: UnB, 4(1): 21-31, 1995.

CHOMSKY, Noam. *Aspects of the theory of syntax.* Cambridge, MA: MIT Press, 1965. (Trad.: *Aspectos da teoria da sintaxe.* Coimbra: Arménio Amado, 1975).

____; HALLE, Morris. *The sound pattern of English.* New York: Harper & Row, 1968.

CLÉDAT, L. *Dictionnaire étymologique de la langue française.* Paris: Hachette, 1912.

CLEMENTS, J. Clancy. Efeitos dos processos de adoção de uma nova língua e de empréstimo lingüístico na fonologia do português de Korlai. *Papia.* Brasília: UnB, 3(1): 42-60, 1994.

COELHO, Francisco Adolfo. Os dialetos romanicos ou neo-latinos na Africa, Asia e America. *Boletim da Sociedade de Geografia de Lisboa.* 2ª série, 3: 129-196, 1881; 3ª série, 8: 451-478, 1882; 6ª série, 12: 705-755, 1886.

____. *Diccionario manual etymologico da lingua portuguesa.* Lisboa: P. Pantier, 1890.

COLLITZ, Hermann. *Die neueste Sprachforschung und die Erklärung des indogermanischen Ablautes.* Göttingen: Vanderhoeck & Ruprecht, 1886 [republ. em WILBUR, Terence H. *The Lautgesetz-controversy: a documentation.* Amsterdam: John Benjamins, 1977].

CONSTÂNCIO, Francisco Solano. *Novo diccionario critico e etimologico da lingua portugueza.* Lisboa: Angelo Francisco Carneiro Junior Tip. de Casimir, 1836.

COROMINAS, Joan. *Diccionario crítico etimológico de la lengua castellana.* 4v. Madrid: Gredos, 1954.

CORRÊA, Lucas T. A variação lingüística eles/es e a indeterminação do sujeito. In: COHEN, Maria A. A. M.; RAMOS, Jânia (org.). *Dialeto mineiro e outras falas*: estudo de variação e mudança lingüística. Belo Horizonte: FALE/UFMG, 2001, pp. 183-97.

CORRIENTE, Federico. *Dictionary of Arabic and allied loanwords (Spanish, Portuguese, Catalan, Gallician and kindred dialects).* Leiden/Boston: Brill, 2008.

CORTESÃO, António Augusto. *Subsídios para um dicionário completo (histórico-etymológico) da língua portuguesa.* Lisboa: França Amado, 1900-1901.

COSERIU, Eugenio. Las etimologías de Giambullari. In: *Homenaje a Antonio Tovar ofrecido por sus discípulos, colegas y amigos*. Madrid: Gredos, 1972, pp. 95-104.

_____. *Sincronía, diacronía e historia: el problema del cambio lingüístico*. Madrid: Gredos, 1973.

COSTA, José Daniel R. da. *Comboy de mentiras, vindo do reino petista, com a fragata Verdade Encuberta por capitania*. Lisboa: J. F. M. de Campos, 1820[2].

COSTA, Sérgio C. da. *Palavras sem fronteiras*. Rio de Janeiro/São Paulo: Record, 2000.

COUDEREAU, M. Sur un essai de classification anatomo-physiologique des sons. *Bulletin de la Société d'Anthropologie de Paris*. 10(1): 316-326, 1875.

COULSON, Michael. *Sanskrit*: an introduction to the classical language. Chicago: NTC, 1976.

COUTINHO, Ismael de L. *Pontos de gramática histórica*. São Paulo: Cia. Editora Nacional, 1938 [Rio de Janeiro: Ao Livro Técnico, 1976[7]].

COUTO, Hildo H. do. Anti-crioulo. *Papia*. Brasília: UnB, 2(1):71-84, 1992.

_____. *O crioulo português da Guiné-Bissau* (Kreolische Bibliothek 14). Hamburg: Helmut Buske, 1994.

_____. *Introdução ao estudo das línguas crioulas e pidgins*. Brasília: UnB, 1996.

COWIE, A. P.; EVISON, A. *Concise English-Chinese Chinese-English dictionary*. Hong Kong: The Commercial Press/Oxford University,1980.

CUNHA, Antonio G. da. (coord.). *Dicionário etimológico Nova Fronteira da língua portuguesa*. Rio de Janeiro: Nova Fronteira, 1982.

_____. *Dicionário histórico das palavras portuguesas de origem tupi*. São Paulo: Melhoramentos/ Edusp, 1989[3].

_____. *Os estragerismos da língua portuguesa*: vocabulário histórico-etimológico. São Paulo: Humanitas, 2003.

_____. *Vocabulário histórico-cronológico do português medieval*. Rio de Janeiro: Casa de Rui Barbosa, 2006 (CD-ROM).

CURTIUS, Georg. *Zur Kritik der neuesten Sprachforschung*. Leipzig: S. Hirzel, 1885 [republ. em WILBUR, Terence H. *The Lautgesetz-controversy: a documentation*. Amsterdam: John Benjamins, 1977].

D'ANDRADE, Ernesto. *Histórias de palavras do indo-europeu ao português*. Lisboa: A. Santos, 2007.

DALGADO, S. Rodolfo. *Diccionario komkaṇî-portuguez composto no alphabeto devanâgarî com a transliteração segundo o sistema jonesiano*. Bombaim: Indu Prakash, 1893 [disponível em http://www.archive.org/stream/diccionariokomk00dalggoog].

_____. *Dialecto indo-português do Ceylão*. Lisboa: Imprensa Nacional, 1900a [republ. em Lisboa: Comissão Nacional para as Comemorações dos Descobrimentos Portugueses, 1998].

_____. Dialecto indo-português de Goa. *Revista Lusitana* 6:63-84, 1900b.

_____. Dialecto indo-português de Damão. *Ta-Ssi-Yang Kuo*. Lisboa, 1902 (3): 359-367, 1903 (4): 515-523 [republ. em *Estudos sobre os crioulos indo-portugueses*. Lisboa: Comissão Nacional para as Comemorações dos Descobrimentos Portugueses, 1998].

_____. Dialecto indo-português do Norte. *Revista Lusitana* 9: 142-66, 193-228, 1906.

_____. *Influência do vocábulário português em línguas asiáticas (abrangendo cêrca de cinqüenta idiomas)*. Coimbra: Imprensa da Universidade, 1913.

_____. Dialecto indo-português de Negapatão. *Revista Lusitana* 20: 40-53, 1917.

DAUZAT, Albert. *Dictionnaire étymologique de la langue française*. Paris: Larousse, 1938.

DAVIES, Anna M. *La linguistica dell'ottocento.* Bologna: Il Mulino, 1996.

DE VRIES, Jan Pieter M. L. *Etymologisch woordenboek: waar komen onze woorden vandaan?* Utrecht/ Antwerpen: Het Spectrum, 1971.

DEGEN, Carl Ferdinand. *Bidrag til de etymologiske undersøgelsers theorie.* Viborg: I. S. Fönß, 1807.

DELBRÜCK, Berthold. *Die neueste Sprachforschung: Betrachtungen über Georg Curtius' Schrift "Zur Kritik der neuesten Sprachforschung".* Leipzig: Breitkopf & Härtel, 1885, 1893[3] [republ. em WILBUR, Terence H. *The Lautgesetz-controversy: a documentation.* Amsterdam: John Benjamins, 1977].

DENINA, Charles. Sur l'origine commune des langues allemande, polonaise et latine. In: *Mémoires de l'Académie Royale des Sciences et Belles-Lettres.* Berlin: George Decker, 1794-1795, pp. 65-112.

DIAZ Y DIAZ, Manuel C. *Antología del latín vulgar.* Madrid: Gredos, 1950, 1962[2].

DIDEROT, Denis; D'ALEMBERT, Jean le Rond. *Encyclopédie ou dictionnaire raisonné des sciences, des arts et des métiers.* 28v. Paris: 1751-1772 [disponível em http://www.lexilogos.com/encyclopedie_diderot_alembert.htm].

DIETRICH, Adolphe. Les parlers créoles des Mascareignes. *Romania* 20: 216-277, 1891.

DIEZ, Friedrich C. *Grammatik der romanischen Sprachen.* 3v. Bonn: Eduard Weber, 1836-1844 [1876-1877][4].

_____. *Etymologisches Wörterbuch der romanischen Sprachen.* Bonn: A. Marcus, 1853 [1878[4]].

DIZIONARIO ETIMOLOGICO ONLINE. Disponível em http://www.etimo.it.

DROSDOWSKI, Günther. *Deutsches Universalwörterbuch.* Mannheim/Leipzig/ Wien/Zürich: Duden, 1989.

DUBOIS, Jean; MITTERAND, Henri; DAUZAT, Albert. *Dictionnaire étymologique et historique français.* Paris: Larousse, 2006.

DUNMORE, Charles W. *Studies in etymology.* Newburyport: Focus/R. Pullins, 1993.

DUPPLER, Rita; VAN NAHL, Astrid. *Langenscheidts Universal-Wörterbuch Isländisch.* Berlin/München/ Wien/Zürich: Langenscheidt, 1993.

DUTENS, Ludwig. *Gothofredi Guillelmi Leibnitii. Opera omnia.* 6v. Genèvre: Fratres de Tournes, 1789.

ERNOUT, Alfred; MEILLET, Antoine. *Dictionnaire étymologique de la langue latine.* Paris: Klincksieck, 1932 [2001[6]].

FARIA, Ernesto. *Vocabulário latino-português*: significação e história das palavras agrupadas por famílias segundo os programas atuais. Rio de Janeiro: F. Briguiet, 1943 [Rio de Janeiro/Belo Horizonte: Garnier, 2001[2]].

_____. *Fonética histórica do latim.* Rio de Janeiro: Acadêmica, 1955 [1970[2]].

_____. *Gramática superior da língua latina.* Rio de Janeiro: Acadêmica, 1958.

FERRAZ, Luiz I. Uma avaliação linguística do angolar. *Papia.* Brasília: UnB, 1(1): 38-46, 1990.

FERREIRA, Aurélio B. de H. *Novo Aurélio século XXI*: o dicionário da língua portuguesa. Rio de Janeiro: Nova Fronteira, 1999.

FERREIRA, Mário. Palavras de origem indiana no léxico da língua portuguesa – categorias topológicas dos processos e empréstimo vocabular. In: NUNES, José H.; PETTER, Margarida (org.). *História do saber lexical e constituição de um léxico brasileiro.* São Paulo: Humanitas/Pontes, 2002, pp.191-200.

FONSECA, Fernando Venâncio P. da. *Noções de história da língua portuguesa.* Lisboa: Clássica, 1959.

_____. *Glossário etimológico das crónicas portuguesas do Portugaliæ Monumenta Historica.* Lisboa: [s/ed], 2001.

FONSECA, José da; CAROLINO, Pedro. *New guide of the conversation in Portuguese & English.* Boston: James R. Osgood, 1883 [nova ed. *O novo guia de conversação em portuguez e inglez* ou *escolha de diálogos familiares sôbre varios assumptos, precedido de um copioso vocabulário de nomes proprios, com a pronuncia figurada das palavras inglezas, para se poder aprender com perfeição e a inda sem mestre, qualquer um dos dous idiomas, offerecido à estudiosa mocidade portugueza e brasileira.* Rio de Janeiro: Casa da Palavra, 2002].

FONSECA Jr., Eduardo. *Dicionário yorubá (nagô)-português.* Rio de Janeiro: Civilização Brasileira, 1993.

FOURQUET, Jean. *Les mutations consonantiques du germanique: essai de position des problèmes.* Paris: Les Belles Lettres, 1948.

_____. Die Nachwirkungen der ersten und der zweiten Lautverschiebungen: Versuch einer strukturellen Lautgeschichte. *Zeitschrift für Mundartforschung* 22: 1-33, 1954.

FREITAS, Érica S. de. *Em busca do mento perdido. Análise semântico-diacrônica do sufixo -mento, no português.* 2v. Dissertação de mestrado. São Paulo: FFLCH/USP, 2008.

GAFFIOT, Félix. *Dictionnaire latin-français.* Paris: Hachette, 1934.

GALVÃO, Benjamin Franklin Ramiz. *Vocabulario etymologico, orthographico e prosodico das palavras portuguezas derivadas da lingua grega.* Rio de Janeiro: Francisco Alves, 1909.

GAMKRELIDZE, Thomas V.; IVANOV, V. Sprachtypologie und die Rekonstruktion der gemeinindogermanischen Verschlüsse: vorläufiger Bericht. *Phonetica* 27: 150-156, 1973.

GÉBELIN, Antoine Court de. *Monde primitif analysé et comparé avec le monde moderne.* Paris: Chez l'auteur/Valleyre/Sorin/Duran, 1773-1782.

_____. *Histoire naturelle de la parole, ou précis de l'origine du langage & de la grammaire universelle.* Paris: Chez l'auteur/Boudet/Valleyre/Veuve Duchesne/Saugrain/Ruault, 1776.

GIAMBULLARI, Pier Francesco. *Il Gello: ragionamenti de la prima et antica origine della toscana et particularmente della lingua fiorentina.* Florença: Per il doni, 1546 (1549²).

GILLIÉRON, Jules; ROQUES, Mario. *Études de géographie linguistique d'aprés l'Atlas linguistique de la France.* Paris: Champion, 1912.

GIFFORD, Douglas Juan; HODCROFT, Frederick William. *Textos lingüísticos del medievo español.* Oxford: The Dolphin, 1966.

GIMPERA, Pedro B. *El problema indoeuropeo.* México: Fondo de Cultura Económica, 1989.

GOILO, Enrique R. *Hablemos papiamento.* Aruba: De Wit, 1974.

GONÇALVES, Anielle A. G. *Diacronia e produtividade dos sufixos -agem, -igem, -ugem, -ádego, -ádigo e -ádiga no português.* Dissertação de mestrado. São Paulo: FFLCH/USP, 2009 [disponível em http://www.usp.br/gmhp/Publ.html].

GONÇALVES, Perpétua. *Português de Moçambique: uma variedade em formação.* Maputo: Universidade Eduardo Mondlane, 1996.

GONZÁLEZ CUENCA, Joaquín. *Las etimologías de San Isidoro romanceadas.* 2v. Salamanca: Universidad de Salamanca/CSIC, 1983.

GORIS, Richard C.; OKUBO, Yukimi (ed.). *English-Japanese dictionary.* Glasgow/Tokyo: Harper Collins/Shubun, 1993.

GRANDA, Germán de. Retenciones africanas en la fonética del criollo portugués de Annobón. *Papia.* Brasília: UnB, 1(1): 26-37, 1990.

GRANDGENT, Charles Hall. *Introduction to Vulgar Latin.* Boston: D. C. Heath & Co., 1907.

GREENBERG, Joseph H. *The languages of Africa.* Bloomington: Indiana University, 1963.

_____. The Indo-Pacific hypothesis. In: SEBEOK, Thomas A. (ed.). *Current trends in linguistics.* v. 8, The Hague. Paris: Mouton, 1971, pp. 807-871.

______. *Language in the Americas.* Stanford: Calif, 1987.

______. *Indo-European and its closest relatives*: the Eurasiatic language family. Stanford: Stanford University Press, v. 1, 2000; v. 2, 2002.

GRIMM, Jacob. *Deutsche Grammatik.* Göttingen: Dieterischsche Buchhandlung, v. 1, 1819[1], 1822[2], 1840[3]; v. 2, 1826; v. 3, 1831; v. 4, 1837 [republ. em London: Routledge, 1999].

GUÉRIOS, Rosário F. M. *Tabus lingüísticos.* Curitiba: Cia. Editora Nacional/UFPR, 1959[1] [1979[2]].

______. *Dicionário de etimologias da língua portuguesa.* São Paulo/Curitiba: Cia. Editora Nacional/UFPR, 1979.

GUIGNIAUT, Joseph D. Notice historique sur la vie et les travaux de M. François Bopp, 1869 [1877]. In: KOERNER, Konrad. *Amsterdam studies in the theory and history of Linguistic science.* v. 3. Amsterdam/Philadelphia: John Benjamins, 1989, pp. xv-xxxviii.

GUIRAUD, Pierre. *L'étymologie.* Collection "Que sais-je?", v. 1122. Paris: PUF, 1964.

GYARMATHI, Sámuel. *Affinitas linguae hungaricae cum linguis fennicae originis grammatice demonstrata nec non vocabularia dialectorum tataricarum et slavicarum cum hungarica comparata.* Göttingen: Joann. Christian Dietrich, 1799.

HARALAMPIEFF, Kyrill. *Langenscheidts Universal-Wörterbuch Bulgarisch.* Berlin/München/Wien/Zürich: Langenscheidt, 1994.

HAUDRY, Jean. *L'indo-européen.* Paris: Presses Universitaires de France, 1979 [1994[3]].

HECKLER, Evaldo; BACK, Sebald; MASSING, Egon R. *Estrutura das palavras: famílias, morfologia, análise, origem.* São Leopoldo: Unisinos, 1994.

HEGENBERG, Leonidas. *Explicações científicas: introdução à Filosofia da Ciência.* São Paulo: Edusp/Herder, 1969.

______. *Definições: termos teóricos e significado.* São Paulo: Cultrix, 1974.

HEINE, Bernd; KUTEVA, Tania. *World lexicon of grammaticalization.* Cambridge: Cambridge University, 2002.

HENNINGSEN, Henning. *Langenscheidts lommeordbog over det danske og tyske sprog.* Berlin/München/Wien/Zürich/New York: Langenscheidt, 1956.

HERDER, Johann Gottfried von. *Abhandlung über den Ursprung der Sprache.* Berlin: Christian Friedrich Voß, 1772.

HJELMSLEV, Louis T. *Omkring sprogteoriens grundlæggelse.* København: E. Munksgaard, 1943 [trad. *Prolegômenos a uma teoria da linguagem.* São Paulo: Perspectiva, 2003[2]].

HOPPER, Paul J. Glottalized and murmured occlusives in Indo-European. *Glossa* 7:141-166, 1973.

HOUAISS, Antônio; VILLAR, Mauro (org.). *Dicionário Houaiss da língua portuguesa.* Rio de Janeiro: Objetiva/Instituto Antônio Houaiss, 2001.

HUMBOLDT, Wilhelm v. *Über die Verschiedenheit des menschlichen Sprachbaues und ihren Einfluss auf die geistige Entwickelung des Menschengeschlechts.* Berlin: Königliche Akademie der Wissenschaften, 1836.

ÌDÒWÚ, Gideon B. *Uma abordagem moderna ao yorùbá (nagô).* Porto Alegre: Palmarinca, 1990.

ISHIKAWA, Rinshiro. *Concise Japanese-English dictionary.* Tōkyō: Sanseido, 1923.

JAKOBSON, Roman. Linguistics and Poetics. In: SEBEOK, Thomas (ed.). *Style in language.* Cambridge, MA: MIT Press, 1960, pp. 350-377 [trad. *Lingüística e comunicação.* São Paulo: Cultrix, pp. 118-162].

JEROSLOW, Elizabeth H. McKinney. *Rural Cearense Portuguese*: a study of one variety of nonstandard Brazilian speech. Tese Cornell University: Ithaca, 1974.

JESPERSEN, Otto. *Language*: its nature, development and origin. London: George Allen & Unwin, 1922 (1954[10]).

_____. Zur Lautgesetzfrage. (*Friedrich Techmers*) *Internationale Zeitschrift für allgemeine Sprachwissenschaft*. Leipzig, 1887 (3): 188-217 [republ. em WILBUR, Terence H. *The Lautgesetz-controversy*: *a documentation*. Amsterdam: John Benjamins, 1977].

KAISER, Mark; SHEVOROSHKIN, Vitaly. Nostratic. *Annual Reviews of Anthropology*. Palo Alto, 1988 (17): 309-329.

KARLGREN, Bernhard. *Analytic dictionary of Chinese and Sino-Japanese*. Paris: Librairie Orientaliste Paul Geuthner, 1923.

KIM, Jakob Chang-Ui. *Pictorial Sino-Korean characters*. Seoul: Hollym, 1988.

KIRÁLY, Rudolf. *Magyar-portugál kéziszótár*. Budapest: Akademiai, 1981.

KLEIMAN, Ângela. *Os significados do letramento*: uma nova perspectiva sobre a prática social da escrita. Campinas: Mercado de Letras, 1995.

KLUGE, Friedrich. *Etymologisches Wörterbuch der deutschen Sprache*. Straßburg: Trübner, 1883 [reelab. por Elmar Seebold – Berlin/New York: Walter de Gruyter, 1989[22]].

KORNITZKY, Hansgeorg. *Langenscheidts fickordbok över svenska og tyska språket*. Berlin/München/Wien/Zürich/New York: Langenscheidt, 1984.

KORNRUMPF, Hans-Jürgen. *Langenscheidts Universal-Wörterbuch Türkisch*. Berlin/München/Wien/Zürich: Langenscheidt, 1974.

KUHN, Franz Felix Adalbert; SCHLEICHER, August (org.). *Beiträge zur vergleichenden Sprachforschung auf dem Gebiete der Arischen, Celtischen und Slawischen Sprachen*. v. 5. Berlin: Ferdinand Dümmler/Harrwitz & Gossmann, 1868.

KURIŁOWICZ, Jerzy. *L'accentuation des langues indo-européennes*. Wrocław/Kraków: Zakład Narodowy Imienia Ossolińskich/Wydawnictwo Polskiej Akademiej Nauk, 1958.

LACOTIZ, Andréa. *Valores semânticos dos sufixos -ança/-ença -ância/-ência no português*. Dissertação de mestrado. São Paulo: FFLCH/USP, 2007.

LAKOFF, George; JOHNSON, Mark. *The metaphors we live by*. Chicago: University of Chicago, 1980 [trad. portuguesa: *Metáforas da vida cotidiana*. São Paulo/Campinas: Educ/Mercado de Letras, 2002].

LAUER, Heinrich. *Langenscheidts Universal-Wörterbuch Kroatisch*. Berlin/München/Wien/Zürich: Langenscheidt, 1996.

LAUSBERG, Heinrich. *Romanische Sprachwissenschaft*. Berlin: Walter de Gruyter & Co, v. 1, 1956, 1963[2]; v. 2, 1956; v. 3, 1962 [trad. portuguesa: *Linguística românica*. Lisboa: Calouste Gulbenkian, 1974, 1981[2]].

LEHMANN, Winfried P. *The theoretical bases of Indo-European linguistics*. London/New York: Routledge, 1993.

LEPSIUS, Carl Richard. *Standard alphabet for reducing unwritten languages and foreign graphic systems to a uniform orthography in European letters*. London/Berlin: Williams & Norgate/W. Hertz, 1863[2].

LINDSAY, Wallace Martin (ed.). *A short historical Latin grammar*. Oxford: At the Clarendon, 1895, 1915[2].

_____. *Isidori Hispalensis episcopi etymologiarum sive originum*: *libri XX*. Oxford: At the Clarendon, 1910 [trad. espanhola por RETA, José Oroz; CASQUERO, Manuel-A. Marcos. Col. Biblioteca de autores cristianos, 2v. Madrid: La Editorial Catolica, 1982].

LIPSKI, John M. Epenthesis vs. elision in Afro-Iberian language: a constraint-based approach to Creole phonology. *Papia.* Brasília: UnB, 10:23-39, 2000.

LOCKE, John. *Essay concerning human understanding.* London: Thomas Tegg, 1690 [trad. portuguesa: *Ensaio acerca do entendimento humano.* São Paulo: Abril Cultural, 1978].

LOPES, Antônio de Castro. *Neologismos indispensaveis e barbarismos dispensaveis com um vocabulario neologico portuguez.* Rio de Janeiro/Lisboa: Francisco Alves & Co/A, 1889, 1909[2].

LÓPEZ-MENDIZÁBAL, Bera. *Diccionario vasco-castellano.* Zarauz: Icharopena F. Unzurrunzaga, 1958.

LOPES, Nei. *Novo dicionário banto do Brasil, contendo mais de 250 propostas etimológicas acolhidas pelo Dicionário Houaiss.* Rio de Janeiro: Pallas, 2003.

LORENZ, Konrad. *Vergleichende Verhaltensforschung: Grundlagen der Ethologie.* Wien/New York: Springer, 1978 [trad. portuguesa: *Os fundamentos da etologia.* São Paulo: UNESP, 1995].

LORENZINO, Gerardo. Un estudio comparativo del sintagma nominal en palenquero y en papiamentu. *Papia.* Brasília: UnB, 2(1): 50-70, 1992.

LUCCHESI, Dante; BAXTER, Alan; RIBEIRO, Ilza. *O português afro-brasileiro.* Salvador: EDUFBA, 2009.

_____; MACHADO, Alzira. A variação na concordância de gênero no português de contato do Alto Xingu. *Papia.* Brasília: UnB, 9: 20-36, 1997.

MACHADO, José Pedro. *Dicionário etimológico da língua portuguesa.* 5v. Lisboa: Confluência, 1952-1977 [Lisboa: Horizonte, 2003[8]].

_____. *Dicionário onomástico-etimológico da língua portuguesa.* Lisboa: Horizonte, 1981[1], 2004[3].

MAGNE, Augusto. *Dicionário da língua portuguesa, especialmente dos períodos medieval e clássico.* Rio de Janeiro: INL, 1950-1954.

_____. *Dicionário etimológico da língua latina*: famílias de palavras e derivações vernáculas. Rio de Janeiro: DIN, 1953.

MAGNIEN, Victor. *Grammaire comparée du grec et du latin.* Lyon/Grenoble: La France Nouvelle, 1942.

MAIA, Clarinda de A. *História do galego-português.* Lisboa: Fundação Calouste Gulbenkian/Junta Nacional de Investigação Científica e Tecnológica, 1986 [1997[2]].

MAIOR, Mário Souto. *Dicionário do palavrão e termos afins.* Recife: Garanhuns, 1980[2].

MALKIEL, Yakov. *Etymological dictionaries:* a tentative typology. Chicago: University of Chicago, 1976.

_____. *Etymology.* New York: Cambridge University Press, 1993.

MARBECK, Joan. Experiencia ungua kristang na Malaka. *Papia.* Brasília: UnB, 3(2): 88-97, 1994.

MARROQUIM, Mário. *A língua do Nordeste*: Alagoas e Pernambuco. São Paulo: Companhia Editora Nacional, 1934 [Curitiba: HD Livros, 1996[3]].

MARTINS, Nilce Sant'Anna. *O léxico de Guimarães Rosa.* São Paulo: Edusp/Fapesp, 2001.

MAURER Jr., Theodoro H. *A unidade da România Ocidental.* São Paulo: [FFLCH/USP], 1951.

_____. *Gramática do latim vulgar.* Rio de Janeiro: Acadêmica, 1959.

_____. *O problema do latim vulgar.* Rio de Janeiro: Acadêmica, 1962.

MEILLET, Antoine; COHEN, Marcel (org.). *Les langues du monde par un groupe de linguistes.* Paris: Société de Linguistique 1924[1] [Paris: CNRS, 1952[2]].

MELO, Gladstone C. *A língua do Brasil.* Rio de Janeiro: FGV/Instituto de Documentação, 1971.

MELO, Tavares de. Folklore ceilonense. *Revista Lusitana* 10: 102-21, 311-320, 1907; 11: 164-175, 1908.

MENDIZÁBAL, Bera-López. *Diccionario castellano-vasco*. Zarauz: Icharopena, 1958.

_____. *Diccionario vasco-castellano*. Zarauz: Icharopena, [s/d].

MENDONÇA, Renato. *A influência africana no português do Brasil*. Rio de Janeiro: Sauer, 1933.

MÉRIDIER, Louis (ed.). *Platon: œuvres complètes*. tome V, 2e partie Cratyle. Paris: Les Belles Lettres, 1931/2003[7].

MEYER-LÜBKE, Wilhelm. *Grammatik der romanischen Sprachen*. 4v. Leipzig: Reisland, 1890-1902.

_____. *Romanisches etymologisches Wörterbuch/(REW)*. Heidelberg: Carl Winter, 1911-1920.

MIORANZA, Ciro. *Filius quondam: a origem e o significado dos sobrenomes italianos*. São Paulo: São João Ed., 1996.

MONTEIRO, José Lemos. *Formação de palavras*. Fortaleza: Mipel, 1972.

_____. Regras de produtividade dos hipocorísticos. *Revista de Letras*. Fortaleza, 5(2): 47-60, 1982.

_____. Processos de formação dos hipocorísticos. *Revista da Academia Cearense da Língua Portuguesa*. Fortaleza, 4: 79-110, 1983.

_____. *Morfologia portuguesa*. Fortaleza: UFC, 1986[1] [ed. revista e ampliada: Campinas: Pontes, 2002[4]].

MOORE, Bob; MOORE, Maxine. *Dictionary of Latin and Greek Origins*. Chicago: NTC, 1997.

MORALA RODRÍGUEZ, José R. (ed.). *El leonés en el siglo XXI: un romance milenario ante el reto de su normalización*. [s/l]: Instituto Castellano y Leonés de la Lengua, 2009.

MÜLLER, Max. On the principles of etymology. In: *Lectures on the science of language*. v. 2. London: Longman, Roberts & Green, 1863, 1864[2] [trad. portuguesa *Sobre os princípios da etimologia: Palestra* VI *da obra A ciência da linguagem*, Rio de Janeiro: Non Edictandi, 2007, por Paulo Mario Beserra de Araujo].

MÜLLER, Vladimír. *Langenscheidts Universal-Wörterbuch Slowakisch*. Berlin/München/Wien/Zürich: Langenscheidt, 1992.

NASCENTES, Antenor. *Dicionário etimológico da língua portuguesa*. Rio de Janeiro: Francisco Alves, 1932 [1955[2]].

_____. *Dicionário etimológico da língua portuguesa:* nomes próprios. Rio de Janeiro: Francisco Alves, 1952.

_____. *O linguajar carioca*. Rio de Janeiro: Organização Simões, 1953.

NAUMANN, Hans; BETZ, Werner. *Althochdeutsches Elementarbuch*. Berlin: Walter de Gruyter, 1954.

NEBRIJA, Elio Antonio de. *Grammatica castellana*. Salamanca: Juan de Zúñiga, 1479 [Madrid: Fundación Antonio de Nebrija, 1992].

NOGUEIRA, Rodrigo de Sá. *Subsídios para o estudo das conseqüências da analogia em português*. Lisboa: Clássica, 1937.

NOLL, Volker. *O português brasileiro: formação e contrastes*. São Paulo: Globo, 2008[2] [trad. atualizada de *Das brasilianische Portugiesische: Herausbildung und Kontraste*. Heidelberg: Carl Winter, 1999].

NUNES, José Joaquim. *Compêndio de gramática histórica portuguesa*. Lisboa: Clássica, 1919 [1945[3]].

NUNES, Mário P. Concepção de tempo e espaço no kristang e no malaio. *Papia*. Brasília: UnB, 3(2): 88-97, 1994.

NUNES DE LEÃO, Duarte. *Ortographia da lingoa portuguesa: obra vtil & necessaria assi pera bem screuer a lingoa Hespanhol como a Latina & quaesquer outras que da Latina teem origem; Item hum tractado dos pontos das clausulas*. Lisboa: João da Barreira, 1576 [Disponível em http://purl.pt/15/3/].

_____. *Origem da lingua portuguesa.* Lisboa: Pedro de Crasbeeck, 1606 [Lisboa: Pro Domo, 1945[4]; disponível em http://purl.pt/50/3/].

OLIVEIRA, Fernão de. *Grammatica da lingoagem portuguesa.* Lisboa: Germão Galharde, 1536 [Lisboa: Academia das Ciências de Lisboa, 2000[6]; disponível em http://purl.pt/120/3/].

OLIVEIRA, Marilza de; KEWITZ, Verena. A representação do caipira na imprensa paulista do século XIX. In: DUARTE, Maria Eugênia L.; CALLOU, Dinah (org.). *Para a história do português brasileiro.* Rio de Janeiro: UFPR/FAPERJ, 2002, pp.125-154.

ONIONS, C. T. (ed.). *The Oxford dictionary of English etymology.* Oxford: At the Clarendon, 1966.

ONLINE ETYMOLOGY DICTIONARY. [Disponível em http://www.etymonline.com].

ORTÊNCIO, Bariani. *Dicionário do Brasil central: subsídios à Filologia.* São Paulo: Ática, 1983.

OSTHOFF, Hermann. *Die neueste Sprachforschung und die Erklärung des indogermanischen Ablautes: Antwort auf die gleichnamige Schrift von Dr. Hermann Collitz.* Heidelberg: O. Petters, 1886 [republ. em WILBUR, Terence H. *The Lautgesetz-controversy: a documentation.* Amsterdam/John Benjamins, 1977].

PAUL, Hermann Otto Theodor. *Prinzipien der Sprachgeschichte.* Halle: Max Niemeyer, 1880 [2002[10], trad. Lisboa: Calouste Gulbenkian, 1983[2]].

PEDERSEN, Holger. Türkische Lautgesetze. *Zeitschrift der Deutschen Morgenländischen Gesellschaft* 57: 535-561, 1903.

PEREIRA, Dulce. *Crioulos de base portuguesa.* Lisboa: Caminho, 2007.

PFISTER, Max; LUPIS, Antonio. *Introduzione all'etimologia romanza.* Soveria Manneli: Rubbetino, 2001.

PINKER, Steven. *The blank slate: the modern denial of human nature.* New York: Viking Penguin, 2002 [trad. portuguesa: *Tabula rasa: a negação contemporânea da natureza humana.* São Paulo: Companhia das Letras, 2004].

PINTO, Marco Syrayama de. *Arabismos no turco moderno padrão*: entre o empréstimo e o purismo lingüísticos. Dissertação de mestrado. São Paulo: FFLCH/USP, 2006.

PISANI, Vittore. *L'Etimologia.* Brescia: Paideia, 1967.

POKORNY, Julius. *Indogermanisches etymologisches Wörterbuch.* Bern/München: Francke, 1959. 2v. [Disponível em http://www.utexas.edu/cola/centers/lrc/ielex/PokornyMaster-X.html].

POPPER, Karl. *Conjectures nd refutations.* London: Routledge & Kegan Paul, 1967 [trad. portuguesa: *Conjecturas e refutações.* Coimbra: Almedina, 2006].

POST, Marike. Construções com verbos seriais em fa d'Ambú. *Papia.* Brasília: UnB, 2: 6-22, 1993.

POSTEL, Guillaume. *Linguarum duodecim characteribus differentium alphabetum introductio ac legendi modus longe facillimus.* Paris: Dionysius Lescuier, 1538a.

_____. *De originibus seu de Hebraicæ linguæ et gentis antiquitate, deque variarum antiquitate.* Paris: Dionysius Lescuier, 1538b.

POTT, August Friedrich. *Etymologische Forschungen auf dem Gebiete der indogermanischen Sprachen, insbesondere des Sanskrit, Griechischen, Lateinischen, Littauischen und Gothischen.* Lemgo: Meyerschen Hofbuchhandlung, v. 1, 1833; v. 2, 1836.

PRETI, Dino. *A linguagem proibida:* um estudo sobre a linguagem erótica. São Paulo: T. S. Queiróz, 1984.

PROKOSCH, Eduard. *A comparative Germanic grammar.* Philadelphia: Linguistic Society of America/ University of Pennsilvania, 1939.

QUINT, Nicolas. *Dictionnaire cap-verdien français*: créoles de Santiago et Maio. Paris/Montréal: L'Harmattan, 1999.

_____. *Le cap-verdien: origines et devenir d'une langue métisse (étude des relations de la langue cap-verdienne avec les langues africaines, créoles et portugaise)*. Paris/Montréal/Budapest/Torino: L'Harmattan, 2000.

_____. *Parlons capverdien*: langue et culture. Paris/Budapest/Torino: L'Harmattan, 2003.

_____. *Le créole capverdien de poche*. Chennevières-sur-Marne: Assimil, 2005.

RAMAT, Anna G.; RAMAT, Paolo (ed.). *Las lenguas indoeuropeas*. Madrid: Catedra, 1995.

RANKE, Friedrich. *Altnordisches Elementarbuch*. Berlin: Walter de Gruyter, 1949.

RASK, Rasmus K. *Vejledning til det Islandske eller gamle Nordiske Sprog*. Kjöbenhavn: Schubothe, 1811 [trad. inglesa: H. LUND. *A short practical and easy method of learning the Old Norsk tongue or Icelandic language*. London: Franz Thimm, 1868].

_____. *Undersögelse om det gamle Nordiske eller Islandske Sprogs oprindelse*. Kjöbenhavn: Paa den Gyldendalske Bokhandlings Forlag, 1818 [reed. por Louis HJELMSLEV (org.). *Ausgewählte Abhandlungen*, v. I. København: Levin and Munksgaard, 1932. e por Roy HARRIS. *Foundations of indo-european comparative philology*. v. 1. London/New York: Routledge, 1999; trad. inglesa: *A Grammar of the Icelandic or Old Norse Tongue*. London: 1843 (Amsterdam: 1976[2], 1989[3])].

RAYNOUARD, François-Juste-Marie. *Grammaire romane ou Grammaire de la langue des troubadours*. Paris: Didot, 1816.

_____. *Grammaire comparée des langues de l'Europe latine dans leurs rapports avec la langue des troubadours*. Paris: Didot, 1821.

REGO, António da Silva. Influência da língua portuguesa na malaia. *Boletim eclesiástico da diocese de Macau* 35: 740-5, 1938.

_____. *Dialecto português de Malaca: apontamentos para o seu estudo*. Lisboa: Agência Geral das Colónias, 1942 [republic. pela Comissão Nacional para a Comemoração dos Descobrimentos Portugueses, 1998].

REY-DEBOVE, Josette; REY, Alain. *Le nouveau petit Robert*. Paris: Le Robert, 1996.

RODRIGUES, Ângela C.; FERREIRA NETTO, Waldemar. Transcrição de inquéritos: problemas e sugestões. In: MEGALE, Heitor (org.). *Filologia bandeirante*. São Paulo: Humanitas, 1: 171-93, 2000.

RODRIGUES, Aryon D. *Línguas brasileiras: para o conhecimento das línguas indígenas*. São Paulo: Loyola, 1986.

[ROLLAND, Francisco] F.R.I.L.E.L. *Adagios, proverbios, rifãos e anexins da lingua portugueza, tirados dos melhores authores nacionaes e recopilados por ordem alfabetica*. Lisboa: Typographia Rollandiana, 1780.

ROMANELLI, Rubens Costa. O vocabulário indo-europeu e seu desenvolvimento semântico: a história das idéias através da história das palavras em trinta línguas da família indo-européia (I-XX). *Kriterion*. Belo Horizonte: UFMG, 1954-1965.

_____. *Os prefixos latinos: da composição verbal e nominal em seus aspectos fonético, morfológico e semântico*. Belo Horizonte: UMG, 1964.

_____. *O supletivismo indo-europeu na morfologia latina*. Belo Horizonte: Imprensa Universitária, 1975.

_____. *Origens do léxico português: revisão crítica dos dicionários etimológicos da língua portuguesa com vistas à etimologia, ortografia, ortofonia e lexiogenia*: crítica dos três principais dicionários etimológicos da língua portuguesa de autoria de Antenor Nascentes, José Pedro Machado e Francisco da Silveira Bueno. Belo Horizonte: [s/ed], [s/d].

ROWLANDS, Evan Celyn. *Yoruba*. Bristol: Hodder & Stoughton, 1969.

RUHIG, Phillip. *Betrachtung der Littauischen Sprache, in ihrem Ursprunge, Wesen und Eigenschaften: aus vielen Scribenten, und eigener Erfahrung, mit Fleiß angestellet, und zu reiferer Beurtheilung der Gelehrten, zum Druck gegeben.* Königsberg: Johann Heinrich Hartung, 1745.

RUHLEN, Merritt. *A guide to world's languages.* v.1. London/Melbourne/Auckland: Edward Arnold, 1987.

_____. *On the origin of languages*: studies in linguistic taxonomy. Stanford: Stanford University Press, 1994a.

_____. *The origin of language*: tracing the evolution of Mother Tongue. New York: John Wiley & Sons, 1994b.

RUSSER, Wilhelmina S. *De germaansche klankverschuiving: een hoofdstuk uit de geschiedenis der germaansche taalwetenschap.* Haarlem: Tjeenk Willink & Zoon, 1930.

SABBAGH, Alphonse N. *Dicionário árabe-português-árabe.* Rio de Janeiro: Ao Livro Técnico, 1988.

SACHS, Viola; SACHS, Inacio. *Mały słownik portugalsko-polski.* Warszawa: Państwowe Wydawnictwo Wiedza Powszechna, 1969.

SAID ALI, Manoel. *Lexeologia do portuguez historico.* São Paulo: Melhoramentos, 1921.

_____. *Formação de palavras e syntaxe do portuguez histórico.* São Paulo: Melhoramentos, 1923 [ambas as obras foram reunidas em *Gramática histórica da língua portuguesa.* São Paulo: Melhoramentos, 1931, 2001^{8}].

SAINT-BARTHÉLEMY, Paulin de. *De antiquitate et affinitate linguæ, zendicæ, samscrdamicæ et germanicæ dissertatio.* [s/l]: [s/ed], 1798.

SALMON, Paul. The term 'Morphology'. In: BOOIJ, Geert; LEHMANN, Christian; MUGDAN, Joachin (ed.). *Morphologie: ein internationales Handbuch zur Flexion und Wortbildung.* Berlin/New York: Walter de Gruyter, 2000, pp. 15-22.

SANDFELD, Kristian. *Linguistique balkanique*: problèmes et résultats. Paris: Honoré Champion, 1930.

SAPIR, Edward. The Na-dene languages: a preliminary report. *American Anthropologist* 17: 534-558, 1915.

_____. *Language: an introduction to the study of speech.* New York: Harcourt, Brace & Co., 1921.

SARDINHA, Tony Berber. *Lingüística de corpus.* Barueri: Manole, 2004.

SAUSSURE, Ferdinand Mongin de. *Mémoire sur le système primitif des voyelles dans les langues indo-européennes.* Leipzig: Teubner, 1879.

_____. *Cours de linguistique générale.* Paris: Payot, 1916 [trad. portuguesa: *Curso de linguística geral.* São Paulo: Cultrix, s/d].

SCANTAMBURLO, Luigi. *Dicionário de guineense*: introdução e notas gramaticais. Lisboa: Colibri/Faspebi, 1999. v. 1.

SCHLEGEL, Karl Wilhelm Friedrich von. *Über die Sprache und Weisheit der Indier: ein Beitrag zur Begründung der Alterthumskunde.* Heidelberg: Mohr & Zimmer, 1808.

SCHLEICHER, August. *Die deutsche Sprache.* Stuttgart: J. G. Cotta, 1860.

_____. *Compendium der vergleichenden Grammatik der indogermanischen Sprachen: kurzer Abriss der indogermanischen Ursprache, des Altindischen, Altiranischen, Altgriechischen, Altitalischen, Altkeltischen, Altslawischen, Litauischen und Altdeutschen.* Weimar: H. Boehlau, v.1, 1861; v. 2, 1862 [trad. inglesa resumida: *Compendium of the Comparative Grammar of the Indo-European, Sanskrit, Greek, and Latin Languages.* London: Trübner and Co., 1874].

SCHMIDT, Johannes. *Verwandtschaftsverhältnisse der indogermanischen Sprachen.* Weimar: Böhlau, 1872.

SCHUCHARDT, Hugo E. M. *Der Vokalismus des Vulgärlateins.* Leipzig: Teubner, v. 1, 1866; v. 2, 1867; v. 3, 1868.

_____. *Über die Lautgesetze – Gegen die Junggramatiker.* Berlin: R. Oppenheim, 1885 [republ. em WILBUR, Terence H. *The Lautgesetz-controversy: a documentation.* Amsterdam: John Benjamins, 1977].

_____. *Über die Klassifikation der romanischen Mundarten* (1870). Graz: Styria, 1900.

SEQUEIRA, Francisco Maria Bueno de. *A ação da analogia no português.* Belo Horizonte: Imprensa Oficial, 1950.

SILVA, Baltasar L. da. *O dialecto crioulo de cabo verde.* Lisboa: Imprensa Nacional/Casa da Moeda, 1984.

SILVA Neto, Serafim da. *Introdução ao estudo da língua portuguesa no Brasil.* Rio de Janeiro: INL, 1950 [Rio de Janeiro: Presença, 1986[5]].

_____. *Fontes do latim vulgar.* Rio de Janeiro: Acadêmica, 1956a.

_____. *Textos medievais portugueses e seus problemas.* Rio de Janeiro: MEC/Casa de Rui Barbosa, 1956b.

_____. *História do latim vulgar.* Rio de Janeiro: Ao Livro Técnico, 1957, 1977[2].

SKEAT, Walter W. *The concise dictionary of English etymology.* Oxford: at the Clarendon, 1879-1882, 1910[2]. 4v. [republ. em Hertfordshire: Wordsworth, 1993].

[STARETS, Solomon Meerovič; VOINOVA, Natalija Jaroslavna] СТАРЕЦ, Соломон Меерович; ВОИНОВА, Наталия Ярославна. *Португальско-русски словарь.* Москва: Государственное Издательство Иностранных Национальных Словарей, 1963.

STEIGER, Arnald. *Contribución a la fonética del hispano-árabe y de los arabismos en el ibero-románico y el siciliano.* Madrid: Hernando, 1932.

STREITBERG, Wilhelm. *Die gotische Bibel.* Heidelberg: Carl Winter, 1919.

SULLIVAN, Thelma D. *Compendio de la gramática náhuatl.* México: Universidad Nacional Autónoma de México, 1992.

SVOROU, Soteria. *The grammar of space.* Amsterdam/Philadelphia: John Benjamins, 1993.

SZEMERÉNY, Oswald. *Introdución a la lingüística comparativa.* Madrid: Gredos, 1970.

TARALLO, Fernando; ALKMIN, Tânia. *Falares crioulos*: línguas em contato. São Paulo: Ática, 1989.

TESNIÈRE, Lucien. *Éléments de syntaxe structurale.* Paris: Klincksieck, 1959.

TETENS, Johann Nicolaus S. Über die Grundsätze und den Nutzen der Etymologie. In: *Gelehrte Beiträge zu den Mecklenburg-Schwerinschen Nachrichten*, 1765-1766 [republ. em PFANNKUCH, H. *Sprachphilosophische Versuche.* Hamburg: Felix Meiner, 1971].

TEYSSIER, Paul. *Histoire de la langue portugaise.* Paris: Presses Universitaires de France, 1980 [trad. portuguesa: *História da língua portuguesa.* Lisboa: Sá da Costa, 1982].

TOMÁS DE AQUINO. [Disponível em http://www.corpusthomisticum.org/iopera.html].

TROMBETTI, Alfredo. *L'unità d'origine del linguaggio.* Bologna: Luigi Bertrami, 1905.

_____. *Puluga: il nome più diffuso della divinità.* Bologna: Stabilimenti Poligrafici Riuniti, 1921 [extrato de *Rendiconto della sessioni della R. Accademia delle Scienze dell'Istituto di Bologna* – Classe di Scienze Morali – Serie seconda –5].

_____. *Elementi di glottologia.* Bologna: Nicola Zanichelli, 1923.

TROUBETZKOY, Nikolai S. *Grundzüge der Phonologie.* Prague: Travaux du Cercle Linguistique de Prague, 1939.

ULLMANN, Stephen. *Semantics*: an introduction to the science of meaning. Oxford: Blackwell, 1964 [trad. portuguesa: *Semântica* – uma introdução à ciência do significado. Lisboa: Calouste Gulbenkian, 1973[3]].

VÄÄNÄNEN, Veikko. *Introduction au latin vulgaire.* Paris: Klincksieck, 1962 [trad. espanhola (revista e corrigida): *Introducción al latín vulgar.* Madrid: Gredos, 1985³].

VALKHOFF, Marius F. (org.). *Miscelânea luso-africana*: colectânea de estudos coligidos. Lisboa: Junta de Investigações Científicas do Ultramar, 1975.

VAN DE WIELE, F. J. J. *Langenscheidts zakwoordenboek van de nederlandse en de duitse taal.* Berlin, München, Wien, Zürich: Langenscheidt, 1979.

VARGENS, João Baptista M. *Léxico português de origem árabe.* Rio Bonito: Almádena, 2007.

VASCONCELOS, José Leite de. *Esquisse d'une dialectologie portugaise.* Paris: Aillaud & Cie., 1901 [tese de doutorado, republ. em Lisboa: Instituto Nacional de Investigação Científica/Centro de Lingüística da Universidade de Lisboa, 1987].

_____. Fabulário português: manuscrito do séc. xv. *Revista Lusitana.* Lisboa: Casa Bertand, 8: 99-151, 1903-1905 [disponível em http://cvc.instituto-camoes.pt/bdc/etnologia/revistalusitana].

_____. *Opusculos.* v. 2. Dialectologia (parte 1). Coimbra: Imprensa da Universidade, 1928.

_____. *Opusculos.* v. 6. Dialectologia (parte 2). Coimbra: Imprensa Nacional/Casa da Moeda, 1985.

VASMER, Max. *Russisches etymologisches Wörterbuch.* Heidelberg: Carl Winter, 1976-1980. 3v.

VATER, Johann Severin. *Vergleichungstafeln der europäischen Stamm-Sprachen und Süd-, Westen-Asiatischer.* Halle: Rengersche Verlagsbuchhandlung, 1822.

VIANA, Aniceto dos R. Gonçalves. Éssai de phonétique et de phonologie de la langue portugaise d'après le dialecte actuel de Lisbonne. *Romania* 12: 29-98, 1883.

VIARO, Mário Eduardo. *Das preposições latinas às do português e do romeno*: estudo das derivações semânticas. Dissertação de mestrado. São Paulo: FFLCH/USP, 1994.

_____. *A construção verbo+advérbio de lugar no romanche:* herança latina ou decalque germânico. Tese de doutorado. São Paulo: FFLCH/USP, 2001.

_____. Para uma abordagem sintático-semântica da projeção adverbial nos verbos portugueses do tipo jogar fora. *Filologia e lingüística portuguesa* 5: 143-176, 2003 [disponível em http://www.fflch.usp.br/dlcv/lport].

_____. *Por trás das palavras.* São Paulo: Globo, 2004 [*Manual de etimologia do português*, 2013²].

_____. Semelhanças entre o português brasileiro e as variantes africanas e asiáticas. In: SILVA, Luiz Antônio da. *A língua que falamos. Português*: história, variação e discurso. São Paulo: Globo, 2005a, pp. 211-251.

_____. Relação entre produtividade e freqüência na produção do significado. *Estudos Lingüísticos.* Campinas, 34: 1230-1235, 2005b [disponível em http://www.usp.br/gmhp/publ/Via29.pdf].

_____. Estudo diacrônico da formação e da mudança semântica dos sufixos -eiro/-eira na língua portuguesa. In: MASSINI-CAGLIARI, Gladis et al. (org.). *Trilhas de Mattoso Câmara e outras trilhas*: fonologia, morfologia, sintaxe. São Paulo: Cultura Acadêmica, 2007, pp. 45-84 [Série Trilhas Lingüísticas n. 12].

_____. Reflexões teóricas acerca da reconstrução lexical do português antigo paulista. In: CASTILHO, Ataliba T. de (org.). *Histórica do português paulista.* Campinas: IEL/Unicamp, 2009, pp. 737-744.

_____; FERREIRA, Michael J.; GUIMARÃES-FILHO, Zwinglio Oliveira. Derivação ou terminação: limites para a semântica, lexicologia e morfologia históricas. In: VIARO, Mário Eduardo (org.). *Morfologia histórica.* São Paulo: Cortez, 2013.

_____; GUIMARÃES-FILHO, Zwinglio Oliveira. Análise quantitativa da freqüência dos fonemas e estruturas silábicas portuguesas. *Estudos Lingüísticos.* São Paulo, 36: 28-36, 2007 [disponível em http://www.usp.br/gmhp/publ/Via32.pdf].

VIEIRA, Júlio Doin. *Dicionário de termos árabes da língua portuguesa.* Florianópolis: UFSC, 2006.

VIKIN, Joe. *Galician-English English-Galician dictionary.* New York: Hippocrene, 2000.

VOGT, Carlos; FRY, Peter. *Cafundó – a África no Brasil: linguagem e sociedade.* São Paulo: Ed. Unicamp/ Cia. das Letras, 1996.

[VOINOVA, Natalija Jaroslavna et al.] ВОИНОВА, Наталия Ярославна et al. *Русско-португальский словарь.* Москва: Русский Язык, 1989.

VOLTAIRE (= François-Marie Arouet). *Histoire de l'Empire de Russie sous Pierre le Grand par l'auteur de l'Histoire de Charles XII* (1759). Lyon: [s/ed], 1761-1763. 2v.

WADLER, A. *Der Turm Von Bael*: Urgemeinschaft der Sprachen. Basel: Geering, 1935.

WAHRIG, Gerhard. *Deutsches Wörterbuch.* München: Mosaik, 1989.

WAKISAKA, Katsunori (coord.). *Michaelis dicionário prático português-japonês.* São Paulo: Melhoramentos/ Aliança Cultural Brasil-Japão, 2000.

WEBSTER´s *New encyclopedic dictionary.* Köln: Könemann, 1996.

WILLER, Stefan. *Poetik der Etymologie.* Berlin: Akademie, 2003.

WILLIAMS, Edwin B. *From Latin to Portuguese*: historical Phonology and Morphology of the Portuguese language. Oxford: Oxford University Press, 1938 [trad. portuguesa: *Do latim ao português.* Rio de Janeiro: INL, 1961].

WINNING, William Balfour. *A manual of comparative Philology, in which the affinity of the Indo-european languages is illustrated and applied to the primeval history of Europe, Italy and Rome.* London: J. G. & F. Rivington, 1838.

WÜLLNER, Franz. *Über die Verwandtschaft des Indogermanischen, Semitischen und Tibetanischen nebst einer Einleitung über der Ursprung der Sprachen.* Münster: Theissing, 1838.

ZAMBONI, Alberto. *La etimología.* Madrid: Gredos, 2001.

ZINGARELLI, Nicola. *Vocabolario della lingua italiana.* Bologna: Zanichelli, 1995.

O autor

MÁRIO EDUARDO VIARO nasceu em Botucatu (SP) em 1968. Graduado em Linguística e Alemão e pós-graduado em Filologia Românica pela Universidade de São Paulo (USP). Atualmente também é professor livre-docente de Língua Portuguesa na mesma instituição; trabalhou com a língua romena no mestrado e com o reto-românico no doutorado. Tradutor de alemão com especializações no Institut für Deutsche Sprache, de Mannheim (Alemanha), na Universidade de Heidelberg (Alemanha) e no Institut Rumancz Grischun, em Chur (Suíça). Tradutor juramentado de língua romena pela Junta Comercial do Estado de São Paulo (JUCESP). Pesquisador-colaborador no projeto DÉRom, da Universidade de Nancy (França) e Saarland (Alemanha). Coordenador do Núcleo de apoio à pesquisa em Etimologia e História da Língua Portuguesa (www.usp.br/nehilp), ligado à Pró-Reitoria de Pesquisa da Universidade de São Paulo. Pós-doutor pela Universidade de Coimbra. Autor do livro *Manual de Etimologia do Português* (2013), divulga a Linguística Histórica e Etimologia na revista *Língua Portuguesa*, desde 2006. Colaborador do Beco das Palavras, juntamente com Marcelo Tas, no Museu da Língua Portuguesa, em São Paulo. Orientou diversos trabalhos vinculados ao grupo de pesquisa Morfologia Histórica do Português (http://www.usp.br/gmhp), cadastrado no CNPq, no qual atua como coordenador. Possui muitos artigos científicos em diversas revistas nacionais e estrangeiras sobre língua portuguesa, Linguística Histórica, Etimologia, Morfologia Histórica, Sociolinguística, Dialetologia do português e Filologia Românica.